鶴見俊輔伝

黒川創

新潮社

鶴見俊輔伝　目次

鶴見俊輔伝

装幀　平野甲賀

第一章　政治の家に育つ経験　一九二三―三八

第一節　女たちと「平城」

一九二三年（大正一二）三月も末近い、早朝である。

福岡県門司生まれの秋山清という一八歳の若者は、進学を考えて上京、麻布区（現在の港区）六本木の新聞店に住み込んで、配達の仕事を始めたばかりだった。有島武郎の『カインの末裔』『生れ出づる悩み』といった小説を知り、胸にしみ入る思いで、繰り返し読んでいた。

当時の新聞店は、「諸新聞取扱」といった看板を掲げて、東京日日、東京朝日、時事、報知、都、二六、やまと……と各紙を一手に扱っていた。だから、新聞配達夫は、家ごとの注文を頭に入れて、かなった新聞を配っていく。

秋山清が受け持つ配達区域は、桜田町（現在の元麻布三丁目、中国大使館付近）から天現寺にかけての一帯で、百軒ほど配達先があった。六本木の十字路から霞町に向かう道を途中で左に折れ、桜田町への坂道を上がっていくと、通りの左側に東京市長・後藤新平（一八五七年生まれ）子爵の宏壮な屋敷が見えてくる。門番が控える門から邸内を望むと、築山を車回しが巡っていて、その向こうに、壮麗な母屋と洋館が並んでいる。そこを中心に、車回しの右手と左手にも、立派な日本家屋がそれぞれに建っている。

新聞配達の若者は、雑誌「改造」に断続して載る大杉栄の「自叙伝」を愛読してきた。だから、大杉が後藤新平の屋敷に出向いて、まんまと三百円を無心するくだりのことなども、ここを通るたびに思いだす。そのときの後藤は、たしか内務大臣であったろう。

政治家の家だけに、この屋敷は五紙ほども新聞を取っている。牛乳配達は、もっと早く来るようで、一五、六本の牛乳瓶がすでに並んでいる。そこから一本、こっそり頂戴したりして、次の配達先を目ざして駆けていく。（秋山清『目の記憶――ささやかな自叙伝』）

「俊輔」という名の生後九カ月の赤ん坊が、このとき、邸内のどこかで眠っていたはずである。おそらく車回しの右手、ここの者たちが「南荘」と呼ぶ日本家屋の一室ではないか。（邸内の地所は、桜田町に隣接する他町にもわたっており、「南荘」は三軒家町五三番地）。

「俊輔」の父は、鶴見祐輔、満三八歳。鉄道省運輸局総務課長で、いまは、中国に出張中。母は、愛子、満二七歳、後藤新平の長女である。祐輔は、中国で、第三次広東政府の孫文を訪ねている。

この中国出張は、舅の後藤新平からの意向を体するところがあった。後藤は、寺内正毅内閣での外務大臣在任中にみずから断を下した革命ロシアへの干渉戦争（シベリア出兵、一九一八年）が失敗し、いまだ収拾できていないことに強く責任を感じていた。そこで、この年一月、革命ロシア政府

後藤新平、鶴見祐輔・俊輔
関連系図

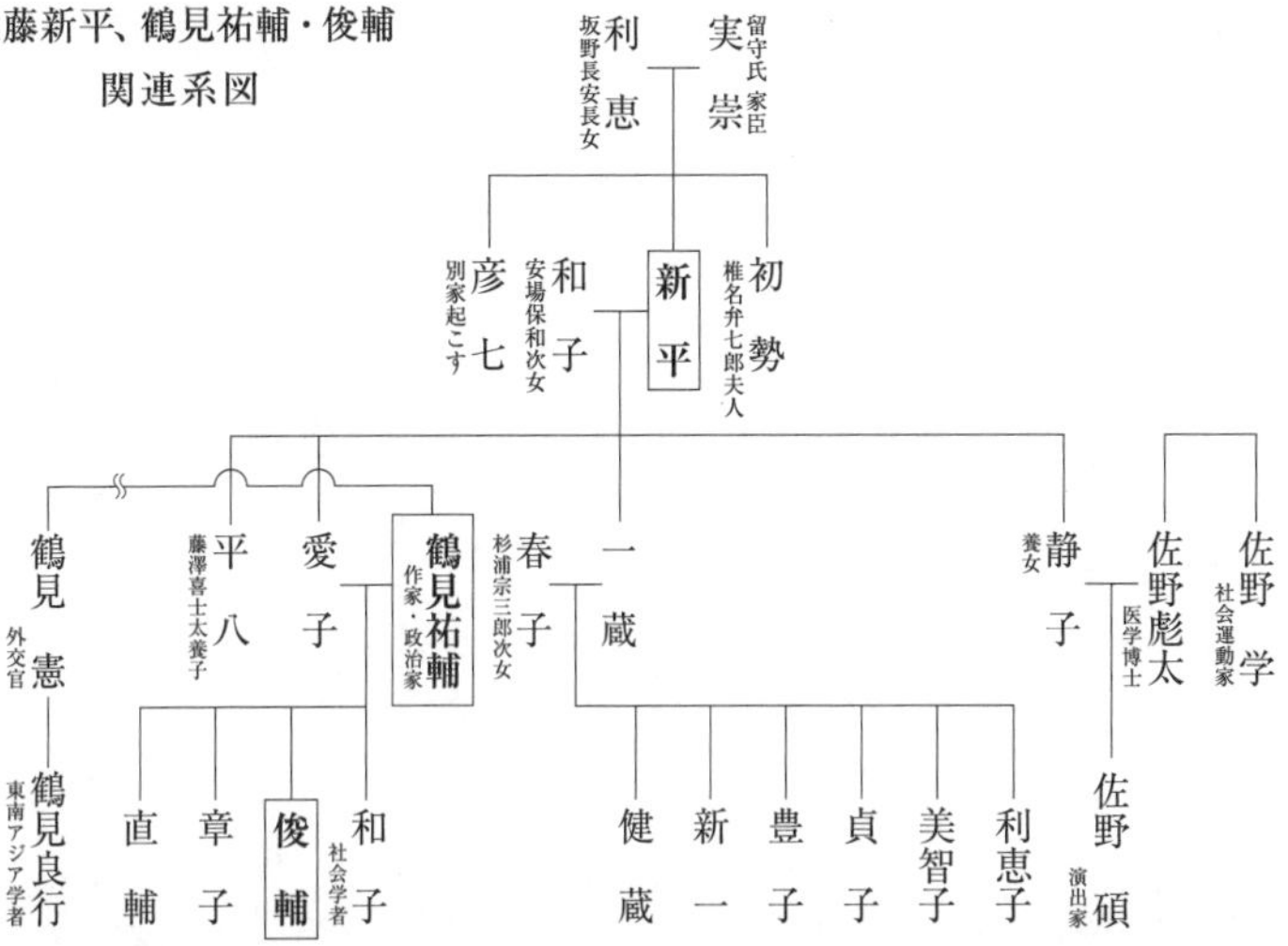

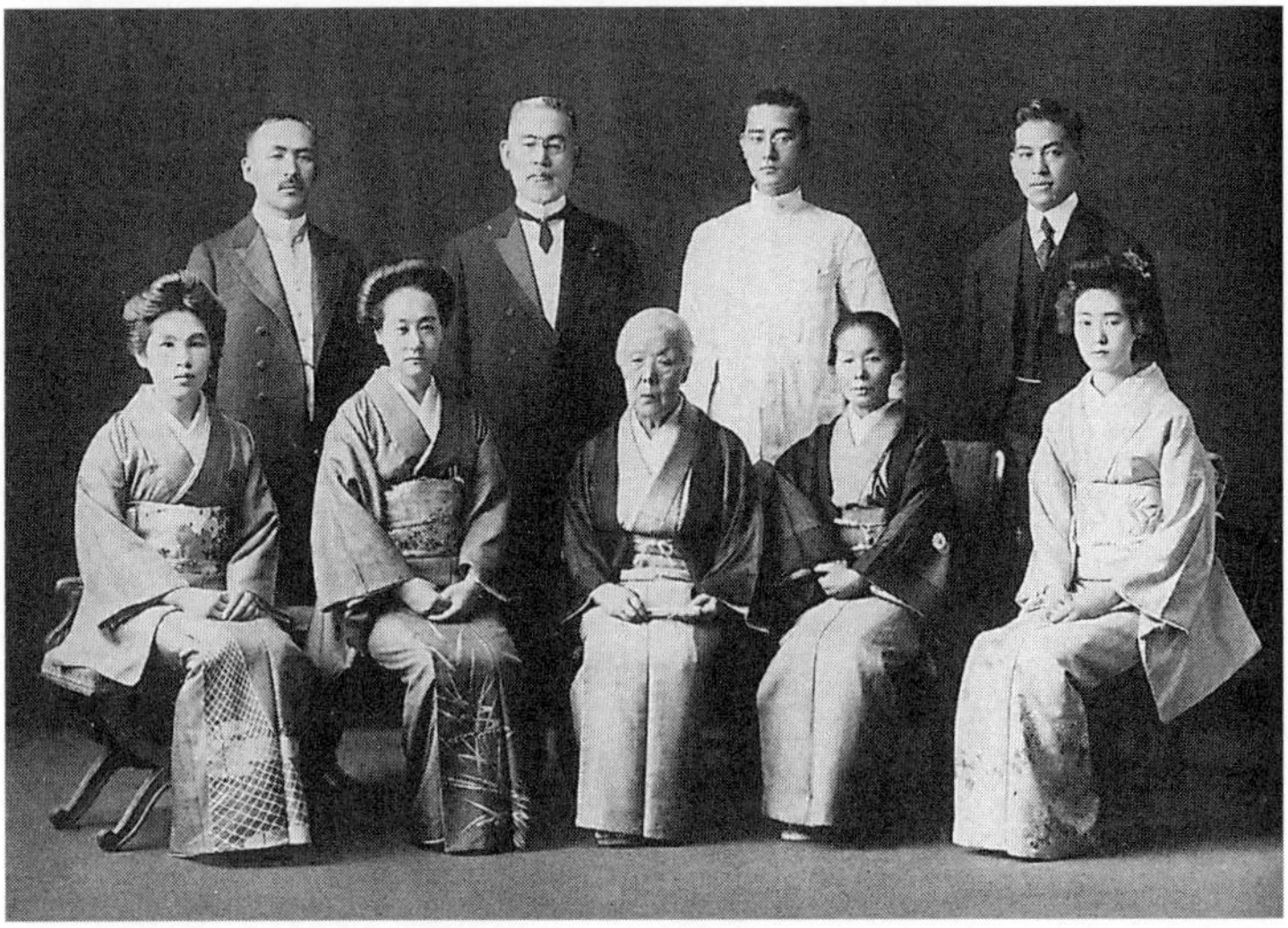

後藤新平と家族。前列左から佐野静子（養女）、後藤和子（夫人）、後藤利恵（母）、椎名初勢（姉）、鶴見愛子（長女）。
後列左から佐野彪太（静子の夫）、後藤新平、後藤一蔵（長男）、鶴見祐輔（愛子の夫）。

（ソヴィエト社会主義共和国連邦）の極東代表ヨッフェが訪中した機会をとらえて、打電して来日を求め、東京市長に在職しながら、個人的な交渉という体裁で、日ソ間の国交樹立に向けて局面打開を図ろうとしたのだった。ヨッフェは、それに応じて、すぐ日本に渡ってきた。以来、彼はまだ日本にいて、後藤との接触が続いている。

一方、ヨッフェは来日に先だつ中国滞在中に「孫文・ヨッフェ共同声明」（同年一月二六日）を発して、中国統一運動に対する革命ロシアの支援姿勢を示していた。ヨッフェの来日と入れ違いに、鶴見祐輔という有能な中堅官吏が中国に出向いて、いち早く孫文との会見を申し込む背景には、「孫文・ヨッフェ共同声明」以降の孫文側の出方に探りを入れておきたいという後藤の意向が働いていたと見るのが自然だろう。（鶴見祐輔『壇上・紙上・街上の人』）

こうした政治家の住まいであるから、後藤邸内には騒動も持ち上がる。

この年二月五日には、革命ロシアとの国交樹立路線に転じた後藤新平に反発する「赤化防止団」の一員が、邸内に押し入って、家財や窓ガラスを破壊する乱暴を働いた。それから三週間ほどのちにも、ふたたび右翼の暴漢が母屋の玄関に押しかける。このときは、面会に応じようとした後藤新平の長男・一蔵（愛子の兄）が、下駄で頭を殴りつけられて大けがを負う。俊輔の姉、満四歳の和子は、その場に居合わせた。彼女は、祖父・新平にかわいがられて、母屋で過ごすことが多かったからである。これらの事件は、いずれも記事差し止めが命じられ、国内紙では報じられなかった。だが、外字新聞には大きく報道されて、すぐに世間の知るところとなった。

二度にわたる乱入事件のあいだに、同月二六日、邸内で同居していた後藤新平の老母・利恵が、数え九九歳で没する。新平自身は、もうじき満六六歳である。親孝行な彼は、老母をエレベーター付きの洋館の二階に住まわせたいと考え、チェコ出身の建築家アントニン・レイモンドによる設計

1923年、関東大震災の直前に。
この年、母・愛子28歳、俊輔1歳、姉・和子5歳。

で、その普請が続いていた。だが、間に合わなかった。それでも、後藤は、もとの計画通りに洋館を完工させて、この建物は続々と訪ねてくる来客との面会などにも使われた。ただし、エレベーターは、もっぱら孫たちの遊具として使われるだけに終わっている。

後藤新平の夫人・和子は、これより五年前の一九一八年（大正七）四月、満五一歳で没した。岩手の水沢城下で、小藩（留守氏）の貧しい家臣の家に育った少年時代の新平を学僕に取り立ててくれた恩人、胆沢県大参事・安場保和の次女だった人である。この妻の没後二カ月に、長女・愛子と婿の鶴見祐輔のあいだに惣領孫にあたる女児が生まれた。その子を亡妻の「生まれ変わり」と考え、同じ「和子」と名付けた。女児も隔てなく「惣領」に見立てる心持ちが、この一族のなかにはあった。

邸内には、さらにもう一人、老女が暮らしている。水沢の婚家（椎名家）に籍を残したまま、早くに出戻って一族の世話を焼いてきた新平の姉・初勢《はつせ》で、満七六歳。親類から東京帝大法学部に通う若者を養子（椎名悦三郎）に迎えており、その青年も、ときおり邸内に遊びに来る。

このように、武家育ちの女たちが、かんしゃく持ちの家長・新平の身辺を固めて暮らしてきた。彼女らは、官職にある者の家庭は質素と清廉が身上とわきまえ、家長が権勢を上りつめても、奢侈や賄賂を近づけなかった。ただ、来客は心を尽くして饗応した。いまは長女の愛子が、この家風を引き継ぎ、一族の主婦役を懸命にこなしている。母屋を中心に、周囲にいくつもの家屋が並ぶ邸内の配置は、郷里水沢から持ち越してきた一族郎党の平城《ひらじろ》を思わせる。

新平の八歳年下の弟・彦七の一家も、門から望むと車回しの左側、「北荘」と呼ばれる日本家屋に暮らしていた。もとは官吏だったが、財政上の不始末があったことから、新平は彼を公職から退かせて、邸内の世話役にあたらせていた。子、孫たちに恵まれ、多人数な一家だった。

1924年、姉・和子6歳と俊輔2歳。

新平の長男・一蔵は、米国コロンビア大学を卒業して帰国後、実業界に入って、結婚。この年、最初の子、利恵子が生まれる。そのさいも、新平の老母・利恵が死去した直後だったことから、こうした名前が付けられた。この一家も、屋敷内に住んでいる。

ほかに、二人の執事、常時数人の秘書と書生たち、門番、運転手、女中たち、さらに、母屋の北東側に花畑があり、そこには園丁の老人がいた。来客があるときは、和洋中華の有名店から料理人が呼ばれて、広い厨房で調理にあたった。

後藤新平は子ども好きな一面があり、少年団（ボーイスカウト）の日本連盟初代総裁（のち総長）という役職まで引き受けた。洋館の広い庭などがしばしば少年団に開放されて、子どもらが駆けまわる。新平本人も、少年団の制服〝健児服〟を好んで着込み、行事などに参席した。

ところで、「南荘」で眠る赤ん坊の名は、なぜ「俊輔」になったのか？

むろん、父・祐輔にあやかり、「輔」の字をもらった。だが、由来はほかにもあって、日本の初代総理大臣、伊藤博文（一八四一年生まれ）の青年時代の名前が、「伊藤俊輔」なのだった。

父・祐輔は、一八八五年（明治一八）の生まれで、ずっと優等生で過ごした人である。岡山中学を首席卒業、第一高等学校でも首席卒業、東京帝大法科では、惜しくも首席卒業の銀時計を逃して、次席だった。そこで、よけいに一番へのこだわりが昂じたかもしれない。すでに一高時代から弁論部に所属して弁舌を磨き、いずれは政治家として天下に打って出たいという〝青雲の志〟を抱いていた。めざすは当然、日本の総理大臣。だから息子の名前も「俊輔」。つまり、これは、むしろ父・祐輔にとっての大望の表明でもあった。

伊藤博文は、韓国統監当時、皇族以外で「殿下」と呼ばれる、ただ一人の日本人、といった地位にある状態だった（新渡戸稲造『偉人群像』）。このことは、それほど強大な権限が、韓国統監には認められていることを示してもいた。その人物が立身出世の最高峰とされた時代に、父・祐輔は学生時代を過ごしたわけである。

東京帝大法科を卒業すると、内閣拓殖局を経て、鉄道院につとめる（後藤新平は、ここで上司にあたる鉄道院総裁と拓殖局総裁を兼任していた）。この時期、東京帝大時代の恩師でもある新渡戸稲造に随行し、米国、さらにヨーロッパへ公務としての旅行を続けた（一九一一～一二年）。その経験は、鶴見祐輔自身にとっても、後年「広報外交の先駆者」（上品和馬）とみなされる華やかな履歴の序曲となった。長い旅からの帰国後まもなく、新渡戸夫妻の媒酌で、後藤新平の長女・愛子を妻とした。

後藤新平その人と伊藤博文のあいだには、深い絆が続く。伊藤が韓国統監に在職した期間（一九〇五～〇九年）は、後藤新平が初代満鉄総裁に就任していた時期（〇六～〇八年）に重なる。その間、後藤は、かねて政見を慕ってきた一六歳年長の伊藤に、しばしば会見の機会を求めた。とくに重要なのは、一九〇七年九月、この両者が、ともに赴任地（伊藤が朝鮮・漢城〔現在のソウル〕、後藤が関東州・大連）から内地に戻ったおりをとらえて、広島の厳島で一泊二日の会談に及んだときである。そのさい後藤は、伊藤に対し、持論の「新旧大陸対峙論」にもとづく建言を行なった。

満鉄総裁に就任するにあたって後藤が構想した鉄道の未来図は、日本の下関から鉄道連絡船で朝鮮の釜山と結び、そこから、朝鮮の縦貫鉄道（当時の統監府鉄道）と満鉄で中国東北、さらにロシア経営の東清鉄道とシベリア鉄道でヨーロッパへとつなぐ「国際鉄道」の動脈を、ユーラシア大陸を横断して確立させることだった。これによって鉄路でつながる日本とロシア、ヨーロッパの「旧大陸」諸国は、一致して中国をも抱きとることで、新興の米国という「新大陸」国家が、中国に進出してくる動きに「対峙」する、という図式である。

厳島での会見では、さらに後藤は突っ込んで、伊藤に具体的な行動を直言した。それは、韓国統監の地位を辞任して、自由な立場でヨーロッパ諸国をまわり、対中国を基軸とする「東洋平和の根本策」を協議してきてほしい、ということだった。

……後藤が描く、この〝大風呂敷〟な世界地図の枠組みは、十数年後のヨッフェ招請まで基本的には変わらない。

この一夜の会見は、伊藤博文という老練な大物政治家の胸中にも、深い印象を残したらしい。二年近く過ぎ、一九〇九年夏。今度は、伊藤から、第二次桂太郎内閣の逓信大臣となった後藤に、意見を求めてきた。

――韓国統監を辞めた。いよいよヨーロッパを巡って中国問題を協議してこようと思うが、どうか？――

これに対し、後藤は、それより自分に一案があります、と答える。

――ロシアのココフツォフと会談する気はありませんか？――

自分が書簡を送ってハルビンに招けば、ロシア帝国の財務大臣ココフツォフは極東に来る、という約束ができています、と後藤は伊藤に言うのである。それほど強力な国際的コネクションをすでに後藤が手にしているということに、当初、伊藤は半信半疑でいる。だが、後藤が動くと、ほどなく、これは実現する運びとなった。

その秋、一〇月二六日、朝九時。

伊藤博文ら一行を乗せた特別列車は、長春から東清鉄道を夜通し走って、満洲北部ハルビン駅のプラットホームに滑りこんでくる。会談相手のロシアのココフツォフ財務大臣らが、これを出迎える。列車が到着すると、ココフツォフが車両内に乗り込み、二〇分ばかり初対面の挨拶などが交わされたのち、一同が下車して、プラットホームで歓迎の儀礼が行なわれた。その直後、背広姿にハンチング帽、外套をはおった男が、警備の列のあいだから近づいて、ピストルを伊藤に向けて発射する。

……まず三発が放たれ、いずれも伊藤に命中した。そのあと、さらに三発を随行の者たちのほうに向けて撃ち、彼らにもけがを負わせた。数名のロシア兵士らが犯人を組み伏せる。このとき、その男は、「コレヤ・ウラー」とロシア語で叫んだ。――韓国、万歳――。それから三〇分ほどで、伊藤は絶命する。そのあいだに、犯人は韓国人のようです、と聞かされ、伊藤は「馬鹿なやつじゃ」と漏らした、というようにも伝えられた。

実行犯が、祖国独立をたたかう韓国人義兵、安重根という名であると報じられるのは、やや遅れてのことだった。

伊藤暗殺の知らせは、後藤新平に深い衝撃をもたらした。尊敬する老政治家は、自分の勧めた行動を実行し、その行き先で暗殺に倒れた。

とはいえ、後藤当人を含む明治国家の建設者たちが、この暗殺者に対し、ことさら憎悪を抱いた様子はない。なぜなら、かつては彼ら自身も、欧米列強諸国からの圧迫に体を張って抵抗する気概で、東洋の一隅における自国社会の生成に取り組んできたからである。つまり、彼らの胸中にも、まだ、同じ暗殺者としての心情が生きていた。

明治国家建設の第一世代にあたる伊藤博文自身は、なおさらだった。彼は、佐幕派とにらんだ国学者（塙次郎）を、同志の若者（山尾庸三）と二人がかりで斬り、暗殺したこともある。英国公使館の建物に火を放ち、焼亡させもした。抵抗のテロリストとして、彼自身が生きていた。追いつめられて、切腹して果てようとする仲間たちの無惨な苦しみも、いやというほど見てきたと語る。明治の元勲の地位を上りつめても、その様子が目に焼きついて消えない。つまり彼も、かつては一人の〝安重根〟だった。だから、――「馬鹿なやつじゃ」――絶命のまぎわ、もし彼が本当にそう漏らしたとするなら、〝おまえが本当の標的とするべき相手は、おれではないぞ〟という思いも、ここに含まれていたのではないか。伊藤が、明治政府の当局者のなかで、韓国併合については慎重派に属したことは確かである。暗殺者当人だけが知る気持ちの行き交いが、少なくとも、そこにはあったように思われる。

むろん後藤新平にも、それに似た心情は流れていた。なぜなら、わが手で人を殺した経験こそなかったが、彼もまた、謀殺が疑われた事件にからんで、牢獄につながれた経験を持っていたからである。

内務省衛生局長をつとめていた三〇代なかばごろ、彼は「相馬事件」に連座して、およそ半年のあいだ獄に囚われたのだった（一八九三～九四年）。相馬の旧藩主が脳病を患ったとして座敷牢に押し込められたことに端を発するお家騒動だったのだが、元来が医師であった後藤は、法医学的な見地からもそれに疑いを抱いて、旧藩主を救出しようとする旧家臣に肩入れした。やがて旧藩主は急死し、毒殺説まで浮上する。ついに、墓をあばいて、遺体から毒物が検出されるかの検証が行なわれるが、毒物使用は立証できずに、今度は、旧家臣らが誣告罪に問われる。こうした成り行きに連累して、後藤も鍛冶橋監獄署（現在の東京駅八重洲口付近）に投獄されるに至る。順調に出世を重ね、長男・一蔵も生まれたばかりのときだった。

「めざめよき　ことこそなさね　なにわえの　よしとあし〔葭と葦／良しと悪し〕とは　いうにまかせて」

と、心境を託した歌を、彼は獄中で詠んでいる。

また、漢詩を賦することもあった。『荘子』の「蝴蝶の夢」に拠って、こうしたものも。

来々去々蝶ノ身カロシ
ヒトエニムカウ荘周夢裏ノ行
露ハヤドリ雲ハアソブモトヨリ自在
スベカラク前程ニムカウヲモチイズ

（鶴見俊輔『再読』での読み下し）

荘周は、荘子そのひとの姓と名。前程とは、あらかじめ立てられた計画。みずから意地を張るところがあって、こうして獄中の身となった。長男の一蔵が生まれたばかり、順調だった官途も頓挫を迫られる。

——自分の思うところにしたがって自由にやっていくつもりなので、将来のことなど、どうなることかわからないよ。——

と、強がりながら、自分を励ましているというところか。

やがて地裁で無罪判決が下り、検事側から控訴がなされるものの、保釈によって出獄する（一八九四年五月）。控訴審で無罪が確定するのは、同年一二月のことである。

彼は、こうした入獄の事実を、不名誉とは考えなかった。むろん、世間では、彼のもとから去っていく者も多い。だが、母・利恵は、眉一つ動かすことなく息子の無罪を信じ、父亡きあとの家中を支えた。新平は人のために獄に入ったのだからと、ほかの家中の者に申し渡して、いっそう倹約した暮らしを求めたという。妻・和子も、そうだった。そして、岳父・安場保和が、この件で一度も嫌な顔を見せずに通してくれたことに、のちになっても彼は感謝した。一家の「平城」に蟠踞して天下に対する、という彼の構えは、こうした経験を通して、できあがってきたものだろう。

のちのち、彼は自分の子どもらにも、牢屋での経験を自慢して聞かせることがあった。長女の愛子は、やがて母親となり、その子、和子や俊輔たちにも、そうした逸話を語ってきかせた。彼女は、自身の父親を地位と名声ある人として尊敬したのではない。むしろ、入獄しても怯まなかった家長として、敬服しているところがあった。彼女は、地位におもねる心持ちを軽蔑した。家長の高位ゆえに、一族にうぬぼれが生じることを恐れてもいた。それは、亡母・和子が、彼女を育てるおりおりに、絶えず言い聞かせたことでもあった。

鶴見祐輔とは違って、妻・愛子は、夫が総理大臣となることなど望んではいなかった。ただ、古風な武家育ちの婦人として、いつでも夫を立てており、彼の望みが叶うことを願ってはいただろう。美丈夫な夫・祐輔とは対照的に、妻・愛子は痩せて背が高い。実際に、夫と並んで立つと、彼女のほうが少しばかり高かった。だから、自分の背丈については子どもたちにも低めに伝え、家族で出かけるときなどには、わざと少し離れたところを遅れがちに歩いていた。

わが子、俊輔が学齢にさしかかるころになると、彼女は息子が「将来、総理大臣になる」などと言うと、悲しい顔をした。「小間物屋でも開いて、地道に暮らしていきます」とでも話せば、この母を喜ばせるということは、息子としてもわかっていた。

ここには、道徳的なダブル・バインド（二重拘束）があった。無邪気に総理大臣になることを自身で望み、わが子にもそれを託した名前をつける父親と、その夫を愛しながらも、政治家としての野心を虚しいものとみなしている母親。

こうした両親のあいだで育つと、とくに長男の上には、父母それぞれからの期待が大きくのしかかる。だが、父の向日性の価値観に沿って不用意にものを言うと、母親を悲しませることになる。だから、息子には、つねにアクセルとブレーキが同時にかかって、苦しくなる。

この母親は、いたってマジメで、口先だけで理想を説きながら自分は寝転んでさぼっている、というようなところがない。全身全霊で言行一致を続ける、自己犠牲と正義の人だった。

ともあれ、あの伊藤博文暗殺事件から、すでに十数年が過ぎている。そして、この一九二三年、老齢に達した後藤新平が、みずから実行に移そうとしているのも、かつて自分が伊藤に建言したのと同型の「新旧大陸対峙論」にもとづく政治行動なのである。ただし、以前の提携相手だった帝政ロシアは、一九一七年の社会主義革命によって打ち倒されて、革命ロシアへと変わっている。もっとも、後藤新平自身は、これら二つの体制のあいだに、さほど本質的な違いを認めていないようなのだが。

——日本は、革命ロシアとの国交を早期に開いて、中国を取り巻く旧大陸全体としての安定した関係を構築し、やがて進出してくる米国という新大陸の勢力に、対峙していくほかに道はない。——

伊藤ができずに終わったことを、自分が果たさなければと、後藤新平は考えていた。そして、ヨッフェとの長期交渉のなかばで、これの打開に集中するために東京市長という重職を辞したのも(同年四月)、かつて伊藤に韓国統監辞任を求めたのと同じである。

「俊輔」と名づけられた赤ん坊にとっては、こうした家に生まれ落ちてきたこと自体が、巡り合わせのようなものなのだが。

父の鶴見祐輔は、自分たち一家が暮らす「南荘」で、月に一度、「火曜会」という集いを催している。

新婚まもないころは、この後藤新平邸の裏手、宮村町のずっと小ぶりな家に暮らしていた。その家に、一高弁論部の後輩たちが集ったのが「火曜会」の始まりだった。華やかな交際の広さが祐輔の持ち前で、日銀理事・深井英五、法制史家・瀧川政次郎、朝日新聞記者・杉村楚人冠、満鉄理事・松岡洋右、国民新聞社社長・徳富蘇峰らが講師役に招かれ、西洋菓子が振る舞われて、夜更けまで論談が続いた。毎回、数十人の参会者がひしめき、二階の床が抜けるのではないかと不安視されるありさまだった。

広い「南荘」に住まいを移して「火曜会」も再開すると(一九二二年)、参会者は百人を超えた。再開後の初回の講師は、島崎藤村。さらに、有島武郎、小山内薫……と、講師の人選は続いている。参会者には、婦人もいる。たとえば、産児調節運動の推進者として知られる石本静枝(石本恵吉男爵夫人、のちの加藤シヅエ)。この人は、祐輔にとって、年の離れた実姉の娘で、つまり、姪である。また、「婦人公論」記者の波多野秋子もいた。

朝夕、新聞配達夫としてここを通りがかるだけの秋山清には、憧れの作家である有島武郎まで、ここに出入りすることがあろうとは、まだ知るよしもない。

まもなく秋山清は、新聞配達の仕事を辞める。

四月早々に日本大学予科の入学試験があるので、二日間休みたいと店に頼んだが、主人は断じてダメだと言って許さない。むしゃくしゃしているところに、先輩格の店員が、高飛車に余分な仕事まで押し付けてくる。挙げ句に横面をひとつ張られた。よーし、と腹を決め、相手の眠っている枕を蹴飛ばし、あわてて起き上がってきたところに、何発か見舞った。ひどい騒ぎになって、店は追い出された。だが、これで日大予科を受験して、入学することもできたのだった。

とはいえ、稼ぎも要る。新しく見つけた仕事は、京橋にある第一生命のビルのエレベーターボーイである。当時、実業用の建築としては、東京でいちばん高いとも言われる七階建てのビルだった。

夏になる。七月のある朝、エレベーターを運転していると、ビルのテナントの一軒のおばさんから、

「有島さんが心中して、ウジが湧いていたそうよ」

と声をかけられた。

有島武郎が軽井沢の別荘で、人妻の「婦人公論」記者、波多野秋子と心中をした。二人は首を吊り、死後ひと月ほどが過ぎており、腐乱した体全体にウジがどっさりたかっていた、というのだった。そういう、ものの言い方までもが、この若者にはひどくこたえた。

盛夏にいったん帰省し、東京に戻ってきたのが、八月三一日。

あくる九月一日から、ふたたび第一生命のビルでの勤務に戻る。正午前、ビルの裏手側の社員専用エレベーターを動かしていた。社員食堂がある四階で、早めに昼食をすませた男女の事務員たちが、どやどやと乗り込んだ。そこで操作用のハンドルを回そうとすると、電灯が消えた。「停電だ」との声が上がり、皆がぞろぞろと外に出て、自分だけがエレベーターのカゴのなかに残った。

その瞬間、激しい上下動が起こった。続けて、すさまじい横揺れになった。揺れ動くエレベーターのカゴの鉄格子に、懸命につかまる。やっと大揺れが静まってきて、這うように四階のフロアーに出た。とたんに、二度目の大揺れがやってきた。鉄筋コンクリートの建物全体がぎいぎいと鳴り

わたり、斜めに歪む。四つ這いになって、なんとかこらえた。収まったところで、食堂のなかを見ると、女事務員たちが抱きあったり、坐り込んだりして、泣き叫んでいる。窓のほうを指さす人がいるので、駆け寄ってみると、見えるかぎりの東京の街の上に、土けむりが立っていた。木骨に煉瓦づくりの洋風の建物が、ぺちゃんこに潰れて、そこからも黄色い土けむりが上がっていた。

「大地震だ」

このとき、はじめて思った。

七階建ての屋上まで、階段を駆け上がる。屋上には誰もおらず、彼ひとりだった。

浅草、南千住と思える方角に、幾筋も黒い煙が上がっていた。火災のようだった。日比谷公園の手前にも、黒い煙が立ちのぼる。そのとき、三度目のひどい横揺れが来た。――のちに、「関東大震災」と呼ばれている。

東京駅をはさんだ向こう側、神田小川町には、尖塔を備える佐野病院（佐野内科精神科病院）の立派な建物があった。そこの尖塔も大きく左右に揺れつづけた。やがて病棟内から火の手が上がり、焼け落ちていく。

病院の設立者である佐野彪太《とらた》博士（一八七三年生まれ）と妻・静子ら、ここの一家も、後藤新平の一族である。まだ新平が独身で、公立愛知病院長などとして名古屋で勤務していたころに、親しかった芸者とのあいだに生まれた娘が、静子なのである。同年に新平は、安場保和の次女・和子を娶る（二六歳、一八八三年）。そして、ほどなく静子を養女に迎えた。つまり、新妻の和子は、まず自分たちの手もとで養女・静子を育てて、結婚後一〇年を経てから長男の一蔵を生み、さらに二年後に長女の愛子を生んでいる。養女の静子は、一九〇四年（明治三七）、清国・天津の日本人租界で日本共立病院の院長をつとめていた佐野彪太に嫁ぐ。のちに彪太は、ドイツ、オーストリアに私費留学して、精神・神経科（脊髄脳神経系統学）の医業を修めて帰国する。日清・日露の戦争に送り出された兵士たちの多くに、近代戦の殺しあいで負ったトラウマによる精神・神経障害者が急増するという、社会背景からも要請された医療の新領域だった。

佐野彪太、静子夫妻には、五人の子が生まれた。長男の碩《せき》は、一九〇五年生まれで、すでに親元を離れ、全寮制の浦和高校に入って劇研究会を結成し、新劇の上演に没頭する様子を示していた。母親・静子も、歌舞伎や芸事が好きで、仕方話の上手な人だった。碩は、幼時に患った結核性関節炎のため右足が不自由で、つねにステッキが必要だったが、身ごなしはきわめて敏捷だった。劇研究会では作曲や演出も一手にこなした。後藤新平は、庶出の系統とはいえ初孫だった碩をとてもかわいがり、自由に出入りさせていた。

震災翌日に発足する第二次山本権兵衛内閣で、後藤新平は内務大臣に就任する。また、震災直後から、彼は自邸の敷地を開放し、被災者への炊き出しを始めていた。被災した佐野彪太の一家も、ここに身を寄せた。碩は、交通手段が途絶するなかを浦和から東京に向かって、遅れてここに合流した。一方、佐野病院の入院患者らは上野の森に避難している。碩は焼け残った自家用車を運転して、必要な物資を懸命に運び、患者たちを励まし、その世話をした。

また、佐野彪太の末弟に、佐野学（一八九二年生まれ）がいる。東京帝大法学部の大学院生として新人会創立（一九一八年）に加わり、満鉄東亜経済調査局などを経て、第一次日本共産党結成（二二年）に参加。さらに、この二三年五月、彼は検挙を避けてソ連に亡命していた。現地での彼の亡命生活については、来日したヨッフェを介し、後藤新平からの援助があったと言われている。（なお、佐野学は、その後、帰国して日本共産党を再建、やがてその中央委員長に就くが、一九三三年、獄中から「転向」の声明を鍋山貞親と共同で発したことが、党員らの大量転向を導き、共産党崩壊への序曲をなす。）

震災直後の戒厳令下、被災地の各所で、自警団などによって数千人と言われる朝鮮人の殺戮が続き、軍による社会主義者たちの殺害（亀戸事件）も起こった。

丸山眞男（一九一四年生まれ）は、このとき、四谷区（現在の新宿区）愛住町四八番地に住み、四谷区立四谷第一尋常小学校に通う四年生。満九歳。彼は、被災下、「恐るべき大震災大火災の思出」と題する綴り方を鉛筆書きして、残した。そこに、こう書いている。

《今朝起きた。火事はまだやまないそうだ。もう家はやけてゐるかしら、愛住町あたりは。行く時に、愛住町がやけてゐると言つてゐたのでもう焼けてゐるだらう。

（中略）

それから又朝せん人が、ばくだんを投げたり、するそうで、市の方で、けいかいが、げんぢゆうになつたから、こつちの東中野の方へ来たと言ふ話だ。ここまで逃げてきて、ばくだんで、やられたら、こなみぢんに、なるだらう。と思うと、思はず、身ぶるいする。昼頃になつて、火はまつたくやんだ。》（九月二日）

《お父さんは、こんぼうをもつて、「ガラン〳〵と通りをけいかいしてゐる。それは、朝せん人が、悪い事をするからである。

毎夜〳〵、近所の人と、かはりばんこに夜、あやしい者が見へたら誰何するのである。》（九月五日）

彼の父親は、ジャーナリストの丸山幹治。「大阪朝日新聞」を一九一八年の白虹事件（寺内内閣による言論弾圧事件）で、鳥居素川、長谷川如是閑らとともに退社。目下は、満四三歳で、「読売新聞」の経済部長である。

引用した九月三日の文に「東中野」とあるのは、丸山母子ら十数人で東中野の長谷川如是閑宅に身を寄せているからだ（父・丸山幹治は、愛住町の自宅で留守居している）。後年、丸山眞男が回想するところによると、このとき、長谷川如是閑もガランガランと鳴る長い鉄棒を持って見まわりに出たのを覚えているという。（丸山眞男「如是閑さんと父と私――丸山眞男先生を囲む座談会」）

九月五日の引用文は、四谷・愛住町の自宅近く、井上亀六（母方の伯父、政教社社主）宅に戻って記している。

さらに、少し時間が過ぎると、周囲の大人たちにも冷静さが戻ってきたらしく、一〇月初めに入ったころか、「付録二　自警団の暴行」と題して、震災下の自警団による行動を丸山少年は批判的にとらえかえした。

《震火災の後、朝せん人が、爆弾を投げると言ふことが、大分八釜しかつた。それであるから、多くの、せん人を防ぐのには、警察ばかりではどうしても防ぎきれない。それから自警団と言ふものが出来たのである。だが、今度の自警団はその役目をはたして居るのではなく、朝せん人なら誰でも来い。皆、打ころしてやると言ふ気だからいけない。

朝せん人が、皆悪人ではない。その中、よいせん人がたくさん居る。それで、今度は朝せん人が、二百余名は打殺されてゐる。その中悪いせん人は、ほんのわづかである。それで警察の方ではなほいそがしくなる。それであるから今度の自警団は、暴行を加へたことになる。しらべて見ると、中には、せん人をやたらに、打殺したので、警官が、しば〔縛〕らうとすると、それに、うつてかかつて、さんぐ〵なぐつた末、警察にまでおしこんで行くやうならんばう者もある。このやうにするのなら、あつてもなくても同ぢである。かへつてない方がよいかもしれない。こんなことなら自警団をなくならせた方がよい。

自警団とは前にも申した通り、警察ばかりでは防げないから、そこで自警団と言ふ物を作つたのであつて、決して、朝せん人を殺すやくめとはまつたくちがふ。》

このとき一九歳の秋山清の場合は、朝鮮人来襲の噂を当初からまったく信じられずに、町内の自警団に対して、襲撃なんてあるものか、と説得を試みた。さらに、自身は、夜警に出ることも断りつづけた。だが、そのことが原因となって、震災から一〇日経たないうちに、麻布区龍土町三三番地（現在の港区六本木七丁目）の下宿先の主人から、ご近所から苦情が出ているので、と言い渡されて、追い出される。

九月一六日には、大杉栄と、内縁の妻・伊藤野枝、甥の橘宗一（六歳）が、東京市郊外、淀橋・柏木（現在の新宿区）の自宅近くで憲兵隊によって連れ去られ、麹町憲兵司令部に押し込まれたまま消息を絶ってしまった。同月一九日、殺害された三人の遺体が、古井戸から見つかる。ただちに、新聞には記事差し止めが命じられた。当日の閣議で内務大臣の後藤新平が「人権蹂躙だ」と大声で不法行為をなじったと、記事差し止め解除後になって「読売新聞」は報じている（同年一〇月九日付）。

有島武郎に続き、こうして大杉栄も死ぬ。その二人の死は、秋山清という若者を震撼させた。これなどがきっかけとなり、まもなく、彼は「詩らしきもの」を書きはじめる。

まだ満一歳の鶴見俊輔に、大震災の記憶はない。だが、一族の食卓では、これ以後、毎年九月一日の昼食に、炊き出しで配った焼きおにぎりを出すことが、新しい家内行事に加わった（鶴見俊輔「関東大震災の記憶」）。そうした子どものときからの慣習によって、焼きおにぎりは、彼の好きな食べ物の一つでありつづけた。

後藤新平が作った家庭と血族は、これらのほかにも、さらにある。

河崎きみ（一八九六年生まれ）という女性がいた。東京の育ちで、後藤新平より三九歳年下である。一九一〇年（明治四三）、満一四歳になる年に「桃千代」の名で新橋の花柳界に出て、まもなく後藤新平と出会った。一七歳になる年に落籍され、花柳界から退く。そして、赤坂に住まいをあてがわれ、暮らしはじめた。その年（一九一三年）に第一子、三郎（夭逝）を産んでいる。第一子なのに「三郎」なのは、正妻・和子とのあいだの長男・一蔵のあと、べつの女性とのあいだに次男・平八（のち藤澤喜士太の養子となり、藤澤姓を名乗る）がいて、三番目の男子と数えられたからだという。

これからあと、きみと後藤新平のあいだには、さらに六人の子どもが誕生し、一九二五年（大正一四）生まれの小五郎が末っ子である。孫の俊輔より、さらに三歳年下のわが子ということになる。この間、新平の妻・和子は、一九一八年に没する。それ以後、邸内に同居する老母・利恵、姉・初勢らには、河崎きみを後妻とするのもよしとする気持ちがあった。彼女らのあいだに、ある程度の行き交いがすでにあり、それなりの信頼が築かれていたからでもあったろう。（河崎充代『無償の愛——後藤新平、晩年の伴侶きみ』）

ただし、後藤新平は爵位があり、結婚には宮内省の許可を要する立場である。よほどの決意が伴わないと、そこまで漕ぎつけるのは難しかったのではないか。実際には、老母・利恵の没後（一九二四年ごろ）、入籍はしないまま、きみたちの住まいだけが後藤邸内に移された。

きみたちに用意された小さな家は、母屋や洋館が建つ小高い場所から、裏手の潜り戸を抜け、蕗の茂る傾斜地を南東に下っていった谷地のはずれに建っていた。毎朝、そこから、きみは母屋に通い、新平がいるときには夜更けまで身のまわりの世話をした。末っ子の小五郎が生まれるのは、ここに来てからである。その上の清（一九二三年生まれ）とともに、手もとに置き、この屋敷内で育てた。小五郎は、新平の弟・彦七の籍に、その息子として入れている。

きみと新平のあいだには、第三子の武蔵（二〇年生まれ）からあと、ほとんど年子で、子どもらが生まれていた。ちょうど、産児制限運動の提唱者マーガレット・サンガーが来日する時期（二二年）で、熱心な支援者である石本静枝が、きみのところにも産児調節を勧めにきた。母体の健康をおもんぱかってのことだったろう。だが、彼女も一族の親類筋（鶴見祐輔の姪）なのだから、きみは圧迫に近いものを覚えたのではないか。

新平の姉・初勢も一九二五年（大正一四）三月に没している。

これに前後する時期のこと。

新平の跡取り息子（爵位継承予定者）である一蔵が、騒ぎを起こした。お妾さんを自邸内に住まわせているのは異常だと怒りをぶちまけ、父親の新平をはり倒してしまったのだ。新平は激怒し、この親不幸者を廃嫡する、と言い渡す。

一蔵の妹・愛子（鶴見祐輔の妻、俊輔の母）は、これを猛烈な勢いで止めに入って、なんとか廃嫡だけは思いとどまらせた。だが、新平の憤りは収まらず、一蔵の一家は屋敷を出て逼塞する、ということになった。

一蔵の一家(この時点で、一蔵と妻・春子、長女・利恵子、次女・美智子がいた)の逼塞先として手配されたのは、麻布の十番通りの谷筋の向こう側、蕎麦屋に隣接する小さな家である。

しばらく、そうやって時間を置き、父・新平の怒りが静まってきたところで、愛子は、一蔵の一家を後藤邸内に呼び戻すように取りはからう。つまり、自分たちが暮らしてきた「南荘」を明け渡して、そこに一蔵一家を住まわせ、代わって自分たち鶴見家が、谷向こうの蕎麦屋前の小さな家へと引っ越す。限られた期間のことだったようだが、家長・祐輔は、そのあいだ、米国遊説などが続いて家を空けていた。だから、そこで暮らしたのは、母・愛子、姉・和子、俊輔という母子三人であったろう。この下町暮らしのあいだに、俊輔は、近所にやってくる紙芝居などを見た。そういう記憶があるらしい。

一方、四つ年上の姉・和子には、違った感情も生じた。この小さな家から、後藤の屋敷に出向いたおり、弟の俊輔が「門番の子」と間違えられた。それについて、和子がひどく泣きじゃくっていたのも、俊輔は覚えている。


一九二五年三月終わり近く、こんなこともあった。

まもなく六八歳になる後藤新平は、一カ月間に及ぶ日程で、満洲・朝鮮への旅に出発するところだった。ハルビンにある日露協会学校（のちの哈爾濱《ハルビン》学院）の卒業式に参席することが、表向きの目的とされていた。

随行は、日露協会幹事の田中清次郎を筆頭として、総勢一七名での旅である。田中は、かつて一九〇九年に、伊藤博文が同じハルビン駅頭で暗殺されたおりにも、満鉄理事として随行し、安重根が発射した銃弾で負傷した。当時三七歳だった彼も、すでに五〇代前半に差しかかっている。二年後のモスクワ行きの旅でもそうだが、晩年の後藤新平の外遊では、この人物が懐刀の役まわりを果たす。

また、この一行には、東京帝大法学部の受験に合格したばかり、満二〇歳の佐野碩も加えてもらっている。帝大に合格したご褒美に、新平は、愛孫を同行させることにしたらしい。

往路、朝鮮の京城（併合前の漢城、現在のソウル）に一行は立ち寄り、京城少年団の観閲を行なったあと、夜は斎藤実総督が朝鮮総督官邸で催す晩餐会に出席した。斎藤実は、後藤の一歳年下で、幼時、郷里の水沢でともに育ったころからの親友である。

満洲では、北部のハルビンまで往復する途上の奉天（現在の瀋陽）で、奉天派軍閥の総帥・張作霖と二度にわたって会談した。

この会見で、後藤新平の側から話題としたのは、主に二点だった。

第一は、阿片の専売制度に関して、後藤自身が内務省衛生局長、台湾総督府民政長官（当初は民政局長）をつとめたおりの経験と実績を踏まえて助言したことである。後藤は、台湾で自身が採用したのと同様の漸禁策、つまり、ある程度の税収をそこから得ながらも、徐々に全面禁止に向かうという方策を勧めている。

第二は、北京への進出という政治的野心を自制して、満洲経営の発展に注力するよう、張作霖に説得を試みたことだった。

張作霖は、阿片政策については明らかに後藤の助言に心を動かされた様子を示す。だが、第二の点については、はっきりした反応を示さずに終わる。

第二節　祖父・新平と父・祐輔

鶴見祐輔は、一九二四年（大正一三）二月、満三九歳で鉄道省監察官を辞職。在職一四年で官職から離れた。

一高で弁論部に所属したころから抱いた、政治家として天下国家に理想を実現する、という大望を彼は忘れることができなかった。恩師・新渡戸稲造に従っての渡米中（一九一一～一二年）に現地で大統領選挙戦を目にして以来、長く心酔してきたウッドロウ・ウィルソンは、すでに米国大統領の地位も退き、おりしもこの二四年二月三日に没する。いずれは自分で内閣総理大臣として国政にあたりたいという大願を抱く彼にとって、ウィルソンは、理想主義、自由主義、そして国際精神を体現する、憧れの国家指導者像でありつづけた（『壇上・紙上・街上の人』）。

第一次世界大戦後の世界秩序は、どのような方向にむかって国家間の関係を形成することになるのか？　鶴見祐輔という若手官僚は、こうした課題を抱いて、一九一八年（大正七）九月から二一年五月、三年近い期間にわたって米国とヨーロッパへの出張を続けた。その経験から、彼は「新自由主義」という自身の政見を掲げる。個人絶対の権威に立つ旧自由主義に対し、「国家と社会を否定しない」新しい自由主義なのだという（鶴見祐輔『中道を歩む心』）。このときも、かつてウィルソンが一九一二年の大統領選で掲げた‘The New Freedom’との標語が、脳裏にあったのではないか。

なお、この間、鶴見祐輔の妻・愛子も、欧米に滞在した時期がある。彼女は、一九二〇年七月にパリに渡って祐輔と合流し、しばらく行動をともにしてから、同年九月、さらに単身で米国に渡っている。海外航路による長旅を自分一人でできる女性だった。一〇代に学習院女学部で学んだころは優等生で、皇族に対する実験の説明役なども任されていたそうで、英語、そしてフランス語もいくらか話した。

米国到着後は、マサチューセッツ州ウェルズレーに滞在し、優雅な校風の女子大学として知られたウェルズレー大学で学んでいる。同年一一月、夫・祐輔も米国に渡っているが、彼にはニューヨークなどでの職務があり、さほど一緒にはいなかったのではないか。そして、翌二一年五月、夫婦揃って日本に帰国した。

すでに、この夫婦のあいだには、長女・和子（一九一八年六月生まれ）が誕生している。つまり、愛子は、満二歳を迎えたばかりの長女をおよそ一〇カ月間、父・新平の屋敷内に預けて、日本を留守にしたのである。

のちにも、祐輔たちが国際的な非政府組織、太平洋問題調査会（ＩＰＲ）の活動として取り組む太平洋会議に、愛子は重ねて婦人代表として加わる（第一回は一九二五年・ホノルル、第二回は二七年・同）。そのほか、米国、カナダ、中国などへの祐輔の渡航に同行することもあった。

にもかかわらず、こうした愛子の社会的な行動が、一族の履歴をたどる上で、ほとんど記録の表面に表れてこないのは、おそらく、彼女自身が、この種の自分の行動にさほど重きを見いだしていなかったからではないか。たしかに、太平洋会議の「婦人代表」というのも、彼女らに託されるのは、もっぱら「社交」という会議場外の役回りなのだ（井上準之助編『太平洋問題――一九二七年ホノルル会議』）。これならば、後藤邸内の主婦役として、ふだんから彼女が心を砕いている役回りと変わらない。

むしろ祐輔のほうが、当初より、いずれこうした国際舞台で欧米式に夫婦相伴っての社交術をとりたいという考えがあり、ウェルズレー大学への愛子の短期留学についても、そうした準備の一環として、彼が率先して実現させたのではないかと思える。なぜなら、その「優雅な女子大学」たる校風は、もとより彼のお気に入りのものだったらしく、のちに長女・和子が米国留学をするにあたっても、彼はこの大学を勧めている（だが、和子は、同じ女子大学でも、より自由な校風で反戦運動などが活発なヴァッサー大学を選ぶ。〔鶴見和子「自分と意見のちがう子どもを育てた父親への感謝」〕）。

夫からの求めであれば、お手伝いをいたしましょう、といった動機で、愛子という人は、こうした社会行動を取ったのではないか。そうであっても、これだけ大胆な動きを軽々とやってのけられるところに、この人の凄みのようなものがある。単身、国際航路で海を越え、見知らぬ異国の町で独居するようなときでさえ。こつこつと、習いごと、語学の勉強などを重ねることは、もとより性に合っている。

日々の暮らしの上で、彼女は、暇の楽しみというものを持ち合わせない人のようだ。

亡き母は、娘を貧苦に耐えるように武士の如くしつけた。政治家の家という浮沈の多い暮らし向きには、必要な心得であったろう。父親の新平が地位を得てからは、世間の誘惑に心を動かされない堅固さが、いっそう必要なものとなる。

自身では、社会的な活動よりも家庭内の仕事が好きで、夫と子どもの世話に全力を注いだ。趣味は茶の湯で、また、庭木や草花の手入れを好んだ。父親も夫も、おしゃれで外向的な人だったので、自分の時間としては、静けさに安らぎを求めたのだろう。一方、世話好きで、気の毒な人のことになると、自分の弱い体のことを忘れて奔走する。夫が選挙に出はじめてからは、その世話に尽くした。子どもらの目からは、これも健康をそこねる原因の一つとなるのだが。

後藤新平も、鶴見祐輔も、酒はあまり飲まなかった。自邸で来客に酒食を供していても、せっかちな新平自身は「おい、めしだ、めしだ」と給仕を催促し、さっさと食べてしまう。活力に満ち、夜や早朝は勤勉に読書するのが、両者に共通するところだった。

女婿の祐輔のほうは、加えて能書家で、健筆でもあった。学生時代に残した受講のノートの文字さえ、美しく整って、内容も漏らすところなく行き届いている。書斎に籠れば、四百字詰め原稿用紙で日産七〇枚ほども、ペンを止めることなく書き続けた。演説の準備は、全文をノートに記してから鏡の前に立ち、身振りをつけて練習したという。

東南アジアの諸地方を視察して記した『南洋遊記』(一九一七年)が好評を得て以来、ほとんど外遊のたびに出版する自著(版元は多くが大日本雄弁会講談社)は次々に版を重ねて、やがては『英雄待望論』(二八年)が五〇万部、小説『母』(二九年)が二四万部という大ベストセラーを記録する。『母』は、すぐに舞台化、映画化、さらに、みずから英訳にあたって米国でも刊行し(三二年)、現地の社交界で華やかな出版パーティまで開かれた。

だが、これらの文章は、急ぎ足で書かれるだけに、どれも通俗的な紋切り型をなしてしまっているのは否めない。鶴見祐輔当人は、豊かな教養と審美眼を備え、こまやかな感情の持ち主だった。そのことと、こうした大ざっぱな文章を書き飛ばしていくのを自分に許していたことが、どうやって、この人のなかに両立していたかはわかりにくい。そこに、彼の狂気のようなものが宿っていたと言えればいいのだが、どうやら、そうした痕跡さえ見つけられない。

おそらく彼は、どこまでも、いたって正気の人なのである。

穏やかな家庭人だった。母親が厳しく子どもたちを叱りつづけるときには、割って入って止め役を果たす、優しい父親でもあった。ハンサムで華やかな有名人でありながら、よそで浮名を流すことなどなかったのではないか。

　祐輔の父親（鶴見良憲）は、激しいところがある人だったらしい。まだ一〇代のころ、気に入った娘といっしょになろうとして、備中黒鳥（現在の岡山県高梁市）の士族という身分を売り払って、北海道に渡り、屯田兵となった。殖産興業の時代に内地に舞い戻ると、群馬県新町で紡績会社の工場長をつとめており、祐輔はそこで生まれた。当時、父親は、地元の人たちから「御役人」と持ち上げて呼ばれ、家庭の外にも女性を囲って暮らした。のちには、さらにそこから流れて、わずかな金に困りながら小田原で死に、残された子どもたちは離ればなれになった。祐輔は、離散した家族をまとめて、そこから地歩を築いた人なので、乱暴な生き方への自戒と警戒心は、絶えずこの人のなかに働いていたのだろう。

　後藤新平は、女婿の鶴見祐輔を若き「懐刀」として重用しながらも、かねて「御親兵一割損」と称するやりかた（自分の息がかかった者は、あえて割り引いて処遇する）で、官途の上では冷遇とも取れる処遇を続けた。これは、権力者みずからが腐敗を遠ざける上で、一つの見識である。だが、当の祐輔としては、家庭内で「うちのおじいさま〔新平〕は、どれだけ自分を偉いと思っておいでなのだろうね」と、こぼすことがあったらしい。こうした思いも、官途に見切りを付けて、政界に打って出ようとの決心を後押ししたかもしれない。

　一九二四年（大正一三）五月、鶴見祐輔は、初めて衆議院選挙に岡山七区（真庭郡・久米郡）から立候補して、「新自由主義のために」とのスローガンを掲げるが、落選。岡山県は父親の故郷だが、岡山七区の真庭郡・久米郡は、父祖の出身地である備中町から遠く離れている。政界への転身は、ひとまず、こうして失敗に終わる。

だが、あくる六月、べつの好機がめぐってくる。

米国では、「排日移民法」が成立、日本からの移民は実質的に全面禁止されるに至っていた。この問題について、マサチューセッツ州のウィリアムズ大学で開かれる講演会で話さないかと、招聘されたのだった。続けて、ニューヨークのコロンビア大学からも講演依頼が舞い込む。現地に渡ると、最初のウィリアムズ大学での講演が評判で、さらに多くの講演依頼が殺到した。結局、二四年八月から翌二五年一一月まで、およそ一年四カ月にわたって全米各地の聴衆に「国際的正義」になった世界的な人口問題の解決を呼びかける「広報外交」を展開することになった。

度胸とユーモアを備えた祐輔の英語での講演は、好評だった。たちまち彼は米国社会でもっとも著名な日本人となって、その後も、毎年のように講演旅行にまわっている。

だが、彼は、政治家として日本の国会議事堂に立ちたい。二六年にも同じ岡山七区で衆議院補欠選挙に出るが、ふたたび落選。いくらジャーナリズム上では有名人でも、日本の農村を背景にする選挙は、やはり難しい。これからのち、日本にいるあいだは、もっとマメに岡山での遊説を続けることにした。やっと衆議院議員に初当選するのは、二八年（昭和三）二月、岡山一区に選挙区を移してのことだった。第一回の普通選挙による総選挙で、最高点での当選である。ただし、その報を聞いた後藤新平は「最高点はよくないな」と漏らしたという。政界という場所の危険を知る者としての言なのだろう。

それからも、鶴見祐輔は、華々しい有名人であるにもかかわらず、選挙では苦戦が続く。

これ以後の全選挙の成績をあらかじめ並べておく。

一九三〇年（昭和五）の衆議院選挙、同じ岡山一区で出馬し、落選。このときは、後藤新平の死去（二九年四月）後まもなく「明政会事件」という政局がらみの収賄疑惑が祐輔に対し取り沙汰されて、逆風の選挙。前回選挙の結果について、後藤新平が言い遺した懸念が現実となるものだった。

一九三六年（昭和一一）の衆議院選挙、後藤新平ゆかりの岩手二区に選挙区を移し、当選。民政党に入る。以後、三七年（昭和一二）、四二年（昭和一七）と、計三回続けて、同じ選挙区で当選。

戦後、公職追放となり、一九五〇年（昭和二五）に追放解除。五二年（昭和二七）の衆議院選挙、同じ岩手二区で落選。

翌一九五三年（昭和二八）の参議院選挙に、全国区に出馬し、当選。

一九五九年（昭和三四）の参議院選挙に、岩手地方区で出馬し、落選。

——以上、一九二四年以降の三五年間にわたって、選挙に立つこと計一〇度。このうち、当選が五回で、落選が五回。そして、選挙区もたびたび移って、計五区に及んだ。その間、一九四〇年（昭和一五）、米内光政内閣のときに内務政務次官となったが、この内閣はわずか半年の短命だった。また、戦後一九五四年（昭和二九）、鳩山一郎内閣のときに厚生大臣となったが、たったひと月半後に、鳩山首相が「天の声解散」に打って出たため、そのまま、この地位を去ることを余儀なくされた。つまり、職業的な政治家たる実績としては、ほとんどなすところなく、「下手の横好き」（鶴見和子）のままで終わってしまう。

幼い鶴見俊輔にとって、最初の記憶はどんなものだったか。書物に関してなら、まだ文字を読めずにいたころ、「しょうがパンでつくった男の子」の英語の本（*The Gingerbread Boy*）が家にあり、その男の子が住まいを出ていく場面は眼に残っているという。（鶴見俊輔「読書年譜」）

宮尾しげを『団子串助漫遊記』（大日本雄弁会講談社）が出たのが、一九二五年（大正一四）、三歳のとき。はじめは読んでもらったのかもしれないが、絵があり、ふりがながついているので、すぐ読めるようになった。表紙が取れてしまうまで何度も繰りかえし読んで、そのうち、かえって印象がぼやけてしまったように思えて、土に穴を掘り、埋めてみた。新鮮な気持ちで読めそうになったころ、掘り出してみると、湿って、アリが這っていて、みじめな気持ちになった。それでも、日なたで乾かし、また読んだ。

自分の手で、日の丸の国旗に黒い喪章をつけた日のことも覚えている。大正天皇の死去した一九二六年（大正一五）一二月二五日のことだったのではないか。

祖父・後藤新平のところには、毎日、面会客が続いた。

毎朝早い時刻に、きまって黒い大型車でやってくる人が、ひとりいた。ちょび髭に蝶ネクタイの痩せた男で、すでに老人に見えた。書生たちはひそかに「ほしぴん」と呼んでいる。星一《ほしはじめ》（星製薬創業者）という人らしかった。面会のついでに、自社の製品をいろいろ置いていくらしく、鶴見一家が暮らす「南荘」の洗面所にも、便秘薬や下痢止め、胃薬、化粧石けんといったものまで、さまざまな薬類が並んでいた。

星一は、後藤新平が台湾民政長官をつとめた時代に取り立てられて、モルヒネの国産化などで成功を収めた人である。だが、この時期の加藤高明内閣の下では、あべこべに台湾阿片令違反などに問われて、痛めつけられ、彼の会社も風前の灯という状態になっていた。もはや公職を退いている後藤に、それを救う手だてはない。それでも、星には、薬のことなどを話しだすと止まらないところがあって、いまだ毎朝のように後藤を訪ねてきては、しゃべっていく。

一九二七年（昭和二）の一二月に掛かるころ、この洋館二階の応接間に、後藤新平の子どもたち（静子、一蔵、愛子）夫婦、そして孫たちが、余さず呼び寄せられた。鶴見俊輔は、五歳だった。そのときの記憶が鮮明なのは、姉の和子である。（鶴見和子「カイロのお金」）

父・鶴見祐輔と、そのきょうだい。1925年、軽井沢別荘の庭。
後列左から、祐輔当人、定雄（次弟）、良三（三弟）、憲（末弟）。
前列右、廣田敏子（長姉）。前列中央、矢崎千代（次姉）。
その左に、娘・和子、妻・愛子と息子・俊輔。

「これからおじいさんはロシアにゆく。生きて帰るかどうかはわからない。お前たちみんなにこれを渡す」

ということを言って、「カイロのお金、新平」と筆書きした袋を祖父は一人ひとりに手渡した。

「カイロ」とは何だろう。海を渡っていくから「海路」なのか。無事に帰るようにという祈りをこめた「帰ろう」なのか。

ただ、そのとき、この場の緊張した雰囲気を彼女は覚えている。祖父・新平はすでに二度、脳溢血で倒れていた。三度目は危ない。ことに厳寒のロシアに行くことはほとんど無謀であると主治医は止めたが、祖父は主治医を伴いロシアに旅立った。

カイロは「薤露」と書く。ニラの葉に降りた露のことである。すぐに滑り落ちてしまうことから、人の命のはかなさを指すのだそうだ。「薤露の金」という風習が一般にあるものかどうか、わからない。一種の形見分け、というより、むしろ、三途の川の渡し賃のような思いに近い、惜別の儀式であったと言うべきか。

田中清次郎が、このときのロシア行きの旅でも随行員の筆頭をつとめることになっていた。

なお、今度のモスクワ行きについては、後藤新平が田中義一首相と計画を打ち合わせたさい、田中首相の側から、彼が親しくしている政商・久原房之助（久原鉱業創業者）を同行させてやってくれないか、という申し入れがなされた。後藤は、それを軽く請け合う。

ところが、そのことをあとで聞いた田中清次郎は、久原が実業家で資本家でもあることを挙げて、「断然お断りしなければなりません」と、強く反対する。田中自身も、もとはと言えば三井物産の長崎や香港の支店長をつとめていたところを、満鉄創立（一九〇六年）当時の総裁・後藤新平に副総裁・中村是公が勧めて、満鉄理事に引き抜いた人材だった。だから、田中は、国際商人の思惑などにも勘が働く。とりわけ、このとき、久原同行案に対する彼の反対は強硬で、みずから田中首相のもとに乗り込んで直談判を重ね、ついには撤回させたのだった。結果として、久原は後藤新平一行との同行をあきらめ、ほぼ同時期に別行動で訪ソを果たすことになる。

　この段階でわかっていたのは、それだけのことである。だが、二一世紀に入っての新たな研究、駄場裕司「日本海軍の北樺太油田利権獲得工作」（海軍史研究会編『日本海軍史の研究』）などを参照すると、当時の田中清次郎の判断が、どうやら、きわめて的確なものだったらしいことがわかる。なぜなら、この時期、久原房之助は、日本軍による北樺太保障占領の解除（一九二五年）後、同地の石油利権の確保をめぐって活発な動きを強めていた。とくに、一九二六年に創立される北樺太石油株式会社は、前身の北辰会以来、久原房之助率いる久原鉱業が、日本海軍と提携しながら中核を担って推進してきた事業である。後藤新平一行がモスクワで予定するソ連要人との会談が、シベリア出兵とそれに連動した北樺太保障占領の終結を受けて、今後の両国間の提携のありかたを協議する性格のものである以上、久原としては、是非とも、そこでの意思決定に一枚嚙ませてもらいたかったに違いない。

　だからこそ、そうした思惑を見越して、未然のうちに禍根を断ち切る田中清次郎は、まさに慧眼の士なのである。また、こうした人物を抜擢できる眼力こそが、後藤新平をその人たらしめてきたとも言えるのではないか。面白そうな人物と見れば誰とでも気安く面会する、人間に対する後藤の旺盛な好奇心が、そうした観察力を培っていたように思える。

（ちなみに、前述のごとく田中清次郎は、一九〇九年、伊藤博文がハルビン駅頭で安重根によって暗殺されたさいには満鉄理事として随行しており、自身も被弾して踵に負傷した。

だが、後年、〃あなたが今まで会った世界の人々で、日本人を含め誰が一番偉いと思いますか〃と問われて、「それは安重根である」と彼は即答する。そして、「残念ではあるが」と付け加えたという。〔質問者は、植民地朝鮮で企業活動を展開した小野田セメントで、戦後まもなく社長をつとめる安藤豊禄〕

田中の回想によれば、ハルビン駅での事件のさい、銃声に振り返ると、倒れた伊藤の横に安重根が立っていた。飛びつこうとするロシアの兵士や警官たちに対して、その男は手にした拳銃を高く上げ、なお一発が銃身に残っていることをしぐさも交えて示し、相手の注意を喚起しようとしていたという。〔安藤豊禄『韓国わが心の故里』〕

なお、今回の後藤新平のソ連行きへの随行のあと、田中清次郎は古巣の三井物産に呼び戻されて、商社幹部に復帰する。だが、さらにのち、松岡洋右が満鉄総裁に就任〔一九三五年〕すると、満鉄調査部の大拡張を断行するため、再度、懇望して田中を取り返してくる。役職は、副総裁待遇の調査部部長。田中は、すでに六〇歳代なかばを過ぎていた。

枢軸外交の立役者たる総裁・松岡洋右によって招かれながらも、田中清次郎は、そうした外交路線への厳しい批判者としての姿勢を保って、調査部の人員の拡充を図る。なかでも別格となるのは、調査部最高嘱託として満鉄東京支社に招いた尾崎秀実《ほつみ》の存在である。

結局、尾崎がゾルゲ事件によるスパイ容疑で逮捕〔一九四一年一〇月〕されたことを引責して、田中清次郎は満鉄調査部部長の職を退く。続いて、調査部内にも逮捕者が相次ぎ〔満鉄調査部事件〕、この組織は実質において消滅するに至る。

後藤新平と尾崎秀実一族の関わりについては、一九〇一年〔明治三四〕、後藤が台湾民政長官をつとめていた時期まで遡る。後藤自身が創刊にあたった「台湾日日新報」の漢文欄の主筆として、この年、秀実の父・尾崎秀真《ほつま》を招聘したのである。家族に連れられて台湾に渡った秀実は、このとき、まだ生後五カ月の赤ん坊だった。だが、この台湾の地での生い立ちが、ジャーナリストたる彼のアジアへの視野を彼に培ったことは疑えない。日本の植民地支配、さらには、東アジア近代史総体への眺望を、こうした家族史の交錯の上にとらえることもできるはずだ。）

ともあれ、一九二七年（昭和二）冬、後藤新平ら一行のモスクワ訪問で具体的な協議事項と考えられていたのは、以下の三点だった。

第一、対中国問題をめぐるソ連側との合意形成。

第二、ソ連領沿海州への日本人ならびに朝鮮人の入植についての合意形成。

さらに、田中首相からの依頼により、第三として、日ソ間での漁業問題の解決、という課題が加えられた。

日本からの出発は、同年一二月七日。神戸から大連行きの船に乗船した。大連から列車でハルビンに向かい、同月一二日に到着。翌日夕刻、在ハルビン官民による歓迎宴で、後藤新平は、喉を痛めていたが、伊藤博文公追悼の演説を行なった。

あくる一四日夜、ハルビン駅を発ち、モスクワに向かった。鉄路は広大なシベリアを横断し、モスクワ到着は二二日午後八時だった。

同月二六日正午、モスクワ西郊の修道院墓地で、後藤新平は、ヨッフェの墓参を行なった。先年、みずから日本に招いて交渉にあたったソ連の極東代表ヨッフェはトロツキー派に属していたが、その後、政争で失脚し、病苦も募って、この年一一月一七日、自宅においてピストルで自決していた。寒風のなか、後藤新平は帽子を取り、外套を脱ぎ、新しい墓標に向かって一礼をした。

年が明け、一九二八年一月七日と同月一四日の二度、この国の最高指導者、ソ連共産党書記長スターリンとの会見が行なわれた。

通訳として陪席した八杉貞利が証言を残している。

「側に秘書が一人いました。〔後藤〕伯はその机の正面に腰を掛けられ、私はその側にかけました。先きに案内に来た人は部屋の入口で帰りました。側に居たのは別の人です。スターリン氏の着物は例の軍服の様なもので、写真に見るような襟の折れたあれです。

その談話の態度は、伯爵の言われることを私が通訳して伝えると、なかなか返事せんのです。一寸考えてからポツポツと答えるのです。能弁とか何とか気力あるものではないのです。日本風に云ったらネチネチという言い方で、大勢の前で大演説する人と云う風ではありませんでした。尤も大演説家であるかどうか私は知りませぬ。チチェリン〔外務人民委員で、外務大臣にあたる〕は私、二、三度聴きましたが雄弁家でした。

前後二回の会見で、最初のは支那問題で相当の時間に亙り、約三十分位かかりましたろう。第二回目が主として所謂漁業条約の関係で、事務的の話で五分か十分で済みました。二回共に印象は変りませんでした。

何しろ物言うにハキハキしないで、何となく陰険なような人で、とても個人として会ったのでは豪《えら》い人とは思われんのです。顔面は青黒くて、風采の極めて揚がらない痩せた男でした。今日は幾分太ったように聞いていますが……いずれにしてもあの写真で見るような立派な印象は得られない人です。」(鶴見祐輔『後藤新平』)

スターリンとの会見で、後藤新平は、張作霖のことをどう思うか、と問われて、

「昨年〔正しくは一九二五年〕奉天ニ於テ張作霖ニ面会シ、北京進出ノ不可ナルヲ諭セシモ時既ニ晩《おそ》カリシ。」

と答えている。そして、続ける。

「――余ノ考ニテハ張作霖ノ政権ニ在ルハ既ニ永カラザルベシ。然レドモ彼倒レテモ之ニ代ルベキ者ハ矢張リ同種ノ者ナルベシ。勿論早ク支那ニ堅固ナル政権現ワレ之ト交渉スルコトハ望ム所ナレドモ近キ未来ニ其ノ希望ナカルベシ。」

また、二度目の会見のとき、今度は後藤のほうから、スターリンに、あなたは張作霖をどう思うか、と切り出して尋ねる。スターリンは、答える。

「彼ハ世界ノ大勢ヲ理解セズ、反動政策ヲ行イツツアリ。然レドモ亦《ま》タ一種ノ愛国者《パトリオット》ナリト思ウ。」

さらに続けて、彼は言う。

「――彼ハ支那統一ノ志アリテソノタメニ或ハ日露ノ間ニ或ハ日英ノ間ニ或ハ露米ノ間ニ欺瞞的政策ヲ行イツツアリ。併シ之ハ強テ自己一身ノ為ノミナラズ、ヤハリ一種ノ愛国心ナルベシ。彼ハ馮玉祥ヲ恐ル。露国ガ後者ヲ助ルコトヲ恐レツツアリ。」（同前）

張作霖が乗る列車が爆破されたと、日本の新聞が号外で報じるのは、これから五カ月足らずの一九二八年（昭和三）六月四日のことである。同月で満六歳になる鶴見俊輔は、祖父・後藤新平の書生たちが、新聞を広げて「日本人がやったのだ」と言いあっているところに居合わせる。やがて張作霖の死亡が報じられた。実際には、爆破後まもなく絶命したと言われている。

幼い俊輔には、まだ「日本人」とは何かが、よくわからない。ただ、それは、こうやって人を殺したり、悪いことをするものなのだと胸中に刻まれる。

ただし、ここには、後藤新平という政治家が持つ底知れなさの一端も、顔をのぞかせているのが感じられる。

一九二三年(大正一二)、彼はみずからヨッフェを日本に招き、シベリア出兵という自身の政治的失敗に収拾を図ろうと考えた。そこで、この問題の出口に想定されていたのは日ソ間の国交樹立で、これについては二年後、二五年年初の日ソ基本条約締結で実現を見る。

だが、中国の諸勢力間の争闘が混迷するままでは、当初に彼が思い描いた「新旧大陸対峙」という、極東の平和構築の基礎が形成されるに至らない。だから、二五年春、張作霖に自重を求めるために満洲まで会いにいく。

それでも、政治には、みずから見切りをつけなければならないときが訪れる。これが、二七年暮れから二八年年初のことで、自分から、冬のモスクワにスターリンらに会いにいく。すでに脳溢血で二度倒れ、これが最後と思いみなしての長旅である。旧大陸の安定には日ソ中の三国間の提携が欠かせないが、目下の中国に政治的中心がない以上、まずは日ソで提携を結んで、中国に参加を促す受け皿を作っておこうとスターリンを誘いにいくのである。さらに、もう一方では、鶴見祐輔たちがコミットしている「太平洋会議」に、ソ連からの参加も促す。ここには、かつて自分から伊藤博文に持ちかけた「新旧大陸対峙論」について、ときどきの状況のなかで、不断の更新の姿勢がある。

そして、張作霖は死ぬ。

こうやって、政治というものが行なわれている。そして、ここでは、伊藤と後藤、二つの濃い影が重なりながら見えてくる。

翌一九二九年（昭和四）春、後藤新平は、同郷の竹馬の友、斎藤実を四谷の屋敷に訪ねて、「自分はもう望みがないから、これは貴君が大命を拝されたとき、ぜひ重要国策の中に入れて、実現されるよう骨折って貰いたい。」と話し、「電力、保険、酒類」の三つの国営案について、紙に書いてきたものを示したという。日ごろの豪快な気象に似ず、しんみりと心細げな調子だった。玄関で見送ると、その足もとがずいぶん不自由になっているのが、斎藤の眼に残る。（同前）

同年四月三日夜、後藤新平は、岡山での講演のため、東京駅から夜行列車の一等寝台に乗り込む。随行は、秘書の小野法順、書生の飛田金次郎。小野は隣の車両の二等寝台車に乗車し、飛田は後藤伯の寝台に向きあう座席で侍していた。

翌朝七時過ぎ、米原駅付近の車内で、後藤新平はコンパートメントの外へ歩きだそうとしたところに三度目の脳溢血を起こして、倒れた。京都駅で担ぎ下ろされ、鴨川べりの京都府立医科大学附属医院に入院。意識は回復するが、発語の能力と、手足の自由を失った状態がしばらくつづき、同月一二日夜、危篤の状態に陥った。翌一三日、午前五時半、満七一歳で息を引き取った。

遺骸は東京へと搬送されて、同月一六日、青山斎場で葬儀。青山墓地に亡き妻・和子と並んで埋葬される。

四十九日の法要が済むと、河崎きみと二人の幼い子どもたちも、後藤邸内の小さな家から退去していく。

後藤新平は、蓄財とほとんど無縁に生涯を過ごした。事業や選挙をめぐって、彼のもとにはさまざまな人びとが出入りし、たびたび大きな金が動いた。内務大臣時代の部下にあたる正力松太郎

（元警視庁警務部長）が「読売新聞」を買収したいので、一〇万円を用立てしてもらえないかと、相談したときもそうだった。後藤は、これを承知し、二週間後に取りにくるように告げて、その資金を渡した（一九二四年）。だが、後藤の没後、それは、麻布の自邸の土地を抵当にして借り入れた金だったということを、後藤の長男・一蔵から正力は知らされる。

後藤新平が生まれた郷里・水沢の家は、小藩の全家臣中、上位四分の一あたりに位置する小姓頭程度の家柄だった。一家の通常の食事はおそらく粟飯で、そこに塩引きの鮭でも付くのが一番のご馳走、という暮らし向きである。着物は木綿の地織り、台所の残り火や座敷で用いる種油の行灯のほかには、炭などによる暖房の手立ては用いなかった。

祖父も父も学識ある人たちだった。父はつましく寺子屋を開いていた。夜明けに起きると、早々に塾での朝読みに出むく。そうした暮らしのなかで、少年期の後藤新平は明治維新を迎える。そこに降りかかるのが「土着帰農」の一令だった。家臣たちは、北海道に移住して士籍を保つか、故郷にとどまり帰農するかの選択を求められた。父・実崇《さねたか》は、とどまって平民の地位に下ることを選んだ。

苦しい暮らしでも、生まれながらの士分としての自尊心がそれを支えてきた。だが、にわかに丸腰となって町人や百姓と相伍していくことには、最大の零落のつらさが伴ったと、回顧して新平自身が語っている。

後藤は無理な用立てなどを家の者からとがめられると、「なんだい、もとの水沢の百姓にかえるんだ、金なんかどうでもいい」と、開き直るような口のきき方をしたらしい。この啖呵は、士籍を失ったときのことを指している。あれを自分のゼロ地点と思えば、多少のカネの出入りなど臆するにあたらない。そのような場所の記憶を持つところに、この人物の強みがあった。あの経験があったから、廃刀令（一八七六年＝明治九）が出たときなどには狼狽も失望もしなかった、などと、うそぶいた。

麻布の自邸の地所については、後藤新平自身が、寺内内閣の内務大臣だった一九一八年（大正七）三月五日、衆議院での議員（憲政会・田中善立）からの質問に対して、議場で詳細に答えている。（同前）

《私は少し申上げてみたいと思うのですが、議場に数分時御許しを願いたい。私の一級選挙民〔当時の制限選挙制度の下で、市議会議員選挙には、納税額に応じて、選挙人に一級、二級という別があった〕となって居るのは、麻布区において七千坪の屋敷があるからである。その邸はいつ幾日に買ったものであるか。明治二十八年に買ったのである。幾らで買ったのであるかということは皆明らかである。明治二十八年というのは、私が相馬事件に座して、牢から出た時である。その時にあたって各地において同情の人が翕然《きゅうぜん》として私にこれに対して何等かの一臂《いっぴ》の力を尽そうということになったのである。（中略）すなわちその初は麻布新網町におけるところの地所であって、三千二百円で買ったのである〔長女・愛子は、この新網町の家で一八九五年（明治二八）七月に生まれた〕。ちゃんと明らかになって居る。阿川光裕〔安場保和が胆沢県大参事だった当時、史生（当時の官名）として後藤の教育にあたった。前名・岡田俊三郎〕の世話で買ったのである——もうよろしゅうございますか。もう少し申上げましょうか。（「謹聴《きんちょう》謹聴」と呼ぶ者あり）それからそれはすなわち三万円に売れたのであるということは登記所にあるのである。それから今ある所の七千坪の地所、二千坪と五千坪、その五千坪を二十八年一万円で買ったのである。初め安場保和が買ったので、すなわちその者がそのまま私に譲られたのである。一万円であったのが今のすなわち三十五万円の値打がある事は明らかである。

これすなわち造物主の力によって得たのである。》

つまり、旧江戸市中においては、麻布は辺鄙なところで、明治なかばになってもまだ開けておらずに、その土地は安かった。そこが明治後半以後、どんどん値上がりして、いまのように高額な土地になろうとは、神のみが知るところだった、と後藤はここで述べている。最初に一万円で手に入れた土地が、いまでは「三十五万円」、それがさらに値上がりを続けて、彼の没後、正力松太郎によれば「五十万円」で売れた。それでも、あと五万円、借財が残っていた。(正力松太郎『悪戦苦闘』)

跡継ぎの一蔵は、この広大な土地を売却することで資産整理を行なうにあたって、いくらかの土地だけは遺族たちに残して、切り分け、それぞれの住まいが確保できるようにするという方策を立てた。妹の鶴見愛子に遺贈されたのは、桜田町三八番地、つまり、後藤邸内の母屋の北東側の一角、「お花畑」とされてきた崖上の土地だった。一方、一蔵一家は三軒家町五三番地、つまり「南荘」の土地を継承した。そして残りの大部分の土地をまとめて売却しようとしたのだが、すでに世界恐慌に差しかかった時代に、すぐには買い手が見つからず、しばらく徳川義親侯に借りてもらう。やがて満洲国とのつながりができて売却し、満洲国大使館となった。戦後、そこが中華民国大使館となり、さらに、現在の中国大使館へと引き継がれている。

また、後藤新平は、河﨑きみとのあいだに生まれた幼年の清と小五郎に、生活の原資となるべきものをあらかじめ残していた。彼の没後、これを信託し、その利子によって河﨑家の生活はまかなわれた。

さらに新平は、きみが暮らす家として、葉山の海岸に面した場所に、別荘を一軒用意していた。

を手に入れて普請した。

だが、きみは、子どもたちの進学などを考えると、まだ湘南の地で隠遁生活に入るわけにいかないと判断して、ひとまず、三田綱町（現在の港区三田二丁目）の借家に居を構えた。やがて、信頼の置ける人に任せて、葉山の別荘を売り、代わりに東京郊外、杉並町（現在の杉並区）阿佐ヶ谷に土地を手に入れて普請した。

鶴見祐輔一家は、一九二八年の総選挙で祐輔が初当選を果たすと、後藤新平邸をいったん離れて、麴町区（現在の千代田区）元園町へと引き移った。そのころ、次女・章子《あやこ》も生まれる。

「狭い家に夜中に政治家が大勢やって来て既に就眠した子供達を起して室を明けて接待する、政治家の妻とはこんな苦しいものとは知らなかったと令夫人は嘆いた」（北岡寿逸「鶴見祐輔さんの思い出」）

一九二九年（昭和四）四月、長女・和子は、小学校五年生に進級するにあたって、成城小学校から、青山の女子学習院に転校した。このとき、自宅はさらに目白へ移っていた。

成城小学校は、入学当初は牛込にあった。だが、途中から郊外の砧村（現在の世田谷区）へと移転して、目白の自宅からの通学は子どもの体力に負担が大きく、やむなく転校を選んだのだ。

大正自由主義教育の中心人物の一人として知られる澤柳政太郎が創立（一九一七年）した成城小学校には、教育勅語の奉読も、君が代斉唱もなかった。そもそも式典がなく、御真影というものを見たことさえなかった。また、澤柳は、鶴見祐輔たちが国際非政府組織として展開していた太平洋問題調査会（ＩＰＲ）が開催する太平洋会議で、発足当初の日本側代表をつとめた人物でもあった。

和子が女子学習院に転校すると、すぐに天長節（四月二九日）にぶつかった。その前日、父の祐輔が、あすは軽井沢の別荘に行くが、どうするか、と尋ねたので、彼女は「行くわ」と答えた。すると母の愛子は、その旨を記した欠席届を持たせてくれた。そして、学校の式典には出ずに、家族で軽井沢に出かけたのだった。

後日、このことが学校で問題化して「不忠の臣」などと言われ、先生から「謝りなさい」と求められたが、なぜですか、などと訊くので、母の愛子が学校に呼びつけられた。彼女も学習院女学部（女子学習院の前身）の出身である。

あとで和子が、どうだった？　と訊くと、母は「なんだかんだと言うから、うちの子どもは自分が悪いと思わないときに謝るようには躾けてございません、って言ってきたわ」と澄ましている。

夏休みになっても、多くの教師たちから、謝罪を求める手紙が、和子宛に届いた。母はそれに応じる様子がないので、和子は見切りをつけて、自分で「悪うございました」という詫び状を書き、判子を捺して、学校に提出。それからは優等生で通した。

母は偉い、こうしたことにかけては、母は父より勇気がある、というのが、その後の和子の判定である。（鶴見祐輔・鶴見和子「オー・マイ・パパ――親の幸福・娘の幸福」、鶴見和子「祖父　後藤新平」、『鶴見和子研究』年譜）

一方、弟の鶴見俊輔は、この春に、東京高等師範学校附属小学校に入学する。場所は、小石川区大塚窪町（現在の文京区大塚三丁目）。実験的な授業を行なって比較できるよう、学級編制には男子だけの学級と男女混合学級などがあり、俊輔は男女組（混合学級）だった。男女を通して、クラスでいちばん体重が軽かった。同じクラスに、親しくなる嶋中鵬二（のちの中央公論社社長）、永井道雄（のちの教育社会学者、文部大臣）らがいた。男二一人、女二一人、計四二人という多人数のクラスで、このまま六年生まで組み替えはなく、担任の川島次郎先生がずっと受け持ちをつとめた。

学級は違うが、同学年に中井英夫（のちの作家）もいた。

上：1929年4月、東京高等師範学校
附属小学校に入学。
制帽の三角帽に特徴があり、
1、2年生は赤い毛糸の房を付けている。

下：1931年3月、
小学2年生の学年末。
最前列、左から2人目・鶴見俊輔、
4人目・嶋中鵬二、5人目・永井道雄。
最後列右端に担任の川島次郎先生。
校地に隣接する占春園落英池のそばで。

校長（主事）は、佐々木秀一という初老の先生で、この人の毎日の朝礼の話は、とても短いものだった。

整列する八百人の全校生徒は、皆が三角帽をかぶって、毛糸の房が帽子の脇から下がっている。一、二年生は、赤い房。三年生以上は白い房。

「この学校で、赤房と白房がけんかをしているのを見たら、理由をきかないでも、白房のほうが悪いと私は思います」

といった話である。

「今日は、いい天気だね」

それだけ言って、壇から降りてしまうこともあった。

「休み時間に見ていると、みなさんの遊びには、戦争の遊びが多すぎます」

と言うことも。

運動場などで行き違うとき、一人ひとりの名前を呼んで、声をかけてくれる先生だった。

このころ、自分が死ぬということが恐ろしく思えて、たまらなかった。秋になり、自宅はさらに上大崎に移っていたので、隣のクラスの友だちといっしょに、省線の電車で帰ってきた。電車が目黒駅に近づいたところで、思い切って、「ぼくは毎日、眠ると死ぬのじゃないかと思って怖くてしょうがない」と、心の底を打ち明けた。こういう話をすると、とたんに体温が上がって、脈も早くなり、耐えがたかった。だが、この友だちは、ただ「へえ」と答えて、それで終わった。そして目黒駅で二人は降り、それぞれの家へと帰った。自分のなかに、不用意に人を信用するものじゃないという後悔が生じ、これからは心のうちを誰にも打ち明けないことにしようと決心した。（鶴見俊輔『再読』『たまたま、この世界に生まれて——半世紀後の「アメリカ哲学」講義』）

翌一九三〇年（昭和五）一〇月、大連の星ヶ浦公園に初代満鉄総裁をつとめた後藤新平の銅像が建造されて、除幕式に参列するため、遺族代表も現地に渡ることになった。その顔ぶれに、この一族内の序列のようなものが見て取れる。

伯爵の爵位を継承したのは、長男の一蔵だが、彼は、妻を伴わずに、満七歳になる長女だけを連れていく。代わって伴うのが、妹である鶴見愛子と、その長女・長男たる和子と俊輔なのである。（鶴見祐輔は、米国に外遊中。）

つまり、この一族で、亡父・新平から厚い信頼を得て、彼を支えてきたのは長女の愛子であって、兄の一蔵もそのことを受け入れ、常に一歩譲っている。だから、その長女・長男である和子と俊輔も、後藤一族の家では、いつも「いばっている」（鶴見俊輔談、鶴見俊輔・加藤典洋・黒川創『日米交換船』）。

鶴見祐輔、愛子夫妻のもとに、子どもは四人生まれる。和子（一九一八年生まれ）、俊輔（二二年生まれ）、章子（二八年生まれ）、直輔（三三年生まれ）。――この四人のなかでも、一族から特別に扱われるのは、長女の和子と、長男の俊輔だけなのである。「長女、長男、あとはゴミ」などと、ひどく露悪的な地口が、きょうだいのあいだで口にされることもあったらしい。

ともあれ、この一行（一蔵、愛子、その子どもたち）五人は、大連での後藤新平の銅像の除幕式に出向くにあたって、関釜連絡船で朝鮮の釜山に渡り、そこから朝鮮総督府鉄道（鮮鉄）で京城に立ち寄って、まず、朝鮮総督府を訪ねる。なぜなら、そこには、朝鮮総督に再任された〝斎藤のおじさま〟、まもなく満七二歳を迎える斎藤実がいるからである。その建物の壮麗なドーム下のホールで、彼は温顔に涙さえ浮かべ、この一行を迎えてくれるだろう。

そこから、さらに列車で鴨緑江の鉄橋を渡って、満洲に入っていく。一行五人の上層日本人の姿は、膨張する大日本帝国にすっぽり収まって映る。

奉天あたりでのことだったか。彼らの乗る自動車が、銃剣を持つ兵士たちに取り囲まれた。このときには、もう「日本人」とは自分のことだと、俊輔はわかっていた。学校とは、それを教える場所でもあるのだから。父の張作霖を殺された、息子・張学良の兵士らが、自分たち日本人を憎むのは当然だと、この少年は感じる。

一方、次女の鶴見章子は、このとき満二歳で、おそらく一蔵伯父の留守宅あたりに預けられている。それから八〇年近い時間を隔てて、当時の光景を彼女は思い浮かべる。

「私が物心づいた時は、後藤新平邸内にある南荘と呼ばれる建物の大きな台所を根城にしていた。台所の東側の階段を四、五段上がると、縁のない四畳ほどの畳敷きの女中部屋があった。そこで私は女中のハナさんと楽しく暮らしていた。私に必要な物はすべてこの部屋にあった。私の天地は大きな台所とその勝手口から出た所にあった井戸端であった。日頃接するのは、ハナさんと、姉の世話をしていたすいさん、兄担当のみつさんの三人であった。父母、姉、兄の顔は見ることもなく覚えていない。すいさんの顔は、今でもはっきり覚えているのは不思議である。

（中略）

どうしてなのか、今もって私には解らないが、私は『奥』にゆくことは許されず、ハナさんと女中部屋で暮していた。奥には父母、姉と兄がいるらしいのだが、私は南荘の台所と女中部屋しか知らない。兄に言わせると南荘は大変広いのだそうだ。」（内山章子『鶴見和子病床日誌』）

この人は老年に至っても、姉・和子を「おねえさま」、兄・俊輔を「おにいさま」と、当人たち

世間が注目する有名家庭のぼっちゃんとして、少年雑誌、婦人雑誌にしばしば登場した。
これは雑誌「日本少年」掲載のもの。

と向きあうときは呼んでいた。

鶴見家は、頻繁に転々と引っ越しを重ねている。父・祐輔の選挙結果による浮沈とも、それは関係していることのようだ。青山南町、また麻布 笄 町《こうがいちょう》にも、暮らした。

俊輔は学校に、市電や省電を何度も乗り換えて通う。そして、帰りは、友だちとさらによけいに寄り道したりして、わざと長い時間をかけて戻ってくる。そうすることが、家で待ち受ける母による厳しい躾けと過剰なほどの愛情から、しばしの休憩を得るための手だてでもあった。

小学三年生になるころ、俊輔は近所の中学生と組んで万引きをするようになっていた。母は子どもたちに余計な金を持たせない方針なので、自由に使える金がほしかった。仲間にも、そうした厳格な家の子どもが多いのだった。軍人の家の子どももいた。

あるとき、学校帰りに、わざと同級生の前で、駅の売店から菓子を盗んで見せたことがあり、それが担任の先生に言いつけられた。これが原因となって、クラスで村八分にされ、休み時間も校庭の隅で一人きりで過ごさなければならない状態が、まる一学期間続いた。

四年生になると、上級生に呼び出され、制裁を受けそうになった。ところが、新しくクラス委員に選ばれた同級生が、一人だけ口を利いてくれる友人となって、このときも少し離れた場所から、じっと見守ってくれていた。上級生らも、それに気づいて去っていく。この新しいクラス委員が、永井道雄だった。(鶴見俊輔「恩人」)

けれども、俊輔は、この友人を何度もいじめたり、泣かせたりした。彼への感謝の念が、はっきり自分に残っているのに、そんなことをやってしまう。

嶋中鵬二とは、文芸という共通の関心事があった。新聞に連載されている「貞操問答」「朝日の鎧」「お伝地獄」といった小説について、毎日、校庭の一角にしゃがみ込んで頭を寄せあい、長時間話し込む。秘密結社の気分があった。高学年になると、回覧雑誌を作ることがはやり、クラス内で四誌も刊行されていた。嶋中は「旭日」を主宰していたが、俊輔の雑誌に「怪盗X団」という中篇小説を寄稿してくれた。（鶴見俊輔「六歳からの友」）

このころになると、神田の古本屋街に立ち寄って、二時間くらいかけて本を見ることが、学校帰りの楽しみに加わった。とくに、神保町の角にあった巌松堂の店内では、いま自分が、世界一の知識の宝庫に立っているように感じられた。

受け持ちの川島先生は、自分たちで仲間を作って活動することを勧めた。そこで俊輔は「読書会」というものを提案したのだが、先生は、少し困った様子を見せ、「読書会」という名前がよくない、というようなことを言った。それだけのことだったが、ずっとのちになって気づくと、当時、読書会は、旧制高校でRS（リーディング・ソサエティー）と呼び換えられて、共産主義について学ぶ場とされていた。小学五年生、一九三三年（昭和八）とは、もはや、そのような小学生の集まりでの言葉づかいにも、用心を求められる時代となりつつあった。（親類の佐野学が、獄中で共産党幹部のまま転向声明を発して、日本の共産主義運動が瓦解していく時期である。）

一九三四年（昭和九）秋、もとの後藤邸の一角、「お花畑」があった桜田町三八番地に新築の家ができあがり、この場所に一家の住まいは戻ってくる。前年に末弟の直輔が生まれていた。俊輔が数えるところでは、このときで一家の引っ越しは一〇度に及んだ。（鶴見俊輔「みどりの思い出」）

第三節　エロスと国

初めて衆議院選挙に立候補して落選、という父・鶴見祐輔にとっての失意の時期に、たまたま米国から舞い込んだ講演依頼がきっかけとなり、一九二四年（大正一三）、彼の全米にわたる講演旅行は「排日移民法」反対という明確な主張とも結びつき、一気に光彩陸離とした相貌を帯びる。

当時「排日移民法」が米国議会で成立に至った背景には、二〇世紀初頭以来、日本から米国西海岸などへの移民が急増しているという事実があった。日本の国内人口は、明治維新以後の半世紀余りでほぼ倍増するに至っており、この現実が海外移民の増加に拍車をかけていた。だからこそ、かねて後藤新平は、日ソ間に国交が樹立されたあかつきには、ソ連領沿海州などに日本からの入植地を開けないものかという腹案を抱くようにもなったのだった。

鶴見祐輔は、米国での演説で、日本の人口増加問題について、どんな方途がありうるか、こんな項目を挙げながら検討を加えていく。……新領土の獲得、移民、海外貿易、国内法による貧富の格差の緩和、産児制限——。

そこから、こうした人口問題の解決は「外交」によるしかない、という方向に導いて、さもなくば「国際的正義」に反すると警鐘を鳴らす。そして、さらに「世界の人口問題の解決策は、世界の利益を壟断《ろうだん》〔独り占めにすること〕しつつある白色人種の反省にこれを求めなければならぬ」と米国社会の良識層に訴えながら、ボルテージを上げていく。（上品和馬『広報外交の先駆者・鶴見祐輔』）

政治家としての後藤新平と鶴見祐輔で大きく異なるのは、キャリアや地位の差に加えて、後藤の場合は「選挙」を必要としない政治家だった、ということだろう。彼の公人としての活動は、医業に始まって、やがて台湾民政長官となることで政策のジェネラリストとしての才覚を開き、そこから、鉄道、内政、外交と、得意とする領分を延ばしていった。さらに、自身は、早くから貴族院に勅選議員としての終身の議席を保証されており、これに煩わされることもなかった。

「選挙」に出る必要がないということは、政論を述べるにあたって、偽善的なもの言いをしなくて済む、ということにつながる。つまり、実現のおぼつかない美辞麗句を連ねる必要がない。そこでの、良い政治とは何か。端的に言うなら、それは、苦痛を受ける者がより少ない社会の実現、といった方向を目指すものとして判断が下されていく。

必要が生じたときに、交渉相手と直接向き合って談判する、というのが、政治家としての後藤の基本的なスタイルだった。そうすれば、その場で、交渉の余地のあるものと、ないものとに、課題を即座に切り分けられる（たとえば、訪ソして交渉にあたったさい、スターリン政権の外務担当者〔外務人民委員代理〕カラハンは、後藤が提案する沿海州への日本人・朝鮮人の入植案に気乗りを示さなかった）。だから、それを受けての判断も、次の計画実現への着手も、後藤の場合は早かった。

大衆向けのマスメディアの発達という趨勢に、後藤が無関心だったわけではない。たとえば、自身の演説をレコード化して頒布する、といったことは好きだった。何より、おしゃれした写真で頻繁に新聞などに登場する彼自身が、勃興する初期メディア社会のアイコンだった。だが、レコード化された彼の弁舌は、様式化された雄弁術とは遠く、東北なまりそのままの「講話」なのだ。このレコードが、各家の応接間などで聴かれる、ということを彼は思い描いたのではないか。つまり、そこでも、彼の政治行動の基本単位は、面談なのである。

一方、鶴見祐輔は、「選挙」が政治となる時代の寵児であると言うべきか。一高生時代から弁論部に所属して、演説に磨きをかけ、政治家として立つ将来に備えた。また、そうしたスピーチの技法をわが子にまで熱心に伝えようとした。（長男・俊輔は、小学校四年生の学芸会で、勝海舟が咸臨丸船長として米国に渡航する場面を語るくだりで、右手を大きく斜めに振り下ろしながら「嵐になりました」――とやって、上級生たちから、あいつ、生意気だ、と、いじめられるきっかけになったという。）

会堂にぎっしりと詰めかけた聴衆全体をどっと湧かせたり、しんみりと静まり返らせたり、自由自在にその場の雰囲気を支配しながら語りつづける演説に、日本語でも英語でも、鶴見祐輔は長けていた。選挙戦で頼れる手立ても、この弁舌の力となる。彼自身が、こうやって聴衆をつかむ喜びと陶酔に憑かれてもいたのだろう。

だからこそ、鶴見祐輔が語る政治の言葉は、日常の言語からはやや離れて、多分に技巧的なものとなり、その分、演者にとって都合のよい意味上のぶれを含むものともなっていく。書く文章でも、それは同様。たとえば、彼が壇上で「国際的正義」と語るとき、実はそれは、日本の国益、という意味に近いものを耳ざわりよく聞かせるための技法だったりする。だが、演者自身の意識においても、ここに含まれている偽善の自覚を保ちつづけるのは難しい。

流行作家として、また、世界中に知己のある名士として、その声望を維持していくことが、政治家たる彼の生命線でもあった。なぜなら、彼は、ドブ板の選挙には弱い。その分、大衆化してきたメディア社会で、名声の舞台に上りつづけるしかない。それもあり、自著では、世界のあちこちの有名人との「会見」記が、途切れることなく続いていく。見方によっては、ある種のタレント議員のはしりであるとも言えるのではないか。

家庭人としての鶴見祐輔は、いたってリベラルで、知識と見識に富み、温厚で心持ちの濃やかな人にほかならない。だが、同じ人物が、ひとたび政治家として公衆の前に立つとき、それらは技巧としての言葉に置き換えられ、水で割ったようなものとなる。

その家のなかに生まれ育った長女・和子、長男・俊輔、といった子どもたちの明敏さは、いっそうありありと、この落差を感じ取っていたのではないか。彼らは、自分の父親と、ほかの政治家との電話でのやり取りまで、食堂の壁一枚を隔てて、聴きながら過ごしているのだから。

たとえば、一九三二年（昭和七）八月、鶴見祐輔は数カ月間のヨーロッパ旅行のあいだに、ナチスの宣伝全国指導者ゲッベルスに会見している（続いて、ヒトラーにも会見しようとするが実現できなかった）。その夏の総選挙でナチスはドイツ国会の第一党に上りつめており、政権掌握が目前に迫っていた。要するに、彼らは、世界中の耳目を集める〝時の人〟ということなのである。（鶴見祐輔『欧米大陸遊記』）

もっとも、この旅で鶴見祐輔は、精神分析医フロイトにも、伝記作者アンドレ・モーロワにも、劇作家バーナード・ショウにも、往年の革命家カウツキーにも会っている。このうちフロイトとモーロワはユダヤ人で、カウツキーもナチスに追われる立場である。

むろん、政治家は信条を同じくする相手と会うだけでは務まらない。その点、彼は世界のさまざまな潮流に通じている。だが、それより気にかかるのは、彼がこれらの相手と何を話したいのかが、いっこうに伝わってこない、ということである。世界中の有名人に顔が利く、ということを示すだけのために、ひたすら彼は追い立てられてしまっているかのようだ。

「私は会見を人と致しませんので」

と、診療室を兼ねた書斎で逃げ腰になるフロイトを、鶴見祐輔は、

「いいえ私は決して御迷惑は、お掛け致しません。新聞や雑誌に、あなたのことを書きは致しません

から。

ただ私は偉人に敬意を表するという意味だけで、あなたの許に巡礼しに参ったのですから」と、妙に芝居がかった科白まわしで、しっかとつかまえてしまう。なのに、あとに続くのは、ただの四方山話のたぐいだけだ。

ヒトラーへの会見を取りつけたい一念で、一〇日間もベルリン滞在を続けた理由については、このように書く。

「私はエマーソンの『情熱なくして、人の世に大事を成し遂げたるもの、未だあることなし。』という言葉の信者だ。人生の不朽の大業は、悉《ことごと》く炎々たる情熱の所産だ。ヒットラーの運動を非難する学者や評論家は、異口同音に、彼の政綱政策の支離滅裂であることを謂う。しかし私の感じは、ヒットラーが独逸《ドイツ》の大衆を動かしているのは、その理性的政綱ではないのだ。彼の渾身の情熱なのだ。ただどうして彼が自分の情熱を、一般大衆に移し植えることができたのか。それが知りたいと思ったのだ。」

鶴見祐輔は、穏やかな人柄ながらも、政治家としては焦りから逃れられない人だった。彼の「新自由主義」というキャッチフレーズは、ある種の現実論とリベラリズムのあいだのけじめをあえて曖昧にすることで、自国政府の施政については、追認、さらに追認を重ねていく。

北岡寿逸（一八九四年生まれ）は、鶴見祐輔にとって一高弁論部の後輩にあたり、自宅を開放して催してきた「火曜会」の最初からのメンバーである。かねてから鶴見という先輩を敬愛し、よき理解者であるとともに、それゆえ冷静な批評者でもあった。後年、彼は述べる。

「鶴見さんの政治生活を一言で評すると、心情は高く理想を追いつつ、身体は低く現実の政権を追っていた。一九三四年（昭和九年）麻布桜田町三八番地に新邸を建設されたので伺った所、鶴見さんは留守で奥さんが御案内して下さった。書斎、応接間から新聞記者会見室まで出来ているので、『ここで組閣が出来ますね』と云ったら、奥様が『そうなんです。この室で閣員名簿を読み上げるのだそうです』と笑っておられた。世界各国を歩き、多くの内外の政治家に会い、古今の歴史を読んで、政治の表裏を知っている筈の鶴見さんも、終生大臣病、総理大臣病からは遂に脱却出来なかったらしい。」（「鶴見祐輔さんの思い出」）

一九三六年（昭和一一）二月二六日、中学一年生の長男・鶴見俊輔は、雪のなかを目黒区柿の木坂にあった学校（府立高等学校尋常科）へ登校したところで、陸軍部隊が蜂起して重臣たちを暗殺した、という知らせに接する。ラジオはまだこれを報じておらず、この日中のうちは、すべて口伝えの情報だったはずである。

おそろしい事件だった。

祖父・後藤新平の幼友だち、いまは内大臣の〃斎藤のおじさま〃斎藤実は、夜明け前のうちに四谷区仲町三丁目（現在の新宿区若葉一丁目）の私邸を襲撃されて、即死している。

父・祐輔は、六日前の衆議院選挙で岩手二区に出馬して当選し、いまは麻布の自宅にいる。後藤新平の女婿で、自由主義的な国際派の政治家。わが身にも暗殺の銃口が向けられているように、当然、彼は感じたはずである。しばらくのち、彼は秘かに遺言状を記して、自分の葬儀は禅宗によるべし、ということなどを記す。

前年の一九三五年春、鶴見俊輔は、東京高等師範学校附属小学校卒業を迎え、そのまま同附属中学校に進むことはせず、あえて受験をしなおして、七年制の府立高等学校尋常科（中学校にあたる）に新たに入学した。鶴見俊輔自身は、もとの学校から「放り出された」とも語っている。

附属小学校での在学中、鶴見俊輔は、体が小さいので教室では一番前の席だった。音楽の時間には、グランド・ピアノのすぐ下の席である。ピアノを弾く先生からは陰になって見えないのをさいわいに、ピアノの背面に足を乗せ、足芝居（靴を人形に見立ててセリフを言った）をして、後ろの席の者たちを笑わせていた。音楽の井上武士先生は、その様子に気づいて、ピアノを回りこんできて足芝居の現場を押さえようとするのだが、鶴見はなかなかつかませない。怒った井上先生が、「そんなに音楽がきらいなら、来るな」と叱る。すると、この児童は「では、もう来ません」と造反し、音楽の時間は六時間目なので、その時間になると、勝手に下校してしまったりするようになった。そうした井上先生との対立が、附属中学進級を断念するまで頑なに続いた。（鶴見俊輔「わたしのアンソロジー」）

六年生の最後の試験の成績が「ビリから六番」だったのを覚えているとも、鶴見は回想しており、だとすれば、上位八割程度の成績なら中学に内部進学できたと言われる東京高等師範学校附属でも、さすがにおぼつかない水準だ。ちなみに、このときの井上武士先生は、「うみ」「ぞうさん」「チューリップ」などの唱歌・童謡の作曲者として知られており、岩波文庫『日本唱歌集』の編者の一人としても仕事を残す。

ともあれ、ここで鶴見俊輔が受験しなおして合格した七年制の府立高等学校（旧制での中学校五年間、高等学校三年間にあたる課程を、尋常科四年・高等科三年として、通常より一年短い七年間で卒業できる）のほうが、さらに優等生ぞろいで難関の入試だった。どうやら、反抗して白紙の答案用紙を出したりするので、附属小学校での成績は悪く、学校側からも匙を投げられた形ではあったが、その気になれば成績は取れた、といった状態での進路変更だったようである。

――（府立は）七年制だから、卒業のときには、附属中学校から高等学校に進む連中よりも、一

1936年正月、麻布桜田町の自宅にて。
右から、姉・和子、妹・章子、父・祐輔、弟・直輔、母・愛子、俊輔。
13歳、不良少年のつらがまえ。

年早くなる。そうやって見返してやれっていう通俗的な意識が、まだわたしにあったんだ。——と、鶴見が照れくさそうに笑って回顧するのを、聞いたことがある。

ひそかに集める猥褻本の数々。柳宗悦の初期の宗教研究や、ビアズリーのようなエロティックな絵画への好み。心霊研究、神秘体験といったものにも興味があった。中学校に入ると、週一度、軍事教練がある時代である。配属将校から頬を張られたり、軍靴で蹴られたこともあった。秘密めく本の世界は、そうした外界からの回路を閉ざして、自分だけの孤城のような空間を形づくってくれた。ロシア文学のプーシキン、ツルゲーネフ、トルストイ、ドストエフスキーといったところの作品も。

中学一年生のとき、自発的に漢文の先生を付けてもらい、頼山陽『日本外史』から始めて、漢詩集、そして、『史記』の列伝を最初の一〇本ほどまで読んだ。父の祐輔が〝英語人〟なので、それとは違った世界を知りたいという気持ちも働いていた。

黒い表紙の柳宗悦の宗教研究の本に出会ったのは、家庭教師だった和田周作(一九一六年生まれ)の下宿でのこと。和田は、当時、一高生で、祐輔の「火曜会」への参加者だった。それとはべつに、毎週土曜日午後、俊輔の家庭教師役としても通ってくれた。のちに、彼はポルトガル大使などをつとめる。

二・二六事件から二カ月ほどが過ぎ、三六年五月なかば、さらに衝撃的な事件が起こる。俊輔は、中学二年生に進んでいた。

阿部定という中年女性(実年齢では三〇歳)が、荒川区尾久の待合で男と宿泊し、相手の首を絞めて殺した上で、男根を切り取って逃走しているというのだった。一三歳の少年に、この報道は戦慄をもたらした。帰宅が夜遅いときなど、自宅近くの電柱の陰から中年の女がこちらを窺っていて、いまにも襲いかかってくるのではないかと怖かった。

この時期、彼自身が荒れ狂う嵐に揉みしだかれるような心地で生きていて、学校には一学期中しか通えなかった。たぶん、このころのことだろう。妹・章子の記憶によると、兄・俊輔が登校を拒むと、母の愛子が代わりに学校へ行って、一日中、授業を受けてきた。帰宅後、家の日本間で、一生懸命、俊輔に教えた。夜が更けると、近くの店から釜揚げうどんを取り寄せて、わが子に食べさせながら教えている。生物か理科のノートに、母の手で、みごとなシマウマの絵が描きとられていたのを覚えているという（内山章子『看取りの人生——後藤新平の「自治三訣」を生きて』）。だが、母の努力もかなわず、七月、俊輔は府立高等学校尋常科を退学した。

続いて九月、府立第五中学校（現在の小石川中等教育学校）に、あらためて編入試験を受けて、再度二年生に編入学する。だが、これも続かず、翌三七年七月には、こちらの学校もまた退校。そのあいだに、二度の自殺未遂を起こして、これも含め計三回、精神病院（親類の佐野病院）に入院した。

年上の女性たちとの情事が、それまでのあいだに幾度かあった。渋谷の盛り場、百軒店あたりの待合などで、逢瀬を持つ（鶴見俊輔『不逞老人』）。だが、当初から自己嫌悪のからむ、そうした関係が長続きするはずもない（鶴見俊輔『私の地平線の上に』）。加えて、小学生のころからの重なる乱読がたたって、目に障害が現われ、読書さえ以前のようにはできない状態になっていた。

相手の女性は、カフェやバーで女給として働いている。俊輔当人は、まったく酒が飲めない。店では、クリームソーダや紅茶を頼んでいた。そういう店でカルモチン（睡眠薬）を大量に飲みくだし、盛り場の路上などで意識を失い、ぶっ倒れる。交番に連れていかれて、ひっぱたかれ、そこから病院にまわされて、胃のなかにあるものを吐かされる。家族が呼びつけられると、やって来るのが有名政治家・鶴見祐輔の一家とわかり、今度は巡査のほうが驚き、困惑する。

だが、これは世に言う「放蕩体験」とも違っている。美しい年上の女性たちに気持ちを奪われ、性欲も持て余し、遊廓などにも出入りした。だが、彼が相手の女性とのあいだに求めているのは、カネで割り切れる性交渉というのでもない。その点、ロマンティック・ラブ・イデオロギーの虜でもあるということか。頭のなかでは、ロシア文学から、細田民樹のようなプロレタリア小説、梅原北明らの「禁断書」のたぐいまで、ありとあらゆる女性像がぎっしりひしめいている。だが、いざとなると、生身の女性を相手に実質的な関係を形づくっていけるような経験も社会知も図太さもない。だから、遊廓にも自足しきれず、町で素人娘を相手に不良行為に及ぶわけにもいかずに、かろうじてカフェやバーに入って、仕事として構ってくれる年上の女性を相手にぐずぐずする。

彼女らのなかには、やさしい心づかいを差しむけてくれる人がいた。ときに仕事や金銭の範囲を越えて、たしかに自分が受け入れられているのを彼は感じる。

けれども、彼には、人に言いにくい悩みもあっただろう。くだんの「鶴見俊輔」という名前である。プロレタリア小説に出てくるような女性であっても、「後藤新平」や「鶴見祐輔」という名前は知っている。自分は、この特権に乗っかって、彼女たちに無理を強いているだけではないか？いや、反対に、彼女たちは、ぼくのことを見ているのではなくて、実は「後藤新平」や「鶴見祐輔」への好奇心とか下心で、付き合ってくれているのではないか？　そういう迷路に入り込むと、くよくよと自己破壊の衝動が募るばかりで、出口はない。

鬱になったときのことを後年に回顧し、鶴見が、

――わたしは、自分の名前が書けなくなった。――

と、よく言うのは、この意味である。「鶴見俊輔」と書けば、自分の背中に、後藤新平も鶴見祐

輔も、おんぶお化けのようにのしかかってくる。

それだけではない。家に帰れば、生真面目の権化のような母親が、自分の不良化に悩み、弱り切ったあげく、さらにまた責め立ててくる。彼女が、強く愛してくれているのは、わかっている。だが、ほうっておいてほしい。愛は苦しい。父親からの物わかりのいい愛さえも。彼は、このおれが軽蔑し、憎しみさえ抱いてることを、まるでわかっていないのだ……。

弟・俊輔が自宅で自殺を図った夜の記憶を、姉の和子は書いている。

「こうした母のきびしい鍛練は、俊輔を何度か自殺未遂に追いやった。そうした夜、麻布の家から駿河台の病院に瀕死の弟を連れてゆく車の中の不安な、祈るような気持を、宮城前の松の枝のくろぐろとした影を見ると、今でも鮮やかに想い起こす。おそらくこれが、俊輔にとっての最初の『臨死体験』であったろう。」（鶴見和子「おなじ母のもとで」）

このころ、父の祐輔が英語の事典類などを使って、隔世遺伝について、懸命に調べているところを息子・俊輔は見たことがある。母方の祖父である後藤新平、また、父方の祖父である鶴見良憲は、どちらも異性関係については（祐輔の目から見て）常軌を逸した人たちだった。その傾向が、隔世遺伝によって（つまり、祐輔を飛び越して）、ふたたび息子にも強く現われてきているのではないかと父は悩んでいるのだろうと、彼は感じる。

だが、この父は、いまも変わらず慈父である。ついに息子を見かねて、

「軽井沢に土地を買ってやるから、そこで女性と暮らして、蜜蜂でも飼ったらどうか」

と勧めたこともある。

「――一四歳で結婚というのは法律違反だが、それについては目をつぶろう」と。

だが、そうやって、ありきたりな日常の実質をこつこつとつないでいくような関係を、相手の女

とのあいだに築いていける力が、自分にはない。相手の女は、これからも、とくに本を読むことなど必要としないで、生きていく。一方、この自分は、本を読むことで得た想念のほかには、何もない。それを語らないまま、これからの長大な時間を、目の前の一人の相手とどうやって生きていくことができるのか。ああ、きょうもくたびれたね、と家に帰ってつぶやき、眠りにつく。そんなふうに過ごしていく人生の実質が、この自分には、まだ何もない。

そういうころのことだった。

両親には秘密で、郊外の杉並区久我山に、小さな物置小屋を借りていたことがある。月一五円の小遣いをもらっていたが、家賃も、その範囲でまかなえるものだった。

この空間を片づけ、家には帰らず、寝泊まりもした。いつも、そこでは、一人きりだった。固形燃料で火を焚き、簡単な食べものを何か温めて食べ、本を読んだりして過ごす。周囲の林の木立などは、武蔵野のおもかげをとどめていた。

五歳年長の父方の親類、石本新（石本恵吉・静枝夫妻の長男）から教えられ、クロポトキン『革命家の思出』（大杉栄訳）を読んだのも、このころだった。公爵家に育ったクロポトキンは、近衛連隊への道を進んでほしいという父の望みを斥け、みずからシベリア勤務を選んで自然科学の学問を続けて、親からの金に頼らない暮らしに入っていく。そこには、目下の俊輔の望みに重なるところがあっただろう。

だが、それでもなお、救いは、父からの誘いによってもたらされた。

三六年九月、二学期から編入した府立第五中学校では、ほとんど敷地を接するような場所に、小石川バプテスト教会の建物があった。父によって、そこに連れていかれ、熊野《ゆや》清樹《きよき》牧師という人に引き合わされた。九州出身、当時四〇代なかば過ぎだったはずだが、もう、その人の頭頂部は禿げていた。非行の数かずの話にも、あたたかい態度で、この人は耳を傾けた。自殺を企てたときにも、じっとそばにいてくれた。そこにこの人がいたことが、自暴自棄だった自分をかろうじて生の側につなぎとめていたのだと、あとになって、彼は思い返した。

熊野清樹牧師は、一八九〇年（明治二三）に熊本市で生まれ、一九七一年（昭和四六）、満八〇歳で東京にて没する。その後、一〇年余りが経ち、もと教会員らの手で、この人の説教集『一切を捨てて』がまとめられている。ずっと後年のものだが、なかのこんなくだりに、若き俊輔に接したころの牧師のおもかげがうかがえるのではないか。

《……母はとても楽天家でありました。そして、おもしろく貧乏生活を、させてくれたのであります。（中略）まあ、いろんな事がありました。ときどき夜の食事ができない。姉が居りました。今年〔一九五七年〕の七月、京都の病院で大変手あつい看護をうけてなくなりました。この姉が、まだ嫁に行く前でありました。これが、中々心配やでありました。

「おかあさん、今夜どうします」と母に言う。すると母が私に、

「ちょっと、清樹、針箱の引出しをみてごらん、たしか、あそこに、二銭銅貨が入っていたようだが――」

で、私があけてみますと、二銭銅貨、大きい銅貨ですがね、それが入っている。今の十円銅貨の倍ぐらいのが入っている。

「ありました、ありました」

「ちょっと、それもって焼きいも買ってこい」

おかしいとお思いでしょうが、二銭もって焼きいもを買いにいきますと、ふろしきをもっていか

なくてはならなかったんです。そして、ふろしきにポカポカとする焼きいもを買ってきます。それで晩の食事の代用がすんだわけであります。ああおいしい、おいしいで焼きいもを食べます。そして、母が、

「今にみなさい、これが笑い話になって笑って楽しく話す時がくるよ」

と、こう言って焼きいもを一緒に食べております。そういう風で、毎日毎日の貧乏生活を、キャンプ生活でもやっているかのように生活させてくれた。》

この時代、鶴見俊輔という少年のなかに、またべつの転回も生じつつある。

あれほど恐ろしかった阿部定だが、彼女が捕えられてしまうと、自分のなかに変化がきざしているのがわかった。阿部定という女性が、自分自身の具体的な欲望を愛着とともに握りしめ、その帰結に責任を負って生きている人として見えた。その人の姿が、自分の好きな人間がここにいる、という意識となって浮かんできた。


一方、父・鶴見祐輔は、このようにも語っている。

「うちの俊輔（長男）はメチャクチャでした。十二、三の時は不良少年になるすべての性質を持っていたんです。私が時どきアメリカから帰ってみると、家の本を持出して売って、物を買ったり、食ったり、勝手なことをしていたらしいんです、近所の子供にそそのかされてね。これをどうやったら直せるか。日本の社会に対する反撥なんですね。中学の二年になったら、もう学校へいかないって言うんです。聞いてみたら、日本の文部省の教育方針に反対だからいかない、と言うんです。それならしようがないでしょう。これは日本で教育はできないと思ったから、濠州へ講演によばれ

1937年10月、かんべら丸でオーストラリアから帰国の洋上にて。
中央、父・祐輔52歳。左、姉・和子19歳。右、俊輔15歳。

たから、和子と一緒に連れていったんです。そうしたら『私はここで余生を送ります』と言うんですね（笑声）。」（「オー・マイ・パパ」）

府立第五中学校も、転入から一年足らず、この一九三七年（昭和一二）七月、三年生一学期をもって退学した。

父・祐輔に伴われ、姉・和子、家庭教師役を兼ねてもらった井口《いのくち》一郎（元新聞記者、一九〇一年生まれ）とともに、俊輔がオーストラリアへ渡るのも、この七月。ちょうど同月七日に、中国の北京郊外で日中両軍の武力衝突、盧溝橋事件が起こって、日中間の全面戦争へと移っていく時期のことである。船がシドニーの港に入ると、現地は冬だった。

日本の留守宅に残る母・愛子は、このころ、小石川バプテスト教会の熊野清樹牧師により洗礼を受けた。もとは、彼女は天理教を信仰していた。一方、俊輔のほうには、洗礼を受けようと考えた様子はない。

オーストラリアでは、父は各地で講演の約束があり、和子も親睦会などで日本舞踊を披露する予定だった。俊輔は、彼らと別行動を取ることにして、井口に同伴してもらって、メルボルンを経て、アデレードに到着。この町が気に入り、長く滞在した。井口は、祐輔から依頼された現地調査のために単独で歩きまわって、報告書を作っていた。俊輔は、その間、ひとりで過ごした。アデレードの町に日本人はほとんどいなかったが、自分でわずかばかりの英語を話しながら出歩くと、地元の人たちは好意的だった。こうやって過ごしていると、日本にいるときとは違って、晴ればれとした心地も覚えた。再度、父、姉と合流し、日本に戻る船にブリスベンから乗るのは、一〇月初めである。このときは、オーストラリア産のエミューというダチョウに似た大型鳥の雛二羽を伴っていて、帰国後、上野動物園に寄贈した。

日本での俊輔は、もう、どこの学校にも籍はない。

同年一二月、ふたたび彼は父・祐輔に連れられ、今度は米国西海岸に向かう船に乗る。そこから大陸横断鉄道で、首都ワシントンに。同地の日本大使館にいる駐米大使は斎藤博で、祐輔の東京帝大での同級生である。開けっぴろげな人柄で、酒を好み、練達な英語を話した。息子・俊輔は、大使館のゲストルームに半月ばかり居候させてもらって、眼科医の検査を経て、目の視力回復手術を受けた。さほど深刻な症状ではないという診断だった。その後も、翌三八年（昭和一三）三月までの約三カ月にわたって、主にワシントンに滞在することになる。

実は、この三七年一二月一二日には、日米間の関係を揺るがす深刻な事件が起こっていた。日本の軍用機が中国の揚子江上で米軍の砲艦を誤爆、撃沈させて、米国人の非戦闘員を含む死傷者多数を出したのだった（パネー号事件）。当時の米国での世論調査では、日中戦争開戦を受けて、「日本支持一％、中国支持五九％、中立四〇％」と、対日感情がきわめて悪化しているなかでのことだった（同年一〇月発表、米国世論調査協会調べ。上品和馬、前掲書）。

事件の直後、斎藤博大使は、本省からの指示を待たずに、およそ四分間のラジオの全米放送の枠を買い取って、謝罪の演説を英語で行なった。駐米大使による誠意ある内容の演説は、米国世論の対日戦争への決壊をかろうじて水ぎわで食い止めた。

斎藤博大使は、俊輔と食事をするときにも、ざっくばらんな口調で、同僚外交官たちに対する遠慮のない寸評を下した。

いわく、――「電報〔外交公電〕で信頼できるのはイギリスの吉田茂大使と、ロシア〔ソ連〕の重光〔葵〕だけだ」。重光は悪い奴だけど、電報は常に的確だ。自分の感情でゆがめていない……。

また、オーストリア公使の谷正之（のち東条英機内閣の外務大臣）については「谷はお茶坊主でまったく信用できない」——などと。(『日米交換船』)

若い鶴見俊輔は驚いた。こうした態度は、父・祐輔とまったく違っている。彼が下す即座の状況判断と行動、そこでの勇気も。

一方、このころ、父の祐輔は、主にニューヨークに滞在し、日本情報図書館の設立準備に奔走していた。日本太平洋問題調査会(日本IPR)設立にあたって、渋沢栄一(一八四〇—一九三一)が中心的な役割を果たしてからの縁が続いて、この情報図書館においても渋沢財団が資金提供する手はずだった。駐米大使の斎藤博も、これを積極的に支援してくれていた。

米国世論に向けた謀略的な「宣伝」ではなく、日本社会に関する公正で総合的な「情報」を提供・発信できる高機能の図書館をニューヨークに創設する。それは、文化的な相互理解に基礎を置く安定した日米関係の構築にも資するであろうという、知米派知識人・鶴見祐輔の本領発揮となるべきプロジェクトだった。館長には「大使級の人物」をあてようという構想だが、ひそかに自分自身を擬していたのではないか。(結局、このプロジェクトは、短期的な成果を優先しようとする外務省本省からの無理解にさらされ、運営上の中心も前田多門へとすげ替えられて、鶴見祐輔にとっては失望を招く結果となる。)

一九三八年(昭和一三)春になり、鶴見祐輔は、マサチューセッツ州ケンブリッジに息子・俊輔を伴い、かねて親しいハーヴァード大学の米国史家アーサー・シュレジンガー(シニア、一八八八年生まれ)を訪ねている。主な用件は、俊輔のハーヴァード大学への進学に手はずをつけておくことだった。つまり、父子のあいだでは、このときまでに、米国留学という基本的な方針では合意に達していたらしい。

アーサー・シュレジンガーは、この時期、前後して二人の日本人の若者に個人面談を行なっている。当時の米国の名門校では、入学の可否の判定に向けて、まずはこうした個人的な面談による試問が重きをなしていた。シュレジンガーが面談したのは、まずは近衛文隆（一九一五年生まれ）、当時の首相・近衛文麿の長男である。そのあとが、鶴見俊輔だった。彼の判断としては、近衛はプリンストンに、鶴見はハーヴァードに向くだろう、というもので、その旨の報告を大学に送ったらしい。

また、これと時間を接してのこと。

シュレジンガーは、ハーヴァード大学経済学部の大学院博士課程に在籍する都留重人（一九一二年生まれ）に電話をかけ、「鶴見祐輔という人が会いたがっている」から、自分が配属されている寄宿寮アダムズ・ハウスでいっしょに昼食をとろう、と誘いだす。このときには、息子・俊輔は同行しておらず、父親の祐輔だけだった。

呼び出された都留は、このとき二六歳。大学院に籍こそあったが、すでに太平洋問題調査会での執筆活動などをしながら、学部で有給の研究助手もつとめており、同大学の燕京《イエンチン》研究所に在籍する日本史家ハーバート・ノーマン（一九〇九年生まれ、のちにカナダの外交官）らとも親しかった。むろん、彼も鶴見祐輔という有名人士の名前は知っていた。

会食の席では、とりとめない歓談の終わり近くになって、鶴見祐輔から「こんど俊輔という息子がハーヴァード大学にくることになるからよろしく頼む」との挨拶がなされた。都留は、ひとり合点に、この人の息子は東京帝大あたりを卒業して、いわば箔をつけるためにシュレジンガー教授の指導を一時受けに来るのかな、と想像した。

だが、それからさほど日数を経ないうちに、ふたたびシュレジンガーから電話があった。すぐ自宅に来てほしいとのことだった。

《出かけていくと、そこには一人の紅顔の美少年が何か思いつめた顔つきで教授と向い合っている。紹介されて、それが俊輔君であることを私は知った。どうもその場の雰囲気がただならぬので、何ごとかといぶかったが、教授はただちに、「実は困ってるんだ、俊輔がどうしても小学校の教育を受けることから始めたいと言ってきかない。何とか説得してほしい」という趣旨のことを説明されたのである。

（中略）意外な話なので、仔細をただすと、俊輔君が言うには、アメリカで教育を受けるのであれば小学校に籍をおくことから始めねば本当のことはわからない、何よりもグループ内体験が大事だと思う、と主張してゆずらない。私は、十九歳で渡米し大学学部の一年生に編入されて以来、同じ年齢層のアメリカ人と付き合うことを通して貴重な経験を得ることができたのだと思うという話をし、少なくとも小学校にいくというアイデアだけは思いとどまるよう、俊輔君の説得にこれ努めた。

その時だけでは説得しきれず、もう一度話し合ったように記憶するが、ともかく俊輔君は小学校にいくという初心を変更し、一応ハイスクールに一年間籍をおいたのちハーヴァード大学に入学することとなった。》（都留重人『都留重人自伝　いくつもの岐路を回顧して』）

○

冒頭に記した新聞少年、秋山清は、関東大震災の直後に下宿を追い出されたあと、仲間と語りあって小さな詩誌を出しはじめる。仕事のほうは、また新聞社のエレベーターボーイになったりして、クロポトキン『革命家の思出』などを読んでいた。戦争下では、木材通信社、東京ベニヤ合板工業組合、日本木材、比島木材組合など、もっぱら木材業界の仕事を渡りあるいて、敗戦を迎えた。

鶴見俊輔と秋山清が最初に顔を合わせるのは、一九五六年（昭和三一）一一月二八日、老アナキスト石川三四郎の通夜の席である。鶴見は満三四歳、秋山は満五二歳になっていた。

その後しばらくして、鶴見俊輔らの転向研究会が『共同研究　転向』の上巻だけを出したところで行きづまったとき、そこに秋山清が加わってきて、岩佐作太郎（一八七九年生まれ）らについて書き（「アナキスト――岩佐作太郎・萩原恭次郎」）、この会の活動を助けた。

その一文は、明治期に米国西海岸に渡って活動した無政府主義者・岩佐作太郎が、日本帰国後に戦争を支持して書いた文章を隠さずに挙げて、そこでの屈折の筋道を追っている。このとき、岩佐はまだ生きており、無政府主義者としての活動を戦後になって再開していた。

「岩佐老人が近ごろ元気がないのでね。元気になってもらいたいと思って、この文章を書いた」

原稿を鶴見らに託すにあたって、秋山はこのように述べた。

その後、また時間が流れた。

一九八〇年代なかばを過ぎかけたころ、神保町でばったり、二人は行き合った。

長く会いませんでしたね、と鶴見が言うと、秋山は「ヘルペスにかかって、しばらく家を出なかった」と答えた。

秋山は八〇歳を超えて、ぼけてきた、という噂が鶴見にも聞こえていた。だが、九段の方向にしばらく連れだって歩くうちに、大正末に秋山が吉行エイスケと知り合ったころの話になり、そのあと、エイスケの部屋は妻あぐりの美容院（麴町・五番町）の階上に置かれて、美容院を通らずに外から鉄の階段で二階に上がれるようになっていた、などということを彼は話した。

「よく覚えていますね」と、鶴見。「たずねる人があればね」と、秋山は答える。

申し訳ないという気持ちが、鶴見のなかに刺さるように生じた。大正期のことをまだいくらか覚えている自分が、この人の記憶をたぐり出す仕事をしなくてはいけないのに、と。

秋山清は、平常心を手放さずに、戦前、戦時、戦後を生きぬいた人である。だが、この人も時代に対してテロリストの心情を抱いたことは確かである、と鶴見は述べている。(鶴見俊輔「秋山清――激越な言葉をおさえた戦時・戦後の詩」)

テロリズムから遠く、いくらか甘い有島武郎への共感も、秋山は抱きつづけた。その有島も、かつて留学先の米国でクロポトキンの自叙伝を英語版で読んだことから、深い共鳴を覚えて、ついにロンドン郊外、その自宅まで訪ねていく。老クロポトキンは、若い有島を迎え入れ、日露戦争に際して非戦論をとなえた日本の堺(利彦)、幸徳(秋水)の名を挙げて、いま彼らはどうしているか、と消息を尋ねた。

――このような経緯を伝える「クローポトキン」(「新潮」一九一六年七月号)という一文を発表したことが、同人誌「白樺」の交際の範囲の外に出ての「私の文壇へのデビウになった」と、のちに有島自身が述べている。(有島武郎「クロポトキンの印象と彼の主義及び思想に就て」)

ロンドンの自宅での会見のさい、クロポトキンは有島に自著 *Fields, Factories, and Workshops* に署名を入れて贈り、もし、あなたが日本で翻訳するなら喜んでおまかせします、と言い添えた。これは、有島の死によって、未成のまま終わっているのだが。

若き有島武郎は、不自由なく勉学を続ける自分の暮らしが、北海道の開拓農場の不在地主たる父の資力に頼っていることに、落ちつかない気持ちを抱いていた。彼自身も札幌農学校で学んだだけに、すべて搾り取られて貧しさから抜け出せない小作人らの暮らしについても、知るところがあった。一方、父が、わが子らの生活の安定を願って開拓事業に着手したのだということについても、また。こうした肉親からの愛情が、彼は苦しい。だが、父が健在でいるうちは、どうにか沈黙を守って、これに耐えることにした。

父親の没後、『カインの末裔』『生れ出づる悩み』といった作品が書かれた。長い沈黙の時間を代償に、それらは生まれたものだった。もう妻も亡かった。だが、こうして書きたかったことを書き、さらに数年、彼は生きた。

死の前年（一九二二年）、ついに満四四歳で、北海道狩太《かりぶと》（現在のニセコ町）、有島農場の「解放」を彼は断行する。

「私は結局自分の行った土地解放が如何なる結果になるか分らない。ただ自分の土地解放は決して自ら尊敬されたり仁人を気取るための行為ではなく自分の良心を満足せしむるためのやむを得ない一《ひとつ》の出来事であった事を諒解して欲しいと思う。」（有島武郎「狩太農場の解放」）

秋山清は、『「白樺」派の文学』の著者・本多秋五から「有島をアナキストと考え得るか」と問われたとき、「そう思う」と答えている。

「行動的でなく見えて、実行することのできる人だったといえると私は思う。」（『目の記憶』）

第二章　米国と戦場のあいだ　一九三八―四五

第一節　佐野碩のこと

二〇世紀で初めて大ハリケーンが米国ニューイングランド地方を襲った日として、一九三八年九月二一日は記録されている。

若き東アジア研究者、エドウィン・O・ライシャワー（一九一〇年生まれ）は、このとき、マサチューセッツ州ボストン近郊、ケンブリッジ市のハーヴァード燕京《イエンチン》研究所に着任したばかりで、黒く古びた外壁を持つ研究室のなかにいた。宣教師の息子として東京で生まれ育った彼には、この荒天が、日本でしばしば体験した「台風」の記憶を甦らせて、ひそかに胸が躍った。妊娠中の若妻が待つホーソーン街のアパートメントまで、嵐をついて帰ることさえ楽しかった。

とはいえ、チャールズ川に近いホーソーン街の舗道も、たちまち倒木で埋め尽くされた。作業員たちの奮闘で再び切り開かれるまでに、これからのち一週間も要することになる。（『ライシャワー自伝』）

同じころ、一六歳の鶴見俊輔は、ケンブリッジ市から北西におよそ二〇キロ、コンコードという田舎町にある寄宿制の男子予備校ミドルセックス・スクールに、嵐のなかを到着している。一二歳から二〇歳くらいまで、およそ百名の男子生徒たちが、ここで大学入学までの準備に励む。大荒れの天候に、張りつめた空気が校内を占めていた。

到着のさいには、父親の鶴見祐輔も付き添っていた。だが、必要な手続きや挨拶を済ませて、彼は去る。日暮れに停電し、ろうそくが灯された。寄宿寮の部屋は、机一つ書棚一つ。簡素な部屋に、俊輔は一人で残され、寝床につく。

夜が明けると、校庭一面に大木が折り重なって倒れており、この日の授業は中止。上級生たちが倒木をいくつにも切り分けて、運びだす作業に駆りだされていた。

外国からの留学生は、学校全体で彼一人だけだった。当人には無論のこと、教職員にとっても、困るのは英語だった。何か話しかけられても、このメガネの小柄な少年は、ただ「イエス、サー」とだけ、礼儀正しく答える。話の内容を理解しているのかどうかもわからない。だから、どのクラスなら授業について行けそうかの判断もつかず、どこのクラスにも編入させられないままだった。

（ローレンス・オルソン『アンビヴァレント・モダーンズ』）

清教徒の伝統を正しく保つ学校で、日曜の朝には鐘が乱打され、生徒たちは黒いスーツ、堅いカラーのワイシャツ、ネクタイといった出で立ちで、チャペルに向かう。祈りの姿、讃美歌の歌声、そして、聖書を読む声が響いていた。

コンコードは、当時、人口三千人ほどの片田舎に過ぎないが、ニューイングランド地方の歴史に特別な位置を占めている。町のある場所自体が、アメリカ独立戦争の口火を切った古戦場である（レキシントン・コンコードの戦い、一七七五年）。また、「アメリカン・ルネッサンス」（文芸批評家F・O・マシースンの命名）と呼ばれることになる一九世紀なかばの輝かしい作家群のうち、エマソン、ホーソーン、ソローらが、この町で暮らした。

学校からさほど遠くないウォルデン湖のほとりに、ソローが小屋を建てて暮らした跡が、土の窪みになって残っていた。エマソンの家、ホーソーンが住んだ旧牧師館は、いまもある。『若草物語』の作者となるルイーザ・メイ・オルコットが、開明的な教育者としても知られる父エイモス・ブロンソン・オルコットのもとで成長していくのも、この町で、同じ時代のことだった。

鶴見俊輔が入学してまもなく、ラジオで、H・G・ウェルズ原作、オーソン・ウェルズ演出の「火星人の侵入」が放送される。途中から聴く人が、ほんとうに火星人が地球を攻撃しはじめたニュースだと思い込み、逃げまわって死者まで出る騒ぎとなった。寄宿寮の洗面所でも、そのことが話題となっていた。

「何のこと？」

かろうじて俊輔が英語で訊く。生徒の一人は、

「話しても、君にはわからないよ、複雑すぎる」

と答えた。すると、もう一人が、

「いや、ゆっくり話せばわかる」

と言いだして、二人のあいだで口論となった。

この程度の英語で、授業についていけるわけがない。だから、試験のたび白紙で出すばかりだった。日本では、教師への造反のつもりで、白紙で出していた。だが、ここでは、文字通り手も足も

出せずに、自分がバカだとみなされていることが身にしみた。

米国史、近代ヨーロッパ史、それに英語（実質では英文学）を三科目（最上級・第二級・第三級）取っていたが、どれもわからない。英語は、外国人にとって、下のクラスに行くほどやさしくなるということはない。最上級のクラスでは、チョーサーからテニソン、ハーディまでのアンソロジーが使われ、まったく歯が立たない。第二級では、トマス・ペイン『人間の権利』と、『エドガー・アラン・ポウ著作集』。第三級は、マーク・トウェインやシェイクスピア。試しに、トマス・ペインの一ページに知らない単語がいくつあるかを数えてみると、一五個あった。それが三百ページ分。次に、ポウの「メエルシュトレエムに呑まれて」で数えると、三九個あった。一回の授業で三〇ページほど進む。辞書を引くにも、引ききれるわけがなかった。

ある教師は、父親の鶴見祐輔から、勉強はやり過ぎないように、毎日運動をするように、俊輔に心がけさせてほしいと頼まれた。けれど、ほどなく、これはなかなか難しい注文なのだとわかってきた。

俊輔の部屋を訪ねて、さあ、もう就寝の時間だと説得する。だが、もう少し起きていさせてほしいと、決まって懇願されるのだった。

毎晩、彼は、日中にわからなかった単語の一覧表を作る。そして、辞書を引きながら、一夜に五〇個ずつ覚えることを自分に課していた。

それでも心もとなく、日本から持参していた受験の神様「オノケイ」こと小野圭次郎の受験参考書を取り出して、毎朝暗いうちから、基本文型を繰り返し覚え込んだ。オノケイとトマス・ペイン、両方の側から掘っていくトンネルは、いつか掘り抜けるときが来るのだろうか？

午後の運動の時間には、学校の裏山を一人で歩く。そして、池のほうまで降りていく。雨の日、木の幹に地衣類がくっきりと浮き出て、根元には苔が鮮やかに色づいている。女の先生たちにそれを話すと、箱庭を作ってみたら、と勧められ、ブリキのパン焼き型やボウルに、日本風の庭園を仕立てはじめた。こうしていると、自分の心のなかにも、落ち着きが得られるようだった。

土曜の午後は、三キロ余りの道のりを、町のドラッグストアまで歩く。そこで、半カップ五セントのコカ・コーラを飲み、また同じ道を歩いて、寄宿寮まで戻ってくる。その店の女主人はノルウェイ人で、同国出身のスケートの女王ソニア・ヘニーの話をいつもした。(鶴見俊輔『たまたま、この世界に生まれて』)

箱庭が完成すると、学校の博物室に納めた。そこには、ソローが作った見事な出来ばえの鉛筆も展示されていた。ソローの父親は、コンコードで鉛筆製造業を営んでいた。ソロー自身は、土地測量などで暮らしを立てたが、父親の鉛筆づくりを手伝うこともあった。上質の芯(黒鉛)を用いる鉛筆を考案して、父の事業の発展を助けたこともあるという。

父・鶴見祐輔は、この年(一九三八年)、息子の俊輔より一足早く日本を発って、同年六月から、ニューヨークで一流のホテル・ピエールに妻・愛子、長女・和子とともに滞在していた。「国民使節」という役目を負っていて、緊張を深める日米関係に、融和的な空気を醸成しつつ、対中国問題に関しては日本の立場の優位と正当性を宣伝する、といった難役である。

渡米後まもない七月一三日、彼はホテル・ピエールに米国の主要メディアを招いて、派手に記者会見を開く。だが、内容としては、第一次近衛文麿内閣の建て前をなぞる程度で、かつて全米の聴衆を引きつけたころのような高揚した調子はない。

《日本が中国内地における抗争に際限なく関与することはない。日本の対中政策の限度、すなわち日本の膨張には限界がある。これまでも、日本はソ連に対する防衛と、物資・原材料の獲得だけを目的として満州の権利を主張してきたのであって、満州以外の地域において駐在する権利を固持したことはなく、日本は中国全土を併呑・管理する気はなく、中国が地域的に行っている侵略についても関与しない。しかし、中国・ソ連両国の抗日的な態度に対しては、平和的につき合うことはできない。……》（上品和馬『広報外交の先駆者・鶴見祐輔』）

この滞在中、長女・和子はヴァッサー大学で開かれた世界青年会議にオブザーバーとして出席し、自由な校風に引かれて、翌年から同校の修士課程に留学することを決心する。

一方、妻・愛子には、また別の、この旅での心づもりがあった。腹違いの姉・佐野静子から、もしチャンスがあれば、亡命生活を続ける長男・碩《せき》に渡してやってほしいと、換金のための宝石類を秘かに預かっていたのである。

鶴見俊輔にとって一七歳年上の従兄にあたる佐野碩は、東京帝大法学部に入学（一九二五年）後、左翼演劇人としての姿勢を強めていた。移動演劇「トランク劇場」などの活動を続けて、独創的な演出家としての評価も高まる。二四歳（一九二九年）で同志の女優・平野郁子（本名・高橋二三子）と結婚。だが、治安維持法違反容疑による逮捕、さらに再逮捕の危険も迫って、一九三一年（昭和六）五月、妻を佐野家に残して、単身、米国航路で国外に脱出する。（この直前、碩が挨拶に自宅を訪ねてきたのを、当時八歳だった鶴見俊輔は覚えている。「あがったら」と玄関先で勧めたが、片脚に故障のある碩は「いや、ここでいい」と断わって、俊輔の母・愛子が出てくるのを待ち、二人で敷台に座って話していた。〔劇作家・斎藤憐との対談「個人の中に抵抗を残した男――佐野碩」〕）

米国からドイツに渡り、さらに、ソ連へと入国した。やがて、ＩＲＴＢ（モルト、国際革命演劇同盟）専任の書記局員としてソ連滞在が許可されて、モスクワに定住。モルトから生活費を支給されるようになった。三三年（昭和八）、モルトの局員ガリーナ・ヴィクトロヴナ・ボリソワと同居して、日本の妻・二三子に離婚したいと手紙を送った。その後、ガリーナとのあいだに娘リーシャが生まれた。この年、国立メイエルホリド劇場の研究員となり、演出家メイエルホリドの演出助手を務めるようになった。だが、スターリン体制下、やがてメイエルホリドに対する形式主義、審美主義、シンボリズムなどとの批判が強まる。三七年（昭和一二）夏、佐野碩は、同じくモスクワの劇場で演出家を務めていた土方与志とともに、パリへと追放される。妻子（ガリーナとリーシャ）の同行さえ、碩には許されなかった。彼は、単身、米国に渡ることを望むが、日本の外務省から妨害の手配がまわって、なかなか米国入国を許可するヴィザが発給されなかった。

翌一九三八年（昭和一三）五月二八日付の「読売新聞」が、「祖国へ帰心矢の如し」などの見出しで、佐野碩のことを大きく報じている。このとき、彼は、まだパリにいる。記事には、母・静子（しづ）の談話も掲載されており、この母と息子のあいだでかなり頻繁に連絡が取られているらしいこともわかる。

「……愛息の安否をきづかう母堂しづ（五六）さんのもとへ突然佐野氏からモスクワ訣別の便りが届いた。昨年七月パリに至る船中からである。『アメリカ廻りで日本に帰りたい』と帰国の意向をしきりに母堂に訴えてきたのもこのころであった。

しづ母堂は折返し『是非帰って来てくれ、帰るならすぐ旅費を送る』といってやったがその後の便りは旅費のことに触れずにただ元気で演劇研究の生活を送っているというだけだという」

記事掲載の前夜（三八年五月二七日）も記者は静子に面会したとのことで、さらにこんな談話も載せている。

「あの子が外国へ行ってからずっと文通は続いています。しかし往復に二、三カ月もかかるうえに文面がいつも簡単ですから詳しいことは何もわかりません」

「あの子の家内（元左翼劇場女優平野郁子さん）も先方の希望で復籍しましたし、警察の方も聞くと何も問題はないそうですから、一日も早く帰って安心させてもらいたいと、それのみ願っております」（以上、句読点を適宜補い、現代仮名づかいとした）

こういった経緯があって、母親の佐野静子としては、鶴見祐輔一家がニューヨークに出向くと聞くに及んで、ヨーロッパからの船便が入港するその地に折よく碩も居合わせるかもしれないと考え、気心の知れた愛子に、換金しやすい宝石類を託したのだろう。（佐野碩は、その間、モスクワに残した娘リーシャを二歳で亡くす。三八年七月のことで、白血病だったと言われている。）

九月に入ると、鶴見祐輔一家が滞在しているニューヨークのホテル・ピエールに、佐野碩から電話があった。フランスのル・アーブルからの航路でニューヨークに到着したが、ここにも日本の外務省の手が回っていて、湾内のエリス島にある連邦移民収容所で足止めされているとのことだった。それでも碩の声は意気軒昂で、電話口で祐輔に対して、こんなことを話した。

――ナチス・ドイツと日本が結託を深めれば、世界はいっそう危険な状態になる。だから、あなたみたいな自由主義者と協力して、これに抗する人民戦線のような運動を起こしたい。――

だが、佐野碩が思う「自由主義者」鶴見祐輔とは、かつて彼が日本で身近に接した、大正期の祐輔なのだ。いま、五〇代なかばの鶴見祐輔は、ナチス・ドイツに反対しない政治家になっている。はかばかしい返事を、碩は得られなかった。

ミドルセックス・スクールへの入学を控えた長男・俊輔が、日本から遅れて米国に渡り、ホテル・ピエールに合流するのも、同じ九月上旬。従兄の佐野碩から父・祐輔に電話があった、という話も、すぐに彼は聞いている。

母の愛子は、べつのことを思案していた。佐野静子から託された宝石類を、どうやって碩に届けようか、ということだった。どんな手立てが取られたかについては、俊輔の記憶にはない。だが、あの母親のことだから、なんとかして、碩に届けたに違いないだろうと思っている。エリス島は、目と鼻の先の湾上にあるのだから、直接出向いて折衝するなりすれば、米当局もそれを拒み通せる理由を持たなかったのではないか。（鶴見俊輔・加藤典洋・黒川創『日米交換船』、鶴見俊輔『期待と回想』）

ともあれ、この九月上旬のうちに母・愛子は長女・和子を伴い、夫・祐輔と長男・俊輔をニューヨークに残して、日本に引き上げていく。

なお、俊輔は、少年時代、佐野家に遊びに行ったおりなどに、婚家に残る碩の最初の妻・二三子とも顔を合わせることがあり、美しい人として記憶に残っている。舅の佐野彪太《とらた》、姑の静子も、この嫁によくしている様子がうかがえた。彼らは、嫁の二三子に対して、身寄りのない彼女が左翼演劇を続ける上でも、逮捕された場合には「佐野」の籍のほうが役に立つ（後藤新平の縁戚として知られているという含み）から、不要になるまでこのままでいるようにと勧めていた（岡村春彦『自由人佐野碩の生涯』）。

先に引いた「読売新聞」での佐野静子の談話に、「あの子の家内（元左翼劇場女優平野郁子さん）も先方の希望で復籍しましたし」とあるのは、そうした経緯をさす。つまり、碩からの一方的な「結婚破棄」通告から五年が過ぎて、二三子にも再縁の相手が決まり、この年四月、いよいよ彼女は旧姓に復したのだった。

再婚相手と二三子が満洲に渡るさい、佐野静子は東京駅まで二人を見送りに出かけた。そのとき、「二三子さんが嬉しそうに行った」と、あとで愛子にこぼしたという。

ところで、ニューヨーク湾上のエリス島で足止めされた佐野碩は、その後、どうなったか？　結局、このあとニューヨーク在住の友人、石垣栄太郎（画家）・綾子（ジャーナリスト）夫妻らの奔走で、同年一〇月に入るころ、やっと米国への上陸が許される。そして、期限の六カ月間いっぱいまでニューヨークに滞在し、翌三九年四月、次の目的地とするメキシコへ向かう船に乗る。（石垣綾子「ある亡命者の生涯——佐野碩のこと」）

一六歳の鶴見俊輔の状況をめぐるこまやかな文通は、ミドルセックス・スクールの教職員らと父・祐輔のあいだで、ニューヨークのホテルを住所地としながら、それからも続いている。

どうやら、俊輔の英語の力が、急速に伸びはじめていたのは確からしい。父・祐輔も、一一月にニューヨークを発つと、あとのことは学校に託して、ワシントン、ロサンゼルス、サンフランシスコを経て、日本へと帰っていく。

冬がやってきた。

年の瀬近く、ある晩、鶴見俊輔は、寄宿寮の自室で寝ているうちに、やおら体全体が押さえつけられ、みるみる自分が小さくなっていく感覚に襲われた。このままでは自分がなくなると思って、起き上がり、部屋の電気をつけた。やみくもに部屋のなかを歩きまわった。おれは気が違う。外に出て、助けを呼ぼうか。けれど、英語のできない自分が突然ほかの生徒を起こしたら、それこそ頭がおかしいと思われそうだ。いっそ、便器に頭から突っ込めば、ショックで正気が戻るのでは？

いよいよ堪えがたくなったとき、突然、眼のうしろから、金の砂が落ちはじめた。さらさら、さらさら、と落ちていく。すべてが落ちきったとき、体が小さくなる恐怖は去っていた——。

次の日、授業中に高熱を発して、もう動けなかった。寄宿寮から少し離れた病棟に入れられた。そこで使われている英語が、またわからない。清教徒の習慣で、大便、小便、あらゆる体の機能についての言葉が間接の表現を取るので、ナースたち（皆、中年以上の女性）が何を尋ねているのか、理解できない。四〇度以上の高熱だったが、薬は供されない。流感だという診断で、ただ、水（ときどきオレンジ・ジュース）をたくさん飲まされ、熱が下がるのを待った。

退院して授業に戻ると、英語がわかるようになっていた。

状況を見守っていたハーヴァード大学は、やがて鶴見俊輔に、米国史、近代ヨーロッパ史、英文学の三課目で大学共通入試《カレッジ・ボード・イグザミネーション》を受けさせることに決め、ほかの課目は日本語では相応の学力があることと認めて、免除してくれた（のち、試験課目はさらにやや軽減されて、近代ヨーロッパ史と英文学の二課目に、米国憲法と独立宣言を加えるという形となった）。

だが、ミドルセックス・スクールでのおよそ一年間の在学中、ついに最後まで彼はどのクラスにも編入されなかったので、クラス写真にも卒業写真にも、その姿はない。この学校に鶴見俊輔が在籍したことを示す写真は、一枚も残っていない。（鶴見俊輔「マサチューセッツ州コンコード」）


ハーヴァード大学への入学が正式に決まり、鶴見俊輔は一七歳になっていた。

ミドルセックス・スクールでの同年の友チャールズ・ヤングの母親は、自宅がハーヴァード大学の地元ケンブリッジ市なので、正規の入学前の夏期講習のあいだ、俊輔を下宿人として引き受けてもよいと申し出てくれた。当のチャールズのほうは、十分な成績が取れずに、ミドルセックス・スクールの卒業が一年遅れることがすでに決まっていたのだが。

ケンブリッジ市にあるヤング家の住まいは、一家五人（俊輔も入れると六人）が三部屋で過ごす、狭く質素なアパートメントだった。長女ナンシー、ヤング夫人、その母親であるハント夫人という女性三人が、奥のひと部屋を使う。次男チャールズは、普段ミドルセックス・スクールの寄宿寮にいるが、休みで家に戻るときには寝室を俊輔と共有する。そして、ハーヴァード大学政治学科を卒業したばかりで、まもなく同校に助手として採用が決まる長男ケネスは、食堂兼居間に折り畳み式の寝台（コット）を置いて、皆が部屋に引き取ってから、そこで寝る、という暮らし方だった。

ケネスの折り畳み寝台を片寄せた部屋で、よくお茶の会が開かれた。狭い部屋いっぱいに人が集まり、紅茶と、ヤング夫人手製のオレンジ入りパンをもらって、にぎやかに話した。ハーヴァード大学極東言語学科主任教授だったセルゲイ・エリセーエフ夫妻も、このお茶の会に招かれて来たことがあった（ケネスは、同校に助手として勤務するあいだも、この学科でライシャワーから中国語を学ぶ）。論壇の旗手マックス・ラーナーも来た。自分たちの家が小さいから、などという釈明は、パーティのあいだも、この家の人たちの口から出たことがなかった。当時、ヤング夫人は離婚手続きを進行させており、自身は保険の外交員の仕事をしていた。

俊輔は、夏期講習では近代哲学史を受講して、成績は「A」だった。これで自信を得て、秋の学期初めの登録では、一年飛び級して、三年間で卒業できるコースを取ることにした。日中戦争の勃発以後、日本では為替管理法が強化され、留学中に新たな送金を追加して受けることは望みにくくなっていた。このぶんでは、どこまで学費が続くかということにも不安を覚えて、飛び級を選ぶことにしたのだった。ヤング夫人は、秋からの新学期も、ここに住んではどうか、と勧めてくれた。俊輔には願ってもないことだった。

入学後も哲学科を選ぼうと思うと都留重人に話すと、彼は賛成しなかった。都留が言うには、哲学とは各人がそれぞれの人生の課題と取り組むなかで、当面の必要を越えて浮き上がってくる感想なのだ、ということだった。つまり、哲学は、これ自体を大学での専攻とするより、ほかの専門の学問と取り組むことを通して考えていくほうがよいのではないか、ということだろう。そういったことを述べてから、都留は、典拠の本を取り出すこともなしに、こんな話をした。

――あるとき、哲学者のウィリアム・ジェイムズたちがピクニックに行った。しばらく一人で散歩し、彼が仲間たちのところに戻ってくると、議論が起きていた。

「いま、リスがいたので、さらによく見ようとしたのだが、リスは木の幹をまわりこんで、なかなか姿を見ることができない。それでも、自分は、このリスのまわりを廻っていると言えるだろうか？」

ジェイムズは、それを聞いて、こんなふうに助言した。

もし、あなたが「廻る」ということを、このリスの北にいて、東にいて、南にいて、西にいることだと定義するなら、あなたはリスのまわりを廻っている。だが、同じ言葉を、リスの前に立ち、横に立ち、後ろに立ち、ふたたび前に立つと定義するなら、あなたはリスのまわりを廻ってはいない。――

ジェイムズの『プラグマティズム』のなかに出てくる挿話である。

都留は、こんなことを俊輔に話してから、せっかくアメリカに来たのだから、もし哲学科を選ぶのならプラグマティズムを勉強するのがいいだろう、と言った。このころ、都留は、和田小六東京帝大教授の長女・正子と結婚したばかりだった。夏期休暇のあいだに、二七歳の彼はいったん帰国して、正子との結婚式を済ませ、今度は夫婦連れとなってケンブリッジに戻ってきていた。都留自身はもちろん経済学の研究者なのだが、鶴見俊輔が彼を「師」とするところは、その範囲にとどまるものではなかった。

知り合って間もないころ、「君は佐野碩の従弟なのだろう?」と、都留から訊かれたことがあった。うなずくと、そのとき、こんな話を彼はした。

かつて、第八高等学校（名古屋）で過ごした学生時代、都留は、反帝同盟という左翼的な学生運動に加わっていた時期がある。これにより、一九三〇年（昭和五）一二月、治安維持法違反容疑で一斉検挙されて、のちに八高から除名処分を受けたことが、米国留学に向かう機縁にもなった。

そのとき、彼を捕えた刑事のほうから、「ダメじゃないか、こんな簡単に捕まっちゃ、佐野碩を見ろ」と、冷やかし気味のお説教をされたというのだった。佐野碩は、若い一介の左翼演劇人に過ぎなかったが、鞄ひとつに衣装を詰めて「トランク劇場」という移動演劇を行なうなど、斬新で、どこかしら愛敬のある活動を次つぎに繰り広げることで、当時から、さまざまな伝説に彩られていた。……片脚が悪いのに、すばしっこい。刑事に追われて公衆便所に逃げ込むと、丸髷の女性に早変わりして現われて、追っ手の目をかわした——とかいった話である。むろん、そうした伝説も、〝大風呂敷〟で知られた有名政治家・後藤新平の孫にあたるというゴシップと、相まってのものだったに違いない。同様の連想は、「鶴見俊輔」という名前にも付いてまわっており、だからこそ、「君は佐野碩の従弟なのだろう?」という質問に至ったわけである。

ともあれ、こんなふうに、都留からプラグマティズムについて勉強してみてはどうかと勧められると、俊輔自身にも思い当たるところはあった。一六歳で日本を離れる前に、古在由重『現代哲学』という本を読み、感銘を受け、何度も読み返した。古在自身はマルクス主義の哲学者なのだが、その本ではプラグマティズムや論理実証主義の原書をしっかりと読み込んで要約し、批判も加えながら、明解な文章で解説がなされていた。講壇哲学者はプラグマティズムの開放的な性格を理解していない、ということも述べていた。そこにある公正で筋の通った筆者の態度に、若い一読者として共感を覚えていたのだ。

第二節 「一番病」の始まりと終わり

一九三九年秋からハーヴァード大学哲学科一年生となって、ルドルフ・カルナップによる二つの講義、「分析哲学入門」と「経験論の原理」を取った。どちらの受講者も一〇人から二〇人程度で、小人数の学生相手の授業だった。カルナップは、このとき四八歳。ウィーン学団の中心的一員で、ナチスを逃れて四年前から米国に渡っていた。

彼のドイツ語なまりの英語を懸命に聴きとってノートし、その日のうちに清書した。記号論理学の演算に熱中する。古在由重『現代哲学』にも出てきた世界トップの論理学者に、いま、こうしていきなり自分は学んでいる。先生の一語一語を、そのまま、垂直に自分のなかに叩き込む。

後期に入ると、シカゴ大学から客員教授で来ていたチャールズ・W・モリスの「プラグマティック・ムーブメント」の講義を受けた。パース、ジェイムズ、G・H・ミード、さらにデューイらへと至る講義だった。

英語の苦労は、この間にも続いた。一年生前期に英作文(イングリッシュA)の講座の中間試験で、落第点を取った。ずっとあとになってから知らされたのだが、このとき下宿先のヤング夫人は、なぜ落第の評価を与えたのかということを、受け持ちの講師のところに一人で問い合わせに出向いてくれていた。単に身びいきからのことではなく、外国人学生の事情をはっきり教師に理解させておて

1939年、ケンブリッジ市内の藤代真次博士宅にて、
「蝶々夫人」公演後のオペラ歌手・ヒジ小池を囲んで。
後列、右端・藤代博士、右から3人目・都留重人。
中列、右端・都留夫人の正子、中央・ヒジ小池、左端・鶴見俊輔。
前列、左端・本城（のち東郷）文彦。

きたいという動機からの行動だったらしい。

そのころから、俊輔は毎日の昼どき二時間、この家の最年長者ハント夫人に、本を朗読して聞かせることになった。二年間で七、八冊、大部の本を読み通した。これと並行するように、俊輔の英語の力も伸びていった。

前期末試験で英作文の成績は「C」に上がり、後期には「B」になり、彼自身にとって大学全期中で一番の難関だったこの科目を、年間通じての成績ではどうにか優等で切り抜けた。

あるとき、外務省の在外研究員としてハーヴァードの大学院で学ぶ本城（のち東郷）文彦が、ヤングさんの家に俊輔を訪ねてきた。そして、楽しげに暮らす一家の様子がひどく気に入って、自分も下宿人として置いてほしいとヤング夫人に頼み込む。願いは受け入れられた。彼は俊輔より高く下宿料を払えたらしく、その後、ヤング一家は下宿人の二人も引き連れ、もっと広いアパートメントに引っ越した。（鶴見俊輔「ヤングさんのこと」）

本城文彦が鶴見俊輔に提案したことが、もう一つある。「都留さんの話は雑談でも参考になるから、内弟子に行こう」と言いだしたのだ。本城が都留に頼み込み、この話も実現した。週に二度、彼と俊輔で都留宅に出向いて昼食を食べさせてもらい、しばらく雑談して散会、という約束だった。「自分はお金を払う、鶴見にはただで食べさせてください」と本城は言ったらしい。毎回、正子夫人が昼食を用意してくれて、食事のあと、お茶を飲んでから別れるのが習わしとなった。

チャールズ・サンダース・パースを全集で読んだのは、二年生に入って、ウィラード・ヴァン・オーマン・クワインがテューター（個人教師）となったときである。「何を読む？」とクワインから訊かれて、パース全集はどうですか、と答えた。「ああ、それはいい、ぼくはまだ読んだことがない」と、彼は言った。このとき、クワインは三二歳。「ものと言葉を区別できている論理学者は、いま世界に三人しかいない。ポーランドのタルスキと、ドイツのカルナップと、アメリカの自分だ」と、クワインは言っていた（当時、この三人ともハーヴァードにいた）。ほんとうかな、と疑わしくも思ったが、後日、ハーヴァードの哲学会がバートランド・ラッセルを招いて、「無限なもの、計測不可能なもの」という講演が行なわれたとき、開口一番、ラッセルが「この問題についてはクワインさんのほうが知っている」と言ったので、さらに驚いた。ラッセルは、そろそろ七〇歳になろうかという年齢だった。

毎週、一対一でクワインと顔を合わせて、パース全集の「プラグマティズムとプラグマティシズム」の巻を読みはじめた。

カントを読むと同時に、カルナップを読んだ。両者は同じ線上にいる、という読み方だった。カルナップの命題分類法は、カントの分類法に裏付けを得て、力を増している。そこから、善と真を切り離すカントの方法上の区分に熱中していることを都留に話すと、「僕だったら、悪から出発する」というコメントが言下に返ってきた。（鶴見俊輔「都留重人――哲学の教師として」）

出費を極端に切りつめ、禁欲的な学生生活を送っていた。勉強しているか、眠っているかの生活。夜九時半以後に大学図書館に出向くと、冊数に制限なく、翌朝まで図書が借り出せることになっていた。そうやって参考図書を借りてきて、朝が来るまでに読んで返す、という暮らしだった。

父・祐輔が息子の学費・生活費の原資として、後見人のアーサー・シュレジンガー（シニア）に預けていた国債から、毎月五〇ドルが俊輔の手もとに届いた。それでも先行きが不安で、さらに質素な暮らしを心がけていた。むろん、良家の子弟であることを恥じる気持ちも加わっていたに違いない。日米関係が険悪な様相を深めるにつれ、学業を果たすためにも倹約しなければという緊張がいっそう増していた。

大学近くの安食堂でチキンコロッケを食べ、食後に紅茶を飲むと一〇セント余計にかかるので、それは飲まずに帰ってくる。金持ちの子弟たちが集まる大学のキャンパスで、着るものも汚く粗末になっていく。すると、校内を歩くのも、いっそうつらい。自分の背が低いのも気になる。だから、成績では一番であることに、こだわる気持ちが、さらにつのった。（鶴見俊輔「偏見としての差別意識」）

あるとき食堂で、目の前で食事をしている一人の老人が、米法学史の伝説的人物、ロスコー・パウンドであることに気づいた。いま自分がそういう場所にいるのだということに、責任感と栄光の感覚が生じる。だが、一番であろうとすることに取り憑かれているので、競技生活はいつも苦しい。

バートランド・ラッセルの連続講演「意味と真理について」（'An Inquiry into Meaning and Truth'――講演原稿は、『意味と真偽性』の表題で日本語訳がある）計一〇回を、ハーヴァード大学「ウィリアム・ジェイムズ講演」で聴いたのは、一八歳の秋。このとき、ラッセルは六八歳である。八〇歳になったホワイトヘッドの講演「不滅について」を、ハーヴァード神学校《ディヴィニティ・スクール》の「インガソール霊魂不滅講演」で聴いたのは、その翌年の春のこと。

――この世の今を離れて不滅のものはない。今のなかに現われる価値の方向性に今をこえるものがあり、そこに不滅の相を認める。――

蒼白い大きな顔に、いつ絶えるかわからないほどの弱々しくやさしい声で、それでも一時間ほど話しつづけて、ホワイトヘッドは教壇から降りていく。最後にひとこと、いっそう細い声で彼はぼそぼそと何か言ったのだが、聞きとることができなかった。（その後、ずっと長い年月が過ぎてから、このときの講演のテキストを手に入れることができた。それを読むと、最後のひとことは'Exactness is a fake.'――「精密さは、いつわりのものである」となっていた。（鶴見俊輔「四十年

たって耳にとどく」二)

一年生の後期から、極東言語学科の主任教授セルゲイ・エリセーエフと講師エドウィン・O・ライシャワーによる日本研究のセミナーも取っていた。

エリセーエフは、このとき五一歳。かつて東京帝国大学国文科の最初の外国人学生として日本に滞在し、夏目漱石の門弟でもあった。ドストエフスキーの小説にも登場するサンクト・ペテルブルクの高級食料雑貨店「エリセーエフ商会」の次男坊に生まれ、ベルリン大学留学を経て、日本に移った。言語の才能に恵まれた彼は、落語や歌舞伎にも通暁した。草書体の手紙類さえすらすら読めた。

日本からロシアに、いったん帰国した。だが、故国で社会主義革命が起こって、一家でふたたびヨーロッパに脱出。長くパリ大学(ソルボンヌ校)で教えたのち、さらに米国へと渡ってきた。

あるとき、鶴見俊輔は、母・愛子から手紙を受け取った。草書体で書かれていて、読みにくい。縁戚の者の消息を記したらしいくだりで、「入牢なさいました」と見え、驚いた。政治家の家で育っただけに、贈収賄などかと、緊張が体に走った。それでも文意が心もとなく、念のため、手紙をエリセーエフに見てもらった。すると、これは「入牢」ではなく、「入営なさいました」だろうと教えてくれた。つまり、縁戚の青年が軍隊に入った、と知らせる手紙なのだった。このようにして、エリセーエフとライシャワーは、鶴見俊輔にとっては日本語の先生でもあった。

エリセーエフとも一対一で向きあい、授業を受けた。父の祐輔は、一高時代に英語教師・夏目漱石の授業を受けている。それを考えれば、エリセーエフも、祐輔と同じ明治期日本の教養を負った人である。書庫から京城帝大の紀要を出してきて、言語学者・時枝誠記《もとき》(一九〇〇年生まれ)のソシュール批判の論文が載っているものを俊輔に見せてくれた。彼にとって、時枝の「言語過程説」に初めて触れたのは、このときだった。国語学者・山田孝雄《よしお》の五十音図についての歴史的考察。保科孝一の国語史……。そういったことについても。

ロシアでの日本語研究は漂流民から始まった、ということも、エリセーエフは鶴見に伝えた（鶴見俊輔「エリセエフ先生の思い出――東と西の出会い」）。薩摩の船でカムチャツカ半島に漂着したゴンザという少年の言葉から、ロシアで最初の日本語辞典（ゴンザ編、A・I・ボグダーノフ指導『新スラヴ・日本語辞典』、一七三八年）は作られた。だから、その辞典には、この少年の生まれ育った故郷の方言が残されているのだということも。

これらの話は、鶴見のなかに種子となってずっと残り、のちには漂流民・ジョン万次郎の伝記なども書くことになる（『ひとが生まれる』、一九七二年所収）。だが、このとき彼らを結びつけていたのは、一〇代で米国に流れついた鶴見俊輔という少年も、また、世界各地を流れてきたエリセーエフという初老の故郷喪失者も、自分たち自身がともに漂流民なのだという実感だろう。

エリセーエフが、大学で用いていた英語は、彼にとってロシア語、フランス語、ドイツ語、日本語に次ぐ五番目の言語で、もはや初老に至って上達していなかった。そのせいで、ハーヴァードの学内では、十分な敬意を受けていないところがあった。実際、彼は、後進のライシャワーらと違って中国語を習得しておらず、『荘子』を講ずるにも、日本の漢文式に返り点で読み下しながら教えていたという（瀬戸内寂聴・ドナルド・キーン・鶴見俊輔『同時代を生きて』での鶴見の発言）。こうした、もはや〝時代遅れ〟な学者としてのキャリアが、ドナルド・キーン（一九二二年生まれ）のような、より新しいプログラムで日本語を学び始める若き俊英たちに、堪えがたき知的停滞として映ったとしてもやむをえまい。

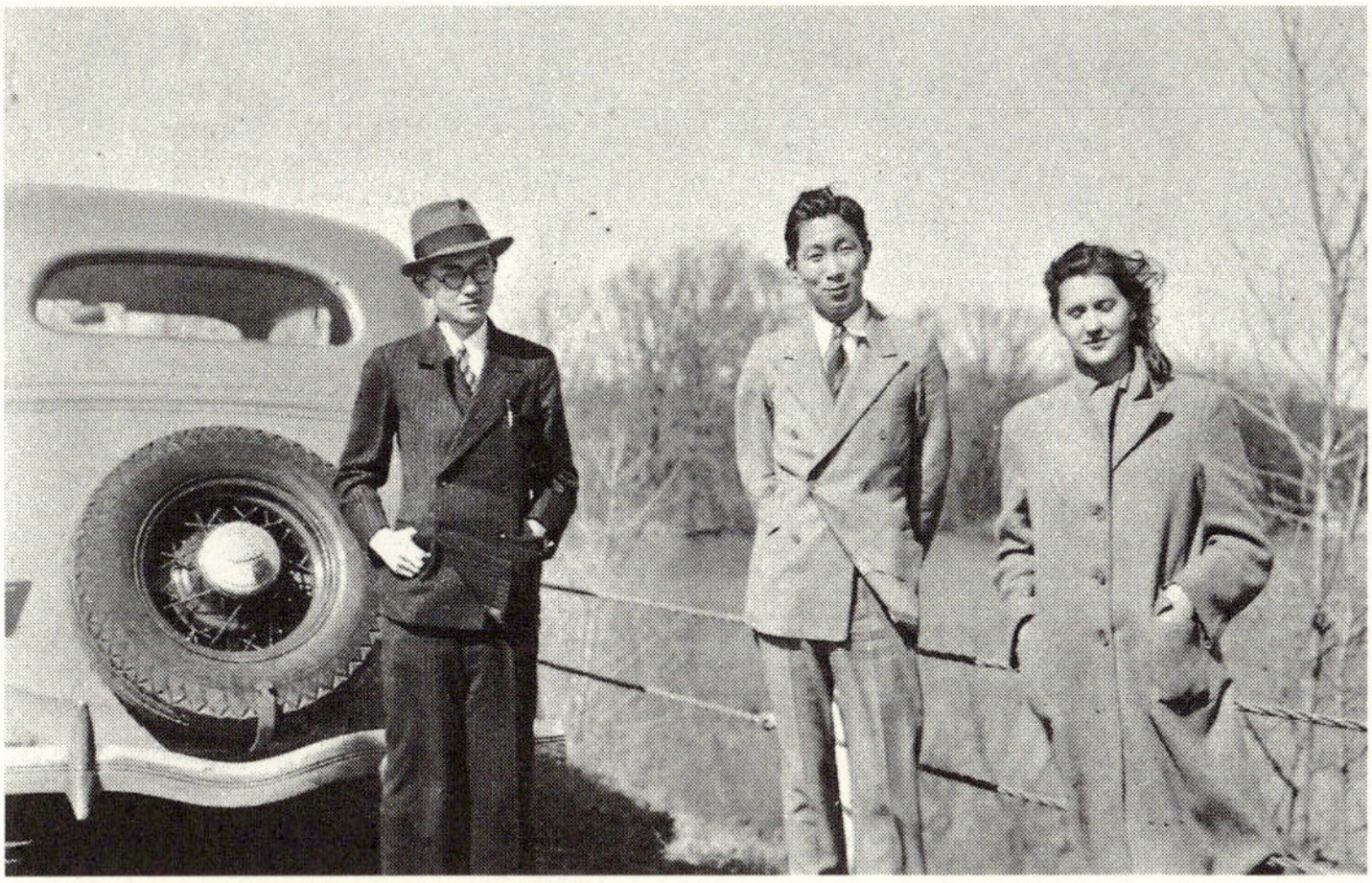

1940年、ニューヨーク州ポキプシー、ヴァッサー大学近くにて。
左・鶴見俊輔、中央・本城文彦、右・ルース・マリー。自動車は本城所有だが、
これを抵当に鶴見から酒代を借り、所有権が鶴見に移ることがあった。

姉・和子の留学先、ヴァッサー大学で、その学友たちとともに。
後列右・和子。前列左・俊輔。

一九四〇年（昭和一五）の夏休みに、鶴見は一時帰国し、柳宗悦を目黒区駒場の自宅に訪ねている。日本民藝館を数年前に開設し、筋向かいの家に彼ら一家は住んでいた（現在の日本民藝館西館）。柳は、このとき五一歳。石屋根の長屋門を入って左手の小部屋で、面会に応じたという。鶴見としては、柳の初期から続くウィリアム・ブレイクの詩への共感などについて、質問しようとしたらしい。自身が、ジェイムズへの関心、また、ウィリアム・ジェイムズについてまとまった論考を書きたいと思案しはじめた時期だった。

鶴見は、一年生のあいだ、ハーヴァード神学校にも通って、「組織神学」の講義を受けた。ユニテリアンの自由主義神学に立つ講義で、エマソンの汎神論、ソローらのヒンズー教などへの親近感、サンタヤナのカトリック経由の無神論などにも触れあうものだった。鶴見にとっては、小学生のころからなじんだ神と仏に区別を立てない柳の感覚が、そこに重なって浮かんできた。こうした日常の神秘のなかに、また一つのプラグマティズムへの回路があった。（鶴見俊輔『柳宗悦』）

九月の新学期に間にあわせて米国に戻るにあたり、ロサンゼルスへの航路を選んだ。船が着岸したロサンゼルス港サン・ペドロの移民局で、入国手続きの係官に「イエス、サー」といったへりくだった言葉づかいをしなかったことから、生意気だと言いがかりをつけられ、留置場に放り込まれた。鶴見にとって、これが初めての監獄だった。すぐに釈放されたが、この経験が、後日のより本格的な拘留のとき、いわば予防接種の効果をもたらしてくれた。

大学に戻ると、この一九四〇年夏の終わりから秋にかけ、エリセーエフとライシャワーによる日本語教科書作りを手伝った。姉の鶴見和子が、ひと夏を通してハーヴァード大学の夏期講習に出席しながら、ずっと、これのアシスタントを務めていた。そこに本城文彦と俊輔も後から加わり、ゲラ刷りに目を通し、校閲や文の推敲を助けたのだ。（鶴見俊輔「芦田恵之助——まわり道をとおって」）

この日本語教科書 *Elementary Japanese for University Students*（『大学生のための初等日本語』、ハーヴァード燕京研究所、一九四一年五月刊行）は、会話ではなく、日本語を読む能力を身につけることに目的を絞って、編集された。つまり、かな文字だけの幼児的な例文から始まる、ということがなく、いきなり冒頭から、漢字かな混用の一般的な日本語表記の例文で始まる。これ一セット（例文篇と単語・文法・注記篇、計二冊で成る）を習得すれば、候文などの文語まで読めるようになる、という作りなのである。例文は多くが『尋常小学読本』（文部省）と『普通学校国語読本』（朝鮮総督府）から取られている。「普通学校」とは、植民地朝鮮で（日本人ではなく）主に朝鮮人児童が通う初等学校のことである。ほかに、エリセーエフが書き下ろした例文などもある。（*Elementary Japanese for University Students* 初版、エリセーエフ、ライシャワー連名の「序文」は、鶴見和子、本城文彦、鶴見俊輔らの名を挙げ、各人の貢献の内容とそれに対する謝辞を述べている。）

教科書は好評で、増補版（一九四二年）、その重版（一九四四年）と、修正を重ねた。より若い世代の研究者ライシャワーとしては、エリセーエフが書き下ろした例文に「鬼も十八、番茶も出花」といった古い地口などが散見されるのが不満で、そうしたものを折あるごとに差し替えていこうとした面もある。だが、さらに根本的な修正を必要とする理由が、ほかに生じていた。一九四一年一二月七日（現地時間）、日米間の戦争が始まったことである。

開戦は、一気に、日本語をまなぶ学生を増やした。それは、単に人数の増加だけでなく、質的な変化も意味していた。

戦争が至急求める語学的な知識とは、相手国の文学作品などを「読む」ことではなく、相手国民や捕虜たちと「会話する」能力である。

アメリカ海軍の日本語学校が、東部のハーヴァード大学と、西部のカリフォルニア大学バークレー校に急遽作られた。ただし、ハーヴァード大学の日本語学校は、エリセーエフたちに指導が委託されたものの、一期のみで廃止（一九四二年九月）。カリフォルニア大学バークレー校の日本語学校も、四二年六月からコロラド州ボウルダーのコロラド大学へと移されている。

米海軍の日本語教育プログラムの責任者たちは、日本語会話の速習に適した教科書として、東京で出版された長沼直兄『標準日本語読本』を採用することを求めていた。在日米国大使館の日本語教室などでも使われてきたものである。だが、エリセーエフは、それを頑なに拒んで、自身が作成した *Elementary Japanese for University Students* を教科書に用いることにこだわった。結局、そうした日本語教育法が軍事目的に合致しない、と判断されて、ハーヴァード大学の日本語学校は廃止に至る。

一方、カリフォルニア大学バークレー校の海軍日本語学校の移転は、日米開戦を受け、西海岸に居住する日系人が強制的に内陸部へ移らされることになったからだった（一九四二年二月一九日発令の大統領令による）。訓練生は全員が白人なのだが、教師の多くが日系二世で、これにより移転は余儀ないものとなった。ちなみに、ドナルド・キーンは、バークレーの海軍日本語学校の第二期生として四二年二月に志願して入学したエリートの一人で、同年六月、同校のボウルダー移転を経て、合わせて一一カ月間、情報将校（戦場などで通訳・翻訳の職務にあたる）となるための日本語速習教育を受けた。使用した教科書は、先に触れた長沼直兄『標準日本語読本』だった。（武田珂代子『太平洋戦争　日本語諜報戦——言語官の活躍と試練』、ドナルド・キーン・河路由佳『ドナルド・キーン　わたしの日本語修行』）

一方、アメリカ陸軍も、日本語学校を開いている。首都ワシントン近郊、ヴァージニア州アーリントンに開設したもので、ライシャワーはその指導者として招かれた。教科書は、やはりエリセーエフとともに作った *Elementary Japanese for University Students* だった。ただし、一九四四年の新たな改版で、この教科書には、漢字・かなを習得していない学生たちも使えるように、ローマ字表記による例文集を加えた三分冊版が作られて、こちらの書名は *Elementary Japanese for College Students* なのである。つまり、旧来の二分冊版では「大学生」が'University Students'なのだが、新しい三分冊版では'College Students'なのだった。(この三分冊版では、タケヒコ・ヨシハシという日系二世の人物が、新しく編者に加わっている。)

第二学年の後期、一九四一年の春ごろには、鶴見俊輔はウィリアム・ジェイムズを主題とする優等論文(卒業に向け優等生の資格を有する者が作成する論文)の準備を始めていた。指導教授は哲学科の長老ラルフ・バートン・ペリー(一八七六年生まれ)に受け持ってもらう手はずだった。ペリーは、ジェイムズの直弟子で、その遺稿『根本的経験論』の編者であり、また、二巻本の伝記『ウィリアム・ジェイムズの思想と性格』(*The Thought and Character of William James*, 1935.)の著者でもあった。この伝記は、ピュリッツアー賞を受賞している。

同じころ、姉の和子は、ニューヨーク州のヴァッサー大学の大学院哲学科で、マルクス主義の観点に立ってのデューイ批判、という体裁の修士論文の仕上げにかかっている時期だった。優等生らしく、彼女は「──について、──に力点を置いて、──の面からの考察」といった、さまざまな限定を付けた論文の主題を俊輔に知らせてきた。俊輔は、そうした型通りの発想に苛立って、自分の用意している論文は 'A Theory of non-existential being with a special emphasis upon nothing in particular'（特に何についてもことさら力点を置かぬ非存在の理論）という題だと、皮肉を込めて手紙で知らせた。だが、まじめな和子は、姉弟でもずいぶん違う論文を書くものだと、感心した文面の手紙をまた返してきた（『たまたま、この世界に生まれて』）。ちなみに、同年六月、鶴見和子がヴァッサー大学で哲学修士号を取得する論文名は、'Comparative Study of Historical Materialism and Instrumentalism as Methods of Social Science'（社会科学の方法論としての史的唯物論とインストゥルメンタリズムの比較研究）である。

同年七月、米国政府は、ついに在米日本資産の凍結を発表。留学生たちは、学費調達の手だてが途絶して、窮地に追い込まれた感を深めずにはおれなくなった。

この夏、俊輔は日本に帰省はせずに、自分でいくらかでも稼ごうと考え、前田多門が館長をしているニューヨーク日本文化会館の日本図書館に頼んで、夏休みのあいだ、本の運搬のアルバイトをした。賃金は、週に一六ドルだった。これまではニューヨークに来るとYMCAに泊まっていたが、さらに切り詰めようと考え、コロンバス・サークルという貧しい地区のエレベーターもバスタブもない最上階、とても安い部屋を借りていた。

九月に差しかかったころ、南博（一九一四年生まれ）という八つ年上の青年が、京都帝大文学部哲学科で心理学を専攻して卒業、ニューヨーク州のコーネル大学大学院に留学してきた。

インターナショナル・ハウスという留学生たちのたまり場（姉・和子も、そこに住んでいた）で、俊輔は南と知りあって、すぐに親しくなり、話し込んだ。せっかくだから、一緒に翻訳しようじゃないか、何かおもしろい本があるかい？　と南が言いだした。俊輔は、まだ刊行まもないF・O・マシースンの大著『アメリカン・ルネッサンス』を挙げている。

加えて、俊輔自身は、G・H・ミード（一八六三―一九三一）の話をした。とてもおもしろいと思うが、難しい。ミードのまとまった著作は、没後に刊行された四つの講義録だけであり、これらのうちチャールズ・W・モリスの編集による *Mind, Self, and Society* を例に取って、その難解さにすっかり手こずっているのだということも、正直に述べた。すると、南博は、「その本は京大の図書館にあったが、読んでいる者はいなかった。読んでいる人はいるんだなあ」と、しきりに感心した。（『日米交換船』『たまたま、この世界に生まれて』、南博『学者渡世――心理学とわたくし』）

また、この時期、図書館のアルバイト仲間でヘレン・ケラーを囲んで話したこともあった。当時、彼女は六一歳。宮城道雄（盲目の箏曲家）の「春の海」を聴かせたいと伝えると、ヘレン・ケラーは耳が聞こえないので蓄音機に指を当て、振動から曲のありかたを想像し、通訳を通して「とてもおもしろかった」と感想を述べてくれた。そして、「ここにいる人はどういう人か」と訊いてきたので、一人ずつ名乗ることになり、鶴見は「ハーヴァードの学生で、二年生が終わったところだ」と言った。するとヘレン・ケラーは「私はその隣のラドクリフ・カレッジの学生でした。ラドクリフで私は非常にたくさんのことを学んだ。しかし、卒業してから、そこで学んだことの多くをunlearnしなければならなかった」と応じた。

'unlearn' という言葉を聴いたのは、このときが初めてだった。そのとき、この言葉の意味を深く考えたとは言えない。だが、耳に残った。

思い返しても、「忘れる」という意味ではないと感じる。そして、さらにずっと時間が過ぎてから、あえて言うなら、「学びほぐす」という意味ではないかと思うようになった。（鶴見俊輔『不逞老人』）

この年の秋、鶴見俊輔はヤング家を離れ、ケンブリッジ市アーヴィング街四三番地にある木造三階建ての屋根裏部屋に下宿して、単身で暮らしはじめた。ヤング家の長男ケネスが国務省の官吏となってワシントン勤務が決まり、一家はハーヴァードの学生である次男チャールズだけをケンブリッジ市に残して、ワシントンに移ることにしたからだった。もはや俊輔の部屋に訪ねてくる友人はおらず、ここに一人でこもって、さらに「一番病」の勉強生活を続けた。

このころから、喀血が始まった。数日から一週間おきくらいに、起こる。だが、学校には言わずにおくことにした。申し出れば、来年六月の卒業ができなくなる。さらに一年間の学生生活を支えられる資金はない。

一一月下旬、若杉要駐米公使からの直筆の手紙が、米国東部にいる日本人留学生全員に届いた。——日米関係悪化につき、近く西海岸ロサンゼルスから出航する引揚船・龍田丸で、日本に帰還されることを強く勧めます——といった内容のものだった。

これを受け、留学生たちのあいだで秘かに相談が行き交った。

かねて、日米開戦は避けられないと、鶴見俊輔は考えてきた。いまでもそうである。だから、正直に理由を記して、帰国を拒む手紙を若杉公使に返すことにした。——自分は結核による喀血がある。だから、いま残されている時間をしっかり使って大学を出ないと、学問の機会を逃してしまう——という内容のものだった。

姉の和子は、迷っていた。彼女は、コロンビア大学大学院哲学科に移って、博士論文の主題を絞り込んだところだった。いま自分が米国にとどまることを選べば、政治家としての父の立場をまずいところに追い込むことになるだろう。なるべく早く帰国することを勧める、という連絡も、父から来た。だが、勉強を続けたいという意向を伝えると、ニューヨークの総領事館を通して、「止まりたいならば、止まってよい、自分のよいと思うようにせよ」との電報が届いた。彼女も、米国に残ることに決めている。(鶴見和子「自分と意見のちがう子どもを育てた父親への感謝」)

一方、ケンブリッジの俊輔のもとに、そのころ、ニューヨーク州の南博から絵ハガキが届いた。そこには、「君はどうしますか、僕は考えるところがあって、日本に戻りません」ということだけが書いてあった。だが、俊輔には、この含みのある文面から、南が、ある種のマルキストとして、やがて日本の交戦相手国となるべき米国社会に戦時下もとどまる覚悟でいることが、はっきりと伝わった。

結局、大半の留学生たちが、いまのところは米国に残るとの返事を若杉公使に出している。だが、なかには、大学の籍を抜き、下宿を引き払い、米大陸を横切る旅をして、西海岸の港までたどり着いた者もいる。ところが、予告されていた龍田丸の入港は延び延びになって、ついに船が来る前に、一二月七日、日米間に戦争が始まった。

（戦後、このときの引揚船・龍田丸の運航計画は、対米開戦はありえないという日本軍側のカムフラージュ作戦に利用されていたことが明らかになる。本来なら同年一一月二〇日に予定されていた龍田丸の横浜出港は、開戦の日を決する一二月一日の御前会議を経るまで海軍の主導下でずるずると先延ばしされて、帰国するつもりの米国人らで満員の同船は、やっと一二月二日に出港はしたものの、同月七日の開戦の知らせと同時に船首を反転させて、全速力で日本へと引き返した〔『日本郵船戦時船史』上巻〕。つまり、結果から見るなら、留学生たちに対する若杉公使による衷心からの配慮までもが、軍部による謀略に巻きこまれていたことになる。）

若杉公使の求めに応じたおかげで、学籍も下宿先も失ってしまった青年（元アマースト大学の山本素明）は、やむなくケンブリッジ市の鶴見俊輔の下宿である屋根裏部屋に転がり込んで、しばらく居候をするしかなかった。やがて、その身柄は、ボストン市で歯科矯正医を開業する藤代真次博士が引き取った。藤代博士は、苦学して現地で成功をおさめた人で、日本からの留学生を支援したいとの篤志を抱く地元名士だった。

開戦当日の一二月七日も、鶴見俊輔はただ勉強だけをして過ごした。夕食をとりに大学近くの安食堂に出向くと、客はまばらだった。いつものようにピーマンの肉詰め《スタッフド・ペッパー》を食べて、倹約して紅茶は頼まず、まっすぐ下宿に帰った。

屋根裏まで上がると、部屋のなかに誰かがいる気配がした。ドアを開ける。ミドルセックス・スクール時代から三年間つきあいのあるチャールズ・ヤングが、ひとりで椅子に座っていた。彼は立ち上がり、俊輔に向きあって、このように話した。

「戦争が始まった。これからは互いを憎むことになるだろう。だが、自分たちはそれが克服されるときが来ることを祈ろう」

チャールズの感情が、俊輔にはわからなかった。自分は米国人を憎んだことがない。どちらかと言えば米国のほうが正しいと信じてきたから、憎むべき理由がない。だが、同時に、この戦争に日本は負けるし、そのときには日本にいなければ、とも感じていた。

本城文彦は、ハーヴァード大学に留学中とはいえ日本外務省の官吏なので、交戦相手国の外交団の一員として、これからは抑留される。ほかの外交官やその家族とともに、ヴァージニア州の山中の保養地ホット・スプリングスに送られて、現地のホテルで軟禁生活に入ることになっていた。

藤代真次博士が、ケンブリッジ市の自宅で彼らのお別れパーティを開いてくれた。だが、本城は、パーティが終わると皆と別れ、一人で夜の道を迂回するように歩いて、鶴見の部屋にやって来た。

「それがお互いに心を開いて話した最後だな」

と、鶴見は思いだす。(『日米交換船』)

（のちに本城文彦は、外務大臣をつとめた東郷茂徳の女婿となることで「東郷」姓に変わり、戦後は、外務審議官〔一九七二年〕、外務事務次官〔七四年〕、駐米大使〔七五年〕といった経歴をたどる。）

この一九四一年の年末、鶴見は第三学年前期の成績がトップ（上位五パーセントをさす）だったことを知らせる手紙を、日本の家族に宛てて出している。交戦国間では、ジュネーヴ条約にのっとり、手紙は国際赤十字に託されて運ばれる。文面は欧文で二五語までに制限されていた。日本の実家にそれが届くまで、数カ月が必要だった。

年が明けて、一九四二年三月二四日、夕刻だった。

ケンブリッジ市アーヴィング街四三番地の下宿で、鶴見俊輔が昼寝をしていると、ノックなしにドアが開けられ、スーツ姿の三人の男が薄暗い部屋に入ってきて、ＦＢＩ（連邦捜査局）の者だ、と名乗った。ベッドから起き上がって立とうとすると、自分の両方の膝ががちがちと音を立てるようにぶつかりあうのを感じた。それから五時間ほどにわたって、男たちは室内の捜索を続けた。

本箱を見て、ドイツ語の辞書に目をとめる。

「これを使って、ドイツと通信しているのではないか」

男の一人が言う。

机の上に、黒檀の十字架上のイエス像を置いていた。日本を離れるとき、小石川バプテスト教会の熊野《ゆや》清樹《きよき》牧師から贈られたものだった。

「アナキストなのに、イエス像を持っているのか？」

また一人が言う。それについて何か答えようとしたとき、なぜいま自分が部屋に踏み込まれているかが、わかりはじめた。

前年一二月七日の開戦以来、外務省関係者を除けば、ボストン周辺に住む日本人で拘留された者はほとんどいない（この点、開戦とともに国際商人〔商社員・銀行員ら〕やジャーナリストの連行が相次いだニューヨーク周辺とは事情が違っている）。敵性国人として、旅行などには当局の許可が必要になったが、日常の学業その他の生活は自由なままだった。司法長官がラジオで「治安を乱す者以外は敵性国人を逮捕することはない」と語っており、ふつうの留学生なら捕まらないと受けとめられていた。

だが、鶴見俊輔には、思いあたる特殊な事情があった。

去年（一九四一年）の秋、このアーヴィング街四三番地に引っ越すにあたり、外国人登録をした上で、聴取を受けた。その前年（四〇年）の連邦議会で、一四歳以上のすべての居住外国人に対して、毎年登録をし、指紋をとって、住所の変更を政府に知らせることを義務づける外国人登録法が成立していたからである。

さらに今年（四二年）二月、米国内に住む敵性国人（日本・ドイツ・イタリア人など）は移民局に呼びだされ、「敵国民登録」と取り調べを受けた。そのさいに、この戦争をどう思うかと訊かれ、「自分の心情は無政府主義だから、このような帝国主義戦争ではどちらの国家も支持しない」と答えた（鶴見俊輔『北米体験再考』）。自分の判断力の不足を悔いる気持ちが、いまは鋭い痛みとなって、胸をかすめた。

開戦直後は、それでも、すぐに捕まるかもしれないと思って、日記などのノート類を知人の部屋に預かってもらっていた。だが、三カ月余りも何ごともないので、つい数日前に、そこから持ち帰ってきたばかりなのだ。捜査官らは、それらをいま、日本から来た手紙類などといっしょに取り出し、目の前で広げて、持ち帰ろうとしている。

「このスーツケースに入れて、持っていってもいいか？」

捜査官の一人が、柳行李を指して言う。

二つの柳行李のなかに、未完成の優等論文も、手帖で二〇冊ばかりの日本語の日記も、次つぎに放り込まれた。（のちに知らされたところでは、ＦＢＩから頼まれて、ライシャワーがこれらの手帖類を読んだという。）

「では、一緒に行こう」

と、促される。

いつまで、と尋ねると、

「――それはわからない」

との返事だった。

ベッドの脇の窓べりに、一四セントの牛乳の大瓶を置いていて、まだ四分の三ほど残っていた。

――牛乳が残っているから、飲んでから行く。あなたも、どうですか？

と、尋ねてみる。

「いらない」

相手は、そう答える。そこで、牛乳を三杯、ゆっくりと、たてつづけに飲んだ。このとき、もう膝の震えは止まっていることに気づいた。

三階から、暗い階段を降りる。玄関に、この下宿の女主人が立っていた。エリザベス・ラッセルという名の老女である。だが、ちゃんと挨拶することも許されず、前の路上に駐めてある護送用の黒いビュイックに乗せられ、車はボストン市のＦＢＩ本局へと走りだす。（鶴見俊輔「牢獄から見た散乱したままだった自室は、後日、都留重人、山本素明、ニューヨーク在住の姉・和子が片づけてくれたと聞いた。このうち山本素明は、もう大学に籍がないので、ひと月ほど遅れて、鶴見と同じ牢獄に入ってきた。

下宿の女主人、エリザベス・ラッセルは、これからのち、近所の人から敵国人を下宿させていたことについて何か言われると、怒って、鶴見という若い日本人のことを弁護していたという。このおばあさんは愛想のいい人ではなく、下宿料を払いにいくときのほかは、ほとんど口をきいたこともなかったのだが。(『北米体験再考』)

ともあれ、予備校で一年、ハーヴァード大学で二年半という、鶴見の人生のなかでの「一番病」の時代は、このように日米戦争が始まることによって、唐突に終わる。

それでも彼には、二年前、ロサンゼルス港サン・ペドロの移民局の留置場に放り込まれた経験が、すでにあった。だから、この夜遅くに東ボストン移民局の留置場まで送り届けられたときには、もう、さほど動転を感じずに済んだ。

収監者たちは皆、すでに眠っており、二段ベッドが並んでいるなかの一つを与えられた。まっ暗で、そばにどんな人が寝ているのかも、わからない。便所にだけ、明るく電灯がついていた。

ベッドに寝ころび、きょう一日のあいだに起こったことを思った。すぐに眠れそうな気がして、そのことがうれしかった。そして、もう勉強しなくていいのだという解放感もあった。

第三節　牢獄にて

外国人を拘留するには、一般の警察などの留置場ではなく、移民局の施設が使われた。だから、移民法違反の容疑者だけでなく、殺人犯、詐欺犯といった、さまざまな罪状を問われる（米国にとっての）外国人がここにいた。そういったことがわかってくるのも、夜が明けて、朝になってのことだったが。女性の収監者とは隔てられており、交流は許されていなかった。

午前と午後、金網越しに売り子が新聞を売りにきた。それを買って、ゆっくり読み、夕方まだ明るいうちに食事となる。おもにスパゲッティかマカロニで、これまで鶴見俊輔が外の社会で食べてきたものより良質だった。あとはベッドでごろごろしている。暇つぶしに、誰かがドイツ語の歌をうたいだすと、牢獄中にそれが広がったりした。収監者はドイツ人とイタリア人ばかりで、ひと月ほど遅れて山本素明らが入ってくるまで、ほかに日本人はいなかった。こうした日々に、やがて喀血も収まった。

書きかけの優等論文が押収されたことについては、無念が半分、ほっとしたのが半分だった。だが、指導教授のラルフ・バートン・ペリーにこれを手紙で知らせると、すぐにＦＢＩにかけあって、書きかけの論文を留置場に取りもどしてくれた。彼は、ナチス・ドイツとは戦うべき、という見解をかねて示しており、官憲に対して顔が利いた。

かくなる上は、獄中で論文の続きを書かねばならない。だが、日中の雑居房は、にぎやかすぎて書いていられない。だから、なるべくぼんやりして過ごして、夜、皆が寝静まってから、便所で便器に蓋をして机代わりに使い、タイルの床にじかに正座して論文を書いた。書き上げた分はニューヨークにいる姉の和子に送って、タイプしてもらい、それがこちらに届く。校正の筆を入れて、また送り返す。完成原稿を彼女がハーヴァードへ送り届けてくれて、期限までにどうにか提出できた。

やがて卒業試験に際して、大学は試験官を留置場まで差しむけて、金網のなかで試験を受けさせた。大学は、国家から独立した判断を取るという、その筋道を最後まで通していった。

（この試験で、卒業に足る成績を鶴見は取れなかった。だが、五月下旬に開かれた卒業審査の教授会で、今度鶴見から提出された論文を、卒業の優等論文とするのではなく、大学の授業に出なかった第三学年後期分を補う論文と認めて卒業証書を出そうという提案があって、それが合意を得た。前期で彼はトップの成績を収めており、それも勘案しての配慮だった。したがって、鶴見の卒業成績は、優等賞《スマ・クム・ラウディ》を得ていない。〔『北米体験再考』『日米交換船』〕）

鶴見俊輔をこのまま抑留するべきかどうかを決する審問《ヒアリング》は、四月下旬に開かれている。後見人のシュレジンガー教授が特別弁護人として出席して、「調書で見ると、当人（鶴見）は、その信念にもとづいて帝国主義戦争のどちらの国をも支持しないと主張しており、日本と米国との戦争目的をくらべると米国のほうがやや正しいと思うと言っていることに注目してほしい。抑留には値しない」と擁護の意見を述べてくれた。陪審員は、カトリック神父、ハーヴァード・ビジネススクール教員、一般市民（納税者）代表の三人だった。釈放か抑留相当かの評決は、一対二に分かれ（ハーヴァード・ビジネススクール教員が「釈放」、カトリック神父と市民代表が「抑留相当」）、鶴見を「戦争期間中の抑留者（civilian internee）」とする判決が下された。

抑留が決まると、番号札を付けて写真を撮るために、手錠をはめられて自動車に乗せられ、とても長い距離を走って写真屋に向かった。チャールズ川のほとりを通ったとき、はるか向こうにハーヴァード大学の教会の尖塔が見えた。それが、この大学の見納めとなった。

同年五月一三日、約五〇日間の拘留が続いた東ボストン移民局の留置場から、ニューヨーク湾のエリス島にある連邦移民収容所へと移送された。四年前の秋口、そこに足止めされた従兄の佐野碩が、鶴見一家の滞在するホテル・ピエールに電話してきた施設である。

東ボストン移民局の留置場を出るとき、靴下に穴が開いていて、気づいたドイツ人のチンピラ風の若者が、新しい靴下をくれた。外の社会に出れば、自分は暮らしに困っていないから、と言って辞退しようとしたが、信じてもらえなかった。（「牢獄から見たアメリカ合州国」）

エリス島の牢獄にいたのは二晩だけで、同年五月一五日、ほか一六名の日本人とともに、メリーランド州のフォート・ミード収容所へと移送された（のちの交換船乗船時の自筆「調査票」〔外務省外交史料館所蔵〕などによる）。ここは、日本人抑留者をあつめて集団生活させる施設で、三月なかば以来、ニューヨークの商社員など一五〇人ほどの日本人男性が収容されていた。

日本人抑留者たちのあいだでは、遠からず「日米交換船」が実施されるという話題で、もちきりだった。すでに五月七日には、米・独伊間の交換船「ドロトニングホルム号」が、ドイツ外交団およそ六百名、イタリア外交団およそ三百名などを乗せ、交換地のリスボンに向けてニューヨークを出港していたので、なおさらである。

日米間での交換船の実施は、開戦（四一年一二月七日）直後の時期から、双方が中立国の利益代表（日本側はスペイン、米国側はスイス）の仲立ちを得た上で、交渉が重ねられてきた。

米・独伊間の交換船の実施と同じ五月七日ごろ、第一次日米交換船の実施計画の概要も、フォート・ミード収容所の抑留者たちには、次のように明らかにされていた。

《交換船は米国政府で契約された。中立国スエーデン・アメリカン汽船会社のグリップス・ホルム号、一万二千噸〔注・正しくは約一万八千トン〕の船で、北米・カナダ・メキシコ・中米・南米、即ち西半球全部の在留邦人中第一船約一千五百名が帰国する事となった。その内、外交官は約五百名、その他一般の者では国際商人・学生・一時入国者など一千名が六月十日紐育〔ニューヨーク〕を出発し、南米リオで更に同胞約五百名を同乗させ、リオより五千浬《かいり》大西洋を横断し、喜望峰を廻航、ポルトガル領のロレンソ・マルケスで、日米両国人の交換が行なわれる》（星野治五郎『アメリカ生還記』）

つまり、これは、外交団や国際商人だけに限らず、ごく普通の民間人まで含む、さらに大規模な交換なのだった。

所内の抑留者のうち、一二〇人近くが、この第一次交換船での帰国希望を申し出た。抑留者の自治組織の委員たちも、当局者たちとわたりあいながら、各人の留守宅に残された家財の取り寄せなどに取り組みはじめている様子だった。

ほどなく、ハーヴァード大学から、鶴見に書簡が届いた。先にも触れた彼の卒業を認める教授会の決定が知らされるのは、この書簡である。ただし、その通知内容は、ひどく素っ気ない文面で、次のようなことだけが書かれていた。

——東ボストン移民局の留置場でなされた卒業試験の結果は点数不足で、また、提出された論文は、優等論文として合格させることはできないが、教授会はこれを「バチェラー・オブ・サイエンス」（理学士＝ギリシア・ラテン語を履修しない学士号を意味する）の学位授与の参考資料として認めた。

読み取れるのはそれだけで、鶴見としては、これで自分が卒業できるということなのか、心もとないままだった。

この収容所には、いろいろな日本人、また、元日本人とでも言うべき男たちがいた。

小高い場所にある物資置き場の片隅で、一人、逆立ちして歩く練習をしている中年の男がいる。サーカスの団員だった人で、こうやって鍛えておかないと、放免されたとき、もとの仕事に戻れない。だから、毎日、この運動を欠かすわけにいかない、ということだった。

交換船とは、日本人の誰もが、それに乗って日本に帰らなければならないものではない。乗るか乗らないかは、当人が決められる。ただし、米国に残れば、戦争が終わるまで、収容所での抑留が続くかもしれない。それを承知の上なら、ここに残ってもよいのである。サーカスの練習を続ける男は、はなから、交換船に乗るつもりなどないのだろう。

「アラスカ久三郎」と呼ばれる男がいた。本名、斎藤久三郎。排日移民法(一九二四年)によって、日本からの移民が厳しく制限されるより前に、米国に渡って働きはじめた世代の労働者である。第一次世界大戦のころ、米軍の兵士となってアラスカで辺境警備についていたという。よく、そのときの話をするので、これがミドルネームになり、「斎藤アラスカ久三郎」と呼ばれていた。

洗濯をするにも、ゆっくり自分で手順を考えてからやる、というたちの人だった。英語もうまくはなかったが、自分の尺度で言葉の意味を測った上で、使っていた。あるとき、抑留者たちのリーダーとして立ち働く人物(野田岩次郎、日本綿花ニューヨーク支店長)のことをさし、

「じつにインターナショナルな人だ」

と彼は言った。

それを聞き、日本の大学を出て米国に来ている会社員の男が、からかい気味に、

「インターナショナルってどういうこと？　斎藤さん」

と、尋ねた。

アラスカ久三郎は、臆さずに答えた。

「胸はばの広い人っていうことだな。世界のことをゆっくり見わたして考えられる人のことだ」

プラグマティズムの運動とは、言葉の意味を明瞭に定義しようという動機から始まった。だとすれば、このような人の暮らしの工夫に裏打ちされた言葉づかいは、たくさんの磨かれた定義集のようにも見えてくる。（鶴見俊輔「字引きについて」）

便所掃除のしかたをていねいに教えてくれた上杉さんという白髪の老人は、哲学を勉強していると鶴見が話すと、自分は十数年前、佐々木秀一という教育者を案内して、哲学者ジョン・デューイに会いに行ったことがある、と言った。

佐々木秀一とは、鶴見が小学生（東京高等師範学校附属小学校）のときの校長先生である。一冊だけ、そのころ佐々木先生の著書を読んだことがあった。『黒偉人物語――力行の亀鑑』（一九三一年、厚生閣書店）という本で、最初の黒人の学校、タスケギー・インスティテュートを創設したブッカー・T・ワシントン（一八五六―一九一五）の伝記（自伝の翻案）で、心に残る本だった。あの佐々木先生が、デューイにつらなる研究歴のある人だということは、この収容所に来て、初めて知ることができた。（鶴見俊輔「木口小平とソクラテス」）

記録によると、佐々木秀一先生が、「教育学特ニ道徳教育ニ関スル研究ノタメ」として、英国・ドイツ・フランスおよび米国への二年間の官費留学に出発するのは、一九二五年（大正一四）一月のことである。途中でさらに半年間の私費滞在を許されて、二七年（昭和二）六月に帰国し、東京

の収容所で彼自身が知るまでに、さらに一〇年の歳月を要した。

高等師範学校附属小学校主事（校長）に復職した。一八七四年（明治七）生まれの人だから、五〇歳代前半での留学だった。（「履歴書」、前野喜代治『佐々木秀一先生』所収）

つまり、この研修留学からの帰国後、佐々木先生は成果として黒人教育者ブッカー・T・ワシントンの伝記を書きはじめ、刊行後ほどない一九三二年（昭和七）に、小学四年生の鶴見俊輔がこれを読むことになったらしい（鶴見俊輔「読書年譜」）。そして、こうした全体の経緯をメリーランド州の収容所で彼自身が知るまでに、さらに一〇年の歳月を要した。

大河内光孝という人物に初めて鶴見が会ったのも、フォート・ミード収容所でのことである。この男についての噂は、東ボストン移民局の留置場にいるとき、遅れて入ってきた日本人からも聞いていた。ミッチャンとも呼ばれる気っぷのいい男。ニューヨーク周辺で後ろ楯もなしに暮らす、庶民階層の日本人のあいだで頼られる存在らしかった。

大河内光孝は、大河内輝耕子爵の妾腹の子だと言われている。もっとも、米国に渡って暮らすようになってからの彼が、そういったことを自分の口から話していた様子はない。

子どものころは、学習院初等学科（のちの初等科）に通っていた。二、三学年下にかわいらしい男の子がいた。あめ玉をやると、喜んで食べた。その子は、迪宮《みちのみや》で、のちの昭和天皇だった。やがて、あめ玉をその子に与えたことが問題視された。このとき、学習院院長は乃木希典だった。両親は、恐懼措く能わず、息子を学習院から下げ、町の小学校へやった。それから、ぐれて、のちには正系の息子と跡目を争うのがいやで、米国に渡った。そこで「リングリング・ブラザーズ・アンド・バーナム・アンド・ベイリー」という世界最大のサーカス団に入る。彼が受け持ったのは、幕間劇の柔道芝居で、元力士の相手役をつとめることだった。悪漢を演じる元力士が、女（実は元力士の妻）をかどわかそうとするところに、小柄な大河内光孝が現われて、柔道の技で相手を自由自在に投げ飛ばす。手品みたいなカードさばきもできたし、香具師まがいのインチキ商売もやってきた。全米各地をそうやってまわった。

こんな話をすることもあった。

「もし、若い相棒といっしょに山中で遭難して、このままでは生きのびる見込みがないとなったら、どうするか。おれなら、残りの食糧を若い相棒に全部やる。そうすれば、若い相棒には、生きる見込みもできるかもしれない。自分の覚悟というのは、それだけだよ」

一九四二年五月二九日、第一次日米交換船の帰国指名者が発表された。

帰国指名者の名簿に記載された者たちが、アルファベット順に呼び出され、収容所を管理する米軍の大佐から、一人ずつ説明を受けていく。だが、まだ名簿に不備も多く、煩雑な交渉が続いた。騒ぎのなか、鶴見俊輔も米政府が派遣した係官に呼ばれて、「日米交換船が出るが、これに乗って日本に帰るか、収容所に残るか、自分の意志で選ぶように」と告げられた。乗る、と彼は答えている。

一方、ニューヨーク在住の姉・和子は、六月一日、米国務省から、「交換船で帰国するか否かを二四時間以内に返電せよ」との電報を受け取り、帰国に決めている。

ケンブリッジ市のハーヴァード大学で講義や調査研究を続ける都留重人が交換船実施の通知を受けるのも、六月一日夜である。都留の場合、交換船での夫婦揃っての帰国を希望する旨の申請書をあらかじめ提出していた。

「七日（日）の午前中におくれないようにエリス・アイランドに出頭せよというので、なか火、水、木、金、土と五日しかない。（中略）ひとり、お金は三百ドル、船艙内におく荷物は三十二平方フィートという制限である。」（都留重人「引揚日記」）

実は、前年一二月の開戦まぎわ、鶴見姉弟をめぐっては、日本の外交当局の方面で、ちょっとした悶着も持ち上がっていた。開戦不可避の雲行きの下、ニューヨーク日本文化会館の閉鎖が一一月末に決まって、中核施設の日本図書館の片づけが、現地の在留日本人らの協力を得て行なわれた。そのさい、挨拶に立った在ニューヨーク総領事の森島守人は、腹に据えかねた様子で「鶴見姉弟みたいな非国民は、これから船が出るとしても帰さない」と演説をぶったという。（『日米交換船』）

森島総領事は、当時四五歳。鶴見姉弟に対する憤りは、これに先立ち、若杉要駐米公使による引揚船・龍田丸での帰国の勧めを二人が断わったことにあったらしい。ただ断わるだけなら、ほかの留学生の大多数もそうだった。だが、鶴見姉弟――ことに鶴見和子の場合、先述したように、帰国を迷う彼女のもとに、父・鶴見祐輔が在ニューヨーク総領事館にことづてるかたちで、「止まりたいならば、止まってよい、自分のよいと思うようにせよ」と打電して寄越したのである。これを仲介させられた総領事の森島としては、外交官の大先輩たる若杉公使に対し、ひどく面目を失した――とかいうことだったのではないか。鶴見祐輔には、家族への身びいきのあまり、こうして周囲との関係にまで波風を立てかねないところがあった。

開戦下に直面する在ニューヨーク総領事、という役職にかかる重圧を思えば、森島の憤懣にも、同情するべきところはあったはずである。そして、もちろん、日本にいる祐輔の耳にも、わが子らに対する森島総領事の罵倒の噂は届くことになった可能性は高い。

これに続く一九四二年三月二六日、東郷茂徳外務大臣から発された公電で、日米交換船での留学生の帰国の優先順位について、「鶴見和子及び俊輔を優先せしめられたし」(在スペイン須磨弥吉郎公使宛)と、わざわざ手書きの一文が加えられたものが、残っている(外務省外交史料館所蔵)。こんな一文を思いつき、しかも外務大臣の公電に追記させる手立てを持ち得ていたのは、鶴見祐輔その人以外に考えにくい。

おそらく、これは、森島総領事の憤りへの対抗策として、わが子らの安全を確保しようとしてのものだったのではないか? 鶴見祐輔による開けっ広げな身びいきぶりは筋金入りで、それに対する息子・俊輔の苛立ちは、いっこうに通じないまま続いていく。

フォート・ミード収容所に抑留されていた日本人で、交換船への乗船を辞退し、米国残留を選んだのは、三〇人ほどだった。抑留日本人側のスポークスマン兼リーダー役を果たしてきた野田岩次郎、また、彼を「インターナショナルな人」だと評した斎藤アラスカ久三郎らも、この残留組のなかにいた。一方、大河内光孝は、自宅に残っている日系二世の妻・玉代とニューヨークで合流の上、交換船に乗ろうと決めている。

なお、こののち野田岩次郎は、翌一九四三年に実施される第二次日米交換船で、単身帰国する。米国人の妻と娘は、現地に残った。戦後、彼は財閥解体の実務に携わり、さらにのちホテルオークラ(当時・大成観光)の初代社長をつとめる。

この四二年六月九日、フォート・ミード収容所では、夕食後に抑留者が一堂に揃って、留別会が開かれた(およそ三〇名の残留者は、このあとモンタナ州のミズーラ収容所へと移される)。

翌一〇日早朝、鶴見俊輔を含む帰国者はフォート・ジョージ・G・ミード駅を出発して、北上する。列車の窓は、ブラインドが下ろしてある。マンハッタンのペンシルヴェニア駅に到着したのは、六時間後。見物の群衆に取り巻かれ、移民局による集合地に指定されているペンシルヴェニア・ホテルに入る。すでに各地からの帰還者たちが到着し、ホテル内も混雑していた。ケンブリッジから七日に着いた都留夫妻も、このなかにいた。

ホテルは、移民局による検査と出国手続きの場所になっていて、いったん入ると、もう外に出ることは許されない。船室への荷物の持ち込みは、スーツケース各人二個に限られ、調べは厳重だった。身体検査も、ていねいな態度ではあったが、全裸にさせてまで行なわれた。

ウェストヴァージニア州ホワイト・サルファ・スプリングスに抑留されていた日本外交団一行三百数十人は、一一日正午過ぎにホボケンの駅に着いた（四月上旬、彼らはヴァージニア州ホット・スプリングスから、一度、抑留地を移していた）。長いプラットホームを進み、波止場での通関後、タラップを上がり、グリップスホルム号に乗り込む。白い舷側には「DIPLOMAT GRIPSHOLM SVERIGE」と、ひときわ大きく書き抜かれ、青地に黄十字のスウェーデン国旗も大きく描いてあった。雨が降りだしていた。

彼らに続いて、フォート・ミード収容所から送られてきた一行も乗り込んだ。そうしたあいだ、膨大な量の荷物の積込み作業がえんえんと続いた。長い航海を支える食糧や水、帰還者たちの荷物のほか、日本支配下各地の米国側捕虜・抑留者に渡る救恤品（カナダ・南米からのものを加えて六九九一個、約二千トン）も、そこには含まれていた（桝居孝『太平洋戦争中の国際人道活動の記録』改訂版）。

夕刻、船はいよいよ岸壁を離れ、ハドソン河を下りはじめた。驟雨のなか、広い湾内に出ると、右にエリス島、自由の女神、左にはマンハッタンの高層ビル街が、じょじょに後方に遠のいていく。ニューヨーク港の沖合、ステートン島近くで投錨、いったん仮泊した。

都留夫妻は、荷物の検査が長引き、一日遅れで、一二日の日暮れごろになって乗船している。波止場から四〇分ほどランチ（渡し船）に乗せられ、本船に渡ったのだ。

この船上で、鶴見俊輔は、到着した都留重人から、「君は確かに卒業していたよ」と告げられた。前日の六月一一日はハーヴァードの卒業式の日にあたっていて、恒例として地元の新聞が千人ばかりの卒業生全員の名前を載せているのに目を通し、そこに鶴見の名もあるのを確かめてくれたということだった。

さらに数日、中米やハワイなどから移送されてきた人びとの乗り込みが続き、一八日深夜、午前零時前、グリップスホルム号はいよいよ錨を上げて、ニューヨーク港を出帆した。ここからの乗船者数については、日本外務省の資料は日本人一〇六六名、タイ人一七名（タイは独立国だが、日米開戦にあたっては、日本とともに米国に対して宣戦布告を発することを余儀なくされて、枢軸国の扱いだった。交換船実施にあたって、タイ人は当初百人余りの乗船が見込まれていたが、官吏全員が乗船を辞退して、留学生一七名〔のち一八名と訂正される〕のみの乗船となった。これらの学生には、王族や政府要人の子女が多かった。この一行は、ロレンソ・マルケスでの乗船者交換後、寄港地の昭南島〔シンガポール〕で下船して、タイに向かう）、合わせて一〇八三名だったと記録している（一九四二年六月二五日付、「日米外交官其他交換船出帆ニ関スル件」）。ただし、正確な内訳などでは、まだ判然としないところが多かった。

海上に浮遊している機雷に船がぶつかる危険がもっとも高いのは、ニューヨーク港を出るときだということで、錨を上げてから、船内は一様に緊張した。船は同月二〇日までを「第一警戒」として、各人はライフ・ベストを着け、いつでも救命ボートに駆けつけられる態勢でいた。

鶴見俊輔は、出帆から一週間後、六月二五日で満二〇歳の誕生日を迎えた。姉の和子も、出帆まぎわの六月一〇日で、満二四歳となっていた。

第四節　負ける故国への旅

グリップスホルム号は、一九二五年建造、およそ一万八千トン、スウェーデン船籍の大型客船である。

船内の部屋割りは、米国現地で所属した社会階層別に、野村吉三郎・来栖三郎両駐米大使や若杉要駐米公使、前田多門（日本文化会館館長）らが入る上層階の高級船室から、窓もなく、ほとんど船底の蚕棚式の四人部屋まで、六つの階に分かれていた。鶴見俊輔たちが送り込まれたのは、最下層階の部屋だった。部屋は換気が悪い上、ひどく暑く、だから、就寝時以外は甲板で過ごすことが多かった。こうした扱いについては、冗談にまぎらせ「第六階級」と自称することになる。

この最下層階はEデッキと呼ばれており、一般の商店員などとともに、三〇人ほどの留学生、若手研究者たちがいた。そのなかで、互いの心持ちの近しい者同士が、おのずと寄り合った。プリンストン高等研究所にいた数学者の角谷静夫（一九一一年生まれ）、細胞生理学者の神谷宣郎（一九一三年生まれ）。この二人は、すでに同業の研究者たちのあいだで名前を知られる業績の持ち主だった。同学生では、コロンビア大学などで宗教哲学と思想史を学んでいた武田清子（一九一七年生まれ）。同じくコロンビア大学の大学院哲学科で博士課程に身を置いていた鶴見和子（一九一八年生まれ）、ハーヴァード大学哲学科を卒業したばかりの鶴見俊輔（一九二二年生まれ）……といったところ。経済学者の都留重人（一九一二年生まれ）は夫人同伴で乗船している上、交際圏も広かったので、船内でともに過ごす時間は少なかった。

角谷は、鶴見姉弟らのような素人が相手でも、かまわず数学の話をつづけて、うむことがなかった。大きい無限と小さい無限があること、無限の比較ができること……。神谷は、生物の原型という問題に興味を寄せて、よく粘菌のことなどを話した。日本に戻ってからの研究のためにハンカチで包んでおいた粘菌などを、乗船時の検査で没収されてしまい、そのことを悔いていた。

一九四二年六月二五日、鶴見俊輔の満二〇歳の誕生日には、記念にめいめいが手紙を書いて瓶に入れ、海に投げ込むことにし、それが世界のどこに流れ着いても読めるものにしようと、互いに工夫を凝らした。角谷は、自分の発見した定理を書いて入れた。彼は言った。

「火星に理性のある生物がいるとしたら、それと通信をする時、地球の人間としては、どういうふうに書いたらいいか。何語を使っても駄目だから、三角形を大きく地面に書いて、ピタゴラスの定理を示す記号をそれにくわえたらどうかという説がある」(鶴見俊輔「交換船の地球半周」)

乗船者には著名な人士も大勢いたので、しばしば、講演会なども開かれた。だが、鶴見俊輔はあまりそうしたところに顔を出さず、留学生仲間らと話すほかは、顔見知りになった子どもたちと過ごしたり、図書室で本を読んでいることが多かった。そこの棚には、『ピーター・パン』の作者ジェイムズ・マシュー・バリーが書いた本がたくさんあって、次つぎと読んでみた。ドイツ語の本も多く、シュニッツラー、ハウプトマン、トーマス・マンなど、ドイツ語を忘れないようにしようと、読んでいた。

七月二日夜、ブラジルのリオ・デ・ジャネイロに寄港した。下船は許されなかった。船上のデッキから眺めると、遠く、かすかな明るみが残る山上に、電光の十字架がかかり、巨大なキリスト像が立つのが見えた。街が丘陵に広がり、灯火が美しかった。

翌三日朝から、食糧、荷物の積込みが始まった。午後には、ここからの乗船者が乗り込みはじめる。ブラジルからの三六九名、パラグアイからの一四名。石射猪太郎駐ブラジル大使を含む計三八三名が、ここで船上に加わった（七月六日付、駐スペイン須磨公使から東郷外務大臣への公電）。ニューヨークからの乗船者と合わせて、これで総計一四六六名である。四日午後、船はリオ・デ・ジャネイロを出港し、交換地たる東アフリカのポルトガル領ロレンソ・マルケス（現在のモザンビークの首都マプト）に向かっていく。

南半球の船旅が続く。リオ・デ・ジャネイロを出るときはまだ初秋のような気候だったが、大西洋上をさらに南下するにしたがい、寒さが増した。翼を拡げると優に三メートル以上ありそうな巨大なアホウドリが船の屑ものを狙って、船尾あたりをしきりに飛んだ。クジラの群れが悠々と泳ぐ姿が見えることもあった。やがて海は荒れ、アフリカ大陸南端の喜望峰を遠く迂回するころには雲が低く飛び、ときには雪さえ混じる寒風が吹き荒れた。そんななかでも、夜間、廊下にベルの音が響き、上層のボートデッキに出ての救命訓練が行なわれることがあった。高い舷側から見下ろすと、底知れぬ暗さの海が揺れていた。

喜望峰を回りきった船が舳先を北東に向けると、やっと寒気は次第に緩んできた。空も晴れ、初秋めいた気候に戻っていく。

交換地の東アフリカ、ロレンソ・マルケス港に到着したのは、七月二〇日。ニューヨーク港を出帆してから、すでにひと月余りが過ぎていた。

日本側からの帰還者およそ千五百名を乗せ、この地に向かってくる浅間丸とコンテ・ヴェルデ号の入港は、二二日になるとのことだった。

日米双方の側からの帰還者およそ千五百名ずつが、この地で交換される。そして、互いの船は、自国への帰還者たちを乗せなおし、それぞれの出港地へと戻っていく。

日本側からロレンソ・マルケスへと向かってくる船が、浅間丸とコンテ・ヴェルデ号の二隻であるのは、日本側からの乗船者たちが、日本（植民地の朝鮮・台湾を含む）だけでなく、中国大陸、東南アジア方面にまで散在していたからである。だから、日本および満洲に居住する者は横浜で浅間丸に乗船、中国の華北・華中・華南各地に居住する者は上海でコンテ・ヴェルデ号に乗船させる、という基本方針が取られた。さらに浅間丸は、途中、香港、サイゴン、昭南島（シンガポール）にも寄港して、現地からの乗船者を乗せる。ただし、両船とも、ロレンソ・マルケスからの復航のさいには、昭南島を経て、目的地は日本の横浜港である。

グリップスホルム号がロレンソ・マルケスに到着した翌日の七月二一日、乗船者らに下船の許可が出た。午前一一時前、都留夫妻、嘉治真三（経済地理学者、日本文化会館職員）、角谷静夫、鶴見和子と俊輔、といった顔ぶれで船を降り、およそひと月半ぶりで陸上の地面を踏みしめて、東アフリカの植民地の風光のなか、港町を散歩した。

二二日朝、ついに日本からの浅間丸、コンテ・ヴェルデ号が港に入ってきた。着岸を見とどけると、都留夫妻は、また若杉要公使や嘉治真三らとともに町に出た。そして、夕刻、都留重人だけが皆と別れて、グリップスホルム号が着岸している埠頭のあたりに、ひと足早く戻ってきた。翌日に迫った双方の乗船者の交換に備えて、全員の大型荷物が、すでに埠頭の倉庫に降ろしてある。これの見張り当番にあたっていたからである。

午後六時半ごろ、近くの浅間丸からスーツ姿の白人の男たちが、五、六人、降りてきて、立ち番している都留の目の前を通りかかった。どうやら、駐日カナダ公使館の外交官たちらしく、旧知のハーバート・ノーマンの長身もあった。ノーマンのほうでも、都留に気づいて、二人は歩み寄る。

ハーバート・ノーマンは、一九〇九年、カナダ人宣教師の息子として、日本の軽井沢で生まれた。

同じく宣教師の息子として東京で生まれたエドウィン・O・ライシャワーとは、少年時代、避暑地・軽井沢でのテニス仲間でもあった。

長じてノーマンはケンブリッジ大学トリニティ・カレッジ、トロント大学大学院などで学んだのち、三六年からハーヴァード燕京研究所で日本史および中国史を研究、この時期に都留と知りあい、親しくなった。二つの点で、彼らは共通の関心を持っていた。一つには、ノーマンが学位論文の主題に選んだ明治期日本における近代国家の成立という問題が、都留の予定していた学位論文の一面たる日本資本主義の生成過程と、研究対象としては重なるところが多かった。また、もう一つには、当時の日中関係についての強い危機感が、二人に共通していたからだった。（都留重人『都留重人自伝　いくつもの岐路を回顧して』）

ノーマンは、学位論文「日本における近代国家の成立」を完成させ、これによって博士号を受ける。論文審査の際、主査を担当したのはエリセーエフで、副査はライシャワーだった。ただし、博士号は授与されたにせよ、審査を担当した二人の研究者が、どちらも、その役割を果たすに足る日本近代史についての知識を持ち合わせていなかったと、ノーマンは強い憤懣を都留に語ったこともある。（『日米交換船』）

その後、ノーマンはカナダ外務省に入省し、語学官として駐日公使館で働くうちに日米開戦となって、東京のカナダ公使館内で抑留が続いた。やっと、このたびカナダ外交団も含まれるかたちで日米交換船が実施されるに至り、浅間丸でここに運ばれてきた。

とっさに、都留はかねてノーマンに伝えたいと思っていたことを口にする。地元ケンブリッジに残してきた自分の蔵書についてのことだった。

「日本経済史に関する蔵書は、君にあげようと思って、ターシス（ローリー・ターシス、経済学者、タフツ大学講師）に頼んである」

これに要した時間を、伝記作者・中野利子は「三十秒ほど」（『H・ノーマン――あるデモクラットのたどった運命』）、都留当人は「十秒ぐらいであっただろうか」（『都留重人自伝　いくつもの岐路を回顧して』）と述べている。偶然がもたらした、この一瞬の交錯は、ずっとのちになって、両者に大きな禍根を及ぼす。〔注・『都留重人自伝　いくつもの岐路を回顧して』は、これを「七月二十一日」のこととしているが、正しくは七月二三日の出来事であることが同氏の「引揚日記」ほかによって確認できる。〕

七月二三日、いよいよ、日米双方からの帰還者の交換が始まった。

岸壁のグリップスホルム号を前後から挟むように、その船首側に浅間丸が、船尾側にコンテ・ヴェルデ号が、それぞれ接岸していた。午前一〇時過ぎ、交換開始の指示が発され、グリップスホルム号の「第六階級」の学生、研究者たちも手荷物を携え、一列に並び、船底近いEデッキから、階段を上がりはじめる。

船の外に降り立つと、船体に沿って敷かれているレールに、貨車が三〇両ばかり並べてある。浅間丸とコンテ・ヴェルデ号から、それぞれ米国人（カナダ人などを含む）の帰還者らが降りてきて、貨車づたいの海側に並び、グリップスホルム号へと列をなす。上海から来たコンテ・ヴェルデ号の六三六名（六月二一日付、在上海・堀内干城《たてき》総領事から東郷外務大臣への公電）、横浜から来た浅間丸の九一〇名、合わせて一五四六名の帰還者だった。浅間丸は、横浜で乗船した四一九名に加えて、香港で米国総領事など三七七名、サイゴンで現地の米国領事など二三名、およびタイから運ばれてきた駐タイ米公使ら九一名を乗せていた（ほかに、昭南港でも、日本軍人の乗船者、下船者がいたはずである）。

反対に、貨車の列の陸側を日本人らが歩く。北米組は左手の浅間丸に、中南米組は右手のコンテ・ヴェルデ号に、それぞれ列をなし、手荷物を提げて船のなかへ入っていく。日米双方の帰還者は、こうした交換が行なわれているあいだ、貨車に遮られてお互い見えないようにしてあるが、車両が途切れたところからは、相手側の姿がよく見えた。小雨が降っていた。米国人らの列のなかから、鶴見俊輔は、日本で旧知のウィリアム・M・ギャロット宣教師に声をかけられ、挨拶を交わした。

浅間丸とコンテ・ヴェルデ号の日本（横浜港）をめざす復航への出帆は、予定より一日遅れて、二六日の正午過ぎだった。ひと足遅れてニューヨークへと出帆するグリップスホルム号から、米国人の帰還者たちがおおぜい波止場に降りてきて、二隻の出港を見送った。ただし、どちらに向かう船にも乗らず、さらにしばらくロレンソ・マルケスに残る者たちもいる。駐ポルトガル公使への転任が発令されている森島守人ニューヨーク総領事ら、一六人の日本外交官がヨーロッパ転勤を命じられ、家族と合わせて総勢二三人で、この港に残り、ヨーロッパ行きの船便を待つことになっていた。

ロレンソ・マルケスを出港した浅間丸とコンテ・ヴェルデ号は、途中、日本が軍政を敷く昭南島（シンガポール）に寄港してから、横浜に向かうことになっている。

鶴見俊輔たち北米からの帰国者一行が乗り込んだ浅間丸では、ロレンソ・マルケス出港とほとんど同時に、グリップスホルム号での航海とは雰囲気が一変した。翌日から、船上で宮城遥拝、君が代合唱、野村大使の大詔謹読などが始まった。野村大使が「謹読」するのは、おそらく、真珠湾攻撃の当日に発された「米英両国ニ対スル宣戦ノ大詔」だったろう。

グリップスホルム号では、どの部屋に割り振られても、食堂で供されるのは等しい内容のスウェーデン風の料理だった。だが、浅間丸では、船室に一等、二等、三等の別があり、食事もそれに即して格差のあるものが出された。留学生、研究者たちに割り当てられたのは、むろん三等の相部屋だった。

八月九日、浅間丸とコンテ・ヴェルデ号の両船は、昭南島の近海に達した。高速艇が、軍艦旗をひるがえして近づいてきた。両船を、この高速艇は掃海水道（機雷などが取り払われた海上の水路）へと誘導し、浅間丸、コンテ・ヴェルデ号の順で、これに続いた。

英国の植民地支配下に置かれてきたシンガポールは、この一九四二年二月一五日に日本軍の攻撃によって陥落し、その軍政下に置かれている（二月一七日に「昭南島」と改称）。日本の軍政開始まもない二月下旬ごろから、この島では、大規模な華人虐殺が始まった。中国系住民らの抗日組織メンバーを摘発するとの名目で、一八歳以上の男性住民（一部地域では、より年少者や女性も含む）が指定された狭い地域に閉じ込められて、憲兵、補助憲兵らによる粗雑な「検証」を受けた。その結果、「敵性」の疑いありとみなされた五千人ともそれよりはるかに多いとも言われる住民が、三月上旬までのあいだに、裁判も受けることなく殺されていく。これは侵攻時の戦闘に伴うものではなく、軍政実施後の、民間人に対する継続的な大量殺戮だった。

浅間丸が、昭南港の岸壁に着いたのは、午後四時半。コンテ・ヴェルデ号も、やや遅れて着岸した。

昭南港は、日本軍侵攻時の戦闘による破壊からの復興も進み、活気があった。入港時、波止場に並んだ日本人らが、さかんに船に向かって手を振った。カーキ色のショーツの一群は、皮膚の色が赤白く灼けた白人兵士の捕虜たちで、強制的な労働に従事させられているようだった。

翌一〇日朝、船上の前田多門、鶴見和子・俊輔のもとに、迎えがあった。永田秀次郎（青嵐、一八七六年生まれ）からだった。永田は、鶴見姉弟の祖父・後藤新平の東京市長時代（一九二〇～二三年）に前田多門とともに助役をつとめた人物で、青嵐の号によって俳人としても知られていた。また、鶴見姉弟の父・祐輔は、元来、前田多門とは一高弁論部から東京帝大生時代を通して、盟友の関係だった。

永田秀次郎は、この年、陸軍軍政顧問に任命されて、南方軍司令部のある昭南島へ二月に赴任しており、交換船の寄港にさいして旧知の前田や鶴見姉弟を慰労するため、自身の官邸に招こうとしたのだった。ほかの留学生ら一〇人ばかりも、いっしょについてきた。市中のあちこちを案内されたあと、郊外の丘陵地にある豪壮な官邸に着いた。

永田は温厚な人柄だったが、このとき、馬鹿になれ、馬鹿になれ、と、しきりに言った。そのおりのこととして、鶴見和子の歌が残っている。

「人間は馬鹿がえゝ、馬鹿が。」と宣《の》らしつる
大人《うし》の肩を越え棕櫚《しゅろ》葉風《はかぜ》吹きぬ

また、

棕櫚葉風恣《ほしいまま》なり大き庭の留守守《るすもり》我と笑ひ給へる

（鶴見和子『里の春』より）

陸軍軍政顧問という役職から考えると、同年二月下旬から三月上旬まで続いた華人虐殺のあいだ、永田はそこでどんな事態が進行しているかを知りうる立場にいた。だが、高位ではあっても、文官たる助言者の立場に過ぎない永田に、軍の動向に対する実質的な発言力はない。自身の無力さへの自嘲が滲む口調で、彼は話した。

その夜の船上で、前田多門らからこの日一日の収穫談を聞いてから、都留重人はこんな日記をつけている。

「昭南の一日、町に出たのはわずか二、三時間の間であるが、ある現実に強くぶつかったように感ずる。またここにくるようなことになるかもしれない。永田氏は前田氏に向って、『官邸があまり広いので、どうも誰かの留守居をしているのではないかと思わされたりする』と言われたそうだが、あながち官邸が広いからだけであろうか。また聞く、今度の統治でいちばん厄介なのは比島、次がビルマ、ついでマレイ、蘭印の順であると。また聞く、一九三七年以来の戦争で、やはりいちばん強いと思われるのはシナ兵で、イギリス兵のごときは、マレイで囲まれてしまえば銃をおっぽり出してしまうということだ」(「引揚日記」)

浅間丸が、コンテ・ヴェルデ号とともに昭南港を出帆したのは、八月一一日朝である。やがて、台湾南端をかすめるようにバシー海峡を通過。琉球諸島の東側を北上しながら、両船は横浜をめざした。

東京湾の入口、館山沖に船が碇泊したのは、一九日朝早くのことだった。午前一〇時ごろになると、横浜の水上警察署から警官三〇名、横浜憲兵隊から隊員一〇名、ほかに税官吏、銀行員などが小型舟艇に乗ってやってきた。留学生たちを含め、三等船室の乗船者への官憲の調べは厳しく、一人につき三人がかりで代わるがわるえんえんと続いた。さらには、各人に対して、内務省警保局および憲兵司令部の名で、――各位は外国で見聞してきた戦争勃発前後の外交関係、戦況などについては、今後、絶対に他言しないこと、もし、そうしたことを喋ったり書いたりすると、国防保安法、陸海軍刑法などにより処罰される場合があります……などと記した「注意書」が渡される。

このときは、それだけのことだった。だが、後日、そこでの厳しい調べが、やがて「横浜事件」と呼ばれる大がかりな冤罪事件を形づくっていくようになることを、まだ誰も知らない。

その晩は横浜港外で仮泊して、翌二〇日、朝八時前、浅間丸、コンテ・ヴェルデ号の両船は、ついに横浜の岸壁に接舷した。帰還者たちにとっては、ニューヨークでグリップスホルム号に乗り込んでから、およそ二カ月半に及ぶ長旅だった。

岸壁への立ち入りが制限されているのか、船上から見下ろすと、出迎えの人の姿はまばらだった。だが、タラップを降りると、縄が張られた岸壁の外側に、出迎えの人たちがおおぜいいた。

埠頭の駅には、午前一〇時一七分発の東京行き臨時列車が用意されていた。野村、来栖、石射の三大使は、自動車で東京に向かう。およそ千五百人の帰還者たちは、思いのほか速やかに、それぞれ散っていった。

都留夫妻は、出迎えの親族たちと挨拶を交わし、埠頭の正面に建つホテルニューグランドで昼食後、自動車で東京・上北沢の自宅に向かう。鶴見和子・俊輔姉弟には、両親が自動車で出迎えにきていた。東京の麻布桜田町の自宅に向かう車中で、父の祐輔が大まじめな顔で「神風が吹いた」という言葉づかいをしたことに、俊輔は耳を疑った。真珠湾攻撃のことを指しているらしいのだが、官憲に監視されている場所で言うのではなく、まったく自発的に、そう言っている。父のことは、相当危なっかしい人だとは思っていた。だが、まさか、ここまで変わっていようとは。

自宅に戻ってからも、この衝撃が尾を引き、落ちつけなかった。四年前に英語を覚えるときにも痛みがあったが、今度、日本語に戻ろうとするのも、痛かった。米国の牢獄以上に、日本の社会が牢獄だった。

帰国したことを俊輔が麻布区役所の兵事係に届けると、今年最後の徴兵検査に間に合います、と言われ、日本に戻って五日後に、それを受けた。結核に起因するカリエスの異常突起が胸部にあることが明らかなのに、結果は、第二乙種で「合格」とされた。敗北を日本人のあいだにあって受けたいと考え、こうして帰ってきた。だが、そのことが、いまでは、早まった理想主義のように思えた。(「交換船の地球半周」)

第五節　悪の問題

戦争は私に新しい字引きをあたえた。それは、旧約にたいする新約として、私のもつ概念の多くを新しく定義した。

(鶴見俊輔「戦争のくれた字引き」)

どうせ戦争にとられるのなら、陸軍に召集されるのを待つより、海軍で働くほうが、まだしも「文明的」な環境なのではないかと考えた。だから、ハーヴァード大学でまなんだドイツ語を生かし、軍属のドイツ語通訳として、海軍に志願した。南方の日本軍占領地への出発は、一九四三年(昭和一八)二月初めのことだった。

神戸港から、ドイツ軍のブルゲンラント号という封鎖突破船にひそかに乗り込み、三週間かけて、インドネシア（蘭印）のジャワ島ジャカルタへと渡っていく。日本人の同行者は、三人いた。うち二人は、若い女性の筆生（タイピスト）。もう一人は、ジャワで海軍部隊附属の農園の管理をまかされることになっている老人だった。一行四人中、ドイツ語ができるのは鶴見俊輔だけで、彼がほか三人の「上司」とされている。たとえば撃沈されたとき、どんなふうに皆といられるか。まだ二〇歳の当人にとって、他者たちの生命を預かることは、たいへんな重圧だった。

手帖に、英語で、自分に対する覚え書きを書いていた。

日本を出発するにあたっては、たとえば、このように――。

Keep silence about ego.

Learn to speak slowly, carefully. Do not talk much.

Forget about the school and schoolwork. Never say anything about your American education. When, in Japan, American education is ignored, do not try to glorify it. When you are looked down upon in any way, never try to talk back.

In Japan, speak Japanese.

（自分について沈黙を守れ。

ゆっくり、慎重に話すことをまなべ。あまりしゃべるな。

学校のこととか学業のことを忘れよ。米国で教育をうけたことについて何も言うな。米国の教育が日本で低く見られるのに抗してこれを高く見せようとするな。何かにつけて馬鹿にされる時にも、けして口ごたえするな。

日本にもどったのだから日本語を話せ。）

（鶴見俊輔「手帖の中のドイツとジャワ」）

着任先は、ジャカルタ在勤海軍武官府。百人ほどの職員がいたが、海軍士官は大佐と中佐が一人ずつ。一等水兵が二人。あとは軍属だった。

任務とされたのは、たとえば、連合国側の短波放送を聴いて、戦果および被害の発表、食糧事情、将兵の士気の状態……、それらを素材に毎日の「新聞」を作ること。日本の大本営を情報源に頼ると、自軍の戦果を無理に誇張することに偏っていて、現実にもとづく作戦立案の役に立たないからだ。

夜間にラジオで聴取したメモを作り、少し眠ってから出勤し、その日の「新聞」の原稿を書く。タイピストの女性二人が、これを和文タイプで打っていく。

神戸からジャカルタまで乗ってきたドイツの封鎖突破船ブルゲンラント号が、連合国軍の軍艦と交戦の末、ブラジルのリオ・デ・ジャネイロ沖で撃沈されたと聞いたのも、こうした仕事中のことだった。

仕事は、ほかにもある。

役所のさまざまな部屋から紙くずを集めて、焼き捨てる。防諜（スパイ活動の防止）のため、これは現地人の使用人に任せてはいけないことになっていた。鶴見がいた官舎は、高級将校の急場の待合としても使われており、ベルが鳴ると朝食を用意し、命じられればコンドームなどを持っていく。街に出向いて、こうした仕事に応じる女性を呼びにいくこともあった。

士官クラブと呼ばれる、士官用の慰安所の設営にあたったこともある。ジャワで屈指の資産家である華人の女主人に交渉して、そのための敷地を接収した。これも、鶴見たちが属する「渉外課」の仕事だった。支払いには、現地で流通していたギルダーの軍票が用いられ、出所は軍の機密費である。機械仕掛けのように、せっせと勤勉に働いた。どれもが、生まれて初めての経験で、これまでとまったく違った身分にいま自分がいることをまざまざと感じた。だが、こうした仕事も、人を殺すよりましだと思っていた。（鶴見俊輔・上野千鶴子・小熊英二『戦争が遺したもの――鶴見俊輔に戦後世代が聞く』）

自分自身は、一〇代前半のうちから放蕩児としての日々を送っており、渡米を機に、一六歳でそこを離れた。占領地の慰安所に通って、性欲を満たしたいとは思わなかった。給料の一部をさいて、現地人の娘を現地妻とすることもできたが、それにも躊躇が働いた。彼には、かつて自分のことを受け入れてくれた年上の接客業の女性たちに対して、あたたかな感謝の気持ちが残っている。だから、国や軍の権勢を背に、その威を借って女性と関係を結ぶことには、心の抗いが働く。「性《セックス》」と「国家《ステート》」は、彼のなかで、相容れないものとなって、対立する。だから、むしろ、周囲の女性たちに眼球を向けないことを心がけ、心の反応を抑えて、自分の内部の秩序をかろうじてたもっていた。

海軍の白い制服で、普段は過ごしている。あるとき、「君の服はどうしてベルトの下が黒くなるのか」と訊く人がいて、内心を見透かされたようで、怖かった。人としゃべるとき、緊張のあまり、無意識に手でベルトの下あたりを強くこする癖があったからだ。

軍から受け取る月給は六五円。そのうち三分の二は、実家の母に宛てて送金した。そうすることで、崩れた暮らしをしていないことを証して、母を安心させたかった。あとの三分の一は、本を買って読んだ。ジャカルタ（旧称バタヴィア）は、日本軍が侵攻するまで、オランダの植民地だった都市なので、本屋や古書店にヨーロッパの書籍がたくさんあった。道端の古本市で揃えたストリンドベリ全集とショーペンハウエル全集に共感を抱いた。カント全集とテオフィル・ゴーチエ全集も手に入れたが、それらはすでに自分からは遠かった。ほかに共感を寄せたのは、ハヴロック・エリス、エピクテトス、マルクス・アウレリウス、セネカ、老子、さらにカール・マンハイム、マリノフスキーなども。

オルダス・ハクスリーの近作『夏幾度も巡り来て後に』を海賊版で見つけて、うれしかった。すでに読んだことはあったが、また、読み返す。人間が、もし永遠の時間を手に入れたなら、それは限りない退歩の時間となるかもしれない。むしろ、老いて、くすんでいく肉体に世界の移りゆきを覗きこむことのほうに、この生を支える確かさもあるのではないか？　二〇歳を過ぎたばかりの鶴見の心にも、そうした思念がよぎって、また去っていく。陽が落ち、夜の時間にかかると、ジャカルタの街では、いつもどこからかガムランの響きが聞こえていた。

日本海軍はすでに制空権を米軍に奪われて、太平洋の島々で空襲を受けていた。だから、これらの島の自然条件に適した擬装用植物について情報を集めよとの任務が下り、あるときには、ジャワ島ボイテンゾルグ（現・ボゴール）にある東洋一の植物園に出向いていく。

この施設もオランダから日本の手に渡り、当時は、もと東京帝大教授の植物分類学者・中井猛之進が植物園長に就いていた。同時に彼は、ジャワ島の序列第二にあたる陸軍中将待遇の陸軍司政長官でもあった。中井は、下士官相当の軍属にすぎない鶴見を穏やかに迎えて二時間ほど講義をした上で、必要な擬装用植物の苗木や種子を集めて提供してくれた。

講義ノートをもとに、鶴見は『太平洋上の擬装用植物について』といった表題の小冊子を作り、種子や苗木とともに、南海の島々の部隊に送り出す。さほど時間を置かずに、これらの部隊から、ブーゲンヴィリアの花かげに隠れた高射砲の写真などとともに、感謝状が次つぎに届いた。当時は、まだ鶴見自身も、中井猛之進が、小学生時代に同級だった中井英夫の父親だとは気づいていなかった。（鶴見俊輔「中井英夫のこと」）

秘密の手帖に、一九四三年（昭和一八）八月三日、このように彼は記す。

此の戦争が終る時、其の時僕のアメリカに対する戦争が始まる。彼らの race-snobbishness, self-satisfiedness, materialism & capitalism, spiritual uniformitarianism, disregard of other cultures.（民族的思いあがり、自己満足、物質主義と資本主義、精神の画一主義、他の民族文化への配慮のなさ。）

同じ日の記述の前半部分には、その後も実現できずに終わったことが書かれている。

工員としての修業。芸術と各人の range of experience の問題。建設に対する確信、決心、determination.

現在一言ものをいう気持なきこと。

僕の場合には、もう後二年勉強及何箇月——一年の工員生活をやってくること。

深夜、いつもの新聞作りの仕事のために、自室でラジオをつけると、詩人のT・S・エリオットが、ジェイムズ・ジョイスの『フィネガンズ・ウェイク』について講義するのが聞こえてきた。インドのニューデリーから発されるBBCのプログラムだった。

「……初めてこの本を読んだときには、これはすぐれた仕事だが、むずかしいと思った。しかしあとなって、声に出して読んでみると、もとのむずかしさが消えていった……」

そうしたエリオットの声が一時間近くも続いて、戦争のただなかで、そんな話を聴けることがうれしかった。この放送プログラムが、作家ジョージ・オーウェルのプロデュースによるものだったことを鶴見が知るのは、戦後、ずっとあとになってのことである。さらにのちに発見されたオーウェルの手紙を参照すると、そのときのエリオットの講義は、四三年九月ごろに放送されたものだとわかる（ジョージ・オーウェル『戦争とラジオ――BBC時代』）。

陸海軍報道関係者の合同の酒宴で、報道班員に徴用されてジャワに来ているジャーナリスト大宅壮一の姿を見たことがあった。鶴見のほうは末席から立って酒をついで回ったりしていたのだが、大宅は酒をまったく飲まず、ひたすら猥談だけをして、陸海軍の将校を話術の渦のなかに巻き込んでいた。そうやっておいて、軍人たちに媚びるような言葉は一度も口にしなかった。（鶴見俊輔「彼がもっとも左翼公式主義に近づいた日々」）

オーストラリア方面から、この島への米軍による上陸戦が始まれば、わが手で殺しあいをすることになる。そのときは先に自殺しようと考え、阿片を楽しむ軍人らからそれをくすねて、小瓶に隠し持っていた。だが、適切な致死量がわからない。いざというとき、阿片を多く服用しすぎて嘔吐し、未遂に終わるのではないかと、そのことが不安だった。

ひどい事件に見舞われたのは、年が明け、一九四四年三月のことだった。

この時期、日本海軍の南西方面艦隊司令部は、インド洋上で連合国側の通商路を破壊する作戦を計画した。つまり、民間人が乗る商船を攻撃して、撃沈させる。作戦に従事するのは、第一六戦隊に配属された重巡洋艦「利根」だった。ジャカルタ港を発して、同月九日、オーストラリアのメルボルンからインドのボンベイに向かう英国商船ビハール号を、ココス島南西海域で砲撃し、撃沈した。船は沈めたものの、生存者の救助活動は行ない、助けた乗員・乗客一一一名（正確な数には異説もある）を利根艦上で捕虜とした。だが、結局、このうち六五名の捕虜を持て余したようなかたちで、ひそかに艦上で殺害してしまった。戦後になって、これがBC級戦犯裁判（英国軍香港裁判）に問われて、当時の第一六戦隊司令官・左近允尚正《さこんじょうなおまさ》少将（のち中将）が絞首刑、「利根」艦長・黛治夫大佐が禁錮七年に処された。（青山淳平『海は語らない――ビハール号事件と戦犯裁判』、巣鴨遺書編纂会編『世紀の遺書』など）

ただし、これについては、なお未解明な部分が残っている。先述したように、撃沈されたビハール号から利根艦上に救命された乗員・乗客は一一一名で、そのうち艦上で殺害されてしまった人びとは、六五名である。残る四六名は、この虐殺に先立ち、ジャカルタ港から上陸させられていたらしい。こちらの人びとの消息には、いまだにわからないところがある。

鶴見俊輔が関わりを持つのは、これらジャカルタ港から上陸する捕虜たちとのことだった。あるとき官舎に、複数の白人女性らと、屈強な体軀に褐色の肌をもつインド人らしい男たち二〇人ばかりが連行されてきた。オーストラリアからインドに向かう商船を日本の艦隊が拿捕したのだと、彼は聞く。官舎の馬小屋を急づくりで牢獄に改造し、彼らはそこに押し込まれる。

鶴見は、そのうちの一人、四〇代くらいのオーストラリア人女性と言葉を交わした。旅行者の身で、突然、こうして囚われの身となっているのを気の毒に思った。彼女自身は、さほど差し迫った危険を感じている様子もない。このとき鶴見は、自分が持っていたウィリアム・サローヤンの小説集を彼女に贈る。（書名は *My Name is Aram*〔『わが名はアラム』〕だったと鶴見当人から聞いたようにも思うが、確かではない。）

そのうちに、急造の牢獄に入れられた褐色の肌の男たちのなかに、伝染病の患者が出た。下級船員だった男らしい。軍医に報告が行くと、ただでさえ薬が不足しているおりに、インド人の捕虜などに与える薬はない、という回答だった。殺してしまえ、ということである。

だが、病気の男の原籍は、ポルトガル領ゴアだということがわかっていた。つまり、彼は、英領インドのインド人とは違って、中立国の住民なのだった。戦争法規においても、そうした立場の者を殺害するのが許されないのは明らかだった。

それでも、ともかく、もう殺してしまえ、ということになる。捕虜殺害の命令を受領したのは、鶴見の隣室の軍属だった。殺害後、これについての経緯を、鶴見は当の軍属から次のように聞いている——。

この軍属の男は、毒薬とピストルを持たされ、指定された場所に、病気のインド人を連れていく。病院に運ばれるものと思って、当人は感謝していた。途中で毒薬を飲ませたが、死なない。ただ、白い泡を吹きだし、苦しんでいる。指定された場所に着くと、海軍の兵隊たちが、死体を埋める穴を掘って待っていた。

やむをえず、生きたまま男を穴に入れ、土をかけた。それでも、まだ死なずに、グウグウとうめき声が聞こえる。仕方なくピストルを続けざまに撃つと、土のなかのうめき声が途絶えた。

——隣の軍属の男は、戻ってきてから、げんなりした様子で、こうした経緯を鶴見に話した。

ほかのインド人の捕虜たち、さらには、白人の捕虜たちについても、鶴見は、その後どうなったか、わからないとのことだった。そもそも「ビハール号事件」と呼ばれるものの全体像を鶴見は知らないままだった。この事件に、こうした呼び名が付されて、少しずつでも全体像が明らかになってきたのは、近年になってのことだからである。

鶴見自身が認識していたのは、オーストラリアからインドに向かう英国商船が日本の軍艦に「拿

ジャワ島ジャカルタの海軍武官府で、ともに働いた面々。
前列、左から2人目は、ジャカルタ医科大学学長をつとめた
板垣政参（まさみつ）（板垣征四郎の兄）。後列、右から2人目が、鶴見俊輔。

1943年、ジャカルタ在勤海軍武官府。前列中央が、前田精（ただし）海軍大佐。
鶴見俊輔は、後ろから2列目、右から3人目。

捕」され、そのうち、おそらく、かなりの数が〝証拠隠滅〟のために日本軍によって殺されており、これについての責任を問われるかたちで、戦後、香港での英国戦犯裁判で左近允尚正中将が絞首刑に処されている――と、その程度のものだった。

さらにさかのぼると、鶴見は、自身が乗った日米交換船の運航についても、知識として、その全体像を把握していたわけではない。当事者として、歴史的な事実を経験することとは、このように限られた視野を強いられることでもあるだろう。ことに、戦争という事態のもとでは、それがいっそうはなはだしい。

今日では「ビハール号事件」について、もう少し判明していることもある。

たとえば、この事件に関して香港で開かれた英国戦犯裁判の法廷（一九四七年九月一九日～同年一〇月二九日）では、ビハール号の生存者五名の供述書などが提出されている。この人たちはいずれも、「利根」艦上に救命された一一一名のうち、まず旗艦「青葉」に移され、一定の調べを受けたのち、最初にジャカルタ港から陸に上げられた一五名（ビハール号船長、連合国の将校二名と空軍パイロット三名、中国人医師一名、英国籍の女性乗客二名、および白人の高級船員）に含まれている。つまり、生存者のなかでは社会的地位が高く、日本軍側でも情報源などとして重要視していた捕虜たちである。この人びとは、おそらく全員が連合国側に帰還できたのではないかと思われる。なお、当時は、英連邦オーストラリアにおける国籍・市民権法の制定（一九四八年）前なので、鶴見がジャカルタの官舎で言葉を交わした四〇代くらいのオーストラリア人女性は、ここでの「英国籍の女性乗客二名」に含まれているのではないかと推測できよう。

一方、いまだにほとんどはっきりしていないのは、そのあとに続いてジャカルタ港に上陸させられた三一人と見られるインド人の乗員・乗客の消息である（発病して殺害されたポルトガル領ゴア原籍のインド人も、このなかに含まれていた）。鶴見は、こうした人びとのうち、かなりの数がのちに日本軍によってひそかに殺されていたとしても、おかしくないと感じていたようである。

ちなみに、鶴見は、戦後一〇年余りが過ぎた一九五六年（昭和三一）、「戦争のくれた字引き」（「文藝」同年八月号）という文章を発表し、戦時ジャカルタでのインド人殺しを含む経験に触れることになる。ただし、この文章は、鶴見自身が〝小説〟とも呼ぶように、婉曲な表現を帯びており、事実だけが書かれているとはみなせないところがある。なぜそうしたものになったのかを述べておこう。

少し先走ることになってしまうが、戦争末期、南方の日本軍占領地から日本内地に帰還して、鶴見は「敵の国」「滝壺近く」という二本の手記をひそかに書きついだ。戦時下に自分が経験してきた事実と、それをめぐる思索を記録しておこうと考えてのことだった。ただし、この二本の手記は、ずっと手もとに置いたまま、晩年にわが手で廃棄するまで、そのままの形で発表することはついになかった。「戦争のくれた字引き」は、この二つの手記を原形としながら、少しずつそこからも離れるように、幾度もの書きなおしを経て、完成させたものだった。

なぜ、これほどまでに迂回を重ねるような書きかたを取ったのか？　そこには、このインド人殺しの一件が強く関わっていた。鶴見にとって、この事件は、手放すことのできない記憶だったからである。――あのとき、捕虜殺害の命令は、偶然にも、自分の隣の同僚に下った。だが、その命令が自分に下っていたらどうしたか？　自殺しただろう、と考えることはできる。だが、自殺が間に合わない、ということもありえた。逃れられずに、やはり自分も捕虜を殺したかもしれない。だとすると、戦場で一度は人を殺した者として、自分は、その後をどうやって生きることになっただろうか？

鶴見にとって、この自問は、戦後を生きていく上で、終わらずに続くものとなった。

また、少し角度の異なる問題をも、これは派生させていた。

日本軍によるポルトガル領ゴア原籍のインド人殺し。この事実は、自分が間近に経験した以上、どこかに記録として残しておくべきだ、と鶴見は考えた。同時に、敗戦後の七年間、日本は連合国軍（直接には米軍）による占領下に置かれていた。つまり、世の中は一転し、捕虜殺害は、かつて敵国だった連合国による戦争犯罪法廷で、重罪として裁かれる。したがって、この事実そのものを不用意に鶴見が述べれば、殺害実行者だった元同僚が戦犯裁判に送られて、ことによると死刑に処せられる恐れもあった。鶴見としては、そのようになることは断じて避けたいという思いが強かった。

元同僚は、戦争体制下の軍隊での指令下に、つまるところ国家の名において強制されることにより、インド人捕虜を殺害させられた。いま、そのことについて、また別の国家の名において、彼が裁かれるということは果たして正当か？　それを考えると、自分が発表する一文をきっかけに、元同僚が逮捕されるような事態になるのも、許されざることのように感じられた。

だから、鶴見は、もはや「敵の国」「滝壺近く」という手記に直接は当たりなおすことなく、むしろ、そこに表われていた個別の具体的事実そのものからは離れていこうとしながら、のちに「戦争のくれた字引き」となる原稿を何度も書き直し、仕上げていった。これが書き上げられて、雑誌上に発表されたとき、すでに連合国軍による日本占領は終わっていた。

「戦争のくれた字引き」は、そのような鶴見の内面の記録として、読まれる必要があるだろう。

戦時下のジャカルタ勤務が続くうちに、一時は収まったかのように感じていた結核性の胸部カリエスが、また悪化しはじめて、やがて異常突起に穴が開いてしまう。ジャカルタ市内チキニの海軍病院で、二度にわたって手術を受けた。麻酔薬さえ不足するなかでの手術だったが、看護婦に励まされて、痛みに耐えた。手術が終わったとき、若い看護婦が「わたしの首につかまってください」と言い、弱りきった鶴見を助けて、その体を手術台から担架に移してくれた。

この病院にいるあいだに、俳句と短歌の募集があり、第一席に入ったのは、

今宵はも星は静かに兵《もの》を守る

という作品だった。

その歌の作者は、病院内で気丈な看護婦として知られていて、重体の患者に聞こえる声で「この人まだ生きてるわ」と言ったという逸話の持ち主だった。そうした人にやさしい心情をうたわせる定型詩とは、不思議なものだという感慨も湧いてきた。（鶴見俊輔『「定型」の不思議な魅力』）

入院中、叔父の鶴見憲（一八九五年生まれ）が見舞いに来てくれた。父・祐輔の末弟にあたる。もとは外交官なのだが、このときはマレーのマラッカ州知事で、陸軍司政長官を兼ねており、たまたまジャワ島へ視察に来て、甥っ子、俊輔の見舞いに寄ったのだった。鶴見憲の長男・良行（一九二六年生まれ）は東京に残っていて、この春、一高受験に失敗し、東京外国語学校に入学したばかりだった。

鶴見憲は、自動車に黄色い中将旗を立てて病院にやってきた。下士官待遇の軍属の若者のところに、そんな車が訪ねてきたので、病院中が大騒ぎになり、それからは俊輔の待遇までよくなった。

どうにか退院すると、内地に送り還されることが決まった。四歳ほど年上で、長く結核で入院していた上村さんという元銀行員の軍属が、道連れになるはずだった。

昭南島（シンガポール）まで来たところで、君川丸という輸送船に乗せられた。船底の船室である。だが、ウィリアム・ハルゼー（米第三艦隊司令長官）率いる機動部隊が近海で動いているとのことで、なかなか、身動きが取れない。なんとか港を出ようとするが、果たせずに、引き返す。何度も、そういうことがあった。仕切り一枚隔てた場所で、朝鮮人の従軍慰安婦たちがかたまっていた。だが、女性に対して眼球を動かさない反射を自分にたたきこんでいたので、何か話しかけてみようとは思いつかなかった。

輸送船の甲板のにわかづくりの便所を掃除する役がまわってきたときなどは、急に元気が出てきて、ホースを振りまわした。青空の下で、甲板上に糞尿を押し流す。

シンガポール沖のかんかんの日照り。自分の汗、吐く息、糞尿と精液が、縞をなし、河となって流れていく。めちゃくちゃな戦争の現段階の模様がそこにあり、目をそらさずに、それを見ているような自分を感じていた。（鶴見俊輔「退行計画」）

英語ができる鶴見と上村さんをいつまでも遊ばせておけないということになり、やがて二人は船から降ろされ、現地の海軍通信隊の所属とされて、翻訳の仕事が命じられた。

ある日、軍港の通信室で短波ラジオを聴く任務の最中、B29の空襲を受けた。つぎつぎに自動車が発進し、役職つきの軍人たちは安全な場所に避難していったが、日英混血で二一歳の一等水兵を加えた翻訳係の三人だけが、通信室に置き去りにされた状態になった。周囲の状況もわからないまま、猛烈な爆音に閉じ込められ、じっとしているのが恐怖だった。

昭南島では、古本屋をまわって、タゴールの *Sādhanā: The Realisation of Life*（『サーダナ——

生の実現』）という英語の本を見つけて、買っていた。

序文で、著者タゴールは、インドの伝統的な教義の経験から立ち現われてくる生きた言葉の意味は、特定の論理的な解釈の体系によって汲みつくせるものではない、と述べる。それは、あとに続く一人ひとりの生涯によって、尽きることなく註釈されて、また新たな啓示のなかに神秘を加えていくのだと。

こうした意味と解釈のあいだの位置づけに、引き寄せられた。米国の大学で記号論を勉強して、すぐにこの戦争に入ってきたので、自分が受けた学問上の訓練と、直面する現実の状況とのずれに、苦しんでいた。ここで、タゴールの本を土台に置くと、自分の問題を考えることができた。論理的分析を無限に許す日常の神秘の感覚は、日本の皇統だけが万世一系という問答無用の国体論とは対極を示す、東洋思想のありかただった。

たとえば、第三章「悪の問題」で、タゴールは書いていた。

《なぜ悪が存在しているのかという問いは、なぜ不完全なものが存在しているのかという問いと同じである。言いかえるなら、なぜ創造が行なわれているのかという問いと結局同じことになる。（中略）創造はきわめて不完全であり、漸進的なものであることを認めるほかない。》

タゴールは言う。

生は死の面前で笑い、踊り、遊び、家を建て、貯えをし、恋をしている。一人の人間の死という単独の事実として切り離して考えるときにだけ、そのむなしさにとらわれてしまう。けれども、本当は死が究極の実在ではないのだ。空が青く見えるように、死も暗く見える。しかし、青空が鳥の翼に空の色をつけることがないように、死も生を暗くすることはない。
《不道徳的であることは道徳的に不完全であることだ。これと同じ意味で、間違っているという場合、わずかな程度真実であることを意味している。そうでなければ、間違いということさえできない。見えないということは物を見る眼がないことだ。けれども、見あやまることは不完全な見方をしていることである。人間の利己主義は人生において何らかの縁故や目的を見出すきっかけとなる。》

（以上、美田稔訳）

この第三章「悪の問題」の余白に、鶴見俊輔は、このように読後感を書き込んでいく。

現実ノ構造ノ分析ニヨリ、ソノツクリノ中ニカクベカラザル要素トシテ確証不能命題ガ入ルコト――入ラザルヲ得ザルコトヲ説クベシ。行動ノ中ニ含マレタ倫理判断。観念ノ中ニ含マレタ美的判断。マタコレラヲササエルタメニ、マワリニアツマル神話ノ群。将来ノ不可見性ニ根ヲモツ宗教的判断。スクナクトモコレラ三者ハ、現実構造ニ基底ヲ有スルトコロノ人間行動ニ不可欠ナル記号作用デアルコト。カカル記号作用ハ純真偽基準トハ異リタル規準ニ支配サレアルモ、シカモ後者ト同様ニ正当ナ記号作用デアルコト、コレラ記号作用ヲツラヌク根本規準ハ、人類史上ニオイテハ超時代的ナモノナルモ、コレラノ維持ヲツカサドル神話群ニイタッテハ準正当性ノ資格ノミヲ有スルモノニシテ、各歴史社会ニヨリテコトナルモノナリ。タダシ一応ハ、コレラ神話群ニモ現実ノ一部トシテノ資格ヲアタエナクテハ、人間ハ生キラレヌモノナルコトヲ力説セヨ。

（鶴見俊輔「対話の相手としてのタゴール」）

「力説セヨ」と言っても、いまは、自分ひとりでタゴールを相手に力説しているだけである。

それでも、もうじき鶴見は日本内地に戻って、戦争が続くなかで最初の小著『哲学の反省』の原稿をひそかに書きはじめる。その論旨は、ここでの書き込みに足場を置いたものとなる。

また、あれは、もう四年前のことだったか――。

ハーヴァード大学哲学科の学生時代、善と真とを切り離すカントの方法上の区分に熱中していたときがあった。都留重人が、

「僕だったら、悪から出発する」

と、水を差すコメントをくれた。

たしかに、そうだ……。と、このころになって、鶴見の脳裏には、都留の指摘も甦ってきたのではないか。

確証可能な命題を精選した上で、精緻な論理構造へと積み上げていく。その技法を、世界トップの論理学者カルナップたちから授かった。

だが、戦争をめぐる諸現実には、その精緻さが照応を示すものはない。殺せ、と言われれば、つべこべ言わずに殺している。女を、と求められれば、どこからか女を連れてくるだけである。そうした場所で、かろうじて兵たる人間を支える概念があるとすれば、「何が美しいか」、「こうすることが正しいか」、「生きる甲斐とは何なのか」といった、確証など不能な命題だけである。さもなくば、「畏れ多くも皇道の道に則り……」とか「上御《かみご》一人《いちにん》の御心に添うことこそ……」といった、問

答無用の鉄棒《かなぼう》のようなペップ・トーク（はっぱ）のたぐいか。

こういった現実に取り巻かれ、論理実証主義の足もとの確かさは崩れ落ちた。だが、そのなかで、——不完全な見方をしているということは、ある程度の真実を知っているのと同じである——というタゴールの無限に続く認識の連鎖に出会う。鶴見の概念の束に、「旧約」から「新約」へ入れ替えが生じるのは、ここである。そこに沈み込み、再度浮上して戻ってくる経験が、彼の哲学に「二度生まれ」（ウィリアム・ジェイムズ）への転機をもたらした。

一九四四年も終わり近く、やっと練習巡洋艦「香椎」が日本に向かうことになり、乗り込んだ。一三ノットしか船足の出ないおんぼろな軍艦で、しかも、もはや護送船団も組むことができず、単艦で門司までの直航だった。

門司に入港したのは、一二月初め。空腹だった。麺が干してあるのを見つけて近寄っていき、なおよく見ると、ただ靴紐が竿に掛けてあるだけだった。

日本に戻ると、同月一八日、突如として、転向研究を、日本思想史としてたどり、これを世界思想史の一つの範型として考える計画が、思いうかんだ。「大衆としての価値観の変動と知識人の思想の変動とをあわせて記述する二巻ものの計画だった。」（「手帖の中のドイツとジャワ」）

第六節　『哲学の反省』を書く

静養が必要だった。

軽井沢の離山《はなれやま》の南麓に、父・祐輔の所有する別荘があった。そこに一人住まいして、しばらくは過ごした。

外国人宣教師らの避暑地として始まる軽井沢の別荘地は、寒い季節に入ると、ふだんなら人の姿もまばらになる。だが、こうして戦争にも敗色が深まると、都会から、この地の別荘に疎開してくる家庭が増えていた。また、日本にとどまる欧米人らの強制的な疎開地ともされており、中立国、非交戦国の大使館、公使館などまで移ってきていた。

年が明け、一九四五年（昭和二〇）春にかかりはじめたころのこと。離山の東麓、雲場池あたりを散歩していると、「鶴見さーん」と、女の声が呼ぶのが聞こえた。ホテルが賃貸する粗末なバンガローが、この一帯には多くある。声の方向に振りむくと、大河内光孝の夫人、玉代が立っていた。交換船・浅間丸が横浜に帰着して、そこで彼らと別れてから、二年半ほどが過ぎていた。

「あれから、ひどい目にあいました。主人に会ってください」

米国で生まれ育った玉代は、おぼつかない日本語で言った。彼女に連れられて、すぐ近くの粗末な小屋で、思いがけなく大河内光孝と再会した。

――どうしてだかわからないが、警察に連れていかれて、ひどい目にあった。――

傷跡の残る体を示して、大河内は言った。

――子どもをここの国民学校にやっているが、日本語がうまくないから、いじめられている。こんなぶんじゃ、戦争に負けても、日本はよくならない。――

それでも、めげずに彼は小屋の裏に出て、薪を割ったりしながら、元気ではあった。（鶴見俊輔「大河内光孝」）

一九四二年（昭和一七）六月、交換船グリップスホルム号でのニューヨーク出港時に、大河内光孝が自筆した調査票が残っている（外務省外交史料館所蔵）。父の名は記入しておらず、留守宅は「東京市品川区大井出石町〔現・西大井三丁目〕、大河内照子、母」。妻・大河内玉代の調査票もあり、このとき年齢三二歳と記している。

さらに同年八月一九日、交換船浅間丸での横浜入港の前日、館山沖で官憲が行なった取り調べの記録がある（『極秘　外事警察概況』）。これによると、大河内光孝は、職業「運転手」、年齢「四四」。取調概要は「三八歳まで徴兵猶予願いを領事館に提出せるが、その後そのまま放置す。在米中大河内子爵の落胤なりと自称しおりたりとの風評あり、言動注意を要す」。

だが、これでは終わらなかった。このとき尋問を受けた男性の一人が、米国で左翼運動をしていた者の名前を乗船客名簿から挙げさせられて、大物は先に帰っているとして、一年半ほど前に米国から帰国した川田寿の名を挙げていた。それが発端で、およそ三週間後の九月一一日、世界経済調査会の資料室長となっていた川田寿と妻・定子が、神奈川県特高警察に連行の上、逮捕・投獄される。彼ら自身には、まったく身に覚えのないものだった。それでも、「容疑」は、川田夫妻が米国共産党の指令を受けてスパイ活動をするために日本に潜入したとする、治安維持法違反容疑の「米国共産党員事件」に仕立て上げられる。その共犯者として、翌四三年（昭和一八）一月、川田夫妻と一面識もない、第一次日米交換船の帰国者・大河内光孝を含む七人が逮捕される（大河内はこのとき地元・品川区でアパート管理人をつとめていた）。こうして架空の「事件」は次つぎ連鎖的に広げられ、やがて、少なくとも六三人の検挙者を数える太平洋戦争下最大のフレームアップ事件「横浜事件」へと発展させられていくのである。

戦後になって、川田寿は、当時の特高警察の告訴に踏み切るにあたって、「全然未知の帰米者、大河内某夫妻に対する人道蹂躪、その他、五、六名に対する同様行為は全く狂人の沙汰なり」との

「口述書」を残す（中村智子『横浜事件の人びと』）。だが、まだ戦争が続くあいだの大河内光孝夫妻は、自分たちがいったいどんな嫌疑のなかに置かれて、拷問にさらされ、そしてまた放り出されたのか、何も知らされない状態にあった。

戦後、大河内光孝一家について、たしかな消息はわからない。ただし、ジャーナリスト中川六平の調査によれば、大河内夫妻は一九六〇年ごろハワイに渡り（ひとり息子・輝孝は日本に残った）、やがて二人とも現地で没したはずだと、知人からの証言を得たという。（『日米交換船』）

一九四五年（昭和二〇）、春に向かうにつれ、鶴見俊輔は重ねて空襲に遭っている。

二月二五日の空襲の夜は、妹・章子《あやこ》とともに軽井沢から東京に戻る途中、大宮で列車が止まって降ろされた。乗り換えて渋谷に向かい、そこから雪のなかを麻布桜田町の自宅をめざして歩いた。青山高樹町のあたりで、自宅のある方面から焼けだされて歩いてくる一隊の人たちとすれ違った。生き残ったという安堵感から、互いに口ぐちに話し、それが無一物になったことをものともせぬ明るい声だったことに強い感動を受けた（これは、とんちんかんな感動だったかもしれないが、少なくとも、鶴見の内側にはそのような声となって響いた）。

麻布十番の商店街を焼き尽くした空襲のときには、自宅の屋上でB29を頭上に見た。姉の和子も上がってきて、「敵機が来た」と言った。とっさに、「あれは敵機じゃない」と、俊輔は言い返した。味方だとは思わない。けれど、敵は日本軍だという感覚のほうが強かった。（『戦争が遺したもの』）

かれこれするうち、いくらか体調は回復した。けれども、もう海軍には、彼の身柄を南方の戦地に送りかえす手立てもない。だから、横浜の慶應大学日吉校舎の一角に置かれた軍令部の翻訳部署で勤務せよという命令が下り、現地に下宿して四月から勤務した。情報を集めれば集めるだけ、戦況不利はいっそう目に見えてくるだけに、職場の大部屋は無言のうちにも厭戦気分が占めていた。五月二九日、横浜大空襲に出会うのも、この職場でのことだった。

それから間もない時期である。

都留重人は、このとき、外務省分室（政務局第六課）に勤務していた。そして、モスクワの大使館やウラジオストークの総領事館に書類を届けるクーリエ（伝書使）を命じられ、ソ連・満洲への三カ月に及んだ旅から、五月末に戻ってきたばかりだった。

イタリアに続いて、ナチス・ドイツも崩壊し、欧州戦線における戦争は終わっていた。都留が帰ってきたことを聞き、鶴見俊輔は、彼との面会を求めて外務省分室まで出向いていった。海軍で「半舷上陸」と呼ばれる休息日にあたり、大きな握り飯を二つ、外出用に支給されていた。

都留は、鶴見に言った。

――もうすぐ戦争は終わる。

日本の支配層は、天皇制を残すことで、連合国との妥協に向かう。天皇制をどうするかは、生き残った日本人にかかっている。――

都留重人は、内大臣・木戸幸一の実弟、和田小六の娘婿である。乃木神社近くの木戸邸と和田邸は隣家同士で、しかも、この年五月二五日の空襲で木戸邸は焼亡し、先に和田邸に仮寓している都留夫妻に加えて、木戸幸一までが、そろって和田邸に同居している状態だった。また、かねて都留は木戸から求められれば自身の所見なども述べる関係だった。したがって、このとき都留が鶴見に向かって述べた見通しには、内大臣たる木戸からの情報も含まれていたと見るのが妥当だろう。（『木戸幸一日記』、『都留重人自伝　いくつもの岐路を回顧して』、『日米交換船』）

都留と別れ、鶴見は戸山ヶ原まで一人で歩いた。小学校高学年の時分、年に一度、遠足に出向いていた場所である。広い練兵場だが、兵隊はみな戦場に出て、誰もいない。一人でそこに坐って、軍令部でもらった大きな握り飯を食べた。

これから、生きて戦争の終わりを迎えられるかは、わからない。だが、生きているうちに、せめて一冊、本を書きたい、と考えた。

そして、日吉の軍令部に戻ると、この日のうちに書きはじめた。先にも述べた『哲学の反省』である。

冒頭近く、こんなふうに、もうじき満二三歳の彼は書き起こす。

≪──古代の哲学とは、今日におけるあらゆる分野の学問の基礎論であったともいえるが、しかしこの他に、今日ではもはや学問と呼ばれなくなった種類の諸思索もまた哲学の中に含まれていた。すなわち、「どんなものが美しいのか」、「どんなものが正しいのか」、「神々とはいかなるものか」、というような問題についての思索がそれである。

（中略）

物理学、天文学、社会学、心理学のごとき今日の個別科学が相ついで、哲学から離れて行った。今なお哲学の領域内に残されているもの──形而上学、倫理学、認識論、美学、宗教哲学等──の中でも、仔細に検討してみれば、むしろ社会学、心理学、論理学、言語学等の諸学に属すべき問題を対象としている例が多い。これら個別科学と重複して研究されている問題を、すべて適宜の個別科学に移管するとして、さらに後に残った諸思索はいかにというに、これらはその真偽を客観的に決定し得ない種類のものであるから、少なくとも学問としては抹殺され、文学、政治等のごとき行動の諸分野に移管さるべきものだという呼声が高い。もしかかる主張が正しいとすれば、ギリシア

の昔から続いてきた哲学の伝統はここに全く崩壊することになる。》

ここから鶴見は、現在のカルナップ流の論理的構文論《ロジカル・シンタックス》のありかたについて略述する。認識的命題だけを対象とすることで、それは厳密さを保っている。人間を取りまく世界のとらえかたに、このことは大きなセンセーションを巻き起こした。だが、人間の意識は、認識的命題以外の命題も多く含んでおり、われわれの生活全体を対象とする哲学は、ここに留まるわけにはいかない——。

そのように述べ、さらに新しい哲学の段階へと、踏み出すことを呼びかける。

《認識の名にあたいするところの諸命題は、その意義として、含蓄体または指示体を有し、論理—経験的実験によって、その真偽を確かめうべき性質を有する。この条件を欠如する一切の命題は、認識の名にあたいせず、学の構成分子たるに足りぬと、彼らは論決したのである。

我らの意識の流れは、認識的命題以外の命題を多く含んでおり、我らの日常生活は、認識的以外の問題を多く提起する。しかるに上記の思想家達は、認識者としての彼らの行動半径外にあるものとして、これら諸問題の解決に当ることを拒否した。(中略)

彼らは、あくまでも認識者としての立場から、人間の思索に記号論的批判を加えることに終始したが、かかる批判を通じて、彼らは、我らの処世方針にも非常な波瀾を捲き起したのであった。彼らは自ら水中に一石を投じて、しかもこれらの惹起せる波紋に関して責任を取らざる者である。認識するのみに止らず、全面的に生活するところの人間は、かかる態度に止まることは出来ない。》

これを書いているとき、まだ戦争は終わっていないのだが、敗戦をはさんで鶴見たちが雑誌「思想の科学」を創刊するのは、わずか一一カ月後、一九四六年（昭和二一）五月のことである。創刊準備の最初の編集会議となると、同年二月だから、もう八カ月後に迫っている。誰もが、まだ、そんなことなど想像さえしていないはずなのだが。

やや先走って述べておくなら、「思想の科学」には、最年少者の鶴見俊輔（一九二二年生まれ）を中心に、ほか六名の創刊メンバーがいた。年長者から記すと、渡辺慧《さとし》（一九一〇年生まれ、理論物理学者）、武谷三男（一九一一年生まれ、理論物理学者）、都留重人（一九一二年生まれ、経済学者）、丸山眞男（一九一四年生まれ、思想史家）、武田清子（一九一七年生まれ、思想史家）、鶴見和子（一九一八年生まれ、社会学者）である。

鶴見俊輔にとって、これらの顔ぶれのうち、この時点で、すでに面識があるのは、ともに米国留学生として第一次日米交換船で帰国してきた都留、武田、姉・和子の三人だけである。ほか三人（渡辺、武谷、丸山）と彼が初めて顔を合わせるのは、敗戦後のこととなる。

では、どうやって、こんな顔ぶれでの編集体制が早々に実現できたのか？

実は、戦時中、徴兵年齢にあった俊輔が戦争に追い立てられているあいだも、姉の和子が着々と同世代の新しい人脈を編みあげていたのだった。一九四二年夏、交換船での帰国から、さほど時を置かずに、彼女は津田英学塾の先輩（盛たみ子）の案内で、丸山眞男（当時・東京帝大法学部助教授）を研究室に訪ねている。さらに、同じころから、渡辺ドロテア（渡辺慧夫人）に就いて、フランス語を習う。さらに、その夫・渡辺慧（東京帝大第二工学部助教授）の紹介で、武谷三男（理化学研究所仁科芳雄研究室助手）の科学史の講義（東京文理科大学）も週一回聴講するようになる。つまり、敗戦を経て、翌一九四六年前半のうちに早くも「思想の科学」がスタートするには、女性であることで徴兵体制に組み込まれることから免れた鶴見和子の働きに、多くを負っていた。

もとに戻って、『哲学の反省』では、少し先に、こんな記述がある。これは、やがて「思想の科学」創刊号（四六年五月）で鶴見俊輔が起草する「創刊の趣旨」（無署名）にも、およそ符合していくものである。

《――新たなる哲学は、旧時の哲学のもっていなかった次の二点を備えていると答えることが出来よう。

㈠　新たなる哲学は、論理―経験的方法のみをもって明確に組織された記号論体系をその背後に有し、必要に応じてその知恵を借りることが出来る。

㈡　新たなる哲学にはつねに明澄な記号論的自覚が随伴している故に、純認識的思索以外の思索に耽る場合にも、旧時のごとく、これを純認識と混同して、諸種の混乱を招くことはない。》

この六月、また結核菌が体内をまわって腹膜炎が悪化し、鶴見俊輔は、軍令部を休職する。このころ鶴見家は、麻布桜田町三八番地の家を満洲国大使館に貸し、熱海の温泉通りの借家に疎開していた。父・祐輔、姉・和子はこの家に住み、毎日、祐輔は東京・内幸町の太平洋協会に、和子もそこから近い太平洋協会アメリカ研究室へと、長距離の通勤を続ける暮らしだった。

一方、母・愛子は血栓を患い、次女・章子に伴われて軽井沢の別荘で療養していた。祐輔の弟たち――良三と憲――の一家も、この家に疎開して、三家族でひしめきあうような暮らしかただった。良三と憲は、ともに外務省勤務で、三笠ホテルに置かれた外務省分室に、ここから自転車で通っていた（内山章子『看取りの人生』）。

末弟の鶴見憲は、この年五月の空襲で目白の自宅を焼かれており、その長男である良行も、ここにいる。良行は、この春、東京外国語学校を一年で退校、水戸高等学校に新たに入り直していた。だが、こんな戦況下に、学校の授業など、ほとんど行なわれていなかったのではないか。

俊輔の弟・直輔は、前年から、母・愛子に同行しての縁故疎開で、地元・軽井沢の国民学校に通っていた。そのとき、五年生である。ところが、六年生となった、この六月、さらに学校ごとの学童集団疎開が命じられ、病弱な体ながら親元から離されて、もともと所属していた東京高等師範学校附属国民学校ぐるみで、新潟県魚沼郡の学校寮に移らなければならなくなった。

妹の章子は、この年の初めには女子学習院中等科四年生だった。春に卒業式を控え、すでに東京女子大学の入学試験にも合格していた。だが、二月に母が倒れ、父から「かわいそうだが、学校をやめて、お母さんの看病に、軽井沢へ行ってほしい」と頼まれて、この地に来た。親戚の面倒まで見なければならず、木を伐って薪を割り、畑を耕して下肥を施し、山羊やニワトリを飼い、ジャガイモ、キャベツ、カボチャ、キュウリなどまで、わが手で育てて料理する生活が続いた。

一方、熱海の家での俊輔は、平日の日中などは、自分で何か昼食を作って、あとはできるだけ寝床で横になっているという過ごし方だった。体調が許すときには、『哲学の反省』も書きついでいただろう。

そうしながら、来るべき日本の敗北を、どのように迎えることになるかを考えていた。やがて米軍の本土上陸作戦が始まることになるだろう。戦争が終るとき、負ける側にいたいと思って、こうして米国から日本に戻ってきた。だが、同時に、先んじて降伏するようなこともしたくない。いまは、腹膜炎を抱えているけれども、なんとか動ける。もうじき自分も竹槍を持たされ、右往左往することになるだろう。皆で、この無効な戦いをしながら、内地の奥深く逃げていく、そのなかにいるべきだと思っていた。

日本敗戦の日、一九四五年（昭和二〇）八月一五日。

この日、正午に天皇のラジオ放送があるということは、前日、父・祐輔から聞いていた。その日も、熱海の家では、自分ひとりだけだった。

壊れていた家のラジオを駅前のラジオ屋まで持っていき、修理してもらってきた。そのラジオに一対一で対座し、天皇の放送を聴いた。

音は悪かった。けれども、「敵ハ新《あらた》ニ残虐ナル爆弾ヲ使用シテ……」というところは聴き取れた。「原爆」というものの存在は、まだ知らない。

だから、「残虐」などという言葉を、日本の天皇がよく言えたな、と思い、猛烈に腹が立った。

（『不逞老人』）

『哲学の反省』の原稿は、最後まで、ひと通りは書き終えていた。これが、鶴見俊輔が迎えた、日本敗戦の時間だった。

第三章　「思想の科学」をつくる時代　一九四五―五九

第一節　編集から始まる

一九四五年（昭和二〇）八月、戦争が終わると、鶴見俊輔は、ただの二三歳の若者に戻った。米国ハーヴァード大学を卒業後、交換船で戦時下の日本に戻り、さらに海軍軍属として東南アジアの占領地を経験した上で、敗戦を迎えた。だが、いわゆる「社会人」として世間で働く経験はまだなかった。

ただし、母・愛子は、彼が南方から毎月送る軍属の俸給の三分の二にあたる額を、すべて彼の名義で貯金してくれていた。俸給は月額六五円、さらに戦地勤務の手当もつく。加えて、海軍からは、退職金が出た。合わせて、五千円ほどあった。敗戦直後の急激なインフレーションでたちまち目減りはするものの、このときは家一軒が建つほどの金額だった。のちに、俊輔たちが雑誌「思想の科学」を創刊し、運営していく上での原資となる。

前にも述べたように、敗戦直前の五月、東京の麻布桜田町三八番地の自宅は満洲国大使館に貸すことにして、鶴見一家は、熱海の温泉通りに疎開した。敗戦後の日本は、連合国軍（実質では米軍）による占領下に入る。満洲国なるものは、もう消えている。このため、同年一〇月、桜田町の自宅は、今度はＧＨＱ（連合国軍総司令部）に接収されて、その公館として使われはじめた。父の鶴見祐輔、姉の和子は、日比谷・内幸町の幸ビルにある祐輔の事務所で寝泊まりする日が続く。祐輔が創設した太平洋協会の事務所に使ってきた場所だが、敗戦で協会は解散。だが、満六〇歳の祐輔自身は、いよいよ新時代の政界での活躍を期し、意気軒昂で、一一月に日本進歩党を結成、幹事長に就任する。

血栓を患って以来、母・愛子に峻厳な態度は見られなくなり、彼女は子どもたちからの世話をおとなしく受け入れる。むろん、ここには、すでに成人した長女、長男に、満足する気持ちもあっただろう。

鶴見祐輔の末弟・憲は、同年九月末で外務省を退官。一〇月初め、熱海市長に就任した。当時、市長職は、まだ公選によるものではない。市会が候補者を推薦し、内務大臣が勅裁を経て選任する、という制度が、戦後もまだ残っていた。そもそも、鶴見憲自身が、「（自分が）外務省に就職したのも、終戦直後外務省を辞任し熱海市長に就任したのも、皆、兄〔祐輔〕の勧めによるものであった」（鶴見憲「兄の思い出」）と述べている。祐輔が、ここでも地元・熱海に顔をきかせて、世話焼きに出たのだろう。一方、鶴見憲の長男・良行は、旧制水戸高校での授業が再開し、軽井沢での疎開生活を切り上げ、そちらに戻っていく。

なお、鶴見憲は、一年半ほど熱海市長を務めたところで、四七年四月、辞職し、この地で実業に転じる。かたや、鶴見祐輔一家は、同年九月、東京の世田谷区成城に、居抜きの一軒家を購入し、転居する。戦時下の疎開以来、これで初めて、一家が揃って暮らせる居宅を東京に構えることができた。柳田國男邸の斜向かいにあたる家だった。

敗戦後の数年、鶴見俊輔は、どこにも就職せずに過ごしている。米国ハーヴァード大学哲学科卒業という学歴だけはあったが、無職である。英語を読みこなす知識人は多い。だが、当時、英語を自由に話せて、通訳にもあたれる日本人は、少なかった。だから、GHQの民政局などでは、むしろんハーヴァード大学卒業生の彼のことなどは把握しており、しばしば協力を求められた。だが、当人には、できるだけ、そうしたことを避けたい気持ちが働く。南方の日本軍占領地で経験したことを思い返すと、敗戦後の日本で、勝者の巨人の肩に乗っかり、いい気でいられる心地にはなれなかった。目を上げて世間を歩けず、一斉に動きはじめた戦後社会から、ずり落ちていく思いが日々つのった。

まだ結核の症状が続いていた。だから、療養をかねて、父・祐輔所有の軽井沢の別荘で、一人住まいして過ごすことが多かった。ここにいれば、訪ねてくる者も少ない。敗戦の年の冬にかかるころも、そうしていた。戦時下に疎開してきた人びとも、おおむね、すでに都市部へと戻っており、疎林に包まれた地所の周囲は、もとの農村の景色に移っていた。

ハーヴァード時代の恩師らとの文通は、それなりに続いた。戦後まもなくカルナップから来信があり、「自分たちが出していた雑誌『エルケントニス〔認識〕』〔論理実証主義の雑誌〕に、日本人の購読者が五人いた。彼らの現在の住所を教えてほしい」と言ってきた。そこには、大江精三、平野智治、石本新といった哲学者、論理学者の名が記されていた。チャールズ・W・モリスとも文通が続き、のちに、彼は日本にも立ち寄ることになる。

一方、姉の鶴見和子は、ある計画を抱きはじめていた。弟の俊輔が中心を担って、新時代にふさわしい知的交流の場となる雑誌を作れないかということだった。

子どものころから、四歳年下の弟・俊輔には、世話焼きな姉だった。口やかましい母親に対して、自分なら負けずにはっきりものを言う。だが、小柄で痩せっぽちの弟は、峻烈に叱りつづける母親に口答えせず、じっと耐えている。このままでは取り返しのつかない事態になるのではないかと怖くなり、いつも自分が母とのあいだに割って入って、弟を助けた。だが、いったん口を開くと、弟は、突き詰めた考えを用意していて、剃刀のような鋭さがある。鼻先で軽く笑われているようにも感じるが、つい、幼かったころの弟と同様に、おせっかいを焼こうとしては、うるさがられる。

戦時下、自分たち姉弟が交換船で日本に帰ってきたとき、父・祐輔は、長男の俊輔を太平洋協会出版部の「社長」に据える心づもりだった。結局、俊輔が海軍軍属として南方に渡ることで実現せずに過ぎたのだが、いままた、そのことを蒸し返している。

敗戦で、これまで抑制されていた知的好奇心の蓋が一挙に開いて、雑誌、書籍の刊行ブームが始まった。ただし、印刷用紙の不足が、難関である。けれども、父・鶴見祐輔の太平洋協会出版部は、軍部とのつながりが深く、戦時中にも大手出版社並みの配給量に恵まれた。こうした配給枠が、後身の太平洋出版社へと、戦後もそのまま受け継がれている。ところが、企画不足で、豊富な配給量を生かすあてもない。ならば、俊輔に好きなことをやらせてみたらどうかと、父に話してみたのである。反対する父親ではないことは、わかっていた。

一九四五年一二月、これについて、和子と俊輔が話しあう。およその意見の一致を見て、年はさらに暮れていく。

この年の瀬、鶴見俊輔は、また軽井沢の山荘に戻っている。すると、思いがけない来客があった。フィリップ・セルズニック（一九一九年生まれ）という占領軍の伍長が、クリスマス休暇を利用して、わざわざ訪ねてきたのである。最初、彼は同僚といっしょに熱海の家に父・祐輔を訪れた。戦前の祐輔は、大正期から国際的な非政府組織、太平洋問題調査会（ＩＰＲ）の活動にも加わる知米派として知られた経緯があり、英語も自由に話せる。だから、占領軍の当局者たちが、日本での知見や手づるを求めて、彼を訪問することは多かった。セルズニックも、そうしたことが幾度かあり、やがて和子や俊輔とも言葉を交わすようになった。だが、むしろ今度は、もっと俊輔と話したくなり、軽井沢に来たとのことだった。

のちにセルズニックは社会学者として世間に知られる。だが、当時の彼は、ニューディール政策にもとづくＴＶＡ（テネシー渓谷開発公社）についての博士論文を執筆中に、それを中断して米軍の兵士となっていた。鶴見俊輔の目に、彼は、ニューディール世代の末尾に属する若い知識人としての社会主義的な心情と、これを抑制ある態度で相対化する神学者ラインホールド・ニーバーからの影響を併せ持つタイプの人物に見えた。ソヴィエト・ロシアの言語の分析についての論文の構想も抱いていて、それについても彼は話した。これは、俊輔が構想していた戦時期日本の政治言語についての分析の枠組み（まもなく「言葉のお守り的使用法について」という論文となる）と交差するところがあり、話が弾んだ。とても寒い日で、近くの農家から手に入れたカボチャで俊輔がスープを作り、二人でこれを食べながら、一晩中、議論を続けた。（鶴見俊輔『期待と回想』）

このとき、セルズニックは、持参した「エンクワイアリー」という自分たちがつくる小さな雑誌を俊輔に見せる。そのなかに、ガートルード・ジェイガー（一九一五年生まれ）という筆者による

「生まれたままの人の哲学」という論文があった。彼女は、シカゴ大学でカルナップについている数学専攻の大学院生で、セルズニックの婚約者なのだということだった。

所論の「生まれたままの人」とは、ジョン・デューイをさしていた。つまり、ジェイガーがデューイに向けた批判は、彼の哲学が特徴とする人間社会の未来への楽天性が、ウィリアム・ジェイムズが宗教分析で用いる「ワンス・ボーン」（生まれたままの人）と「トワイス・ボーン」（生まれ変わる人／二度生まれ）という二つの類型のうち、健康者の心理を宗教の基調とする前者にほとんどそのまま重なる、という点に置かれる。

「生まれたままの人」は、健康者の心理にもとづく宗教の側面を強調するあまり、そこに潜む罪を否定、あるいは無視しようとする人となる。一方、「生まれ変わる人」は、悪の存在に考慮を払う宗教を要求する者となる。

ジェイムズ自身は、悪の存在を確信していた。だが、彼のあとに続くプラグマティズムの思潮は、全体として、世界の暗黒面をわざと見ないように努めてきたかのように映る。

デューイの哲学は、人間性の完成に対する楽天主義から出発し、その帰結として、どのような形態の社会も人間の努力次第で現出する、という可能性の無制限を主張するようになった。だが、ジェイガーが見るには、人間はそんなに可塑的なものではない。人間にはリカルシトランスがある。不可操性とでも言うのか、つまり「どうしようもなさ」と呼ぶしかないものが。竹のように、ある程度は、しなる。だが、それ以上求めると、折れてしまう。人間性には、こういうところがあり、それが罪というものとつながる——。

ジェイガーの所論では、こうした人間性の暗がりの側にも目を向けようとするところに、おそらく神学者ニーバーからの影響がある。彼ら、セルズニックやジェイガーたちが、この世界について多くを吸収してきたニューディール期には、もっと急進的な希望が満ちていた。だが、やがて、時代のなかでの理想のありかは「悪」を透かした向こう側へと移っていき、ここでの社会像は陰影を帯びたものとなる。

セルズニックと語りあうなかで、彼の言葉にたびたび出てくる「リカルシトランス」(どうしようもなさ)、また、理想に付随する「ユーフォリア」(多幸症)という言葉に、俊輔も目を開かれていく思いがあった。

もし、自分たちの雑誌をいつか刊行できれば、このガートルード・ジェイガー「生まれたままの人の哲学」も訳出して掲載したい――。そうした希望を彼はセルズニックに伝える。

一方――、

「天皇制は、日本に残るほうがよいと思うか？」

突然、セルズニックは問うてきた。

また、鶴見俊輔の父・祐輔について、「――もうじき、彼も公職追放になると思う」と、観測を述べもした。

これを聞いたとき、ふと俊輔は、自分がいまここで語ることは占領軍にどのように伝わることになるのだろうかと、背筋に寒いものが走るのを覚えた。それが自分でも意外だった。(鶴見俊輔「二つの日付け」)

一方、この時期の父・祐輔はと言うと、日本進歩党を結成し、幹事長に就任。戦後政界での躍進に向け、余念がなかった。占領軍からも歓迎される身として、いまこそ自分にふさわしい時代が到来したという思いが、おそらく彼には強かったのではないか。

だが、年が明けると、すぐにセルズニックの予言は現実のものとなる。一九四六年(昭和二一)

一月四日、GHQにより、鶴見祐輔は公職追放の対象人物に指定され、いっさいの政治活動を禁じられた。戦時下、東条内閣の下での翼賛選挙に彼が立候補したこと（一九四二年）と、翼賛政治会および大日本政治会の役員に就任したことが、公職追放令指定の理由とされていた。事実経緯としては確かにその通りなのだが、祐輔当人には自身が〝戦争協力者〟であるとの意識は希薄で、それだけに衝撃も大きかった。

彼はただちにGHQに対して公職追放解除を求める訴願申請書を記して、そこにこのように述べている。――「小生は、従来、文章と言論と政治活動とにより、国際協調を主張し、自由主義を宣伝して来たものであり、殊に日米問題の平和的解決のためには三〇余年の人生を捧げ来った者であります」（上品和馬『広報外交の先駆者・鶴見祐輔』）

これ以後、一九五〇年一〇月に追放解除となるまでの四年九カ月間、満六一歳から六五歳にわたる時期、彼は政治家として無為に過ごす。

鶴見祐輔が公職追放を受けて、わずか三日後。

一九四六年一月七日、鶴見和子、俊輔の姉弟は、太平洋協会出版部が置かれてきた銀座・昭和通りの山叶《やまかのう》ビル三階で、これからの手はずを決めている。この出版部門の責任者は、天田幸男というベテラン編集者で、かつて父・祐輔が、自身とゆかりの深い大日本雄弁会講談社から引き抜いた人物である。敗戦を機に太平洋協会が解散したことで、今後は「太平洋出版社」と名を変えて、出版事業を続けることになっていた。その部下に、同じく講談社から移った清水泰十郎という編集者がいたが、この人は戦争中に召集されて、戦地で没する。その夫人、清水（旧姓・牧野）三枝子も、ここで働いており、夫の没後も会計担当の勤務を続けていた。彼女の妹、牧野和子も同僚で、取次会社との交渉など事務仕事を受け持っている。姉の三枝子は鶴見俊輔より一〇歳ばかり年長で、妹の和子は彼より数歳若く、ひと回りほどは歳の離れた姉妹である。

太平洋出版社は、まもなく日比谷の市政会館に事務所を移す。鶴見俊輔の母方の祖父、後藤新平が、東京市長時代に建設着工を主導した施設である。竣工は没後になったが、それからは後藤新平伯伝記編纂会事務所が置かれ、膨大な諸資料をここに集めて、瀧川政次郎、沢田謙、井口《いのくち》一郎といった優秀なスタッフ・ライターを擁する体制で、鶴見祐輔がアンカーを務めて大著『後藤新平』の執筆にあたった。そういった縁故の深い施設だから、祐輔が話をつけて、四階の大部屋をはじめ、使える部屋がいくつかあった。

和子と俊輔らが新雑誌を創刊するにあたっては、太平洋出版社から助力を得られることになっていた。つまり、この出版社と同住所に、新雑誌発行の版元（まもなく「先駆社」と名づけられる）の名義を置かせてもらう。表札だけのペーパーカンパニーのようなものである。さらに、事務的な人手や用紙の配給確保の手配などでは、太平洋出版社のスタッフたちに協力を仰ぐ。父・祐輔から、これほど多くの便宜を得なければならないことが、息子・俊輔には負い目でもあり屈辱でもある。だが、「父の娘」たる和子は、いっこう平気な様子で、けろっとしている。俊輔としては、せめて、雑誌運営に関する直接経費は、手元にある五千円という自己資金でまかなっていきたいと考えている。

二月六日午後、新雑誌創刊準備の最初の会合が、市政会館四階の大部屋で開かれた。集まったのは、四人だとされている。鶴見俊輔は、ある回想では、理論物理学者の武谷三男（一九一一年生まれ）、思想史家の丸山眞男（一四年生まれ）、米国留学中にヴァッサー大学でマルクス主義の立場からのデューイ批判の論文で哲学修士号を取得した鶴見和子（一八年生まれ）、そして鶴見俊輔（二二年生まれ）自身という顔ぶれだったと述べる（鶴見俊輔「意図をこえる結果」）。だが、別の回想では、その四人というのは、武谷、丸山、鶴見俊輔のほかに、米国ユニオン神学校でラインホールド・ニーバーに学び、交換船で帰国後はＹＷＣＡスタッフなどを務めてきた武田清子（一七年生まれ）だった、とする（鶴見俊輔「素材と方法――『思想の科学』の歴史の一断面」）。

これについては、武田清子当人も、「雑誌のタイトルをどうしようかということで、市政会館内の事務所だったか、よく覚えていませんが、どこかに集まった記憶があります。たしか、俊輔さんが『先駆社』の『先駆』にしたいといわれると、『先駆』なんかだめだよ、という声もあり、ワイワイいいあっているうちに、『思想の科学』がいいだろうということになりました」といった証言を残しているので、おそらく参加していたものと思われる（武田清子「『ひとびとの哲学』を探る」）。実際には、当日の参会者は、鶴見和子も合わせて五人だったのかもしれない。

いずれにせよ、この日の会合には都合がつかず、出席できない理論物理学者の渡辺慧《さとし》（一〇年生まれ）、ならびに、外務省から連合国軍総司令部経済科学局（ＥＳＳ）顧問に出向中の都留重人（一二年生まれ）からも、新雑誌には参加するとの内諾は得ていた。ただし、まだ渡辺慧とは、鶴見俊輔自身に直接の面識がない。

当日の会合に加わる武谷三男は、戦時中、理化学研究所（理研）で原爆研究に携わるとともに、反戦的な思想信条を疑われて、二度の逮捕歴があった。また、丸山眞男も、一高在学中に唯物論研究会での長谷川如是閑の講演を聞きに出向いて検挙・勾留されて以来、東京帝大法学部助教授に就くまで、特高刑事の来訪や憲兵隊への召喚などが続いた。また、彼は二等兵として応召中に、広島の宇品で被爆している。これら計七人の創刊メンバーは、戦時下、みずから戦争への賛意を示さなかった点では共通している。

会合では、新雑誌の名前を決めておこうということになり、武谷は「科学評論」という誌名はどうか、と言った。一方、丸山は「思想史雑誌」、鶴見俊輔は「記号論研究」はどうか、と言い、どの案にも各自の一票ずつしか入らず、決まらなかった。（雑誌名の対案中には「先駆」もあったと鶴見俊輔は記している〔「素材と方法」〕。武田清子が言うように、これも彼自身からの案だったのかもしれない。）

この集まりに先立ち、鶴見俊輔は経済史家の上田辰之助（一八九二年生まれ）に、雑誌名について相談に乗ってもらったことがあった。トマス・アクィナスの経済思想の研究者として知られる上田は、戦時下に太平洋協会とのつながりがあり、かねて鶴見和子とも親しかった。上田は、鶴見俊輔が抱く「記号論」の考え方を理解した。そこから「アート・オブ・シンキング」（考える技術）という言葉を思いつき、「サイエンス・オブ・シンキング」と考えを伸ばして、さらに転じて、「アート・オブ・ソート」という言葉を得た。そこで「これがあなたがたの考えている雑誌の性格とちがうだろうか」と助言してくれた。結局、この案に、創刊メンバーとなる顔ぶれが同意して、二月末ごろまでには「思想の科学」という誌名が決まった。（鶴見俊輔「初期の『思想の科学』のこと」）

以後は、市政会館の最上層部、塔屋の部分にあたる七階の小部屋が、「思想の科学」の事務所として使われた。鶴見俊輔は、軽井沢から出てきて東京にいるあいだ、ここを根城に使って、新雑誌に寄稿を求める手紙を書いたり、焼け跡が残る東京の町なかを、執筆者たちを訪ねて動きまわった。早朝の一番列車で軽井沢を発ち、帰りは上野発の夜汽車で戻っていく。間にあわないときには、事務所の床に新聞紙を敷きつめ、仮眠した。

たとえば、彼は米国留学前の一〇代のころ、児童心理学者・波多野完治（一九〇五年生まれ）の『文章心理学』（三五年）という著作を読み、強い印象を受けた。小学生のときから学校帰りに立ち寄った神保町の古書店、巌松堂が、この一族の経営による店だとも知っていた。そこで、波多野完治を自宅に訪ね、記号論研究に重きを置く雑誌をつくりたいので、理解を示してもらえそうな筆者を教えてもらえないだろうかと頼んでみた。波多野は、たちどころに意図を理解して、二〇人ほどの名を挙げ、住所も調べて書きこんで、それぞれの人物について業績や特徴を説明してくれた。この一覧は、民俗学者・柳田國男、言語学者・小林英夫から、性心理学の望月衛、発達心理学の乾孝、精神病理学の宮城音弥らにわたる幅広い人選で、さらに、生活綴方運動の系統の小学校の先生たちの名もあった。

雑誌「思想の科学」創刊号の刊行は、同年五月一五日。表紙を合わせてわずか三六ページとはいえ、初会合から三カ月での刊行である。雑誌編集の開始時点で、中心を担う鶴見俊輔のなかに、すでにはっきりとした方向性があったからのことだろう。発行部数は一万部。「定価二〇〇銭」、つまり二円である。発行所・先駆社（住所は、東京都麴町区日比谷公園市政会館内）。表紙デザインは、版画家としても知られる恩地孝四郎で、これは名義上の編集兼発行人・天田幸男のつてによるものだったという。

創刊号の目次立ては、こうなっている。

《（哲学論）
武谷三男「哲学は如何にして有効さを取戻し得るか」
（言語）
上田辰之助「思想と表現」
鶴見俊輔「言葉のお守り的使用法について」

（デューイ論）
ジェイガー「生れた儘の人の哲学」
鶴見和子「デューイ社会哲学批判の覚書(1)」
（ほんのうわさ(1)及(2)）
ソースタイン・ヴェブレン「平和論」評
ジャック・マリタン「デモクラシー論」評》

当時、出版物には、占領軍当局による検閲がなされた。

検閲済みのゲラ及び検閲文書が、米国メリーランド大学プランゲ文庫に保管されており、これを参照すると、「思想の科学」創刊号掲載の論文で、検閲によって削除・修正が命じられた箇所があるのは、上田辰之助「思想と表現」、鶴見俊輔「言葉のお守り的使用法について」の二本である。

上田辰之助「思想と表現」は、ラテン語、英語に堪能な筆者が、中世から現代に至る語法の用例を論じる。そのなかで、英語、ことにアメリカ英語は儀礼的な形式から解放され、デモクラティックな傾向を強めたことで、語法それ自体に封建的・身分的な差別がない、として、このように述べる。

「Your Excellency と Your Majesty との差別を知らないアメリカ人などざらである。ワシントンの或会合で外国の或高官が司会者から His Majesty として紹介されて恐縮したといふ話がある。」

このくだりが、全文削除。理由は、「米国への批判」（critical of U.S.）とされている。

つまり、筆者の上田辰之助としては、米国では封建的身分制度がないので、言語習慣上でもその種の語法の記憶は薄れている。だから、高官一般への敬称 Your Excellency と、最高位の国王陛下だけに用いられるYour Majestyの区別がつかなくなって、外国からの高官を公式の席で「His Majesty」（国王陛下）と紹介してしまった、という小話を披露しているわけである。それが「米国への批判」と判断されて、削除を命じられた。（占領当局の下で、こうした判定を受け持つ検閲官は、日本人である。ここでは、「Miura」と、検閲担当者の名前が残されている。つまり、検閲官・三浦氏は、ここのくだりを読んで、こんなふうにアメリカ英語をちゃかすのは米国民に失礼ではないかと忖度して、「米国への批判」と裁定し、削除を命じたものと推測できる。）

一方、鶴見俊輔「言葉のお守り的使用法について」では、戦中期の日本での「見出し言葉の煽動的使用法」の例として、〝すべての有色人種を米英の鉄鎖から解放することこそが大東亜戦争である、と説明する上で、「鬼畜米英」といった言葉が使われた〟ということを述べるくだりが、ごっそりと削除。理由は、「連合国への批判」（critical of Allies）とされている。

また、「言葉のお守り的使用法」というものは、なにも戦時下日本に限って行なわれたものではなく、「国体の名の下にも『民主主義』の名の下にも『唯物』の名の下にも」行なわれる、と記して、このうち「『民主主義』の名の下にも」が削除。理由は、「反民主主義的」（anti-democratic）だということである。

さらに、「大東亜戦争」と記した箇所は、すべて機械的に「太平洋戦争」へと修正。これには理由づけさえされていない。

とはいえ、「大東亜」、つまり〝大きな東アジア〟の名の下に戦われた戦争が、「太平洋」つまり、その海をはさんでの日米間の戦争として機械的に訂正されるのだとすれば、ここにこそ、意図的な〝誤訳〟という歪曲が存在したと言えなくもない。なぜなら、「大東亜戦争」を自動的に「太平洋戦争」とする見方は、この戦争が、「支那事変」、つまり対中国の戦争を入口としたという事実から、すっかり目をそらさせてしまうからである。

鶴見による「言葉のお守り的使用法について」という論文は、最初、こんな着想から書かれた。

――日本の軍隊では、部下を殴るとき、頭のてっぺんから声を出し、「畏れ多くも皇道の道に則り……」とか、「上御《かみご》一人《いちにん》の御心に添うことこそ……」と、決まり文句の演説を長々と続けてから、バチン！　とやった。その演説を聞きながら、鶴見自身は、「これは独特のシンタクティクス（統語論）だな」「こういうペップ・トーク（はっぱ）をどう分析したらいいのだろうか」と、カルナップらに学んできた分析手法を通して、皮肉な思いを抱いていた。だが、こうした語法は、いまや戦後の社会にも引き継がれ、「民主」「自由」「平和」といった言葉までもが、やはり「お守り的」なマジナイ言葉に使われている……。――

もとはと言えば、この論文の原形となった文章は一九四五年秋、「朝日新聞」に投書したが、没にされた。そして、「言葉のお守り的使用法について」を「思想の科学」創刊号に発表すると、すぐ「日本読書新聞」に、この「鶴見祐輔」の論文は陳腐な内容であって、「今後に期待したい」などという批評が出る。匿名評者は、ここで新しく紹介しているカルナップ、オグデン、リチャーズらの分析形式をいっさい無視して、しかも、明治生まれの老作家・鶴見祐輔によるものと取り違えている。だが、それで通っていくのが、この社会の批評の水準でもあるのだった。

「思想の科学」創刊号のラインナップで、もう一つ、特徴をなしているのは、欧米での思潮を原著の書評として紹介する「ほんのうわさ」という連載枠である。ここでは、『有閑階級の理論』の著者ヴェブレンによる平和論（*An Inquiry into the Nature of Peace and the Terms of its Perpetuation*, 1917.）と、カトリックの立場に立つフランスのマリタンによる近作の一連のデモクラシー論が、ともに批判的なスタンスから短評されている。

創刊メンバーの七人は、最年少の鶴見俊輔（二三歳）から最年長の渡辺慧（三五歳）まで、当時としては、大半が、まだ世に出ぬ若手研究者に過ぎない。だが、先に触れたジェイガー「生まれたままの人の哲学」をさっそく訳載するなど、誌面構成には、この新時代にあっても、地に足をつけたところでものを考えていきたい、といった構えがうかがえる。

雑誌巻頭に、「創刊の趣旨」を掲げている。

《1　本誌は、思索と実践の各分野に、論理実験的方法を採り入れる事を、主なる目標とし、之に伴ふ方法論的諸問題を検討したい。
2　本誌は、上記と同様の方向に動く世界の思潮を、わが国に移入することに専念し、先づその出発点として、英米思想の紹介に尽力する。
3　本誌は、外国思想の紹介を行ふに際し単なる解説に終らぬやう注意し、これらに対して、批評的態度を維持したい。又更に進んで、これら外国思想が、日本社会の分析及批判の具として、如何に使用され得るかをも考へて見たい。
4　本誌は、読者よりの寄稿批評と、これに対する執筆者の応答との為の欄を設ける。かくして、読者と執筆者との活潑なる論議に依り、本誌の代表する思想が、漸次敷衍され進化して行くことを希望する。》

自分の主張に「根拠」を挙げること。それをここでは「論理実験的方法」と述べている。

鶴見が米国で直接に教えを受けたカルナップらにならえば「論理実証的」とでもするべきところだが、その影響の外にある武谷、丸山、渡辺らの立場に配慮して、ヴィルフレド・パレート（イタリアの社会学・経済学者）による論理実験的（logico-experimental）という語を用いることにしたのだという。

また、この雑誌の運営方針上の特徴をなすのが「4」の項目で、読者からの「寄稿」を重んじ、彼らのなかにさらなる「執筆者」をも見いだしていこうとする編集姿勢を取っている。この方針は、同時期に創刊された雑誌「近代文学」が同人制をとっていたのと、対照をなしている（同誌の創立同人は、山室静・平野謙・本多秋五・埴谷雄高・荒正人・佐々木基一・小田切秀雄の七人で、創刊時の年齢がおおむね三〇〜四〇歳と、「思想の科学」の創立メンバーに較べてやや高く、全員が社会人としてなんらかの勤労経験を持っていた）。つまり、「近代文学」は、自分たちの書く場所を求めて創刊された雑誌だった。それに対して、「思想の科学」では、自分たちが書く、というだけではなく、むしろ、自覚的に編集者にまわることで機能させるエディターシップの働きが強く意識されている。これによって、絶えず外部に議論を開いて、まだ見ぬ発言者の参加を促し、多元主義にもとづく討議の広場の成長をめざそうとする姿勢である。こうした構想には、米国時代の鶴見が身近に接したカルナップらの雑誌「エルケントニス」、また、カルナップ、チャールズ・W・モリス、ノイラートらによる「統一科学百科全書」の編集活動など、いわば〝知的生産としての編集〟を思わせる運動からの影響もあるのではないか。

鶴見俊輔の場合は、ジャーナリスティックな作家でもある父・祐輔の影響もあってか、小学生のころから、回覧雑誌の編集に熱中した（そのライバルとして、中央公論社社長・嶋中雄作の息子で、親友の嶋中鵬二が同級にいた。〔嶋中鵬二「川島次郎先生が担任した風変りなクラス」〕）。また、武谷三男は、京都で発行された反ファシズムの雑誌「世界文化」（一九三五〜三七年）に参加した経験があった。この雑誌は、武谷にとって中間子理論などの共同研究者となる湯川秀樹、坂田昌一らからの応援も受けていた（武谷三男「素粒子論グループの形成」）。丸山眞男も、父親が著名な新聞記者の丸山幹治で、その年長の親しい友人に長谷川如是閑がいた。つまり、「思想の科学」に集う面々は、総じて若年ながら、こうした都市文化のただなかで育っており、メディアの編集という行為に意識的だった。

「思想の科学」創刊号ができあがると、鶴見俊輔は有楽町駅と新橋駅の鉄道弘済会売店まで百部ずつ自分で運んで、納品した。うれしかったに違いない。一方で、装丁家としても著名な恩地孝四郎をわずらわせたとはいえ、表紙デザインの出来ばえには、満足できない気持ちもあったらしい。

有楽町駅で、このうちの一冊を購入した市井三郎（一九二二年生まれ）は、前年秋に大阪帝国大学理学部化学科を繰り上げ卒業して上京、GHQの科学論文翻訳官として勤めていた。市井は、たちどころに「思想の科学」創刊号をすべて読み終え、編集部に感想の手紙をつづった。そして、封筒に宛名書きをするところで、発行所が近いことに気づいて、市政会館七階の塔屋にある編集部まで、その手紙を直接に持参した。夕刻六時ごろのことで、鶴見俊輔一人だけが部屋に残っていて、二人は言葉を交わす。ほどなく市井は、この部屋で開かれる会合などにも加わるようになった（鶴見俊輔「哲学者市井三郎の冒険」）。論理学者の石本新は、ここで市井と顔を合わせて、低い声で自己紹介を受けたとき、彼が国民服姿だったことを覚えている（石本新「市民の論理学者市井三郎氏の想い出」）。翌四七年六月刊の「思想の科学」第四号に、市井は、ジョゼフ・ニーダムによる長文の新論文「科学と社会変化」とカルナップの最新の小論「理論と予測」への書評を寄せ、読者の側から、この雑誌の書き手に加わる最初の人となる。そして、書き手から、やがて作り手（編集）にも加わる。

立ち返って、雑誌創刊からまもない、また別の夕刻。鶴見俊輔は、手帖を見て、すでに約束から数時間遅れていることに気づいた。この日の午後、「思想の科学」の創立メンバーに加わることに承諾をもらいながら、まだ面識がない渡辺慧を訪ねることになっていた。もういないかもしれないと思いながら、約束の東京工業大学の稲村耕雄《やすお》（無機化学者）研究室へと、すでに日の暮れた道を急いだ。

東工大の建物の廊下は暗かったが、稲村研究室を探しあててドアを開けると、その部屋は明るく、活気ある議論が続いている様子で、部屋のあるじの稲村をはじめ、宮城音弥、矢野健太郎（数学者）、佐藤輝夫（仏文学者）ら、鶴見よりひと回りあまり年かさの元フランス留学者の面々が、そこにいた。

「思想の科学」創刊号について、表紙デザインがよくないということが話題になり、ここにいる稲村さんに頼んだらどうかと、渡辺慧が言いだした。のちに『色彩論』（岩波新書）という著書を出す稲村は、すでに「技術文化」という雑誌の表紙デザインを担当しており、それを見て、鶴見はおもしろいと思ったので、その場で頼んだ。この年八月に出る「思想の科学」第二号から、表紙デザインは稲村によるものに変わり、毎号、異なる色のリボンに数字をあしらう、軽やかな意匠となった。大家への遠慮を知らず、そそくさと無名のデザイナーに乗り換える、若い雑誌らしい出発だった。

これからのち、市政会館七階の小さな事務所でときおり開く「思想の科学」の研究会に、渡辺慧は宮城音弥を伴って現われるようになり、報告後の議論をリードした。

論壇では、民主主義科学者協会（民科）などで共産党の領導が目につくようになっていた。だが、渡辺も宮城も、政治上の権威を笠に着た議論が嫌いで、渡辺はマルクスではなくバブーフに社会主義の源流を見る「フランスの社会主義の進化」を「思想の科学」誌上で連載しはじめ、やがて宮城は「封建的マルクス主義」などを書く。こうした傾向に、翌四七年にかかるころから共産党からの風当たりが強まり、当時は共産党員だった鶴見和子は、もう「民主主義科学」（民科の機関誌、のち

「社会科学」）という正統な雑誌ができたのだから、「思想の科学」は解散してはどうか、との意見を述べたりもした。だが、共産党に所属しないマルクス主義者として戦時下に二度の検挙歴がある武谷三男は、「共産党は『近代主義』と言って批判しているが、プラグマティズムくらい消化できないマルクス主義では意味がない」という考えを編集会議で表明し、その場の議論を収めた。こうした議論が初期「思想の科学」のにぎわいを作った。（鶴見俊輔「はじまりの思い出」、同『「思想の科学」六十年を振り返って」）

羽仁五郎（一九〇一年生まれ）に原稿を書いてもらいたいと思い、東京郊外の田無にある彼の自宅を鶴見俊輔が初めて訪ねたのも、このころだった。引き受けてもらえてほっとしたが、当時、郊外は交通の便が悪く、もう最終の電車に間に合わないから泊まっていけ、と言われた。だが、編集者としては、せっかく原稿を引き受けてもらいながら、その家で泊めてもらうようでは原稿執筆の約束まで帳消しになってしまう気がして、振り切って、その家を出た。田無町駅（現在の西武池袋線・ひばりヶ丘駅）で、ちょうど滑り込んできた電車に飛び乗ると、それは回送電車で、飯能まで走って、車庫に入ってしまった。原稿はもらえそうだという喜びをかみしめながら、朝が来るまで、車庫の車両のなかで過ごした。（鶴見俊輔「羽仁五郎——一九三〇年代という舞台」）

第二節　軽井沢

軽井沢は、思い出の多い土地だった。

戦前の少年時代、ここには競馬場もあった。尾崎咢堂《がくどう》（行雄）の別荘が近所にあり、俊輔よりひと回りばかり年長の次女・品江と三女・雪香は、混血の美貌をもって知られていた。彼女らは乗馬が得意で、その助言を受けたりしながら、姉・和子と俊輔も馬に乗った。馬は、貸し馬屋から時間ぎめで借りるのだが、俊輔は馬を返したあとも、業者といっしょに馬の体を水場で洗わせてもらうのが好きだった。馬の匂いが手のひらから消えてしまうのが惜しく、その日のうちは、母親から小言を言われても、食事の前にも手を洗おうとしなかった。競技大会で上位に入って賞牌を受けたこともある。

林のなかの別荘地は、もとは後藤新平の別荘だったところを遺贈されたものである。だから、敷地は、ともに親族として遺贈を受けた後藤一蔵一家、佐野彪太《とらた》一家の敷地と隣接している。それらの家にいる年の近いいとこたちといっしょに馬に乗ることも多かった。

戦争が終わって、いまは二三歳の鶴見俊輔が、ここで一人で過ごしていると、ある日、前田多門の妻・房子夫人から電話があった。父・祐輔と前田多門は、一高弁論部時代以来の親友で、しかも後藤新平の東京市長時代に永田秀次郎と前田多門が助役を務めるなど、官吏の道に進んでからも互いに近しい場所にいた。その上、母・愛子と房子夫人も仲が良かった。日米開戦に先立つ時期、祐輔が熱心に取り組むニューヨークの日本情報図書館の構想(のちの日本文化会館)は、不幸にも、外務省に担がれた前田多門に館長職を出し抜かれたかたちに終わるが、だからといって、彼らのあいだの多年の友情までもが、すべて失われたわけではない。

前田房子からの電話は、いま自分も一人で軽井沢に来ているから、夕食に来なさい、という用件だった。前田家の別荘は、同じ軽井沢でも沓掛(現在の中軽井沢)寄りである。俊輔が過ごしている離山《はなれやま》南麓の山荘からだと、歩いて二〇分ばかりかかるだろう。

房子夫人は、軽井沢から碓氷峠を越えた、群馬県富岡が郷里である。招かれた時間に訪ねていくと、彼女は、娘時代に自分が富岡から東京に出たとき、いかに俊輔の母・愛子から助けられたか、という話をした。そのことを俊輔にも伝えておきたい、という様子だった。

さらに話は、前田夫妻の長女・美恵子のことに及んだ。

この軽井沢の家は、娘の美恵子が二〇歳を過ぎたばかりで結核を病み、療養生活を送った場所でもあった。母親の房子は、ここでの隣家、野村胡堂家の長男・一彦が二一歳で結核のため病没したのち、その日記帖を美恵子が借りてきて読んだために感染したのだ、と言った。むろん、医学的に、そんなことはありえない。母親の房子は、若い二人が強く思慕しあっていたのを承知しており、さらには、この交際に強く反対したのも彼女自身なのだった（太田雄三『喪失からの出発——神谷美恵子のこと』）。むしろ、そうした経緯への慚愧の思いが、無理な話を房子に作らせていたのかもわからない。（鶴見俊輔「神谷美恵子管見」）

ともあれ、この日、なぜ前田房子は、鶴見俊輔という親しい青年（彼は、前田美恵子より八つ若い）を招いて、わざわざこんな話をしたくなったか？　前後の状況から見れば、娘の美恵子には、ひとつの縁談が進んでいたことがわかる。

心を通わせた野村一彦の病没のあと、前田美恵子の心中には、将来について一つの望みが生じていた。みずから医師となり、らい療養所（ハンセン病療養施設）の医療に尽くしたいということだった。だが、これは、父親である前田多門からの強固な反対にあっている。

美恵子は、ハンセン病医療に従事する希望をいったん封印する。そして、ニューヨークの日本文化会館館長に赴任する父・前田多門とともに、一家で渡米し（一九三八年秋）、ブリンマー大学大学院で古代ギリシア文学を学んだのち、さらにコロンビア大学理学部・医学進学コースに転じる。

前田多門一家がニューヨークでの赴任生活を始めたころ、鶴見俊輔は、すでにマサチューセッツ州コンコードのミドルセックス・スクールに身を置き、英語の習得に苦しみながらも、大学進学への準備に入っていた。

そのときにも、前田多門一家から招かれ、ニューヨークへ出向いたことがある。夕食までまだ時間があるので、外を散歩しようと美恵子から誘われた。当時、彼女は二四歳、俊輔は一六歳である。のちになっても、このときのことを彼はよく覚えている。

歩きながら、美恵子はヨハンナ・スピリの話をした。『アルプスの少女ハイジ』で知られる作家だが、父親の赴任先としてスイス生活も長かった彼女は、スピリがほかにも幅広い作品を持つことを俊輔に語った。また、もう一つの話題は、松田瓊子《けいこ》という少女小説家のことだった。彼女は小説家・野村胡堂の娘で、つまり、早世した野村一彦の妹なのである。一彦の没後、美恵子は、二歳年下の瓊子と、いっそう親しくなっていた。だが、この瓊子もすでに結核を患っており、一九四〇年、まだ二三歳で没する。——前田美恵子は、そうした話をするあいだも、八つ年下の俊輔を相手に、同じ目の高さで語る人だった。

やがて美恵子の縁談相手として浮上することになる神谷宣郎（一九一三年生まれ）とも、前田一家はニューヨーク赴任中に知り合った。

戦前、神谷宣郎は、細胞生理学の研究を志して、もとはドイツに留学していた。だが、一九三九年の夏の終わり、いよいよ第二次欧州大戦が不可避の雲行きで、ほかの留学生らとともに、引揚船に指定された靖国丸で余儀なく帰国することになるのだった。船は、ドイツのハンブルクを出港、ノルウェイのベルゲン港に寄港したあと、大西洋を渡って米国ニューヨーク港を経由し、さらにそこから日本に向かうことになっていた。ここには、朝永振一郎、湯川秀樹も乗っている。朝永は、ドイツのライプチヒ大学での留学生活を打ち切って、やむなく帰国する。湯川の場合は、ヨーロッパの学会に出るために靖国丸でドイツまで出向いたときに、第二次大戦開戦が確実の情勢となり、自分が乗ってきたその船が、急遽、引揚船に仕立てられることになった。だから、学会での発表もしないまま、再度、この船に乗っている。そして、彼らは、九月一日、途中のベルゲン港での碇泊中に、ドイツ軍のポーランド侵攻、つまり第二次大戦開戦の報に接する。（神谷宣郎『細胞の不思議――探究の後をふりかえって』、鶴見俊輔・加藤典洋・黒川創『日米交換船』）

だが、神谷宣郎の場合は、学業なかばで帰国しなければならないことにどうしても諦めがつかず、船がニューヨークに寄港したとき、大胆にも、そこで彼は下船してしまう。船がベルゲン港に碇泊しているあいだに、米国領事館に出向いて短期上陸ができるトランジット・ヴィザを取得し、ノルウェイ語で書かれた英会話の本などを買い込んでいた。

米国で上陸しても頼れる人はおらず、紹介状もなかった。ただ、フィラデルフィアにザイフリッツという高名な原形質学者がいることだけは知っていた。ニューヨークに向かう船中で、神谷はザイフリッツ教授に宛ててドイツ語で長文の手紙をしたため、前後の事情を詳しく述べて、先生のところでしばらく勉強させてもらえないかと書いた。ニューヨークで上陸後、すぐにこの手紙を投函した。

ニューヨークで下船した翌日（一九三九年九月一五日）、神谷宣郎は、ともかくも日本文化会館に出向いてみた。館長の前田多門は、彼の話を聞いた上で、すぐにザイフリッツ教授に長距離電話をかけて、面会の約束まで取りつけてくれた。神谷はただちにフィラデルフィアへと出向いて、現地のペンシルヴェニア大学で教授への面会を求めたところ、取り次ぎに現われたのは、思いがけなく日本人の若い女性だった。彼女は、浦口真左という名の学生で、ザイフリッツ教授のもとで植物学をまなんでおり、前田多門の娘・美恵子の親友でもあるということだった。

結局、こうした経緯をたどって、これからさらに三年、神谷宣郎はペンシルヴェニア大学での研究生活を続けることができた。彼が、粘菌という、植物でも動物でもない風変わりな生物に専門領域を向けたのは、ここでの研究によっている。

日米開戦後の一九四二年六月、ついに交換船に乗り込んで、彼も日本へと帰国する。同船で、野村・来栖両大使らと並び、最上等の船室を使っていたのは、日本文化会館館長の前田多門だった。家族たちは開戦前に日本に帰国して、単身での乗船である。一方、留学生の神谷宣郎は、最下層の「第六階級」として船底近くの相部屋があてがわれ、そこで、ほかの留学生たち、角谷静夫、都留重人、鶴見和子・俊輔姉弟、武田清子らと知り合う。乗船にあたって、神谷は、粘菌を乾かしたスクレロチウム（菌核）をたくさん携えていたのだが、検査官がこれは何かと訊くので、正直に粘菌の説明をし、すべて容赦なく没収されてしまった。そのことで、ひどく落胆していた様子が鶴見俊輔らに目撃されている。（『日米交換船』）

こうした次第で、神谷宣郎という瘦身長軀で温厚な青年研究者のことは、前田多門一家にとって、かつての米国滞在中から相知るところではあったのだが、彼を娘・美恵子の縁談相手としてはどうかと、最近になって思いついたのも、また母・房子であったらしい。幸い、この縁談は、どうやら成就しそうな運びとなっている。美恵子も三〇歳を過ぎ、当時としては、すでにかなりの晩婚とみなされる年齢だった。前田房子は、安堵とともに心許すところがあって、かねて家族ぐるみで親しい鶴見俊輔を相手に、こうした過去の四方山話を持ち出す心持ちにもなったのではないか。

夫の前田多門は、敗戦直後の東久邇宮稔彦王内閣に続き、幣原喜重郎内閣でも文部大臣をつとめていた。だが、鶴見祐輔と同じ一九四六年（昭和二一）一月、公職追放者に指定されて、その職を去る。軽井沢での前田房子と鶴見俊輔の会食は、ちょうど、そうした時期のことだったはずである。

また、これに続く時期の軽井沢では、別の偶然もあった。

一九四六年五月なかば過ぎ。つまり、同月一五日に「思想の科学」創刊号が刊行されて、直後の時期である。

この日も、鶴見俊輔は軽井沢の離山近くの家で、一人で過ごしていたところに電話が鳴った。旧道近くで診療所を開く、サンダースという名のリトアニア人の中年の医者からだった。戦時中には、血栓を患う母・愛子のかかりつけの医師として、毎日、自転車で往診してくれていた人物である。

（鶴見俊輔『不逞老人』、内山章子『看取りの人生』）

「らいだと思うのだが、白系ロシア人（ロシア革命によって国外に流亡した旧体制派の住民）の少年がいる。県の医務官に来てもらって、説明したい。ついては、自分は日本語が不自由なので、英語で話すから、日本語に通訳してほしい」

医者の自宅を兼ねた診療所に着くと、すでに県の医務官と少年がいた。目の覚めるほど美しい少年だった。少年は、膝が硬くなっていた。麻痺がある。サンダース医師の説明を医務官は聞き、自分でも診察して、

「らいです」

と言った。短いやりとりのあと、少年は、群馬県草津の療養施設に移されることに決まった。

（鶴見俊輔「五十年・九十年・五千年」）

この時期、前田美恵子も、軽井沢の沓掛にある前田家の別荘に一人で滞在していたことが、残された日記によってわかる。同年七月には、神谷宣郎と結婚し、この家に新婚旅行で滞在する日取りとなっていた。そのときを控えて、「静寂の中に瞑想したい」「処女としての自分とゆっくり分かれ

を告げたい」などと思い立ってのことだったらしい。彼女がここに到着するのは、五月二四日である。

「ところが来て見て、はや古い自分は失われているのを発見した。N〔神谷宣郎〕の存在はこの孤独の明け暮れにも一時なりと私を離れない。そして書かねばならぬ原稿があるのに、今迄の大部分の時間を七月ここへ二人で新婚旅行に来る時の準備に費して過してしまった。きょうも朝から今(夕方五時)まで家の中の片付や掃除に過した。」(日記、一九四六年五月二七日。神谷美恵子『日記・書簡集』より)

このとき、二三歳の鶴見俊輔と、三二歳を迎えた前田美恵子は、同じ軽井沢に互いが滞在していることを知らず、それぞれの家で、このときを過ごしている。一週間の滞在ののちの帰京(五月三一日)を前に、さらに彼女は、このようにも記す。

「私はこれ以上独りであるべき人間でないこと、Nとの結婚は全く大きな恩恵である事をはっきりと見定めることが出来た。彼との結婚はchaos〔混沌〕なる私に秩序と統一とを与えてくれるだろう。それが私に一ばん必要な事だ。生命力の氾濫する私には制約が要る。たとえ身を刈り込まれる苦痛はあろうとも、すすんでいさぎよくこの制限を受けねばならぬ。」(日記、同年五月三〇日)

第三節　考えるための言葉

「思想の科学」の編集会議で、寄稿される論文の採否について、あるとき武谷三男が、こんな原則を提案した。

——編集メンバーには、論文掲載の提案権だけがあって、拒否権はない、ということにしようじゃないか。——

たとえば、編集メンバーの一人が、ある論文について、これはいいものだから掲載しよう、と提案する。それについて賛否の意見が分かれた場合、議論しあった結果、提案者が取り下げるのであれば、それでいい。けれども、一人だけでも論文の掲載を推しつづける者がいるのであれば、多数決で退けるのではなく、それは掲載するようにしよう。このところ、共産党主導が強い民科（民主主義科学者協会）あたりでの議論を見ていると、イデオロギーにとらわれて、拒否権ばかりが使われてしまう。そんなふうにやると、独創的な論文を登場させることができないから、ということだった。

（この原則の最初の適用ケースとなるのは、のちに武谷が推薦する三浦つとむ「弁証法は言語の謎をとく」〔『思想の科学』通巻一一号、一九四八年五月〕だったようだ。これについて武谷は語っている。「はじめ三浦氏は知り合いでないぼくに読んでくれと論文を送ってよこしたんです。読んでみたら庶民的だけど、なかなか面白い。ぼくはわざわざ訪ねて行ったんです。なかなか迫力のある男でしてね。」〔武谷三男「職能としての学問のために」〕

また、鶴見俊輔は言う。

「それ〔「弁証法は言語の謎をとく」〕を武谷三男が強く推したので、反対論はあったけれども、雑誌に出した。」〔「『思想の科学』六十年を振り返って」〕）

こうした柔軟な編集方針の創案には、戦時下の言論弾圧で二度にわたって逮捕、投獄された、武谷自身の経験にもとづく知恵もあった。一度目の逮捕は一九三八年（昭和一三）で、翌年に釈放。

二度目は戦争末期の四四年（昭和一九）だった。初回の検挙は雑誌「世界文化」に関わったことによる。だが、二度目はもう一切の言論の自由がない時期で、どうやら理化学研究所で原爆研究に携わる武谷の「技術論」のありかたが、マルクス主義的、とされたらしかった。

そんななかでも、研究者仲間は武谷への支援の対策を考えてくれた。とくに勇敢にその役割にあたったのが渡辺慧（当時・東京帝大第二工学部助教授）で、カーキ色の服に星の徽章が付いた軍属の帽子をかぶり、わざと芝居がかった態度で、勾留中の武谷が取調べを受けている特高室をしばしば訪ねてきた。そして、彼は、「軍事秘密の話があるから、特高の人たちはちょっと席をはずしてください」などと言う。渡辺慧の父は司法大臣などを務めた渡辺千冬（当時・故人）で、兄は大蔵省の革新官僚として鳴らす渡辺武だった。そうした現実的な効果も意識に置きつつ、彼は自由主義者としての信念を通した。（武谷三男『弁証法の諸問題――科学・技術・芸術論文集』、武谷三男『聞かれるままに』）

状況のなかで有効な判断を支える思想とは、拒否権のふるいにかけられ棒立ちになった所論ではなく、時に応じて各個人のなかにはたらく、多様性を帯びた独創に拠って培われるしかない。自身の経験に照らして、武谷には、そのように考えるところがあった。

彼には、こういう苦い記憶もある。

敗戦のとき、武谷の自宅には、京都人民戦線事件（「世界文化」などの検挙もその一部をなす）の関係者として獄死した京都帝大時代の親友、布施杜生《もりお》の妻・歳枝が身を寄せていた。戦争終結に布施歳枝は喜び、「獄中の同志を救い出しに行こう！」と大書したポスターを自分で作り、いまから新橋駅にこれを貼りに行く、と言った。武谷は、それを制止する。いまのようなときに、女性が一人でそんなことをしていたら、どんな仕打ちを受けるかわからない。だから、

「あなたがやらなくても、きっと誰かがやるだろう」

と言ったのだった。

だが、あとで思うと、あのとき誰も、やらなかった。ということは、自分は、歴史上ただ一つの行動を押しとどめてしまったことになるだろう——。月日が過ぎても、その悔いが消えない。

編集会議における拒否権の否定、という提案に、これら、武谷自身の数々の経験が結びついていた。（鶴見俊輔「武谷三男——完全無欠の国体観にひとり対する」）

鶴見俊輔が「ベイシック英語の背景」を「思想の科学」第二号に発表するのは、一九四六年八月。英国の言語学者チャールズ・ケイ・オグデンが、文芸批評家アイヴァー・リチャーズの協力を得ながら考案した、八五〇語から成る「ベイシック・イングリッシュ」についての解説である。旧かなづかいによる晦渋でぎこちない文体で書かれていた創刊号掲載の「言葉のお守り的使用法について」から一転し、「ベイシック英語の背景」は、現代かなづかいに近い表記法を用いて、平明な文体で書かれている。旧制中学を中途退学して渡米、あとは米国の大学で勉強したので、学術語はすべて英語で自分のなかに入っている。日本語の学術語を知らず、『岩波哲学辞典』で一語一語調べながら、「言葉のお守り的使用法について」を書いた（のちに著作集に収めるに際して、その文章は、全面的に、平明な文章に書き改められた）。前作を読みにくい文章で書いてしまったという反省に立ち、すぐ後に記す文章がこれだけ変わるということに、二〇代前半という若さゆえの吸収力の豊かさがうかがえる。

——バベルの塔の伝説そのままに、現代の世界で話されている言語は「一五〇〇種」に及ぶと言われる。この違いを越えて、互いに言葉の意味をやりとりできれば便利なのだが、普通に言われている「翻訳」が、両語の意味を正確に伝え合っているという保証はない。では、「意味」とはなにか？ そういったことから説き起こしていくベイシック・イングリッシュの意味論的な解説である。この試みは、単に読み書きの簡易化ということではなく、むしろ、言葉の意味をいかに明瞭なものとできるかに焦点があるのだと力説する。

この点でも、「ベイシック英語の背景」は、前号での「言葉のお守り的使用法について」の問題意識を受け継いで、その先へ議論を進めようとするものとして、書かれている。

鶴見俊輔は、『基礎日本語』（一九三三年）という著作を持つ英文学者・土居光知（一八八六年生まれ）に、「思想の科学」の創刊号と第二号を送る。当時、土居は、東北帝国大学教授（大学名が「東北大学」と改称されるのは、翌四七年）として仙台在住で、同校に助教授として家族連れで赴任している仏文学者・桑原武夫（一九〇四年生まれ）宅の二階に単身で寄宿する、という暮らしだった。自分の論文を土居に読んでもらいたいという気持ちとともに、この「思想の科学」で〈言語〉の特集を企画しているので、寄稿していただけないかという手紙をつけた。

しばらくすると、桑原武夫から、「思想の科学」編集部宛てに手紙が届いた。「この雑誌はとてもよい雑誌と思うので、一年分の購読料を同封します」と記されていた（『期待と回想』）。土居光知が、「ベイシック英語の背景」などを読んだ上で、桑原武夫にも推奨してくれたようだった。

土居光知に寄稿を求めた論考は、「思想の科学」通巻五号（一九四七年一〇月）に、「基礎日本語と小学校の教育」という表題で掲載されている。——戦前に土居が著した『基礎日本語』は、むろんオグデンらのベイシック・イングリッシュに触発されてなされた仕事で、一千語の日本語を選んで編まれている。朝鮮・台湾、さらに満洲といった植民地で現地人子弟への日本語教育法の如何が議論されている時代であり、彼らと直接に会話ができるようになる上での一助ともなれば、ということも、この試みの目的の一つであると、土居は『基礎日本語』の「端書き」で述べる。さらには、煩雑な漢字使用の負担軽減も、基礎日本語の目的の一つなので、これについてはローマ字表記を採用するのも一案であるとした。そのためにも、同音で意味が違う語は避けて、聞いてわかる言葉づかいにしていかなくてはならない――。ただし、英語と日本語の構造上の違いは大きく、『基礎日本語』の編纂上の整理が、まだ実用への採用に耐える段階には至っていないことも明らかだった。著者である土居光知自身が、誰よりもそのことは自覚していた。

土居は、「思想の科学」に寄稿した「基礎日本語と小学校の教育」においても、「私は小学校では基礎日本語を特別の言葉としては教える必要はないと考えます」と述べている。基礎日本語に選ばれているのは「実際は知識語」であって、幼い子どもには難しい。それよりは、普段の授業のなかで、これらの語類が、自然に子どもたちのなかに入っていくのがよい、とする。そして、むしろ、「基礎語で書いた興味の深い本を読ますようにすれば」、一番利益が多いだろう、と述べている。「基礎日本語」の試みが、はっきりと物ごとをとらえて、考え、言い表して、互いに正確に了解できることに資するためのものだ、という考えは、オグデンたちと変わらない。そのための「準備と云いますと、基礎語の字引を作ること、次に世界歴史や経済、社会問題やその他時代の興味ある問題について基礎語で本を書くことです。……基礎語のために力を合せ働いて下さる方があることを願っています」。――この論文を、土居光知は、みずから選んだ「基礎日本語」の語彙だけで書いた。

土居光知も述べるように、この敗戦直後という時代は、「日本語を国民全体の国語にしようとする」気運が高じて、かな文字運動、ローマ字運動、漢字を制限する運動が、盛り上がった時期である。明治の開国当時の国家存亡の危機意識に満ちた時代から、漢字廃止、ローマ字やかな採用についての議論は、すでに八〇年間にわたって続いている（土岐善麿「国語国字問題の先覚者三人」、「思想の科学」第三号、一九四六年一一月）。日本政府さえ、一九四六年一一月、「現代かなづかい」と「当用漢字表」を告示して、明治初期以来最大の「国語」改革の事業へと踏み切った。

それを思うと、二一世紀に入って十数年が過ぎた現在は、明治維新以来一五〇年の歴史のなかで、日本語改良にむけての社会の関心や意欲が、もっとも薄れた時代のようだ。なぜ、こうなったのか？　これを問うてみることには、とりあえず、意味があるように思える。

鶴見俊輔当人による言語表現のありかたは、「ベイシック英語の背景」を発表したあとも、ごく短期間のうちに、さらに大きく変わっていく。

「バートランド・ラッセル『西洋哲学史』合評」（「思想の科学」第三号）での鶴見俊輔による「まえがき」は、全文、かな文字で書かれる。

《これまでのテツガクシは、テツガクシャのケッテンをそのままうけついだものだ。だから、テツガクシャのよくないところをかぞえあげてみたら、それらはテツガクシにもあてはまる。たとえばテツガクシャは、ナンニンかのトクベツすぐれたひとをのぞいては、からだをうごかすことがきらいだ。「こんなことをやってみたら　よかろう」などとゆうだけで、ジブンでそれをためしてみようとはせず、じっとしずかなところにすわったままホンばかり――しかもテツガクのホンばかり――よんでいる。だからこそ、このひとたちのかくテツガクシは、「このテツガクシャがこういった、あのテツガクシャがああいった」とゆうことをならべただけのものになるので、これらのテツガクセツとそれをうみだしたシャカイ-ジジョウとの　つながりぐあいをもセツメイするところまで　ゆかないのだ。しかし、ひとびとのしゃべることのイミは、これがどんなフウにそのひとのお

こないと　むすびついているかをしり、さらに　そのときのシャカイ-ジジョウと　どんなフウにむすびついているかをしらべなくては、はつきりわからないものだ。むかしのテツガクシャのいつたことばかりをよんで　そのケンキュウばかりをしていても、そのイミはわからない。そのテツガクをジッコウした　テツガクシャのコウドウと、そのテツガクをうみだしたレキシ-ジジョウとをはつきりとらえぬうちは、そのテツガクのイミは　わからないのである。》

といった具合。こんな文字づかいで、プラグマティックな哲学観が披露される。

さらに、鶴見俊輔「モリスの記号論体系」（「思想の科学」通巻六号、一九四七年一一月）では、表音式表記を徹底した書き方がなされる。

書き出しを見るなら、

「『言語が、ものお考えるための道具としてどのよおに働くか？』これわだいじな問題である。」

――といった書法である。

彼は、この書法で押し通すようになり、およそ占領期のあいだは、これを続ける。鶴見俊輔にとって最初の大著となる『アメリカ哲学』（一九五〇年、世界評論社）には、「プラグマティズムおどお解釈し発展させるか」との副題がある。収録論文も、雑誌初出時はそうではなかったものまで、すべて、この表記法に改められて、統一されている。つまり、この時期の鶴見俊輔にとっては、徹底した表音式にもとづく表記法をつらぬくことが、自身の思想的態度の実験（実践）だったということだろう。

一方で、同じ時期、「思想の科学」の寄稿者たちには、旧かなづかいの人も、現代かなづかいの人もいる。それぞれの筆者にこれは任せて、誌面に多様な表記法が混在して、にぎやかだった。

一九四七年(昭和二二)に入るころ、「ひとびとの哲学」という長期的な主題を設定し、鶴見俊輔が中心になり、質問紙を設計した。哲学は、知識人が占有するものではなく、普通のひとびと、一人ひとりが生きる上で、なんらかの哲学に立っている。実地の調査を通して、そのありかたを取り出すには、どんな統計的な手立てがありうるだろうか。調査票を携え、さまざまな分野で活動する老若男女に、自分たちで聞き取りをはじめた。すると、人が自分の経験に立って話す内容には、調査票の質問項目からはみ出す部分が出てくる。しかも、そういう部分こそが、より深く鮮明に、その人の「哲学」を映し出しているようにも感じられる。

つまり、ここに、一人ひとりの「伝記」という方法が兆しはじめる。「ひとびとの哲学」という主題の発見と、それを取り出す「伝記」という方法は、互いに通底している。民俗学者の柳田國男は、この道を歩む先人でもあった。米国渡りのプラグマティズムや論理実証主義を仲立ちに、人間の精神の営みを探りはじめた「思想の科学」は、ここで日本の伝統のなかに自生する、また別のプラグマティズムの回路に出会う。

いとこの鶴見良行と連れ立って、戦災孤児、街娼、浮浪者たちでごった返す上野駅の地下道に出かけて、対面で質問して調査を行なったりもした。そのさいも、質問紙にもとづきながら、「この世は本当にあると思うか」「あなたが死んでも、空は青いか」といったことを訊いている。(研究部〔鶴見俊輔〕「ひとびとの哲学についての中間報告(一)」、研究部〔鶴見俊輔・鶴見良行〕「ひとびとの哲学についての中間報告(二)」)

「心の山河」という短い一文を、当時、鶴見俊輔は書いている。

——深夜、上野発の夜行列車に乗ろうとしたが、人が溢れて乗れない。やむなく、朝の列車を待って、夜を明かす。駅の地下道は、戦災で行き場を失った孤児たち、物もらいする母子、「ぱんぱん」と呼ばれる娼婦らで、混雑している。「ぱんぱん」たちはつかみあいの喧嘩なども始めるが、そのなかの若い一人に気持ちを引かれて、ずっと見ていた。すると、彼女はこちらに向き直って、罵りを浴びせる。

「あれあれ、あの男、やだねえ。さつきから人の顔ばつかりじろじろ見てるよ。何だい。物ほしそうな顔をして。いけすかない」——

この一文は〝山上行夫〟という筆名を使って、「文藝春秋」一九四七年一二月号に掲載された。その冒頭、「十時四十五分の米原行の夜汽車で帰る事にした」と記され、この列車が超満員で乗れない、ということになる。「帰る」先がどこなのかは、明記されない。

列車が「米原行」とされているので、熱海の家に東海道線で戻るところなのかな、とも、受け取れる。だが、出発地が上野駅とされているのが、ちょっとおかしい。当時の時刻表で該当する列車を探すと、たしかに、上野駅を夜一〇時四五分に出発する夜行列車はある。ただし、それは、高崎線から信越線に入って軽井沢を経て、日本海側の直江津まで至り、さらに北陸線を西に向かって走りつづけて、敦賀経由で、米原駅到着が翌日の夜八時五〇分、という実に長大な行程を走りつづける列車なのである。つまり、鶴見は「思想の科学」の東京での用事を終えると、この列車に飛び乗り、明け方近い午前四時前、軽井沢駅のホームに降り立つ、という旅程での行動を繰り返していたのだろう。

さらに勘ぐれば、〝山上行夫〟というペンネームは、軽井沢の〝離山近くの山荘に帰っていく男〟という意味なのではないだろうか？　それでいて、「軽井沢」という良家の子息を連想させる地名を挙げることは、避けたい——そういう、当時の彼のいささか窮屈そうな内心を、連想させられたりもするのである。

この一九四七年には、市政会館七階の「思想の科学」編集部の部屋などに常連執筆者らの顔ぶれが集まって、講師を招いて研究会を開くようになった。次第に定例化していき、誌面でも、これを『思想の科学』第〇回研究会」というように告知している。のちに一九四九年(昭和二四)七月、社団法人「思想の科学研究会」が発足するが、この名称自体は、それよりやや早く、こんなふうに使われはじめていたようだ。

四七年一〇月から一一月にかけて、「コミュニケイション講座」を計一〇回、毎日新聞社講堂で開いた(主催・「思想の科学」、後援・毎日新聞社、逓信省)。日本で〝コミュニケイション〟という語を前面に掲げた、きわめて早い時期の催しである。この時期の「思想の科学」の編集長をつとめる井口一郎が、毎日新聞社の学芸部長・城戸又一を訪ねて、コミュニケイション講座を開くために講堂を無料で貸してほしいと頼むと、城戸は「コミュニケイションとはどういうことか」と尋ね、説明を聞いた上で、援助を約束した。さらに井口は、逓信省に旧友の次官を訪ね、「君のところはデパートメント・オブ・コミュニケイション省なのだから、日本で最初のコミュニケイション研究の講座をひらくために力をかす義務がある」と、かなり強引な掛けあいかたをして、定期聴講者の切符を引き受けてもらった(「初期の『思想の科学』のこと」)。ともあれ、当時は、〝コミュニケイション〟にあたる適当な日本語が見つからず、受講者を募るのにも苦労した。通信手段に関する技術の講座だと伝わって、電気工事の関係者が会場におおぜい加わることもあったという。逓信省を「デパートメント・オブ・コミュニケイション省」と言いくるめて、聴講用の切符を押しつけたためではなかったか?

第一回は、渡辺慧の「開講の言葉」に続いて、講師・波多野完治が「コミュニケイション総論」を受け持ち、視覚芸術、電信機器から交通まで、壮大な見取り図を展開した(「思想の科学」通巻一

○号、一九四八年四月)。これに続いて、土岐善麿が詩歌、兼常清佐が音楽、鶴見祐輔が演説、山本嘉次郎が映画、宮城音弥が感情表現、柳田國男が常民の日常語、城戸幡太郎が教育、石黒修《よしみ》が国語改革運動、小林英夫が文体論を、講義として受け持った(鶴見和子「『戦後』の中の『思想の科学』」)。「思想の科学」の編集にあたる中核メンバーたちから見れば、概して年長世代にあたる顔ぶれである。ちなみに、この連続講座で、鶴見俊輔は、「文学」というテーマで太宰治に講義を頼みたいと考え、彼の三鷹の家を二度訪ねている(当時は、まだ個人宅に電話はそれほど普及していなかった)。だが、二度とも、当人が不在で会えなかったという(鶴見俊輔・橋川文三・吉本隆明「すぎゆく時代の群像」)。

この連続講座企画も、鶴見俊輔が言い出しっぺで計画されたものであったろう。まだ、テレビジョンさえ、日本の家庭や街頭に登場していない時代である(日本のテレビ放送開始は一九五三年)。彼は、こうした早い時期から、「マス・コミュニケイション」に着目する。

少しあとのことだが、鶴見俊輔は、一九四九年後半、羽仁五郎、長谷川如是閑、宮本顕治、高島善哉、久野収という言論界の諸先輩を向こうにまわし、「二十世紀思想の性格と展開」(「世界評論」一九五〇年一月号)という座談会で、こういうことを話す。だが、その場の年長の参加者たちには、まったくと言ってよいほど通じていない。この座談中、鶴見の発言は、これ一回きりである。

《**鶴見**　羽仁〔五郎〕先生のおっしゃった四つの二十世紀の特徴〔恐慌、戦争、革命、植民地解放〕、それと同列におくのはいけないかもしれませんが、僕はマス・コミュニケイション(大衆むけ伝達)も二十世紀の大きな特徴だと思います。近代的なマス・コミュニケイションの媒介体はラジオ、テレビジョン、映画そういったものですが、こういうものが二十世紀になって世界のあらゆる場所でつかわれ始めたということは、殊に二十世紀後半の人間の思想に大きな影響をもつと思います。二十世紀のマス・コミュニケイションには二つの面があると思います。同時に沢山の人々に同じ思想がつたわるという面。それから、音、色、文字などの併用によってつたわる面。つきつめて考えますと、だんだん人間が、シャム双生児に近づいてゆくものと考えられます。シャム双生児というのは、生れた時から背中がくっついていたり、手がくっついていたりしていて、いつも一緒に生活している双生児です。そうすると、相互の心持が、言語だけでなく、体温によってつたわるとか、それから血液がそのまま作用するとか、もっと進めば、お互いの神経が結びあわせたような状態に近くなることさえ考えられます。そういうコミュニケイション方式がさかんになると、いったい、抽象能力はどこにゆくか、ということが問題になります。

そうすると、文字（印刷された文字）の危機がくるのではないか。文字を人間が三千年、四千年使ってきたのですが、二十世紀の後半には文字の危機がくるのではないか。今まで思索生活においてわれわれは文字にたよりきってきた。ところが、その文字を使いこなす力が映画やテレビジョンによって減殺されてくる。すると、人々自身で徹底的に考えることは、とても困難になってくるのです。そうすると、二十世紀の特徴は、大衆の自発的思索をはばむ力として、マス・コミュニケイションが登場することになるのじゃないかと思うのです。

長谷川〔如是閑〕　マス・コミュニケイションというのはなにも新しい現象ではなく、原始社会からあったことで、ただその方法、手段がかわっただけでしょう。古代歌謡のようなものも一種のマス・コミュニケイションです。（後略）》

敗戦後の占領初期、かなりの数の米軍関係者たちが、鶴見俊輔らに接触を求めたことは確かである。

あるとき、エリック・リーバマンというハーヴァード時代の同級生が訪ねてきた。学生時代、彼は学年のトップクラスの成績を収めていた人物で、いまは海軍軍医として日本に来ていた。戦前の日本社会がファシズムに呑み込まれていく過程について知りたいとのことで、俊輔自身も転向研究の腹案を抱えていた時期なので、話し合うことがたびたびあった。彼自身はユダヤ人で、「米国はこれから全体主義になるだろう」との未来予測を持っていた。

また、あるときは、占領軍の民間情報教育局（CIE）が置かれた日比谷のNHK（現在の日比谷シティ）あたりで、それまで名前しか知らなかった文化人類学者クライド・クラックホーンに声をかけられ、立ち話をするうち、鞄から未発表の論文の草稿を取り出して、これを読んでくれと手渡された。（鶴見俊輔『思い出袋』）

さらに、たびたび接触してきたのは、CIEの言語関係の政策に関する担当者たちだった。最初は、人文地理学者として戦前から多くの来日経験があるロバート・ホール。次には、その後任の言語学者エイブラハム・ハルパーンだった。（J・マーシャル・アンガー『占領下日本の表記改革――忘れられたローマ字による教育実験』、中生勝美「戦時中のアメリカにおける対日戦略と日本研究――ミシガン大学ロバート・ホールを中心に」）

たとえば、「思想の科学」第二号（一九四六年八月）には、ジョン・デューイ「世界政府論」が訳出されている。訳者による「前記」（無署名だが、鶴見俊輔だろうと判断できる）が付されており、「この論文は“On membership in a World Society”と題する、最近のDewey著作である。司令部民間情報部の好意により供給された」と述べている。これは、ごく初期の担当者ロバート・ホールによる便宜を指すのではないかと思われる。

先にも述べたように、鶴見俊輔は、米国留学中、姉・和子らとともに、エリセーエフとライシャワーによる日本語教科書作りを手伝ったことがある。戦後、CIEのホールやハルパーンが自分たちに接触を求めてきたのは、そうした経歴を彼らがつかんでいたからではないかと、鶴見自身は推測している。（鶴見俊輔・上野千鶴子・小熊英二『戦争が遺したもの』）

（ちなみに、米国留学当時、鶴見らが編纂を手伝った日本語教科書 *Elementary Japanese for University Students* では、例文の一部が、植民地朝鮮の普通学校〔朝鮮人の子弟むけの初等学校〕の国語〔日本語〕読本から採られていたことは、すでに述べた通りである。ただし、当時の普通学校では、とくに低学年むけには、もっぱら表音式の表記法〔のちの現代かなづかいに近い〕が採用されていた。だが、*Elementary Japanese for University Students* に引用するさいには、そうした例文も、すべてが旧かなづかいに改められた。なぜなら、エリセーエフらは、自分たちの日本語教科書でまなぶ学生たちが、当時の日本社会で使われている一般的な日本語文〔旧かなづかい〕が、読みこなせるようになることを目指したからである。）

「きいてわかる学問言葉を作る会」という討論会が、十数人を集めて、内幸町にある幸ビルの会議室で開かれたのは、一九四八年（昭和二三）一月二〇日（討論会の記録は「思想の科学」通巻一五号、一九四八年一一月に掲載）。ここは、父・祐輔の事務所に使われてきた場所だが、この時期から「思想の科学」の発行元・先駆社の住所も同所に移る。

この集まりの計画立案は鶴見俊輔で、司会は前年の一九四七年春に米国から帰国して間もない社会心理学者の南博である。日米開戦時、米国コーネル大学大学院に留学中だった南は、交換船が出るさいにも、あえて乗ることを選ばず、博士号を取得後、さらに同校付属の行動研究所で講師をつとめたりしながら、戦後の四七年まで現地に残っていたのだった。

討論参加者は、小林英夫（言語学）、大久保忠利（言語学）、宮城音弥（精神病理学）、川島武宜（法社会学）といった面々で、さらに、占領軍のＣＩＥ在勤の言語学者エイブラハム・ハルパーンも加わっていた。

ハルパーンは、戦後日本の学校教育では、〝使って教える〟ローマ字教育の導入が好ましいという考えの持ち主だったが、「必要でない限り日本人に命令を下さない」という占領当局の自制的な方針を保とうとする人物でもあった。この討論会で、司会の南から、ローマ字使用に関する意見を求められたときにも、彼自身は控えめな見解しか述べていない。

《**ハルパーン**（司令部、言語学）　お話ししたいことはこれといつてありません。それは日本の学問用語をよく知らないからきようは聞いていた方がよいと思います。この前鶴見〔俊輔〕さんが私のところへ来たときの話では、ただ新しい用語を作る原則がないだろうかといつていたんですから、今は突然であまり考えがありませんが、ちよつと思つたことをいえばこの問題の一つは、ピュアリストと申しますか国語純化論者そういう人たちは重箱というような言葉は嫌いですけれども矢張りそういう言葉をつくると日本の新しい術語をつくる力は高まるのじやないかと思います。今の単語をみるとあゝいう言葉は割合に多いですからそれをみて私の言語意識は外人の言語意識ですけれども耳によく聞えます。もう一つは大和言葉だけ使うと長くなるのじやないかと思います。》

彼の存在は、これからのちも、目につきにくいところからだが、鶴見俊輔たちの行く手に影響を与える。

一九四八年九月の終わり、シカゴ大学のチャールズ・W・モリスが、鶴見俊輔との文通を通して、中国・インドに向かう途中で、日本に足かけ五日間だけ立ち寄ることになった。九月三〇日、思想の科学研究会に彼を招いて、二〇人あまりの顔ぶれで囲み、話を聞く集まりを持った（チャールズ・モリス「実験的人間学」、「思想の科学」通巻一七号、一九四九年三月）。

これに先立つ『人生の道』（一九四二年）という著書で、モリスは世界宗教とも言うべき視野を、多くの詩作とともに展開している。今度の来日に際しても、鈴木大拙と会わせてくれないか、という希望を鶴見俊輔に伝えていた。思想の科学研究会の集いの翌日、一〇月一日、モリスは鶴見に伴われて鎌倉の大拙を訪ねる。鶴見は、この両者のあいだで通訳も受け持った（鈴木大拙、C・モリス「思想における東洋と西洋」、鶴見俊輔『たまたま、この世界に生まれて』）。さらに、モリスは柳田國男も訪ねており、そこに案内したのも鶴見俊輔だったのではないかと思われる（チャールズ・W・モリス「アジアへの入口」）。

第四節　共同研究の経験

この時期、べつの転機も鶴見俊輔に生じていた。

一九四八年（昭和二三）のまだ春と呼べる季節のうちであっただろう。東北大学法文学部助教授としてフランス文学を教える桑原武夫から突然に連絡があり、東京にいる鶴見に会いに来た。そして、自分は近く、京都大学に戻って、人文科学研究所西洋部の主任教授となるので、助教授として来ないか、というのだった。先述した言語学者エイブラハム・ハルパーンは、占領軍のＣＩＥでは言語改革の担当官をつとめるのとともに、教育課の人文科学主任も担当しており、こうした大学制度の新設に影響力を発揮していたようである（『期待と回想』）。

桑原は、京都帝大の生え抜きでフランス文学の講師をつとめていたが、師弟関係にこじれが生じて、ここしばらくは東北大学に飛ばされた格好だった。やっと捲土重来がかなって、学内にしがらみのない鶴見俊輔という俊英を引き連れ、旧帝大にも及んだ戦後改革の気運を生かして、ひと仕事をしようとの意気込みがあった。

鶴見は、「給料はいくらですか？」と尋ねた。親元から経済的にも独立することが、切実な希望であったからだ。「思想の科学」の経営をなんとか支える必要もあった。

雑誌の経営状態は急速に悪化し、激烈なインフレのなか、手元の資金もほとんど尽きていた。それでも、事務を預かる清水三枝子、その妹の牧野和子らは、一心に力を尽くして働いてくれている。鶴見俊輔の妹・章子《あやこ》は、当時、兄が、雑誌運営について「もがくように苦しんでいた」のを覚えている。その様子が、恐いほどだった。

桑原は、鶴見の質問に対して、即座には答えられなかった。知らなかったからだ。――あとで、月給は六四〇〇円だとわかる。（鶴見俊輔「桑原武夫　人と学問について」、同「この四〇年」）

鶴見は、これを応諾する。

では、履歴書を書いてほしい、と言ってから、桑原は付け加えた。「大学、出ていなくてもいいよ」

鶴見は驚いた。この人は、日本で小学校卒業の学歴しかない自分を、それと承知の上で、助教授に引っぱろうとしていたのかと。

「出ていますよ」と鶴見が答えると、桑原は安心したらしく、にたっと笑った。

一つだけ、桑原は注文をつけた。米国で牢獄に入っていたことは書かないでほしい、ということだった。まだ米軍による占領下の時代である。詮索されると、厄介なことになりかねない。

だが、鶴見にとっては心が揺れることが、そこで生じる。わずか一週間遅れで、東京工業大学の宮城音弥が、うちの大学に助教授で来ないか、と声をかけてくれたのだった。

鶴見としては、ここで「思想の科学」を投げ出す気はない。大学からの誘いにほいほいと乗っかり、そんなことをすれば、自分はもう終りだ。今後も「思想の科学」を続けるためには、いま自分が京都に移るより、東京の大学にいるほうが、都合はよいに違いない。そう思い直して、桑原のもとに出向いて、お詫びを述べて、前言を取り消した。心臓に不整脈があることも理由に挙げた。

だが、桑原は策士で、鶴見が「師」とする都留重人に手をまわし、引き止めに出た。鶴見は都留から呼びつけられて、お叱りを受ける。「先約は重んじなければならない」と、都留からの説得があり、鶴見はそれに従う。（鶴見俊輔「都留重人、ただ一人の私の先生」）

桑原武夫は、京大人文科学研究所西洋部では来春（一九四九年）から共同研究を始める、と言っていた。最初のテーマは「ルソー研究」。共同研究の会合は、毎週金曜日の午後に行なう、ということも。そして、殺し文句のように、彼は付け加える。

――だから、研究会にさえ出席してくれれば、ほかの曜日は東京にいたってかまわない。――

一九四八年夏、人文研西洋部を新たな体制で発足させることに向けて、まとまった洋書を購入するための資金面での工面がついたので、購入図書の選定をいっしょにやろう、という連絡が、桑原武夫から鶴見俊輔にあった。桑原は、日比谷公園近くの幸ビル六階、つまり「思想の科学」の事務所に、わざわざ日曜日に合わせて出向いてきた。鶴見は、資料として、米国の新刊書の書評誌を持参した。すると、桑原はまず上着を脱ぎ、書評誌を次から次へと読んで、印を付けていく。その潑刺としたふるまいに、鶴見は驚いた。桑原は、一八歳年上の上司となる人である。軍隊など、これまで自分が身を置いた日本の組織では、すべての仕事がこちらに押しつけられてしまうのが、むしろ普通のことだった。ところが、この桑原武夫という人は、学問は対等だ、ということを、初めから気分で持っている。日本に米国から戻って以来、長く忘れていた、そういう人間関係の持ち方が、鶴見には鮮やかな印象を残した。（鶴見俊輔「個別にしっかり目をむけて」）

鶴見俊輔の最初の大著『アメリカ哲学』は、一九五〇年（昭和二五）一月、世界評論社から刊行される。ただし、内容は四八年（昭和二三）八月にすべてできあがっていた。真善美社から刊行の予定だったが、この版元がつぶれ、少し時間を要したのち、世界評論社からの刊行となったのだった。（まもなく、この版元もつぶれて、収録論文を少し減らして、『プラグマティズム』〔一九五五年〕との書名に改め河出文庫で再刊。ところがさらに河出書房もつぶれて、『プラグマティズム入門』〔一九五九年〕との書名に変えて、現代教養文庫で再々刊、という経緯をたどる。）

『アメリカ哲学』は、「本書の目的は、プラグマティズムの組み替え」（再刊版『プラグマティズム』の「まえがき」）であるという意気込みをもって書かれた。執筆は、敗戦直後から、先駆社版（第一次）「思想の科学」刊行期間へとわたる時期である。

――一八七〇年代初めごろ、米国マサチューセッツ州ケンブリッジの町で、互いの書斎を行き来しながら、腹が減ればオートミールでも搔き込んで、議論を続ける青年たちがいた。チャールズ・サンダース・パース、ウィリアム・ジェイムズ、オリヴァー・ウェンデル・ホウムズ（ジュニア）といった面々で、社会的には、まだ彼らはほとんど何者でもなかった。この自発的な討議の場を、彼らはいくらか自嘲的に「形而上学クラブ」とも呼んでいた。

マチガイ主義（fallibilism）とでも呼ぶべき考えが、パースにはある。われわれの知識は、マチガイを何度も重ねながら、マチガイの度合の少ない方向にむかって進む。だから、マチガイこそは、われわれの向上のために、最良の機会である。したがって、われわれが思索に際して仮説を選ぶ場合には、もしマチガイであれば最もやさしく論破できるような仮説を採用すべきだ。

信念とは、何か。

パースは、こう考える。

信念とは――それに従ってわれわれが行動（action, behavior）をなし得る用意のある考えである。

したがって、ぐらぐらした信念の場合には、それに従って行動する用意なし、ということになり、これを信念と呼ぶには値しない。そこで、ひとたび疑わしくなった信念は、すみやかに再建することを要する。

こうした哲学は、何のためにあるのか。少なくとも彼らは、これを、職業的な哲学者が講壇に立って語ることで暮らしむきを得るためのものとは考えていなかった。

たとえば、ホウムズの場合は、みずからが裁判官となる道を選び、判決文や、それに付随する少数意見を記す行為のなかに、自身の哲学上の信念を示すことで、社会の実相に働きかけていく。反対に、後続の世代にあたるG・H・ミードの場合は、自身の思索を深めて、それを大学の講義の場で語ることだけにほとんど専念し、主要な「著書」として知られているのは、没後に編集された幾種類かの講義録だけである。

プラグマティズムとは、かならずしも師弟関係を通して継承されていくものではない。互いに直接の影響関係がない場所にも、別種のプラグマティズムがそれぞれに育ちうる。

鶴見が『アメリカ哲学』で一章を割いて取りあげる、ウィスコンシン大学の哲学教授マックス・オットーは、東部の知識人の世界で知られた人ではない。パースの著作などからの影響も見られない。彼は、学歴などと無縁な普通の米国市民が抱く哲学について考えた。哲学の専門家とは、こうした人びとの哲学を、めざすべき方向にむかってさらに進めるように図ることを、自分の仕事とするものなのだと。

ただし、オットーの弱点の一つは、言葉の役割を大きく見積もりすぎていることから来ている、と鶴見は評する。話せばわかるという考えが、つねに底にある。これは、事実と照らして、現実に合っているとは言えない。この観点は、デューイに対する同様の批判的な留保とあわせて、鶴見自身によるプラグマティズムへの自己批評を形づくる。

さらに鶴見は、こうしたプラグマティズム諸家の列伝に加えて、これとの隣接領域に立つ、違ったタイプの哲人についても語る。唯美主義に立つサンタヤナ。また、非人間主義とでも言えそうな厭世・厭人観を携えたオルダス・ハクスリー。

だが、鶴見は、ここで両者を、プラグマティックな唯美主義、プラグマティックな非人間主義と、とらえ返すこともできる、と指摘する。プラグマティズムというものを考えるとき、もっとも重要になるのは、その周辺との交渉だ、と鶴見が述べる上で、この視野の転換は重要な鍵となる。

さらに、日本に自生したプラグマティズムの例として、都会的な大衆小説を書く佐々木邦の作品について、分析を加える。これによって、プラグマティズムの自生、という、本書をつらぬいてきた問題の根をさぐる。

そうやって鶴見は、最後に、本書の初心を確かめて記す。

「哲学お倒し、これお新しい哲学によつて置きかえる仕事わ、これからである。日本の社会に広く行われている哲学的思索法から何とかして離れる事ができるために、また日本だけでなく世界においてまだない新しい哲学お作る準備おするために、色々の場所から、哲学ぎらいの同志があらわれて来て、互いに誤りお正して哲学打倒の運動お有力なものとする事お望む。」

さらに、「あとがき」では、このように――。

「この本の考え方わ、都留重人氏の教えに負う所が多い。

僕が、これまで恵まれた条件で勉強することのできたのわ、父、母、姉のおかげである。」

一九四九年四月、満二六歳の鶴見俊輔が、京都大学の最年少の助教授として勤めはじめた職場は、本部構内の図書館の脇にある、赤レンガの建物に木造モルタルを付け足した、古い二階建ての研究所分館だった（『人文科学研究所五十年』）。西洋部は、木造モルタルのほうで、二階の行き止まりの二人部屋が、紀篤太郎助教授と鶴見の共同の研究室。隣が桑原武夫教授の部屋だった。

下宿したのは、中京区夷川柳馬場にある木造の商家二階、三畳の部屋である。家主は、七〇代の老女で、朝食と夕食の用意も頼んで、それから数年、この人と食事を共にした。初めての土地に一人暮らしする下宿人を気遣って、彼女は、盛り場の新京極にある寄席に案内してくれたりもした。漫才の実演を見るのは、これが初めてだった。それからは、自分ひとりでも通うようになり、やがて千本劇場という場末の寄席の空気に親しみを覚えた。日曜日などは昼から夜の終演まで、ずっと座っていることも一度ならずあった。（鶴見俊輔「下宿の思い出」、同『太夫才蔵伝――漫才をつらぬくもの』）

ただし、彼には、原稿が書けないときなど、部屋をやたらと歩きまわる癖があった。妹の章子が東京から訪ねてきたとき、階下の部屋で暮らす家主の老女は、「天井がみしみしきしんで、やかましゅうて寝られしまへん」と言ってこぼした。

京大人文研助教授として正式に辞令が出るまでには、厄介なこともいくらかあった。満二六歳という若さで、しかも、学内での師弟関係なども、いっさいない。教員からの抗議の申し入れが鳥養利三郎総長のもとにも届きはじめて、一度は鶴見の就任を承諾していた総長が、「この助教授だけは困る」と、人文研西洋部主任教授の桑原武夫に言いだした。桑原は、これに対して、また策を講ずる。

四八年秋のことである。米国からの人文科学顧問団を迎えて、関西地方合同の会議が京大で開かれる予定があった。顧問団一行は、米国の大学の五人の教授・助教授たちで、そのうち最年少のメンバーがエドウィン・O・ライシャワーである。これを迎える関西の大学からは、湯浅八郎（同志社総長）、末川博（立命館総長）、恒藤恭（大阪商科大学〔翌年から、新制の大阪市立大学〕学長）、瀧川幸辰（京都大学法学部長）といった顔ぶれだった。（鶴見俊輔「自由を守る姿勢を貫く」、土持ゲーリー法一「米国人文科学顧問団に関する一考察」）

ところが、当時は、英語を自由に話せる通訳の人材が、いない。そこで、桑原は、鶴見俊輔をあらかじめ京大人文研の研究員として採用するという手立てで、大学側の通訳としたのである。一九四八年一一月のことだった。（福家崇洋「戦後日本思想史の一齣」）

一方、文部省が、米国からの顧問団に付けた通訳は、ドイツ哲学の桑木務だった。彼は、ドイツ語は得意なのだが、英語は不得手で、ぺらぺらと話しているように聞こえるが、内容は意味不明のやり取りが続いた。英語と日本語がともにできるライシャワーが怒りだし、鶴見のところに寄ってきて、「きみ、両方やれ」と求めた。だが、「できません」と、鶴見は突っぱねる。会議はまともな討論もできないまま散会となったが、あとで鳥養総長が桑原のところに電話を寄越して、「あの通訳はいい」ということになり、鶴見の助教授任用も事なきを得る運びとなった。（『期待と回想』）

鶴見俊輔が京都に居を移すと、桑原武夫が、「面白いやつが理学部にいるから、呼んで話を聞いてみよう」と言い出し、梅棹忠夫（一九二〇年生まれ）に引き合わせた。地元育ちの梅棹は、戦時下のモンゴル調査を経て、戦後、中国から日本に帰国し、京大理学部の大学院に戻っていた。このとき、彼は屋久島の話をしたのだが、植物、動物、文化、産業……と、次々に話は広がり、しかもそこには技術力という観点が貫かれて、尽きることがない。また、水槽にたくさんのオタマジャクシを飼っていて、案内してくれた。群れるのか、そうでないのか、一定の時間ごとに観察記録を取っているのだということだった。（鶴見俊輔「『思想の科学』の原点をめぐって」）

それからまもなく、梅棹は、大阪市立大学の理工学部に新設される生物学科の助教授となるが、自宅は京都なので、変わらず京大理学部に近い進々堂という喫茶店で、コーヒー一杯の注文で何時間も話をすることが続いた。

梅棹は、中国からの帰国後、いまこそ日本はローマ字採用に踏み切るべきではないかと考え、日本ローマ字会に入会していた。京大近くに京都ローマ字会の事務所があり、そこでローマ字教育のための教科書作りにもかかわった。さらに京大で仲間をつのって京大ローマ字会を組織し、『SAIENSU』というローマ字書きの科学雑誌も刊行し、これは第三号で版元がつぶれて終わるまで、湯川秀樹ら多くの有力教授の後押しを得ていた。日本エスペラント学会にも入会し、エスペラント語で会話や講演もこなせるようになっていた。

研究室を訪ねると、午前中は出てこないということだった。梅棹が持ち込んだらしい英文タイプライターを使って、タイピストが彼の膨大なフィールドノートをローマ字書きでカードに打ち込んでいた。やがて、これらをもとに、彼は次つぎと著書や論文を書きはじめる。

また同じころ、武谷三男が関西に立ち寄って、彼の京都帝大理学部時代からの友人、朝山新一（このときは大阪市立大の動物学教授で、彼の講座の助教授が梅棹だった）が、武谷と鶴見を夕食に招いてくれた。その食卓で、嘘をついてはいけない、と子どもに教えることがいいかどうか、ということが話題となった。武谷は、「嘘をついてはいけない」という教育はよくない、それでは国家の下で人民が自分の身の安全を守れなくなる、との持論を述べた。一方、鶴見は、確かにそうだろうが、ただし、そのようにすれば自分に対する嘘も同時につくってしまうことになるので、これについてのけじめを自分のなかでつけることが難しくなる、と留保をつけた。

そこで、当夜のホスト役たる朝山新一が、

「おい、武谷、お前は自分の子に、嘘をついてもいいなどと教えるのか」

と半畳を入れた。すると、時と所をかまわず容赦のない議論をする性分の武谷は、

「こんなところで議論を続けるわけにはいかない」

と言い捨て、食卓を立って、外に出てしまった。やむなく、鶴見も、それに従い、外に出た。冷気を帯びる夜の道端に立ったまま、武谷は議論を続けた。

権力者の嘘は、実害が広く及ぶから、追及しなくてはならない。だが、権力を持たない者にとって、嘘はほとんどただ一つの身を守る方法であり、それを小学校教育で、国家が子どもから取り上げてしまうのは間違いだ——と、武谷は述べる。

それに対して鶴見は、——嘘は自分個人の内面におけるけじめを保つことが難しいだけではなく、集団内部で嘘をつくって何かを守ろうとしたときには、時とともにつながりが緩んで、嘘がほころび、かえって自分たちの利益を守ることが難しくなる——と主張して、どうにかいくらかの留保を

維持したのだった。

武谷の意見は、戦時下に思想犯として獄中に置かれた警戒心、また、親友の命まで国によって奪われた心中の痛みに立つものだとわかる。一方、鶴見の意見からは、このころ、すでに彼が「転向」研究へとつながる洞察を、当事者の心理に立ちながら深めていたことがうかがえる。集団内部での嘘がやがてはほころんでしまうという見解も、実例を心に置いてのものだったのだろう。(武谷三男「うそをついてはいけないか」、同「学問の自由と特高警察根性」、鶴見俊輔「私にとってのソクラテス」)

満四五歳になろうとしている桑原武夫は、みずから座長をつとめて出発させる京大人文研西洋部の共同研究の主題を「ルソー研究」に決めていた。研究会に使われるのは、例の赤レンガの建屋に木造モルタル造りを付けたした人文研分館、その木造部分の一階、十数人がなんとか入れるほどの部屋だった。(鶴見俊輔「宿直の一夜」)

事前に立てられた研究計画は、軍師たる桑原が集めた優秀な人材に支えられ、一見無謀とも映るほどの豊富な課題と敏速な日程で組まれている。二年後にまとめられる京都大学人文科学研究所報告『ルソー研究』(一九五一年六月、岩波書店)に付された編者・桑原武夫による「序言」から、その概要を知ることができる。

桑原は、ここで、「いま一つ、われわれの意図したことは、研究のスピード・アップということである」と、真正面から述べている。

「従来日本の人文科学界では『精緻の学風』ということが尊ばれてきた。学問研究があくまで着実にして精密でなければならぬこと、いうまでもないが、一方、そうした美名の下にややともすればリサーチ・ワーカーとしての自覚がうすらぎ、学的生産の速度が甚だしく下っていたことも遺憾ながら認めねばなるまい。そこで、われわれは共同することによって、いわば家内的手工業からマニュファクチュア的になることによって、生産意欲をあげ、生産のスピード・アップが可能となるかどうか、そのエクスペリメントをも試みたいと思ったのである。この研究も一ヵ年で完了したい予定をもって出発したのだが、整理を了えるまでに一年半を要した。」

桑原の整理に沿って、この共同研究の特色を述べておく。

1、人員構成

人文研西洋部の研究人員は、当初七人（桑原武夫・前川貞次郎・河野健二・紀篤太郎・鶴見俊輔・杉之原寿一・樋口謹一）。これではやや手薄と判断して、京大の以下五名に参加を要請した。文学部・大山定一、野田又夫、法学部・田畑茂二郎、経済学部・島恭彦、分校・生島遼一。その後、田畑、紀の両氏が病臥し、同志社大学法学部・恒藤武二の参加を得た。

また、新しい試みとして、京大大学院生数名を研究生として参加させた。

（大学院生からの選抜試験は、フランス語については桑原、英語を鶴見が受け持った。これによって多田道太郎〔一九二四年生まれ〕という人材を得たときのことを、鶴見は次のように記す。

――大学院生といっても、戦争をはさんで、外国語の読解力が衰えている者が多く、すぐに共同研究に加われる人材は見つけにくかった。英語で書かれたルソー伝の任意の一ページを開いて、日本語に訳させたのだが、多くの学生がとまどうなかで、一人だけすらすら読む者がいた。「私よりできますね」と鶴見が言うと、「アメリカ文学など読んでいますから」と突き放すように、彼は答えた。あとで桑原に一人だけよくできた学生がいたと話すと、即座に「多田だろう」と返ってきた。

〔鶴見俊輔「言語自在に風俗研究」〕）

1951年2月、京都大学本部構内、当時の人文科学研究所分館を背に。撮影・加固三郎。

2、研究会

毎週金曜午後の研究会は、計五九回開いた。毎回、全所員のほか研究参加の人びとも出席し、発表のあと、熱心な討論が長時間続いた。

(ちなみに、鶴見俊輔単独の発表がなされた研究会は計四回で、以下に日付けとテーマを挙げる。

・第一八回〔一九四九年一一月一八日〕『エミール』分析

・第二六回〔一九五〇年二月三日〕『孤独な散歩者の夢想』分析

・第三九回〔同年五月一九日〕 ルソーのコミュニケイション論

・第五五回〔同年一〇月四日〕 ルソーの教育論再考)

3、カードシステム

各研究者が作るさまざまな文献からの書き抜きは、一定のカードに記して、これを共有化しようと試みた。作成済みのカードは、すでに約五千枚に達していて、分類し、研究所に保管している。(先に触れた梅棹忠夫がローマ字書きでフィールドノートをタイプしたカード類や、この京大人文研「ルソー研究」のカードシステムのアイデアが合流し、のちに「京大式カード」と呼ばれるB6判カードとなった〔梅棹忠夫『知的生産の技術』〕。なお、鶴見俊輔は、終生、アイデアのメモなどに、このカードを使っていた。)

4、論文作成

右のような研究会を一年近く重ねたところで、合議の上、各自の執筆すべき論文の題目を定めた。それらの草稿ができあがると、あらかじめ回覧してから、検討会を開いて、遠慮のない批判を行なった(たわむれにこれを「つるし上げ」と呼んでいた)。執筆担当者はこのおりの指摘や注文を生かして、清書に取りかかる。こうしたプロセスによって、どの論文も、なにほどか研究会全体の意見を反映している。
（鶴見俊輔の場合、近い年齢の樋口謹一〔一九二四年生まれ〕、多田道太郎との共同執筆で、「人間ルソー」「ルソーのコミュニケイション論」「ルソー・プロパガンディスト」の計三論文を仕上げている。このうち、鶴見がアンカーを担って、もっとも強く執筆全般を主導したのは「ルソーのコミュニケイション論」だろう。）

第五節　変わり目を越えていく

雑誌「思想の科学」の経営状態は、いっそう苦しくなっていた。一九四九年（昭和二四）、「思想の科学」の刊行は、一月、三月、四月、五月、七月、一〇月と、後半期に差しかかるにつれ、間遠になっていく。一九五〇年（昭和二五）に入ると、刊行できたのは四月（通巻二二号）の一度きりである。

その間、鶴見俊輔は、毎週金曜午後に京大人文研で開かれる研究会には必ず出席していたが、ほかの曜日などには東海道線の夜汽車などを使って、東京—京都間をさかんに行き来し、「思想の科学」の編集実務などに力を注いだ。だから、このころは、世田谷区成城の実家にも寝起きした。父・祐輔、母・愛子、長女・和子、長男・俊輔、次女・章子、次男・直輔という家族の全員が、自宅のひとつ屋根の下で過ごす機会は、これまでの彼らにはけっして多くなかったはずである。打ち続く旅や移動をいとわぬ一族で、これは祖父・後藤新平の暮らしぶりから、すでにそうだった。

一九五〇年四月、妹の章子が、法学者・内山尚三（一九二〇年生まれ）に嫁した。内山は、敗戦直後に復学して東京帝大法学部政治学科で丸山眞男ゼミに学び、大学院では川島武宜のもとで法社会学を学んだ人である。姉・和子の紹介による縁だったという（内山章子『鶴見和子病床日誌』）。また、同年一〇月、父・祐輔が公職追放を解除され、政界復帰をめざしはじめる。

ある晩、鶴見俊輔は、「思想の科学」の運営の方途に頭を悩ませながら、東京から京都に向かう夜行の急行列車に乗っていた。小田原に差しかかる手前あたりで、ふと、今夜は丸山眞男が熱海・伊豆山にある岩波書店の宿泊施設に滞在しているはずだと、思い浮んだ。すでにかなり遅い時刻だったが、居ても立ってもいられなくなり、小田原駅で普通列車に乗り換え、熱海で途中下車して、丸山を訪ねてみることにした。

この夜、丸山は、

「全国に『思想の科学』の支部を作って、そこを拠点に活動を立て直していくことだ」

と助言した。（『期待と回想』）

偶然、ちょうどこの時期、京大人文研の鶴見の研究室を大淵和夫、吉川俊夫という二人の京大生が訪ねてきた。

「論理学に興味を持っているのですが、教授がいない。京大は観念論でやってきているから」

との相談だった。

これが機縁となって、一九五〇年秋から、「記号の会」という研究会を京都で始める。月一回、テキストを決めて、それについて話し手が発表を行なう、という進め方である。発足当初の話し手は、鶴見俊輔、多田道太郎、上山春平、石本新、大淵和夫、吉川俊夫、といったところ。ここから、さらに大淵と吉川の二人は、大阪に「思想の科学関西支部」（のちには大阪センター、大阪グループなどと呼ばれる）をつくった。やがて、詩人の足立巻一《けんいち》、港野喜代子らも加わって、「あかん」という機関誌も出しはじめる。（鶴見俊輔「大淵和夫さん」）

大阪の動きにやや遅れて、徳島県立図書館（憲法記念館）へ講演に出向いた。そこで、図書館職員の佃實夫と知りあった。この人が、「思想の科学徳島支部」を作り、記録、伝記、論文を次つぎに送ってくるようになった。（鶴見俊輔「三十年前」）

このようにして、全国あちこちの地方に、思想の科学の支部、読者の会が、自主的な動きとして生まれはじめた。東京などでも、いくつも自主的な研究グループが活動を始めており、これ以後、雑誌「思想の科学」の刊行が中断する時期にも、読者の直接の交流が続いていく。つまり、思想の科学研究会は、一面、こうした読者のサークル連合としての性格を帯びはじめる。鶴見俊輔たちの当初の意図を越えたものが、そこにはあった。

先駆社を版元としてきた第一次「思想の科学」は、実質的に一九五〇年四月発行の通巻二二号をもってほぼ終わり、それから一年を置いて、翌五一年四月、ガリ版刷りでさらにもう一冊、通巻二三号を出すことで終熄する。この号は、ガリ版刷りながら、表紙デザインはこれまで通り稲村耕雄によるものである。ただし、版元名は先駆社ではなく「思想の科学研究会」に替わっており、発行人名は、これまで太平洋出版社の実務（先駆社の実務も兼務）にあたってきた「清水三枝子」となっている。すでに先駆社は消滅した、ということなのだろう。

巻頭に「社団法人　思想の科学研究会」との署名で、おそらく鶴見俊輔が執筆したかと思える、かなり長文の「通信」が掲載されている。

《昨年始めから、経済的に身動きとれず今まで過ぎました。通信機関を持たないことは、会を続けるために困るので、ガリ版で一冊、『思想の科学』をお送りします。

敗戦の翌年、同人が思想の科学を始めてから六年目になります。〃旧態依然たり〃とか〃陳腐である〃とか、ゆう批評をいただきましたが、だんだんに、まとはずれの批評は消えて、その反対に、思想の科学ではじめてとりあげた幾つかの思想の流れを他の大出版社で取りあげて翻訳書を出し、思想の科学ではじめて工夫した日本研究の角度が商業的な大雑誌の上でもっとたくみに利用されるようになりました。私達の仕事は、こうしてより広い通路から日本の人々に伝わるようになり、同時に私達の仕事としては影の薄いものとなりました。

けれども、思想の科学は、ただ、実証的な思想の流れを海外から入れることだけをねらったものではありません。対談録とか大衆娯楽研究によってユカタがけで哲学を論じるという風をつたえることだけをねらったものでもありません。むしろ、ちがった分野から世界に接している人々の意見を集め、それらをつゝき合せることによって、哲学の新生を計ろうとしたのです。こうした意味での私達のくわだては、ほんの少し実現されたばかりです。（後略）》

この段階で、思想の科学研究会の会員数は、一二〇名である（うち、女性は七名）。

これからほぼ二年後の一九五三年（昭和二八）、第二次「思想の科学」（誌名は「芽」、版元は建民社）が再度創刊されるまで、思想の科学研究会は、自身の定期刊行物を持たない時期に入る。つまり、一九五二年にはサンフランシスコ平和条約が発効し、日本は「独立」を回復するのだから、米軍占領下で刊行された「思想の科学」は、これら先駆社版二二冊とガリ版一冊の計二三冊をもって終わる。

ちなみに、父・鶴見祐輔は、この五一年二月から内幸町の幸ビル六階（太平洋出版社、先駆社の住所地）を、政界復帰をめざす自身の事務所として使いはじめる。息子・俊輔は、こうした父の活

思想の科學研究会々員

有坂秀世
阿部行蔵
朝野 勉
阿部知二
青山秀夫
飯塚浩二
井村恒郎
石黒 修
伊藤 誠
石本 新
岩渕悦太郎
乾 孝
稲村耕雄
磯田 進
五十嵐豊作
今村太平
井口一郎
市井三郎
磯野誠一
幼方直吉
上田辰之助
内山尚三
梅棹忠夫
大江精三
鵜飼信成
大久保忠利
小原敬士
大川信明
岡本太郎
大浜英子

川口正秋
川島武宜
川島芳郎
亀井 孝
笠松 章
糟谷伊佐久
加茂儀一
嘉治眞三
清宮榮一
菊地謙一
城戸幡太郎
大下順二
桑原武夫
日下部文夫
久野 收
江 實
神野璋一郎
甲田和衛
小林英夫
佐瀬 仁
斉藤 静
斉藤 眞
斉藤道子
佐藤フク子
清水幾太郎
新村 猛
篠原 雄
潮見俊隆
清水 侗
志賀 勝

杉浦健一
関根 弘
瀬川行明
瀬川清子
園部三郎
高島善哉
武谷三男
竹内 好
武田清子
田代正夫
大藤時彦
高木宏夫
多田道太郎
辻 清明
都留重人
塚本哲人
鶴見和子
鶴見俊輔
土岐善麿
中村 元
中村克己
中野 卓
仁井田陞
野間 宏
林 達夫
羽仁五郎
服部之總
中井正一
波多野完治
林 周二

花田清輝
服部龍江
唄 孝一
平野義太郎
平野智治
布留武郎
古野清人
伏見康治
福武 直
富士川 巌
細入藤太郎
堀内義高
眞下信一
丸山眞男
松本正夫
宮原誠一
三浦つとむ
南 博
宮城音彌
宮 孝一
水谷一雄
宮内秀雄
柳田國男
柳田爲正
望月 衛
依田 新
渡辺 慧
山田信満
石村善助
土居光知

1951年、思想の科学研究会会員名簿。ガリ版刷りで1度だけ刊行された「思想の科学」通巻23号（51年4月）より。当時120名、うち女性は7名。劇作家・木下順二の名前が「大下順二」と誤記されている。

動と距離を取り、あわよくば実家からも離れる機会をうかがっていた。
そのような事情に、これら一連の変化も関係していたはずである。

やや前後することになるが、先にも少し触れたように、「思想の科学研究会」が社団法人となるのは、一九四九年七月のことだった。このときの思想の科学研究会会長は、東大法学部教授の川島武宜。法人格を取得するにも、川島たちの努力があった。これの「定款」を見ると、第一章のうち「目的及び事業」にあたる条項は、以下のように記されている。

「第2条　本会は諸部門の学者の協力組織によって人々の思想を経験科学的に研究することを目的とする。

第3条　⑴研究会、講演の開催　⑵実態調査　⑶研究会及び調査成果の発表　⑷その他本会の目的を達成するに必要な諸事業」

雑誌「思想の科学」の編集・発行については直接の記載がない。つまり、この研究会は、あくまで単独の学術研究団体として想定されていたということなのだろう。

こうして、雑誌「思想の科学」の発刊と、社団法人「思想の科学研究会」設立にともなう位置づけは、それぞれ別個になされており、したがって、関係者のあいだでも、考えに違いが生じる余地があったようだ。

たとえば、この定款第一章の第2条において、この研究会は「諸部門の学者の協力組織」といった文言が用いられている。これまで雑誌「思想の科学」で重ねて表明されてきた、既存の制度化された学問の枠組みを打破したい、という方向性とは対照的に、旧態の官立大学組織をなぞったような響きがある。〝敗戦でも変わらなかったのは、お相撲と東大〟という軽口が、当時もあった。

こうした感覚の違いから、関係者間に行き違いも生じた。

鶴見俊輔が回想するところでは、何かの研究プログラムに対して、川島武宜が日本学術振興会から補助金を取ってきてくれたことがあった。鶴見俊輔は、京都大学の助教授なので、そのプログラムのメンバーに含まれていた。だが、鶴見和子は、そのころ、まだ大学に身分がない。川島からすると、この話は東大教授の自分が斡旋したのだから、入ってくる補助金についても、自身が采配を振れるつもりでいる。だが、鶴見和子には、不満があった。会がもらう補助金なのだから、それではおかしい、という意見だった。

似たケースは、これからも起こりうることだろう。

こうした不満が思想の科学研究会の場で表明されると、言い出しっぺの鶴見和子よりも、川島に対して、さらに怒ったのは都留重人や武谷三男だった。彼らには、東大への不信感が強かった。さらに南博も怒った。こんなふうに政府筋から下りてきたカネは返上しようと都留が言いだし、結局、そのようになった。(「『思想の科学』六十年を振り返って」)

また、ロックフェラー財団からも一時は援助を受けた。これについては、次のようなことがあった。

同財団で文化部長を務めるチャールズ・B・ファーズ(一九〇八年生まれ)が、一九四九年に日本に着任して以来、「思想の科学」に好意的な便宜をもたらしてくれていた。彼は戦前に日本への留学経験があり、日本に関する研究書の著作も太平洋問題調査会(IPR)から刊行している人物だった。サピアのもとで学んでアメリカ先住民の言語の研究に進む言語人類学者ベンジャミン・ウォーフの著作、さらには、フローベール『紋切型辞典』の英訳版まで、鶴見俊輔のもとに届けてきてくれたという。つまり、ファーズは、「言葉のお守り的使用法について」以下の鶴見俊輔の仕事などにも目を通していて、言語学方面への彼の関心を理解していたものと思われる。また、ファーズにとっては、かねて親しい助言者として坂西志保がいることも重要だった。坂西は、日米開戦前までワシントンの米国議会図書館で東洋部日本課長を務めており、交換船で帰国してからの戦時下には、鶴見祐輔が主宰する太平洋協会でアメリカ研究室主幹の立場にあった。のちにファーズは、駐日米国文化担当公使もつとめ、長期間にわたって日本で活動する。(『思想の科学』六十年を振り返って」、辛島理人「戦後日本の社会科学とアメリカのフィランソロピー——一九五〇～六〇年代における日米反共リベラルの交流とロックフェラー財団」、梅森直之「ロックフェラー財団と文学者たち——冷戦下における日米文化交流の諸相」)

ロックフェラー財団は、金銭面での助成も、思想の科学研究会に対して行なった。たとえば、しまね・きよし「『思想の科学研究会』年表(その一)」(「思想の科学」一九八〇年三月号)には一九五一年(昭和二六)四月のこととして、鶴見俊輔の原記に拠り、こんな事項がある。

「『日本語が如何に日本人の思想に影響をあたえるか』を主題とする共同研究にたいし、ロックフェラー財団から、東大経由にて、思想の科学研究会に補助費をうけた。日本の民間学術団体でロックフェラー財団から研究費の援助を受けたのは異例に属する。この計画のうち、中村元著『東洋人の思惟方法』日本の部の英訳は、すでに完了し、米国スタンフォード大学で講義中の中村氏のもとにおくられた。」

なお、この項目の後半部で述べられている中村元『東洋人の思惟方法』の英訳作業とは、当時、すでに決まっていたスタンフォード大学での中村元による英語での講義のために、鶴見和子・鶴見俊輔・鶴見良行のチームで急遽翻訳にあたったことをさす。海外への渡航経験がなかった中村は、そのあいだに、リンガフォンのレコードを使って、口の動きを合わせ、話す英語を習得した。これにより、カリフォルニア州のスタンフォード大学に到着して、すぐに中村は講義を始めることができたという。（鶴見俊輔「投稿をとおしてみる『思想の科学』」）

こうした流れのなかで、鶴見俊輔に対しても、スタンフォード大学フーバー研究所の客員研究員としての招致があった。ここにもロックフェラー財団の働きがあった。「言葉のお守り的使用法について」などの延長線上に、日本関連の図書の分析を介して、日本の戦中・戦後の政治や社会史の解明にあたる仕事を期待されていた。鶴見はこれを応諾し、すでに文部大臣の認可も、京大総長の承諾も得て、旅券の準備まで終わっていた。あとは、神戸の米国領事館で入国用のヴィザを受けるだけだった。（「『思想の科学』の原点をめぐって」）

ちょうど、そのころ京大では、一つの動きが起こっていた。一九五一年（昭和二六）五月の春季文化祭で、医学部と理学部の学生が、原爆に関する展示を行なった。この動きはさらに広がって、医学部生だった川合一良らを中心とする京大同学会（学生自治会）が、同年七月一四日から二四日まで、京都駅前の丸物百貨店で、原爆の原理、被害の実情などをパネル展示する「綜合原爆展」を開き、入場者三万人を集めた。まだ米軍占領下の時代である。主催する学生たちは、占領法規違反でとらえられて「沖縄送り」（米軍施政下に置かれている沖縄の牢獄に送致されること）になるのではないかと噂されるなか、覚悟の上での行動だった。（小畑哲雄『占領下の「原爆展」――平和を追い求めた青春』）

五月の春季文化祭での京大学内における原爆展が準備されるなかで、学生たちから、これへの賛同を求める署名簿がまわされてきて、鶴見は署名する。

――かつて敗戦の日、天皇のラジオ放送で「敵ハ新《あらた》ニ残虐ナル爆弾ヲ使用シテ……」との声を聴いたが、そのときはまだ「原爆」というものを知らなかった。

だが、いまは知っている。

「思想の科学」の七人の創刊メンバーのうち、武谷三男と渡辺慧の二人は、戦時下日本にあっての原爆研究、まさに、その最前線というべき場所にいた者たちだった。

渡辺慧は、ヨーロッパ留学中、ド・ブロイ、ハイゼンベルク、ボーアに師事して、マリー・キュリーの講義を直接に聴いてきた研究者である。武谷三男は、いっそうじかに理研で原爆研究に取り組んでいた。日米戦争下の一九四四年（昭和一九）七月、二度目の検挙を受けてからも、警視庁の特高課での取調べの合間に、核分裂の連鎖反応についての計算を続けた。当時、彼らの問題意識は「どうせ日本で原子爆弾ができるようなことはなかろう。しかし、一体原子爆弾はできるものかどうかを理論的実験的に詳しく知れば、どのような条件でできるか明らかになる。そうすれば米国が原子爆弾をいつごろ使うか明らかになるので、戦争終結に対する一つの条件になるだろう」ということだった。

そのようにして、

「……原子爆弾の爆発はいかなる機構でやるべきか、熱機関への利用はいかにすべきかという論文をつくりあげ、特高を通して理研にわたしてもらったりした。」

やがて武谷は喘息が悪化し、同年九月、自宅で療養するものとして、帰された。

一九四五年（昭和二〇）七月二〇日から検事の取調べが始まり、毎日、練馬警察署に通った。その最後の日は、当時、検事局が巣鴨拘置所に疎開していたので、そこに訪ねていく。この朝の新聞に、「新型爆弾」で広島がやられた、というニュースが出ていた。

「私はその前日、渡辺慧氏を訪れたときこのニュースをきいて、ふたりでこれは原子爆弾に違いないと結論したのであった。私は戦争はもう一週間ですむと考えた。私は検事にさあどうです、私のいうことが正しかったでしょう、というと検事もこれを認め、早速、他の検事を集め、黒板を前にして私に原子爆弾とはいかなるものかという講演をさせたのである。そして、早速理研に行って研究を続けるようにと検事はいった。

理研に行ってみると、仁科〔芳雄〕博士は飛行機で広島に行かれたままだった。武見〔太郎〕博士が外務省極秘のトルーマン声明、アトレー声明をもってきた。私はこの声明の圧力に圧倒された。しかしなお、これが原子爆弾かどうかうたがう人も少なくなかった。玉木〔英彦〕氏はひどく慎重だった。まもなく長崎も原爆でやられ、ソ連が参戦したニュースを武見博士がもたらした。一、二日して仁科博士から、広島のかわらや石、鉄くずなどが送られてきた。早速、木村一治氏のエレクトロメーターにかけると正に相当の放射能を示していた。原子爆弾に違いなかったのである。」（「素粒子論グループの形成」）

このような事実を当事者から聞かされていたはずの鶴見俊輔にとって、学生たちによる原爆展への賛同の署名を避ける、という選択はありえなかったように思える。

だが、これによる影響は、思いのほか早く現われた。神戸の米国領事館が、スタンフォード大学への着任が約束されている鶴見に、ヴィザを出さなかったのである。これによって、彼は渡米することができず、したがって、スタンフォード大学には着任することもなく、彼の旅券は使われずに終わる。

以後、彼は、二度と渡米しようとせずに、生涯を通すことになる。

ここに起こっているのは、いったい、どういう事態なのだろうか？

一見、わかりにくい。だが、「思想の科学研究会」が「社団法人」として認可され、いわば公共的な学術団体として目立ちはじめるのは、雑誌「思想の科学」の経営状態が、出版ブームの消沈と急激なインフレーションの進行のなかで、苦境に陥ってからなのである。しかも、この二つの組織は、形式的には別の趣旨を持つものとは言え、顔ぶれは重なっている（社団法人「思想の科学研究会」の創立にあたって、これまで雑誌「思想の科学」に執筆した人には、不都合を表明した人を除いて全員、会員になってもらったのだという）。双頭の鷲さながら、頭部は互いに違った方向をむいているのだが、胴は共有されている。

雑誌「思想の科学」の実質的な責任者である鶴見俊輔は、経営の悪化に「もがくように苦しんで」いる。活動資金が、喉から手が出るほど欲しかったに違いない。にもかかわらず、同じ時期、日本学術振興会からの提供が決まった補助金について、研究会内部で見解の不一致が生じるなら返上してしまえ、という都留たちの〝潔癖〟な原則論には、あっさり同意した様子である。

ロックフェラー財団との関係においても、同様のことがあった。一九五一年に、米国政府が鶴見俊輔の入国を許さず、彼のスタンフォード大学客員研究員への赴任が果たせない成り行きとなっても、ロックフェラー財団には、なお「思想の科学」への助成金などの提供を行なう意向があった。鶴見は、それについて「箱モノをつくる」ほどの規模のものだったとも述べている。もし、そうだとするなら、同財団がバックアップした「国際文化会館」に類するものが想定されていたのかもしれない。（辛島理人によれば、「一九五一年一月、訪日したロックフェラー〔ジョン・D・ロックフェラー三世〕は、昭和天皇や首相吉田茂のほかに、松本重治、蠟山政道、鶴見一家〔祐輔・俊輔・和子〕ら日本の国際主義者やアメリカ大使館関係者と面会している」という。〔「戦後日本の社会科学とアメリカのフィランソロピー」〕）

だが、また、これについても思想の科学研究会の内部から、返上論が起こる。今度の急先鋒は、井上清、奈良本辰也、林屋辰三郎ら、当時の朝鮮戦争下で、共産党系統の陣営に属した歴史家たちだった。さらに、都留重人らも、途中で意見を変えて、この返上論に加担した。文部省系統の日本学術振興会の助成で、ひとたび問題がこじれた以上、米国側からの助成についても返上するにしくはない、という〝潔癖〟な原則的姿勢に立ち返ったかたちである。都留自身の日米の人脈からすれば、むしろロックフェラー財団の系統には近しい人が多いはずだが、ここでも彼は筋道を重んじた。鶴見は、このときもそれに同調する。

つまり、人目につかない場所では雑誌経営に「もがくように苦し」みながらも、表立った場所に出ると、素っ頓狂な声でアハハと笑って議論したりしながら、けろっと〝潔癖〟な道義に与している。突き放して見るなら、これでは自滅への道に拍車をかけるだけである。

鶴見の生涯をつらぬくマゾヒズムじみた自己分裂の性向が、ここでも顔を出している。――これを鶴見に潜む人格分裂、〝ジキル博士とハイド氏〟なのだと言うことはできる。ただし、ここでは、ハイド氏のほうが、妙に明るい表情を見せる。アハハ、と笑って、いつも道徳的潔癖に与してしまうのだから。一方、ジキル博士のほうは、そうした道徳的潔癖がもたらす借財に苦しめられているのだ。経営難に苛まれて苦虫を嚙みつぶしたような顔でいる、この普通人こそがジキル博士なのである。

だが、そこでもなお鶴見俊輔は、粘ることができた。マゾヒスティックな自己分裂を抱えつづけて、その性癖に自身も苦しんでいるのだが、決定的な自滅にはどうにか陥らずに済んでいる。雑誌「思想の科学」にせよ、何度つぶしても諦めず、五〇年間にわたって刊行を続けていく。きわどく走りつづけて、結果的には九三年間に及ぶ生涯を生きのびた。

なぜ、そのようにできたか。自分のなかにいる〝ジキル博士とハイド氏〟、これは、もう、取りのぞけないのだから、付きあっていくしか、しかたがない。だが、その両極の人格をかろうじて繋ぐ第三項を、幸い、彼は自分のなかに持っていた。

それは、ごく世俗的なもので、つましさ、と呼んでもよいようなものだろう。

ここ何年か、彼は、呻吟するジキル博士、といった体《てい》の京大助教授として、極端に切り詰めた暮らしをたもって、稼ぎの大半を「思想の科学」の運営に注いできた。

いや、一〇代の若いうちから、一人で暮らすときには、切り詰めた暮らし方をしてきた。なぜなら、それが、彼にとってはささやかな楽しみでもあったからである。小さな住まいで、火を焚き、何か食べものを温めたりして、ひとりで過ごす時間を持つことは、楽しい。裕福な両親との家を出て、自分でそれよりも価値あるものを見つけ出せることに、彼という人間の豊かさがあった。人生のおりおりに、幾度も、そうした小さな住まいを持った。これからも、きっと、そうだろう。

彼のつましさが、ハイド氏のもたらす道徳的浪費癖の負担をいくばくか和らげ、また、もがくような苦境のなかにあるジキル博士を、ときどきに励ました。

ともあれ——ひとたび、彼は、スタンフォード大学の客員研究員就任を応諾する。そして、現地への赴任に向けて準備を終えたところで、原爆展の開催に賛同するとの署名に加わる。つまり、日本への原爆投下という米国の政治行動を道義的に批難した。それにより、一転して、米国への入国を、彼は国家の名において拒まれる。

ここには、国家という機構が、人にもたらす恥辱がある。国家は、こうした形で、人に絶えず踏み絵を求め、これさえ当然のことと感じるように仕向けていく。

鶴見がここでぶつかったのは、この問題だった。踏み絵を通って、その国のなかに入ってしまえば、もう忘れてしまう。国際エリートとしての名声の道をたどるにも、これを受け入れることが条件となっている。

だから、あそこで入国を拒んでもらえて、よかった。あとで思えば、そのようにも感じられたはずである。そうでなければ、もう手遅れだったと。だから、この偶然の出来事は、鶴見俊輔の生涯で最大の、と呼んでもよさそうな転機なのである。

だが、その時点では、どうだったか? 京都の寄席に通いつづけて、ノートをどっさり取っており、いまだかつてない漫才を使った記号論の論文にこれを仕上げて、博士号を取るつもりでいた。もちろん、米国の大学で。そういうものとしての学問に、実はまだ絶望していなかった。(『期待と回想』)

米国は、このときに至るまで、鶴見俊輔にとって、いわくとらえがたいものだった。なぜなら、それ自体が、すでに彼のからだの一部をなしていた。たとえば、日米開戦のもとで牢獄にいる自分を卒業させてくれるという、米国の大学の公正さ。自分の体内に溶けこむ米国を、異物として抜き出し、確かめてみることは難しかった。

けれども、ここを区切りに、すべては変わっていく。

まず、激しい自己嫌悪となり、それはやって来た。

京大のキャンパスを歩くと、周囲のすべてのものから、嘲笑されているのを感じる。顔を上げて、歩けない。かつてない博士論文が書けるなどと思い上がった自分が、恥ずかしい。たまたま恵まれた家に生まれたという偶然が、めぐりめぐって、ひどく若い自分を助教授にした。それについて、どんな表情を浮かべて、ここを歩けばいいのか。漫才についての膨大なノートなど、全部捨ててしまおうかと思うのだが、それさえできずに、こうして過ごしている。鬱がつのって、「鶴見俊輔」という自分の名前も書けなくなった。

もう、これ以上、ここにはいられない。最年少の助教授として、胸を張れるだけの職務も果たせない。この仕事を辞めるしかないと考え、上司の桑原武夫の研究室を訪ねて、そのことを申し出た。それには直接答えず、桑原はこう言った。

「君は今、病気だ。病気であるうちに辞めれば行き詰まる。病気のあいだは黙って給料を取っておいて、そのあとで決心したらいい」（鶴見俊輔「桑原先生のこと」）

こうやって、五一年五月のうちに鬱の状態に陥り、六月には原稿も書けなくなった。だが、それからあとも、自分から進んで精神病院に行く決心が、なかなかつかずにいた。

心に迫ってくることは、ほかにもあった。

東京の「思想の科学」編集部に残してきた人たちをどうするのか。とくに、こちらの動きに一心に目を向け、ぐちも漏らさず、事務仕事を果たしてくれている清水三枝子、牧野和子の姉妹。もう何年も、こうやって働かせて、これを投げ出すように、終えるわけにはいかない。かといって、先の展望も見えないまま、さらにこれからもこの仕事に縛りつければ、彼女たちの人生をどこに導くことになるのか——。

上野千鶴子とのやりとりで、鶴見は、当時のことに触れている。

《**鶴見**　……ところが『思想の科学』の編集や出版をやるとねえ、女性との接触が増えたんだよ。そこに小学校だけを出ている十七歳くらいの女性がいて、彼女がものすごくいろんなことをこなす優秀な人だったんだ。『思想の科学』を始める前の、太平洋協会出版部のころから勤めていた人で、彼女のお姉さんもいて、二人で勤めてくれていたんだけど、二人とも小卒なんだ。
そして、その小卒であるってことは、まさに私の魂の奥深くにこう、まあ、釘を刺すんだよね。それで、断じて、この女性と一緒になるようなことはするまいと思って、自分を責める。自縄自縛なんだ。

上野　鶴見さん、そうすると一三年の禁を破ってその女性と関係を持って、しかし結婚は言い出さなかったというわけですか。一九五〇年代の日本女性にとっては、たとえ関係があっても、自分から鶴見さんに結婚を迫るということは難しいでしょうね。鶴見さんから言ってくださるのを待っている。それでも黙っていたと。

鶴見　いや、肉体関係はなかったんだ。こちらから結婚を申し込むということもしなかった。当時の私は、体が反射しないようにできちゃっていたんだ。まったく無関心を装っていたんだよ。だからその女性に近づかない。そのことが鬱病をさそいだした。

上野　それで自分を責めて、鬱病に……。

鶴見　あのねえ、女性への関心を断つとかいっても、ほんとうはできることじゃないんですよ。

上野　はい。

鶴見　ただ、私がそうして自分の秩序をつくった時期というのが、たまたま戦争と重なっていて……。

上野　はい。

鶴見　異常な人間だったと思うね。ただ、自分が人間として依然として平気で生きているってことが悪いんだっていう、罪の意識なんだよね。それが原因ですよ。》

鶴見の言葉づかいには、ときとして、わかりにくいところがある。ここで挙げれば、「……その小卒であるってことは、まさに私の魂の奥深くにこう、まあ、釘を刺すんだよね。それで、断じて、この女性と一緒になるようなことはするまいと思って、自分を責める。自縄自縛なんだ」というあたりは。

なぜ、彼女が「小卒である」ことが、鶴見に「釘を刺す」のか？

鶴見は、おそらくここで、「小卒であること」を、ひとつのヴァルネラビリティとして、受け取っている。か弱き、こわれもの。無造作に自分の手に取ると、傷つけて、こわしてしまう。そのことに、たじろぐ。

だが、それだけではない。〝不良中学生〟だったころ、年上の、そして、たぶん多くが「小卒」のカフェやバーの女性たちと、中途半端な男女関係を結びながら、そこからどうにも身動きが取れない「自縄自縛」に陥って、カルモチン（睡眠薬）をあおってぶっ倒れたりする。父の祐輔が、見るに見かねて、軽井沢に土地を買ってやるから、養蜂でもやりながら女と暮らせ、とタオルを投げてくれたが、それさえできなかった。

二九歳になろうとしている鶴見俊輔は、まだ、ほとんど一四歳のあのときのままである。「小卒」の女と、たとえば、いっしょになったとして、日々、何を自分たちは話して過ごしていけばいいのか。それが思い浮かばずに、彼は立ちすくむ。つまり、「小卒」というのは、生々しく彼にのしかかってくる、実生活の重みのようなものではないのか。しかも、それがディテールを欠いたままま、やみくもに膨れあがって、彼を呑みこむ。だから、実は、ここでのヴァルネラビリティは、「小卒」の若い女性事務員にあるのではなく、彼という、生身の女に対して発育不良を抱える男の側にある。だが、そのことをいまだにうまく言い当てきれずに、たぶん、こういう言い方になっている。

《**鶴見**　それに結局、ものすごくまずい状態で、彼女は結婚して、しまいに殺されたんだ。殺されたときの新聞記事を、私は買って持っているんだけれども、見たこともないんだ。あれは昭和三十一年だから、ずいぶん時間が経っているね。だけどその記事が、どこかの行李の中にあるんだけれど、見たこともないんだ。見るのが嫌だ。やっぱりショックが大きいんだよ。俺と一緒になっていたら、殺されずに済んだんじゃないかってね。

上野　はい。

鶴見　なぜその後にどんなに苦しくても『思想の科学』をやっていたかというと、彼女が殺されたあと、彼女がやってくれていたこの雑誌のために、どんなに働いてもかまわないというのがモチーフとしてあったわけ。

上野　その話を、今回初めて口になさいましたか。

鶴見　記録されたものはありませんね。私がそういう話をした人は、ありがたいことに、みんなものすごく口が堅いわけ。私にはとてもいい友達がいるんだ。桑原武夫とか、永井道雄とか、そういう連中は口が堅い。桑原さんっていうのは、ゴシップがものすごく好きな人なんだよ。おまけにその当人にとって致命的なことはほかに流さないという安心感があるから、ゴシップが桑原さんのところに集まってくるんだ。桑原さんの偉大さっていうのは、すべてそこにあるのよ。》（『戦争が遺したもの』）

七月になって、ようやく、精神科医の井村恒郎に、診察を頼んだ（鶴見俊輔「この自由を負う」）。

鶴見は自分が統合失調症に陥っていることを疑っていた。だが、井村は、同業の笠松章にもセカンド・オピニオンを依頼したりしながら、慎重に診察したあと、

「これは分裂病（統合失調症）じゃないと思う。鬱病だと思って治療しますよ。それでいいですか？」

と、診断を下した。（『たまたま、この世界に生まれて』）

年末近く、病院に入り、薬物を投与されて、カーテンを閉ざした病室で持続睡眠療法に入った。年が明けると、一九五二年（昭和二七）である。

すでに所定の持続睡眠療法の期間は終わっていたが、看護婦の人手が不足しているせいか、病室のカーテンは閉ざされたままだった。ドアを開けて入ってきた年かさの看護婦が、こんなことでは患者（鶴見）が気の毒だと同僚たちへの憤りを口にして、勢い良く窓のカーテンをすべて開け放ってくれた。外光が一気に部屋に満ち、世界が生気を取り戻した。

退院すると、そのまま、もう両親との家には戻らなかった。これからは、離れて暮らしていこうと決めていた。

実家を離れた鶴見俊輔が、東京での新たな居宅として転がり込んだのは、葛飾区金町《かなまち》にある、掛川尚雄宅だった。掛川は、キングレコードのディレクターで、民謡歌手や演奏者らが出入りする、下町らしく気さくでにぎやかな家だった。長女の恭子が中学生で、いちばん下の雅代は、ようやく伝い歩きが終わって、よちよちと歩きはじめて間もない時期だった。俊輔自身は、満二九歳である。北向きの二畳敷の小部屋を提供されて、ここに机と鉄製のベッドを押し込んだ。「思想の科学」で働いてきた清水三枝子の姉が、この一家の主婦、つまり、掛川尚雄の夫人にあたる。戦争で夫を亡くした三枝子も、いまは、この家に身を寄せて住んでいる。

1952年11月、東京での住まい、金町・掛川家の庭で。
左後ろ、鶴見俊輔。右後ろ、掛川尚雄。左前、尚雄の娘・久美子。右前、同じく雅代。

1952年8月中旬、京都での住まい、宇佐美家、２階3畳の間で。撮影・足立巻一。

鶴見俊輔は、当時、ひどく痩せ、目ばかりぎょろぎょろさせていた。すり切れたオーバーに、おんぼろな書類入れの鞄を提げ、清水三枝子に連れられて、この家に現われたとき、体重は「九貫五百匁」と自己紹介したという。つまり、三六キロほどである。だが、彼が「漫画が大すき」な人間なのだということは、中学生の恭子に、すぐわかった。(掛川恭子「金町と俊輔さん」)

やがてテレビの放送が始まり(一九五三年)、この家にテレビがやってきて、その前に陣取った彼が、ワッハハ、ワッハハと声を上げて笑いながら、相撲やチャンバラを見るようになるのは、もう少しだけ先のことである。

この一九五二年春には、米軍による占領期が終わり、日本は曲がりなりにも「独立」を回復する(同年四月二八日)。

鶴見俊輔は、これに触れて「見事な占領の終りに」という、短い一文を「新大阪新聞」(同年五月一六日)に寄稿する。依頼した記者は、京大担当の足立巻一。詩人で、大淵和夫、吉川俊夫らと思想の科学大阪グループ(旧・関西支部)を作り、やがて「あかん」という機関誌を出しはじめる人物である。

米国留学時代、ヤングさん一家のアパートメントに寄宿したときの心温まる思い出に続けて、鶴見は、このように書いている。

《今日、ぼくはアメリカを好まない。けれども、アメリカ人が、ぼくたち日本人よりも高い倫理の下に暮らしていることを、身にしみて感じる。日本人の軍人軍属は、ことに中国で理由なしに強盗、サギ、強姦、殺人、暴行をはたらいた。自分の家の外のものにたいして思いやりを持たぬように、自分の国のそとのものにたいして思いやりがないのだ。ぼくはおもにジャワにいたが、平穏であったそこで、日本の戦争と関係もない第三国人が殺されるのを知って、だまっていたことがある。忘却の力が強くないかぎり、このような記憶をもたぬ軍人軍属はすくないはずである。これらのことをした日本人が、ひとりひとり今、家にかえって、家の中で善き父として、もとおなじ生活をもち得ることに、日本の倫理を見る。

アメリカの占領を非難する声を、この数年に何度もきいた。「私たちは外地でも決してこんなことをしなかった」と、現にそういうことをした人がそういっている。アメリカ占領軍の悪を説くとき、日本人は自分の見ききしたアメリカ人の悪行の具体例にたいしてXをかけるのがつねである。そのXの数値は、自分たちが占領地でおこなったところの悪行の頻度である。無意識に、アメリカ人もまた自分たちとおなじようにしているのだとして、計算をめぐらしているのだ。したがって占領軍の悪行を過大視する人ほど、その履歴はあぶない。

アメリカの日本占領は、アメリカの国民性の高さを裏切らぬものであった。それは、アメリカ史から当然期待されるヒトコマである。「満洲事変」をおこしそうだったマッカーサーを免職にしたことは、占領期間中の輝かしいできごとだった。

ぼくは日本とドイツの軍隊の慰安所をつくることに関係をもったが、アメリカの軍隊が公式に、日本軍やドイツ軍におけるような種類の売淫制度をもたずに終始したことは、見事である。むやみに人家におしいって、ものをとるということも多くはなかった。ことに敗戦直後には、みじかい期間だけではあったが、日本人が自分たちの力でできる以上の改革を、人民解放の方向においておこなった。

占領が終って、ぼくたちは今までより多く、自分たちの倫理によって暮らすことになる。戦前と同じところにもどってよいものか。法律問題としての戦争責任追及が終った今こそ、自発的に、ぼくたちひとりひとりの手で（その多少の度におうじて）自分の戦争責任を追及し、自分の倫理にあたらしい方向をあたえるべきではないか。東条さんだけを、身がわりにたてることによって、ことは終ったのだろうか。》

第六節　いくつもの土地

米軍にとって、日本占領は終わったが、朝鮮戦争はなお続いた。

占領下の日本では、政府批判の大衆運動などを抑え込むには占領法規が使われてきた。これが終わることで、吉田内閣は占領法規に代わる後継法規として「破壊活動防止法」の制定を急いでおり、大学などでは、これへの反対運動も高まっていた。

一九五二年春までに、鶴見俊輔は、京大人文研の研究室に戻っている。あるとき、経済学部三年の西村和義という学生が訪ねてきた。西村は、政治的な党派に属しておらず、「破防法」反対の気持ちを抱きながらも、学内ストライキや大集会中心の学生運動の展開には、不信感や空しさを深めていた。それよりも、「破防法」反対の意志を持つ学生各自が、それぞれの郷里に戻って、地元の人との討議や勉強会の場を重ね、つないでいくほうが、この日本社会の根元からの平和の擁護、再軍備反対の気運を形づくっていくことができるのではないかと考えていた。だから、彼としては、鶴見に対して、今度そうした帰郷運動を始めるので、講師役として加わってもらえないかと相談に来たのだった。

このとき、鶴見は、「西村さん、破防法反対とどんなに頑張っても、この法律は必ず成立しますよ」と、冷や水を浴びせるようなことを言った。そして、「スダレを押しても手を放せばすぐ元に戻るが、そのスダレを根気強く押しつづけることが大切だよ」とも付けくわえた。

これは、鶴見自身が「思想の科学」の出版運動などを通して、考えつづけてきたことでもあったろう。鶴見は、この一九五二年夏から、西村たちの帰郷運動に加わり、その年は西村の郷里鳥取県、次の年はべつの学生らと島根県の町や村落をまわって、何十という数の講演会や座談会を重ねた。

(西村和義「鳥取での出会い」)

京都では、市井の人びとからの聞き書きを進める「庶民列伝の会」も始まった。出席者は、鶴見俊輔、多田道太郎、永井道雄、梅棹忠夫、富士正晴らのほか、思想の科学大阪グループの大淵和夫、同じく徳島支部の佃實夫、さらに、米子に新しく読者の会を作った判沢弘(一九一九年生まれ)らも、遠方から出向いてきていた。判沢は、鶴見が西村和義に引率されて鳥取県をまわったとき、漁村での講演会にわざわざ出てきた米子の高校教師だった。

「庶民列伝の会」が、当時、会場に使っていたのは、河原町三条下ルにある二階建ての和風喫茶「ちきりや茶寮」の六畳間だった。遅れてきた人は、入りきれず階段に立つほどだった。

鶴見は、この集まりで、京都で下宿させてもらった家の女主人の伝記を書き、発表した。本当の名は、宇佐美寿恵という人だったが、何か差し障りがあってはいけないと思って、活字にするときは仮名を用いて「商家の妻——門田いねの生活と思想」という表題にした(「中央公論」一九五三年八月号、この初出のさいには筆者の鶴見も「杉村七郎」という筆名を使った。のち、思想の科学研究会編『民衆の座』〔河出書房、一九五五年〕に収録)。活字になったものをとりあえず本人には届けていたのだが、後年、その人が亡くなったあと、この伝記は棺のなかに収められたということを聞く。

一方、京大人文研での共同研究は、「ルソー研究」に続いて、間髪入れずに、「フランス百科全書の研究」が始まる。これがまとめられた京都大学人文科学研究所報告『フランス百科全書の研究』（岩波書店、一九五四年六月）の「はしがき」で編者・桑原武夫が記すところでは、第一回の研究会が一九五〇年一一月二四日。以来、一九五三年一〇月三〇日まで、研究会を五二回、さらに検討会三五回を重ねたという。つまり、この間、およそ一年、鬱病による鶴見の休職期間を含んでいる。

鶴見俊輔自身は、桑原武夫・樋口謹一との共同執筆で「百科全書における人間関係」、また桑原武夫・多田道太郎との共同執筆で「芸術論」という、ともにディドロを主軸とした二本の論文を仕上げて、ここに収めている。とくに、多彩かつ曲者ぞろいの百科全書執筆関係者たちをなだめ、叱咤激励し、ときに尻ぬぐいをしたり、出し抜いたりもしながら、どうにか浩瀚な百科全書の刊行に漕ぎつけていく編集者ディドロに着目した「百科全書における人間関係」は生彩がある。むろん、ここには、鶴見自身の編集者としての経験が反映されてもいるだろう。

なお、鶴見は、鬱病治療で入院していた病院から出たおりのことを、こんなふうにも語っている。

「……一九五二年の一月くらいにようやく病院を出て、京都で借りていた下宿に帰って来て、急に、こう、長い長い論文を書けるようになった。それで『ああ、俺は分裂病じゃないんだ』と思って、嬉しかった。」（『戦争が遺したもの』）

だが、鬱から浮上し、こうして訪れる万能感も、この病いがもたらす一種の反動的な作用と見るべきところがあるのではないか？

第二次「思想の科学」にあたる、雑誌「芽」の創刊は、一九五三年（昭和二八）一月だった。このときの助力は、まったく知らない人物からもたらされた。

——元海軍少佐で、敗戦後は、土建業を営む傍ら復員軍人の世話をしてきた高橋甫《はじめ》という人物が

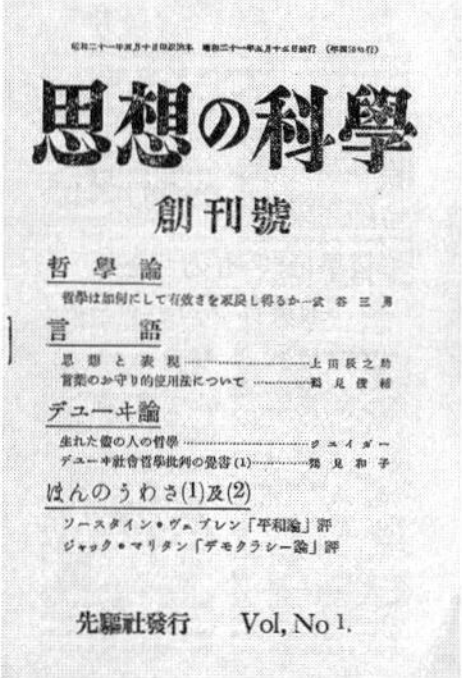

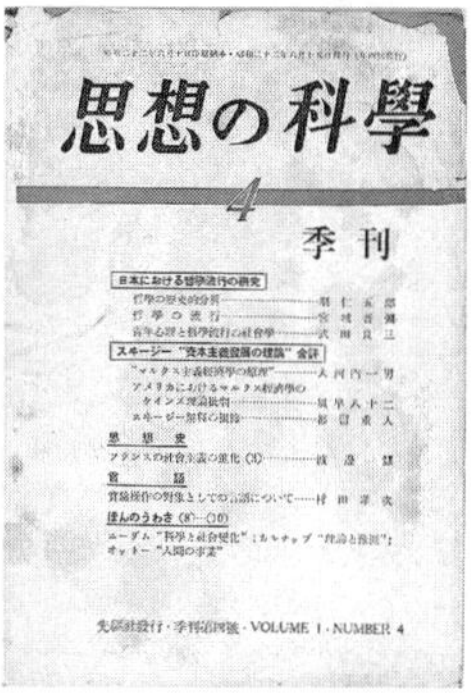

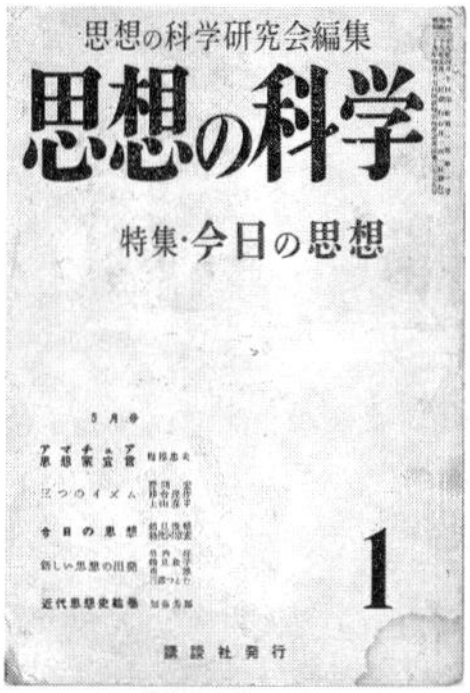

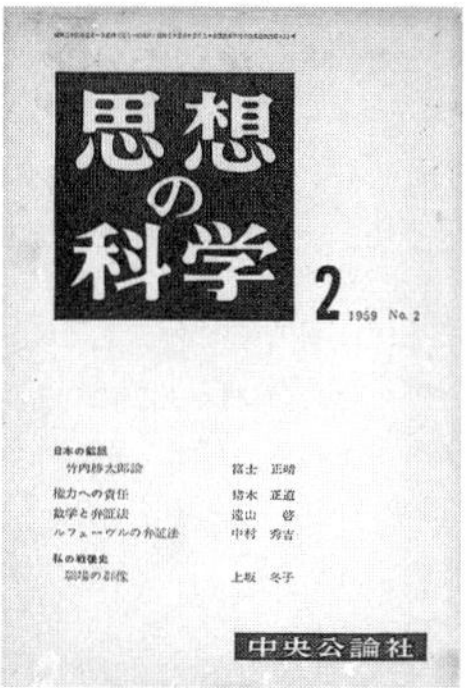

初期の「思想の科学」。

上左：創刊号（1946年5月、先駆社版）、
表紙デザイン・恩地孝四郎。

上中：新デザインの第1次「思想の科学」
（通巻4号、47年6月）、
表紙デザイン・稲村耕雄。

上右：「芽」創刊号（第2次「思想の科学」、
1953年1月、建民社版）、
表紙デザイン・岡本太郎。

中：第3次「思想の科学」創刊号
（1954年5月、講談社版）、
表紙デザイン・阿部展也。

下：第4次「思想の科学」創刊2号
（1959年2月、中央公論社版）、
表紙デザイン・真鍋博。

いる。その男は、建民社という自分の会社で出版も始めており、「思想の科学」の再刊を助けてもよいと言っている。会ってみないか？——

この会社に編集長として雇われた加藤子明から、そういう話が持ち込まれたのだった。（多田道太郎「『芽』の時代のこと」）

右翼なのではないか、などと警戒する声もあったが、とにかく、思想の科学研究会から、鶴見和子と関根弘（詩人、一九二〇年生まれ）が、台東区に高橋甫（一九一三年生まれ）を訪ねてみることにした。一九五二年秋のことだった。高橋は、丸顔に笑顔が絶えない人で、平和運動の観点から軍事評論を書き、それを刊行するために建民社で出版を始めたのだという。（鶴見和子「自らを『人殺し』ということのできた人」）

世話になろう、と話が決まり、誌名は「芽」とする。「思想の科学」という誌名を復活させるには、まだ、いくらか弱気と警戒心が残っていた。

「芽」の表紙デザインは、思想の科学研究会会員の岡本太郎。のちに彼は、大阪万博（一九七〇年）で「太陽の塔」というシンボルタワーをデザインするが、その原形をなすようなイラストレーションである。目次には、池田龍雄、富士正晴、桂川寛らが、イラストレーションを寄せた。

編集体制は、京大人文研の鶴見研究室（一九五二年七月から、京大正門に近い東一条交差点の北西角、旧ドイツ文化研究所の建物に、京大人文研西洋部および日本部は移転していた）で、鶴見と多田道太郎が編集プランの原案を作る。これを東京の思想の科学研究会の事務所（内幸町の幸ビル）に送って、関根弘が受け取り、先に進める。鶴見自身も、京都—東京間を往復した。編集実務のアルバイトとして、関根が、もとは平凡社にいた芹川嘉久子を誘っていた。彼女と関根は、ロシア語習得の仲間でもあった。関根は、月一度ほどは台東区の建民社にも出向いて、全体の進行の調整なの穴とラクダの夢――半自伝』）

どを計った。（鶴見俊輔「『もやい』としての『思想の科学』――自主刊行までの編集を中心に」、関根弘『針

さらに、一橋大学の南博ゼミの学生だった加藤秀俊（一九三〇年生まれ）も、学生新聞「一橋新聞」部員としての経験を生かして、関根弘の編集実務を手伝った。だが、工員としての長い職歴や雑誌「綜合文化」の編集経験なども積んでいる関根は、職人気質なところがあり、加藤の大ざっぱな誌面の割り付け方が気に食わない。「ちょっとばかり新聞をやったことがあるからって威張るんじゃない、雑誌には雑誌のやり方があるんだ、やり直せ」と、町の印刷工場で怒鳴りつけられ、落涙する。ほどなく、加藤は、京都大学人文科学研究所日本部に助手として採用されて、京都での「庶民列伝の会」などにも出席するようになった。（加藤秀俊『わが師わが友――ある同時代史』）

これらと別に、思想の科学研究会事務局としての業務は、清水三枝子が一九五七年に病気退職するまで受け持った。

「芽」創刊号は、本文三二ページ、定価三〇円。発行部数二千部。実売部数は千二百〜千三百部ほどだった。ただし、書店への配本ルートが開拓できずに、もっぱら思想の科学研究会会員の手によって、読者のもとに届けられるしかなかった。この問題は「芽」の刊行中ずっと残って、実売部数も、じりじりと五、六百部ていどまで減っていく。

大江満雄「ハンゼン氏病者の詩」が、「芽」第五号（一九五三年五月）に載っている。

鶴見俊輔が、詩人・大江満雄（一九〇六年生まれ）と出会うのは、石川三四郎が戦後にひらいたアナキズムの研究会でのことだった。大江の家を訪ねていくと、全国のハンセン病療養所から寄せられた詩稿の山が置かれていた。このうちの何篇かをその場で読ませてもらい、印象に残るものだったので、詩稿のいくつかに解説を加えてもらうように頼んだのが、この「ハンゼン氏病者の詩」な

のである。のちに、これらの詩稿は、大江が編者となって『いのちの芽——日本ライ・ニューエイジ詩集』（一九五三年）という一冊に編まれる。

鶴見は、「ハンゼン氏病者の詩」を「芽」に掲載するにあたり、それぞれの詩の作者に、承諾を求める手紙を書いている。ここから文通が生じて、友人ができた。瀬戸内海の長島愛生園に、ハンセン病の詩人、志樹逸馬（一九一七年生まれ）を訪ねたのも、こうした経緯からのことだった。このとき志樹は、かつて戦時下の療養所の図書室で、タゴールの『サーダナ——生の実現』の日本語訳を読み、深い感銘を覚えて、全文を筆写したと話した。『サーダナ』は、鶴見も南方の日本軍占領地で、英文による原著と出会って、強く揺さぶられた本である。タゴールは、ノーベル文学賞を受賞した大正期には、日本でも広く読まれたが、来日時に日本の国家主義をはっきり批判したことなどから、次第に日本での人気が薄れて、このときはほとんど忘れられた存在になっていた。そうしたタゴールの作品が、世のうつろいから切り離されたハンセン病療養所の図書室で深く読まれ、自分も同じ本に南方の占領地シンガポールで出会っていたということに、不思議な縁を感じた。

志樹逸馬は、その後、京都で鶴見らが開く「庶民列伝の会」に、自分が記録した患者、看護婦の聞き書きを送ってきた。それらは、やがて雑誌「中央公論」「新女苑」に掲載され、初めての原稿料を受け取ることになった。（志樹治代「私の夫の生涯」）

こうしたことをきっかけに、鶴見は大江満雄について、幾度か各地のハンセン病療養所を訪ね、やがて長島愛生園で刊行される月刊雑誌「愛生」（発行・長島愛生園慰安会）に関わる。鶴見が担当するのは、毎年、この雑誌が全国の療養所の患者たちに投稿を呼びかけて行なう「文芸祭」で、評論部門の選者をつとめて、選評を記すことである。一九五五年から一九六九年まで、足かけ一五年間、これを続けた。

選者に加わって初回の「愛生」文芸祭特集号（一九五五年一一月号）で、入選作に選んだのは森田竹次「特権意識と劣等意識――社会的偏見の反映としての」だった。このときの鶴見の選評は、これから自身が選にあたることへの気構えも含めて、とくに長文のものとなった。

《今度おくられて来た評論を七月の末によんでから、しめきりまで一月ほど、しまっておきました。その間に、評価を自分がかえるかもしれないし、不安定な評価をくだしたまま、作品の順位を発表してしまうのはよくないことに見《ママ》えたからです。

私は生まれてから一度も、他の人の文章の選をする役にあたったことがありません。はじめての経験なのでなおさら、自分の評価について安定性に達したかったのです。

評論というようなものにたいして、よしあしを区別するモノサシをつくることができるかどうか。この問題について、まじめにとりくんだ論文にぶつかったことがないと思います。

（中略）

私はきびしく選ぶ方針をとって、入選一篇、佳作四篇としました。この選の規準に、皆様賛成していただけるかどうか、集まっているそれぞれの文章について、みなさんと御一緒に相談してきめることができたら、もっとよかったろうと思うのです。そうすることによって、専門的評論家でない人による高度の評論という新しい領域にふさわしい評価に達することができたのだと思います。

話しあって見たけれど、分らないことがたくさんあります。だがそれらを別として、入選、佳作の規準について簡単に書きます。

（後略）》（鶴見俊輔「評論の選について」）

大江満雄、鶴見俊輔、文芸評論家・山室静の三人で、群馬県草津のハンセン病療養所、栗生楽泉園を訪ねたことがあった。このとき、ふと鶴見は、敗戦直後の軽井沢で出会った、ハンセン病を患うロシア人の美しい少年のことを思いだし、現地の役所の人に尋ねると、そのロシア人はいまもここにいるとのことだった。（鶴見俊輔「大江満雄の肖像」）

大江と二人で、その人の家を訪ねてみた。ひろびろとした土地の林のなか、彼の住む小屋があり、その人は義足を引きずって現われた。二人を確かめ、彼はなかに入れてくれた。

ひとたび室内に入ると、そこは帝政ロシアの世界だった。イコンがあり、ろうそくが灯され、宮廷風俗を再現した写真の切り抜きが壁に貼りめぐらされ、書棚に古いロシア語の本が置かれていた。窓際に老女が座っており、にこやかに鶴見たちを迎えた。少年（もう青年だが）の祖母だった。

ロシア語、フランス語、英語を、彼らは話す。だが、近所の人とも行き来が少ないので、二人の日本語はたどたどしいままだった。

大江の頼みに応じて、老女は、プーシキンの詩を朗読してくれた。ゆとりのありそうな暮らしではないのに、とっておきのヴォートカがふるまわれ（鶴見は酒を飲めないのだが）、大江は老女を抱擁して、感謝して別れた。

その夜は療養所の宿舎に泊めてもらって、矢嶋良一園長と夕食を共にした。ロシア人の二人のことを訊くと、

「少年が入所することになったとき、日本語が不自由なのにひとりで日本人だけのらい療養所に入るのはたいへんだと、おばあさんが一緒に入ることを申し出たんです。おばあさんは、らいにかかっていなかったんだが、私は、こちらもかかっているということにして、二人で一つの家に住んでもらうことにきめました」

とのことだった。(「五十年・九十年・五千年」)

訪問を重ねるうちに、老女はとびとびに一代記を話してくれた。ロシアの公爵家に彼女は生まれた。演劇の世界に進み、やがてポーランドの伯爵に嫁いだが、夫は第一次世界大戦に出征して戦死した。広大な領地と娘二人が残った。

旅に出て、中国の満洲にいるときロシア革命が起こって、全財産を失うとともに、故郷に戻れなくなった。このとき、日本の女性奇術師、松旭斎天勝《しょうきょくさいてんかつ》の一座が同じ土地で興行していたので、頼み込んで一座に加えてもらい、日本に来た。ここでも芝居、映画の世界との結びつきが、母娘三人の暮らしを支え、長女は松竹の長篇映画のヒロインもつとめた。やがて、長女エカテリーナは、獄中から脱出して赤軍の軍艦を奪って逃げてきた近衛佐官(ミハイル・アレクサンドロヴィッチ・トルシチョーフ)と結婚。この佐官と長女のあいだに、一九二八年、神戸で生まれたのが、やがて敗戦直後に鶴見が軽井沢で出会うことになる、ハンセン病を患った美しい少年である。彼の名は、コンスタンチン・ミハイロヴィッチ・トルシチョーフ。

だが、彼の母親エカテリーナは、やがて元近衛佐官とは離婚。イギリス人の版画家と再婚し、息子をその祖母アンナに託したまま、夫婦で米国に向かう。やがては彼らを米国に呼び寄せるつもりだったようだが、日米開戦で、その道も閉ざされる。やがて、エカテリーナは、戦後早くにハリウッドで没する。

祖母アンナとコンスタンチンは、第三国人の強制疎開地とされた軽井沢に移されて、この地で日本敗戦を迎える。さらにコンスタンチンはハンセン病発症を疑われ、リトアニア人の医師と県の医務官のあいだで通訳をした鶴見俊輔と、最初の出会いとなった。このさい、幼時に学んだ横浜のセント・ジョセフ校時代の恩師が、ハンセン病の新薬プロミンを取り寄せてくれて、彼は、その薬を日本で初めて服用する患者となる。

——祖母アンナは、こういったことを鶴見俊輔に話した。だが、家系に誇り高い彼女は、よそで自分たちの本名に言及することを堅く禁じた。(鶴見俊輔「山荘に生きる帝政ロシア——亡命貴族三代記」)

一方、孫のコンスタンチンは、やがて「コンスタンチン・トロチェフ」と名乗って、素朴な日本語で詩を書きはじめる。(彼の第一詩集に『ぼくのロシア』〔昭森社、一九六七年〕がある。この一家の来歴については、沢田和彦「女優スラーヴィナ母娘の旅路——来日白系ロシア人研究」が詳しい。)

大江満雄は、ハンセン病が、アジアで顕著に広がる病気であることを指摘しながら、その病苦の深さを通して人と人とを結びつける働きにも目を向け、「ハンゼン氏病者の詩」を書いている。

第一次「思想の科学」に詩人の寄稿はなかった。だが、第二次にあたる「芽」のころから、関根弘、大江満雄、志樹逸馬、足立巻一、港野喜代子、片桐ユズル、有馬敲《たかし》、秋山清といった詩人たちが加わりはじめて、この集まりの性格を変えていく。

京都の「庶民列伝の会」には、一九五三年暮れから、当時、同志社女子大学英文科四年生、横山貞子も参加しはじめる。同年一一月、鶴見俊輔の同大学での講演を聴き、初めて彼の姿を見ていた。のちに鶴見俊輔の夫人となる。だが、それは、さらにずっとのちのことだ。

また、年が明けて、一九五四年(昭和二九)に入ると、丹羽ヨシコという名のトヨタ自工勤務の若い女子事務員が、愛知県挙母《ころも》市(現在の豊田市)から「庶民列伝の会」に通ってくるようになった。きっかけは、鶴見俊輔のもとに、この未知の読者から、分厚い手紙が届いたことだった。そこには、「婦人公論」誌上で鶴見と椎名麟三の対談を読んだのだが、よくわからないところが多いので教えてほしい、と書かれ、不明箇所の一つひとつが丁寧に抜き書きされていた。その対談（「善意について」、同誌一九五三年一〇月号）は、まったく嚙み合わずに、すれ違ったまま終始してしまったもので、鶴見自身が読み返してみても、わからない。正直に、そういった手紙を返すと、また返事が来た。こういうやりとりのなかで、京都でこんな会をやっています、と知らせたところ、当人が現われた。このころになると、「庶民列伝の会」の会場は、出町柳の常林寺などへと移っていた。彼女は、じっと真剣に、その場の議論に耳を傾けていた。のちには、ペンネームで「思想の科学」にも投稿をはじめて、やがて評論家の上坂冬子（一九三〇年生まれ）として知られるようになる。

（「投稿をとおしてみる『思想の科学』」）

第七節　汚名について

第三次「思想の科学」が講談社を版元にして創刊されるのは、一九五四年五月である。巻頭に編集長・竹内好による「読者への手紙」。看板とされる論文は、梅棹忠夫「アマチュア思想家宣言」。初版一万部、定価百円。本文九〇ページ。

一方、同年同月に、前身にあたる「芽」の終刊号も刊行されている。前号から半年の間隔があいてしまったが、「芽」は一年五カ月のあいだに九冊を刊行しての終刊となった。終刊号の巻頭には、版元「建民社」名で、社主の高橋甫によるものと見られる律儀な「終刊のことば」が掲げられている。

《最終巻がこんなにも遅れましたことにつき謹んで陳謝いたします。

昨年発刊以来、御愛読・御声援誠に有難うございました。

「思想の科学」同人の軒昂たる意気込みに共鳴し、微力をかえりみず、この小誌の刊行を引受け、たどたどしい歩みではありましたが漸くまる一ケ年つづけました。もとより営利をめざしたものではありませんでしたが、わたしたちの微力のため、刊行物の浸透も遅々として捗らず、少数の熱心な定期読者の要望と、犠牲的な執筆を続ける同人各位の御苦労との間にあって、ほんとうに申訳ない気持で苦しみつづけました。こうしたさいこの難行軍の成果がみのり「思想の科学」が講談社から復刊されるという吉報がもたらされました。新しい「思想の科学」は頁数もふえ内容も充実新装をこらして、ユニークな大衆思想雑誌として、より有力な資本的背景をもって、再び皆様の前にあらわれるわけであります。

このようなわけで、弊社はその歴史的な使命を閉じて舞台から退き、この「芽」の刊行を終ることになりました。

ついに『芽』がでたのですから、何卒よろこんで頂きたいと思います。

そして今までに倍する御声援を、この新しい「思想の科学」に送って下さい。

（後略）》

思想の科学研究会事務所は、前年一九五三年五月、内幸町の幸ビルから、港区芝車町（現在の港区高輪二丁目）に移っている。同じ五三年四月、父・鶴見祐輔が参議院選挙に当選し、政界復帰を果たしていた。同年七月には太平洋協会も再興（太平洋文化協会から再度の改名）し、いよいよ活動を加速させる構えである。こうした動きもあって、もともと祐輔の事務所だった幸ビルの部屋は明け渡した格好だったのではないか。こののち、五四年七月、思想の科学研究会の事務所は、さらに、山手線の大塚駅から近い豊島区巣鴨七丁目（現在の豊島区南大塚）に移る。いわゆる「三業地」に隣接し、芸妓の姿なども見かける土地柄だった。

ちょうど、この七月一日から、「思想の科学会報」という研究会員むけのガリ版刷りの機関誌も、思想の科学研究会は発行しはじめる。当初は、月刊、全一〇ページ。定価一〇円。研究会の所在地は、すでに巣鴨七丁目となっている。編集責任者は三浦つとむ（一九一一年生まれ）で、「M」というイニシャルで短い編集後記が付されている。三浦は、東京の町育ちで、小学校卒業で働きはじめて、独学で唯物弁証法などを身につけた。ガリ版製版などで暮らしを立てていた時期が長く、見事な「ガリ切り」をしたと言われる。「思想の科学会報」創刊当初の美しい整版も、三浦の手によるのではないか。

一方、雑誌「思想の科学」は、この講談社版創刊から、きちんと毎月、定期的に刊行できる月刊誌としての体制が、ようやく確立する。

なお、新たな版元が講談社に決まるにあたっては、中央公論社社長・嶋中鵬二による仲立ちがあった（「投稿をとおしてみる『思想の科学』」）。嶋中は、小学生時代以来の鶴見俊輔の親友で、しかも、もともと自身がドイツ文学者でもあり、思想の科学研究会の会員だった。父・雄作の後継者に擬せられた兄・晨也が早世するという事情などから、急遽、学者から出版社社員に転じて、父の没後、中央公論社を率いてまだ日も浅い。嶋中鵬二当人としては、本当なら中央公論社で「思想の科学」刊行を引き受けたいところだが、それについては、みずからの手でさらに社業を安定させてから、という思いがあってのことだったろう。

編集の体制としては、編集長・竹内好を筆頭に、編集事務主任・多田道太郎、編集員・清水三枝子、江藤（加固）寛子、鶴見俊輔——といった陣容。この面々は、編集会議を開くときには顔を合わせる。といっても、おそらく月一度ほどのことである。講談社側から編集経費として毎月二〇万円の提供を「思想の科学」側が受ける以外は、鶴見と多田がなお無給で活発に働くことで、各月の企画を回していった。

雑誌「思想の科学」の編集業務は、思想の科学研究会の事務所で行なっていて、講談社のほうに出向いていく用事はほとんどない。一方、講談社側では「思想の科学」担当の専任の人員を一人置いていて、雑誌の内容面には関わることなく、事務プロセスを進めていた。

第三次「思想の科学」創刊号で、発案者の多田道太郎とともに、鶴見がとくに力を入れたのは、二色刷りによる別紙の折り込み、加藤芳郎のマンガによる「三教祖列伝」と「現代思想の系譜」だった。編集部で用意した原案をもとに、「三教祖列伝」では、実存思想のキェルケゴール、唯物論のマルクス、プラグマティズムのジェイムズという現代哲学の人気トップ3の三コマ伝記を奔放に描いた。また、「現代思想の系譜」はそのB面とも言うべきもので、〝実存坊主〟〝マルクス戦士〟〝プラグマ紳士〟が三つ巴になって展開するマンガ図解である。

——だが、いざ蓋を開けると、これは読者に惨憺たる悪評だった。

同じ号の特集ページには、鶴見俊輔・文と勅使河原宏・イラストの共作「今日の思想」を載せているが、こちらは評判がいい。同じ絵解きでも、勅使河原によるイラストは〝前衛芸術〟で、許容範囲。だが、さらにくだけた調子の人気マンガ家・加藤芳郎の手で、仰ぎ見るべきマルクスやキェルケゴールがいじられると、読者としては自分まで愚弄される心地になったということか？

だが、鶴見たちとしては、ここで引き下がるわけにはいかない。

欧米では、飛躍的に高度化していくマス・コミュニケイションの時代を背景に、たとえば、——

ノイラートらのアイソタイプ、リチャーズ『国家と平和（*Nations and Peace*）』（一九四七年）のようにベイシック・イングリッシュを絵本というかたちに乗せて先へ進める仕事、また、ホグベン『洞窟絵画から連載漫画へ』（一九四九年）など視覚表現についての歴史叙述――、そういった、新しい大衆文化の波を受けとめながら、学問の前線を切り開こうとする仕事が、次々と現われている。そもそも、意味とは何か、言葉とは何か、伝達はどうして成り立つのかと、その始原にさかのぼって考えずにおれなくなったところから、自分たちの時代のこうした学問は、始まってきたはずだ。

鶴見俊輔が、京大人文研助教授から、東京工業大学助教授に転じたのは、一九五四年一二月である。これに先立ち、「思想の科学会報」誌上などで、「転向研究会（責任者　鶴見俊輔）」の活動を始めることを告知し、参加を呼びかけた。当初集まったのは、鶴見のほか、判沢弘、今枝義雄、魚津郁夫、後藤宏行、佐貫惣悦、しまね・きよし、山領健二、高畠通敏、松尾（石井）紀子、西崎京子、仁科悟朗（西勝）、横山貞子ら、主に大学生・大学院生、大学卒業まもない社会人などを中心とする若い顔ぶれである。

今度の鶴見の東工大への転職も、この大学で教える宮城音弥からの誘いによるものだった。発足時の転向研究会の顔ぶれで、ただ一人だけ鶴見より年長者となる判沢弘は、米子の高校で教える社会科教師だったが、鶴見の推薦により東工大での助手となって、東京に転じてきた。外来者は、どちらが哲学研究室のあるじなのか、まちがえることがよくあった（水津彦雄「東工大辞職のころ」）。

三二歳の鶴見を中心に、同年一一月、転向研究会の初めての集まりを持ち、しばらくの助走を経て、東工大の鶴見研究室で定期的な研究会を始めた。粒選りの優秀な研究者たちを国立機関に揃えていた京大人文研「ルソー研究」「フランス百科全書の研究」（そこでの鶴見はもっとも若手の年齢層に属した）とは対照的に、こちらは、まだ野のものとも山のものとも知れぬ若者たちが手弁当で集まる。だが、これこそが、鶴見が自身で選んだ、野心的な陣形でもあった。

「転向の研究を私がしようと思いたったのは、海軍の軍属となって自分の信じていない戦争に協力している状態が心にあったからだが、そこから、それまでよりひろく、思想を見る方法を思いついたからでもあった。」（鶴見俊輔「著者自身による解説」、『鶴見俊輔集4　転向研究』より）

戦時中、『評論家手帳』を開いて、その名簿を見ていると、自分の少年のころ自由主義者、平和主義者、社会主義者として知られていた人びとの大方が、いまでは、国体の尊さを説き、欧米文化否定を説いている。やがて、来るべき敗戦後（鶴見には、敗戦が当然のことと思えた）、この人たちが、どう変わるだろうか？　そのことを考えた。

これは日本だけではなく、同時代のドイツとイタリア、ソヴィエト・ロシア、さらに、古代のキリスト教弾圧の時代と、やがて国教としてキリスト教が指向されたあとのローマ、またヨーロッパ諸国の個人の思想変化とも結びつくものとして、転向というものに視点を置くことで、世界の思想史を書くことができるだろうと考えた。――そこまでが、戦争の末期、「大衆としての価値観の変動と知識人の思想の変動とをあわせて記述する二巻ものの」研究書として、彼が「転向」研究の計画を得たときの構想だった。

だが、そうした見取り図とともに、忘れてはならないのは、この「転向」研究が、戦争が終わってわずか九年という時期に着手されているということだ。つまり、「転向」研究で扱われることになる当事者たちは、まだ生きている、というだけでなく、その多くがいまだに社会の現役世代である。

アカデミックな歴史研究は、ふつう、これほど新しい素材は扱わない。研究対象とする素材につ

上：1955年2月、東京工業大学の
鶴見研究室で。撮影・川瀬光男。

下：1955年2月、東京工業大学で。
助手の判沢弘（右）のほうが、
上司に見える。

いて、基本的な資料などを十分に確保した上で、客観的な方法を踏まえて叙述する、ということが、歴史研究の定石とされてきたからだ。つまり、素材とする時代が近すぎると、その状況のなかに研究者当人も身を置いているわけで、素材の一部である当人が、これについての研究にもまわるということになり、「素材」と「方法」の混同が避けられない。

これは、たしかに、そうである。だが、研究や考察の対象をこうした条件を満たすものだけに限るとすれば、それ自体が一つの選択の行使である。研究、考察の対象を、あらかじめ、ごく限られた範囲に限定してしまっているに過ぎない、とも言えるだろう。

素材と、それを分析し意味づける方法とは、現実には、ともに同じ状況のなかに置かれて、その状況に色づけられる。つまり、素材と方法とは、いちおうの分離はできるとしても、同じ状況のなかで働くものとしての制約を受けている。

戦争体験というようなものは、これをただの素材と考えることはできない。むしろ、戦争体験そのものが、戦時戦後の社会を見る目であり、方法であるというように、鶴見は考えるようになった。戦争末期までをその場所で過ごすことにより、状況の外から内部を観察するという「留学生的な思考方法」は、鶴見のなかで崩れていた。ここに生じる方向感覚、それ自体のなかから、方法を汲み出していくしかないのではないか。自分の体験について繰り返し考え、その体験についての態度を決めるというなかで、体験の記憶の仕方、これの保持の仕方が、そのまま理論になっているような思想の方法があると思うようになった。(「素材と方法」)

このような者として、戦争の当事者ではない若い世代の共同研究者たちとの輪のなかに立つ。その経験は、自身が彼らへの助言者をつとめるのとともに、彼らにとっての素材としてもここにいる、ということを意味した。また、そこから方法を見出すのが、共同研究の手立てとなる。

三度ばかり研究準備の会合を重ねたところで、平凡社にいる旧知の編集者・鈴木均に、これを本にする企画を持ち込んで、会議を通してもらった。そのときは、一年間で四百字詰原稿用紙に五百枚ほどの本を一冊まとめる約束だったが、京大人文研の共同研究のような実力集団とは違って、計画通りにてきぱきとは進まない。結局、この「転向」共同研究は、ついに八年間かかって、しかも大部で二段組、全三巻の『共同研究　転向』となる。本の構成を決める段階になって、藤田省三、安田武という、世代として鶴見俊輔に近い二人が加わった。さらに、上巻（一九五九年）を刊行後、秋山清、橋川文三、松沢弘陽、大野力、大野明男といった助っ人たちも、ここに加わる。

鶴見俊輔が、戦争末期、転向研究という着想を得るに際して、父・鶴見祐輔の戦前・戦中のふるまいの変遷が、一つのモデルをなしていたことは疑えない。

一方、長男・俊輔が東工大助教授として着任する一九五四年（昭和二九）一二月、まさにその同年同月に、ついに父・祐輔は第一次鳩山一郎内閣で入閣を果して、厚生大臣に就任する。だが、それからわずか一カ月半で、鳩山は衆議院を「天の声解散」。祐輔当人は、大臣室の改修以外に厚生大臣としてまったく何ごともなさないうちに、その地位を失う。そして、政治家・鶴見祐輔の経歴としては、これが生涯の頂点となった。

一九五五年（昭和三〇）に入ると、「思想の科学」が、それ以前には思いもしなかったようなスキャンダル報道の舞台となった。「サンデー毎日」同年三月一三日号に、「内紛続く総合雑誌／進歩的主張が泣きます」との見出しで、こんな記事が出る。

――雑誌「思想の科学」の編集実務に携わる「ある著名な政治家の息子」が、講談社側から供与される毎月二〇万円の編集費を不明朗に管理している。「一説によると、問題のその学者には、編集助手をしている某女が新たに起こす事業の為の資金として、編集費の一部を流用している疑いもあるようだ」。そして、さらには、「講談社側は、この状態に腹を立てて、四月号限りで『思想の科学』との関係を絶つ意向を、同研究会に申し入れたという」。――

むろん、「ある著名な政治家の息子」とは、鶴見俊輔をさしている。そして、編集現場を知る者には、「編集助手をしている某女」が清水三枝子をさすものらしいと受け取れる文脈だった。

ごく表面的なところで見るなら、講談社と思想の科学研究会のあいだには、この記事に照応するような経緯があった。

当初、この年一月二〇日には、講談社から思想の科学研究会に対して、「思想の科学」をさらに継続して発行する旨の契約更新の申し出があり、両者の合意がなされた。雑誌発行は一年契約となっていた。だが、二月三日、講談社側から、契約更新をしない旨の通告が突然あって、のちに、経済的事情による旨の説明がなされた。つまり、これにより、雑誌発行は、この年の四月号までで停止する、という状況に至っていた。――つまり、「サンデー毎日」のスキャンダル記事は、こうした事情に通じていることをほのめかすようにして書かれていた。

当該号「サンデー毎日」が売り出された直後の三月一〇日、思想の科学研究会の竹内好・武谷三男・南博・宮城音弥・鶴見和子は、この中傷記事が事実無根である旨、同誌の石井編集長に対して抗議の申し入れを行なった。それを受け、翌週の「サンデー毎日」(三月二〇日号)は「『思想の科学』事件について」という表題の訂正記事を出したが、そもそも事実誤認ならば「『思想の科学』事件」なるものがあるはずもなく、どこか絡みついてくるような記事でもあった。

その直後、同系列の「東京日日新聞」(三月一七日)が、「雑誌『思想の科学』がもめる／個人的スキャンダルから／五月号の発行不能か／講談社も援助を打切り」といった見出しで、「サンデー

転向研究会の集まりで。前列右から、高畠通敏、安田武、藤田省三、判沢弘。
後列右から、山領健二、後藤宏行、西崎京子、鶴見俊輔、横山貞子。

1955年4月、思想の科学研究会、大塚事務所にて。
左から、飯塚晃東、清水三枝子、竹西寛子、今枝義雄、鶴見俊輔。

毎日」と同趣旨の醜聞記事を掲載した。こちらは、「鶴見俊輔氏」「清水三枝子さん」の実名、住所、年齢を挙げ（不正確なものを含む）、両者が「同居している事実」を指摘した上で、さらに、清水さんが管理する思想の科学研究会の積立金の大半が幼稚園の建設資金に充てられようとしており、「その幼稚園というのは清水さんが退職したあと一生の生活を保証するため鶴見氏はじめ二、三の評議員が勝手に計画したもの」とする。さらに、思想の科学研究会の「会員は会のあっせんによって『思想の科学』以外の新聞、雑誌、ラジオなどに寄稿出来るがその場合稿料の半額を会の維持費として天引きされ」、などといったことが語られる。

これに対して、思想の科学研究会では、当日中に拡大評議会を催し、以後、竹内好・武谷三男・南博・都留重人らによって、各地に出向いて証言者の録音記録まで残すような綿密な調査がなされて、これらの記事が問題視している部分が、すべて事実無根である証拠を積み上げていく。

だが、いったい、なぜ、「思想の科学」という民間の一団体がこれほど派手なスキャンダルの舞台として取り上げられたか。その理由を考えれば、「思想の科学」が講談社という大手出版社を新たな版元としたことが、大きかったに違いない。つまり、「思想の科学」自体が、いまでは、互いに生き馬の目を抜くマスメディアの一員とみなされるに至っていた。いかに鶴見俊輔が、若くして頭角を現わした「米国かぶれ」の知識人として、日ごろから批判や嫉視を集めやすい存在であったとしても、彼の雑誌の版元が「先駆社」や「建民社」といった小出版社であるうちは、こうしたスキャンダル記事には値しない。なぜなら、醜聞記事とは、かならずしも事実関係の信頼性を必要とはしておらず、むしろ、「火のないところに煙は立たない」と読者に感じさせることが、成立の条件だからである。そして、そのために要求されるのは、性的関係、カネ、異端性、という三要件を満たすことだと言われる。小さなメディアでどんな意見を述べても、それは異端でも何でもない。

大きなメディアという舞台にまぎれこんだ怪しげな学者たちであってこそ、初めてスキャンダルの対象とみなされる。

一方、「思想の科学」の側から見ても、なぜ、この時期に、こうした問題が生じたかについては、理由がある。

敗戦直後、若く、まだ世間的にはほとんど無名だった七人の創立メンバーで第一次「思想の科学」は出発した。一九五一年、その終熄に至っても、思想の科学研究会は、まだ一二〇人の閉じた知的集団に過ぎなかった。

だが、この集まりは、次第に、町のなか、大衆社会のほうにこぼれていき、その閉鎖性を解いていく。第二次の講談社版「思想の科学」では、「大衆」化路線をさらに強め、その第二号（一九五四年六月号）では、「入会のてびき」を掲げ、年会費三百円（年三回の分割払いを認める）を支払えば、誰もが入会できると述べている。先に触れた「東京日日新聞」の記事では、「〔思想の科学研究会は〕現在では六百名以上の会員を持つ大団体となり民科（民主主義科学者協議会《ママ》）をしのぐ勢力と目されている」としている。この数字が正確であるかは別にして、思想の科学研究会の性格が、急速に変わりつつあったのは確かだろう。

初期の顔ぶれから、こうなると世代交代が起こる。第二世代、第三世代が生まれて、初期には共有されていた知見についても、断絶が生じる。ものを書きたい者としての自負心、競争心などのせめぎあいも起こるかもしれない。また、初期には互いに見知った顔ぶれだったはずだが、これだけ会員組織が膨れると、互いによく知らない人も多くなる。つまり、会員組織自体が、ひとつの大衆社会としての広がりを持ちはじめて、事実誤認を含んだ噂話や、疑心暗鬼も、行き交う余地を増していく。

たとえば、この思想の科学研究会のまんなかでずっと頑張っている、鶴見俊輔さんって、あの人、いったい何なの？　という話も起こってくるだろう。

初期のころには、そういうことはなかった。鶴見さんが中心になって始めた雑誌だということは、皆が承知していて、そのつもりでいた。だが、世代交代が起これば、これって、ちょっとおかしくない？　という声も湧いてくるのは当然だ。中心に立つ人物を誰にするかは、もっと平等に、選挙で決めれば？　というふうに。

だいたい、鶴見さんって、超ブルジョワの家に育った人だよね。大衆のことなんて、わかるわけないじゃん。といった陰口、というより、批評、軽口のたぐい。いや、もともとそういうことは互いに言い合ってきたに違いないのだが、当人のことをよく知った上で言うのと、ほとんど知らないままに語られるのとでは、これが含み持つ意味はずいぶん違ってくるはずである。

たとえば、多田道太郎は、軽妙な軽口も、辛辣な批評も、いろんなことを次から次へと話せる人だった。彼は、雑誌「思想の科学」の編集事務主任として、金策の工面などの重責も負っていた。だから、この人は、事務所で編集作業をしながら、ぶつぶつと愚痴まじりの空想で、実際に絵を描いて見せたりしながら、どうすれば「思想の科学」が存続できるか、などといったことをよく話した。「思想の科学」事務所がここにあって、その隣に幼稚園をつくって、清水三枝子さんを園長にして、こうやって一緒にカネをもうけて……、などと。あたりに部外者に近い人がいても、平気で、ぼやき節みたいに、そういう話をした。（「『思想の科学』六十年を振り返って」）

古くから気心の知れた相手なら、こうした軽口は冗談だとわかる。けれど、通りすがりみたいな立場の新しい会員なら、それさえマジメな計画なのだと、受け取ってしまうかもしれない。おそらく、そうしたことも重なった。

雑誌「思想の科学」は貧乏所帯で、鶴見俊輔をはじめ、主力となるメンバーたちが手弁当の持ち寄り仕事で運営を引っぱってきた。しかも、前述したように、この雑誌さえ刊行が途切れた期間があって、こうしたあいだは、中心的な顔ぶれがほかの雑誌や単行本に書いた稿料から半分を寄付し合うなどして、思想の科学研究会の活動を支えた。そうした「もやい」仕事は、講談社版が途絶えた後にも、さらにまた続いていく（たとえば、「週刊読売」誌上で、岡本太郎・鶴見和子・南博・日高六郎・望月衛らによって続けられた「世相診断」。「中央公論」誌上で、関根弘・武田清子・鶴見俊輔によって続けられたサークル雑誌評「日本の地下水」など）。だが、あとから参加した世代の会員には、それが「天引き」だと映ることもあっただろう。とはいえ、そうした人たちに、この「もやい」が強いられることはなかったはずである。それは、自発的に加わるメンバーだけによって営まれた活動だった。

ただし、こうしたなかでの人の心は、じっさいには、もっと微妙なうごきをする。先に引いた三月一七日の「東京日日新聞」は、四人の「関係者の言い分」を掲載しており、この微妙さのいくばくかをとどめている。

《思想の科学研究会員　加藤子明氏談

十年間つき合っているのでよくわかるが、鶴見さんという人は莫大な財産を放棄して自分からルンペンのような暮しをしている人だから公金を私するというようなことは、毛頭考えられない。だが研究会の運営は近代以前の封建的なもので会のあり方などについて一般会員の意向を上に伝える仕組みは全然ない。だからこうした問題は早晩起ることは目に見えていた。（後略）》

《思想の科学評議員　三浦つとむ氏談
鶴見俊輔さんは学者としても人間としても開拓者的な仕事をされたし、私の仕事も認めて下さったので尊敬もし感謝しております。しかし研究会のあり方について若い新人会員が批判を出したり、私が意見をのべたりしたのを会を乗っ取る計画で動いているかのように誤解され、高圧的に押えつけられようとしたこともあるので、はなはだ迷惑に思い何度か抗議をしたことはあります。》
《講談社学芸課長　原田裕氏談
当社としては、ただ毎月二十万円ずつ渡しているだけで、それがどう使われようが一切干渉しなかった。援助は昨年五月から一カ年という契約だった。当社としても同人雑誌の保護、育成には関心を持っているが実際にあの本は五割返品という悪成績で年間の赤字一千万円にも上っている。そのため継続援助を打切ったわけで内紛云々というわけではない。》
《思想の科学研究会評議員　南博氏談
内紛云々とか内部に対立があるとのうわさは全く事実無根だ。会計上のことも私が会計監査をやっているが不明朗な点は一切ない。すべては一部の人たちのサク乱によるものだ。真相は十七日の評議員会で究明するがそれで一切が明白となる。》
鶴見俊輔によれば、こうして研究会内で比較的新しい会員たちの不満をまとめるに力があったのは、三浦つとむだったという。鶴見自身には、これまで編集会議ではつねに彼を擁護してきた、との思いがあった。一方、三浦は三浦で、この異議申し立てが単なる陰謀などではないとの気持が強くあっただろう。
四月に入ると、拡大役員会、臨時総会が重ねられ、南博は、デマがつくられた経路が明らかになった、これに責任のある人を除名したらどうか、と同月一六日の総会で発言した（研究会の規約のなかに、「第三条　会の活動をさまたげるものに対して総会は除名を決定することが出来る。脱会は自由である」との条項がある）。南の発言が、三浦を指しているのは明らかだった。こうした発言のあいだに、三浦は鶴見の席に近づいて、「これでは私があんまり気の毒だと思いませんか」と泣きながら訴えた。鶴見の内心も乱れた。

この総会で、鶴見は、除名動議には反対である旨の発言をしている。結局、南の提案は、採決などには至らずに終わる。その後も、思想の科学研究会では、「除名」の条項は一度も使われることなく今日に至っている。

一方、三浦自身は、この総会でみずから「脱会」する。鶴見によれば、彼に追随して研究会を離れた者が「二〇人ぐらいいたと思う」とのことである。（「『思想の科学』六十年を振り返って」）

ともあれ、鶴見俊輔にとっては、できうるかぎりの収入を投入しつづけ、それでも資金が足りずに「もがくように苦しんで」きた自分が、よりにもよって金銭的なスキャンダルを報じられるなどとは大変な衝撃で、恥辱でもあったに違いない。「サンデー毎日」に醜聞が報じられた朝、彼は東工大の研究室で、顔を上げられない思いでいた。

この時期、ちょうど彼らは、京都の「庶民列伝の会」で続けてきた聞き書きを河出新書で『民衆の座』（思想の科学研究会編）という一冊にまとめる作業を進めていた。河出書房の担当編集者は、二五歳の竹西寛子（一九二九年生まれ）である。この朝も、ゲラを届けにくることになっていた。

やがて研究室に現われた竹西が、スキャンダルのことになどまったく触れず、いつもと同じ調子で自分に話しかけてくれているのが、鶴見には不思議だった。その日は、外出する用事があり、東急線の車内で肩を並べて、つり革につかまっているあいだ、若い彼女の横顔が輝くように見えた。

竹西寛子は、故郷・広島で女子専門学校に在学中、原爆投下に遭った被爆者だった。やがて、河出書房は倒産（一九五七年三月）、彼女は筑摩書房に移るのだが、その少し前、鶴見から「広島のことを書いてみませんか」と勧められたことがあった。（竹西寛子「遠くからの謝辞」）

竹西が書いた「記録と文学の間――原爆記録の文集におもう」は、のちに中央公論社から新しく創刊される第四次「思想の科学」創刊号（一九五九年一月）に載っている。つまり、鶴見は、先の醜聞騒ぎをきっかけに講談社版「思想の科学」が五五年四月号をもって終刊し、それから四年近くにわたって雑誌刊行が途絶えているあいだも、いずれ「思想の科学」は復刊するものとみなして、原稿依頼を続けていたことになる。竹西寛子が小説家、評論家としてデビューするより、まだ数年先だったころである。

一九五六年（昭和三一）五月、母・鶴見愛子が亡くなった。満六〇歳。

かねて心臓を悪くしていたが、三年前に脳溢血で倒れてから、闘病が続いていた。この五六年春、肝臓に癌が見つかり、最後はそれを原因としての逝去だった。

かつて療養にも使った軽井沢の別荘は、夫・祐輔の公職追放中に手放していた。だが、祐輔としては、岳父・後藤新平遺贈の別荘を手放したままでは申し訳ないとの思いがつのった。政界復帰を果たし、厚生大臣への就任後、彼はまた軽井沢に別荘を買いなおす。今度は、さらに離山に近い、やはり南側のふもとである。妻・愛子をここで療養させたいと考えていた。だが、彼女の病状はすでに重く、空気の薄い高原は好ましくないと判断されて、この別荘には出向けずに終わる。

ここ数年間、長男の俊輔は頑なに実家から離れていたが、母の最後の日々は、父・祐輔やきょうだいたちと交代で病室に泊まった。

あるとき、母の病室の前の長椅子で、親族から差し入れられたチキン・サラダを食べているとき、一一歳年下の弟、直輔が外から戻ってきた。当時、彼は慶應大学経済学部の学生だった。兄の俊輔は、とっさに彼に向かって、「これ、うまいぞ」と、食べさしのチキン・サラダの容器をフォークごと差し出した。そのとき、弟が、ぎょっとしたように体を引くのが、彼にわかった。

この一瞬に、俊輔は思い至る。

たしかに、幼時から自分たちが家庭で受けた教育では、他人の食べさしのサラダをいっしょにつつくなど、考えられないことだった。だが、いまや、自分はそのような習慣を忘れていた。このことが、自分の家族を離れて過ごしてきた時間の長さを、彼に思わせた。

さらに母の臨終が近づいて、あるとき、昼食をとりに外に出たのだったか、家族のほとんどが病室を空けている時間がぽっかり生じた。病室で、母のベッドの傍らにいるのは、次女の章子だけだった。彼女自身も、すでに子を持つ母親である。

このとき、燃え尽きかけた蠟燭がやにわに炎の力を増すように、母の意識が戻った。そして、章子に視線を向け、こう言った。

「和子さん、俊輔さん、直輔さんの育ち方は、それぞれに、あれでよかったと思っています」

それを言い終え、ほどなく母の命は尽きていく。

告別式は、五月一七日午後、青山斎場で、熊野《ゆや》清樹《きよき》牧師の司式によって行なわれた。式が終わるとき、葬儀委員長の加納久朗《かのうひさあきら》（日本住宅公団総裁）が、扉を開けて、

「鶴見愛子姉は天に凱旋されました」

と、大きな声で叫び、手にしたシルクハットで棺を送るように導いた。（『看取りの人生』）

それから数日を経て、小説家の佐々木邦からの手紙を俊輔は受け取った。「佐々木邦の小説にあ

らわれた哲学思想」（「思想の科学」通巻八号、一九四八年二月）を書いて、日本における自生的なプラグマティズムの例として、その作品を論じて以来、この作家とは淡い文通があった。手紙を開くと、こんなくだりが目にとまった。

――あなたが焼き場に立っているのを後ろから見ていましたが、わざと声はかけませんでした。その次の番が私の長男なので、ただ黙って立っていました。――

この一九五六年一一月、久野収と鶴見俊輔の共著で刊行された岩波新書『現代日本の思想』は、たいへんによく売れて、累計三五万部くらいには達したのではないかという。鶴見の著書中で、例外的な売れ行きを示した本である。

これがもたらす印税で、彼は葛飾区金町に清水三枝子の家を新築した。一九五七年一月に、彼女は思想の科学研究会を病気退職していた。

「サンデー毎日」にスキャンダル記事が書かれたとき以来、姉・鶴見和子は、弟の俊輔に対して、金町の掛川尚雄宅を退去して、自宅に戻ってくるようにと、たびたび勧めた。同じ家に暮らす清水三枝子との「同居」がスキャンダルの種にされた以上、よけいな誤解を招かないようにするほうが賢明だ、との配慮が彼女に働いたからだろう。だが、俊輔は、事実無根の記事に対して、こちらから遠慮して、その家を退去する必要などないではないか、と断じてそれには応じなかった。もし、そのようなことをすれば、こちらから記事の大筋を認めるような形になり、これまで温かく自分を遇してくれた掛川尚雄一家に対しても、たいへん失礼な態度を示すことになる、との思いが彼には強かったことだろう。

たまたま転げ込んだ大金をすべて投じて清水三枝子への返礼とすることができ、鶴見俊輔としては、いささか溜飲を下げた思いもあったのではないか。

一九五七年三月下旬、ハーヴァード大学経済学部の客員教授として滞米中の都留重人が、二日間にわたって米国上院治安委員会による喚問に召致され、証言を行なうという「事件」があった。いや、それ自体は、ことさら事件とするほどのこともない。だが、およそ一週間後の四月四日、彼の友人で駐エジプトのカナダ大使ハーバート・ノーマン（一九〇九年生まれ）が赴任先カイロで投身自殺を遂げたことで、その原因がワシントンでの都留証言と結びつけられ、これによって日本のマスメディア上では、記者、論壇人たちから、都留に対して猛烈な批判、論難が浴びせかけられるという「事件」となった。要するに、青年時代に左翼的思想傾向を強めた時期がある都留が、それに関する証言に応じたことで、友人のノーマンがマルクス主義者であると証拠立ててしまい、赤狩りが続く状況下、彼は追いつめられて自殺するほかなくなった――という解釈によるものだった。

これより数年前から、都留は米国の大学に招かれていた。だが、米国政府がなかなかヴィザを出さなかった。戦前の学生時代に、日本で都留が左翼系の学生運動に加わったことがあったせいなのか、理由ははっきりとはわからない。だが、戦後占領期の日本においても、米国の諜報機関が自分をしきりに調査しているらしいことは、都留自身も感じていた。ついにヴィザが下り、母校ハーヴァードで講義を始めたとたん、米国上院から召喚状が届いた。招いてくれた国への礼節を尽くしたいと考え、これに応じることにした。いざ証言を行なう場に立って、やっと気づいたのだが、ここでの焦点とされているのが、ノーマンとの関係だった。

一五年前、一九四二年の夏、都留重人夫妻は、日米戦争下の米国から交換船グリップスホルム号に乗って、日本へと戻ることを選ぶ。交換地のポルトガル領東アフリカのロレンソ・マルケスで、わずか数十秒ほどのあいだ、すれ違うように言葉を交わしたのが、旧友ノーマンだった。開戦以来、彼は駐日カナダ公使館の外交官として東京で抑留されており、このたび、やっと交換船・浅間丸に乗ってロレンソ・マルケスに運ばれてきていた。そして、彼らは、この東アフリカの港で互いに身柄を交換されて、都留は日本に、ノーマンはニューヨーク経由でカナダへと、帰国することになっていた。

この一瞬の出会いのあいだに、都留は、かねてノーマンに伝えたかったことを口にする。地元ケンブリッジに残してきた自分の蔵書を、彼に贈りたいと思っていたからだ。ノーマンがそれを切望しているであろうこともわかっていた。

「日本経済史に関する蔵書は、君にあげようと思って、ターシスに頼んである」

先にも述べたように、これだけを伝えて、二人はすれ違う。

ノーマンは、その後、都留から指示された通りに、ケンブリッジの国際学生協会で、彼のためにまとめて預けてあった書籍を受け取る。だが、さらに残っている本があるのではないかと、都留の元の住まいを訪ねた。このとき、住まいの持ち主から身分証明を求められ、カナダ外務省の者だと名乗った上で、近くのＦＢＩ（連邦捜査局）と大学当局に照会してくれるよう要請する。翌日、ふたたび都留の元の住まいを訪ねると、ＦＢＩの捜査官が二人来ていて、都留の所有物をすでに調査、差し押さえており、カナダ外務省の者だとノーマンが名乗っても、本の引き渡しは拒否された。

（中野利子『Ｈ・ノーマン』）

このとき差し押さえられた都留の書簡類などの文書も、一五年後の一九五七年、米国上院治安委員会は、すでに手に入れている。証人喚問の直前にそれらを示され、都留は内心の動揺を覚える。これらの文面には、一九三〇年代後半、いまよりずっと急進的な気持ちに傾いていたころの自分がありありと残っている。つまり、米国の捜査当局は、これらを手に入れて一五年間、諸資料を丹念に整理し、じっと、このときが来るのを待ち受けていたことになる。とはいえ、実際には、都留は米国上院での喚問で、ノーマンに不利な証言を残したわけではない。むしろ、慎重にかばっている。だが、日本の新聞、雑誌、評論家たちは、そこまで見届けない。それよりも都留を裏切り者に見立てて、道徳的叱声を浴びせるほうが、手っ取り早く記事になった。一つの記事が先走ると、多くの報道や、論者たちが、それを追いかけた。

——もしも自分だったら、どうすることができたか？——

歴史について考えることとは、ここに軸足を置き、考えを進めていくことである。だが、しばしば人は、それを見失う。（鶴見俊輔「自由主義者の試金石」、凡都人〔都留重人〕「米上院喚問覚書」）

三四歳の鶴見俊輔は、こうした報道に接して、数日過ごすうちに白髪がすっかり増えていることに気がついた。都留から自分が受けてきたことの大きさが、こうした肉体の変化に反映していることを彼は感じる。

もし、一九五一年、スタンフォード大学から客員研究員に招かれたとき、米国当局があっさりヴィザを出していたら、どうなったか？　博士論文もそこで執筆し、恵まれた知米派教授への道をすたすたと歩むことになっただろうか？

当時の日本はまだ米軍占領下で、しかも朝鮮戦争が続いていた。そして、米国社会の赤狩りは、かつて父・鶴見祐輔も関わった太平洋問題調査会（ＩＰＲ）など、民間レベルの国際交流の場まで「危険」視するに至っていた。つまり、知的交流そのものに、敵意の目をむけた。ちなみに、ノーマンの仕事は、最初の著書『日本における近代国家の成立』（*Japan's Emergence as a Modern State*, 1940.）以来、主だつ著作の発表を太平洋問題調査会に負っている。さらに、米国議会の反共主義的政治風潮は、太平洋問題調査会の「左翼偏向」に援助を与えるものとして、ロックフェラー財団による助成活動にまで攻撃の矛先を向けていく。都留重人たちが、これほどまでの米国の社会変化を心得ていたとは言えそうにない。（佐々木豊「ロックフェラー財団と太平洋問題調査会――冷戦初期の巨大財団と民間研究団体の協力／緊張関係」）

　まして、鶴見俊輔の場合は、日米戦争下にアナキストとして米国の獄中に置かれた。にもかかわらず、この時代に、都留よりも、さらに自分は米国という国家に対して無警戒でいたことを思わずにはいられない。いや、都留もまたそうなのだ。元の住まいに、古い時代の手紙を残してきたことなどについても。それもまた、一九三〇年代のニューディール期という米国近代史上でもっともリベラルな時代をそこで過ごした者に残る、古い時代の生活習慣とでも言うべきものだったのだろう。

　一九五九年（昭和三四）一一月、父・鶴見祐輔が脳軟化症（脳梗塞）で倒れる。それから、さらに一四年間、八八歳までの長寿を保つ。寝たきりのベッドのなかでも陽性の気性は変わらなかったが、発語（会話）の能力は回復しなかった。失語症の状態である。ただ、聞くこと読むことは正常にできるので、意思疎通のおりには、対話者は、あれ、これ、それ、と次々に、祐輔の意向を尋ねる言葉を並べて、同意してうなずいてくれるまで続けていくほかはない。このまどろっこしさを祐輔はよく耐えて、自分の意志をきちんと相手に伝えようとすることを、諦めなかった。

　倒れるよりしばらく前。一高時代以来の友人で、すでに故人となった種田《おいた》虎雄《とらお》（近畿日本鉄道初代社長）の伝記執筆を、鶴見祐輔は頼まれて引き受けたまま、長く果たせずにいた。見かねた長女・和子と長男・俊輔で、代筆して仕上げたことがあった（鶴見祐輔『種田虎雄伝』、近畿日本鉄道、一九五八年）。母・愛子を亡くしたころのことである。

鶴見祐輔は、自宅の病室の枕頭に、恩師の新渡戸稲造と、かつての米国大統領ウッドロウ・ウィルソンの肖像写真だけを飾らせていた。政治家としてもっとも心酔してきたウィルソンの伝記をいつか書くつもりで、これを生涯の大事業と考え、資料なども集めていたのだが、この計画は実現させることなく終わっている。

祐輔が倒れて数年後、英国の元首相チャーチルが没した。すると、祐輔の旧著『ウィンストン・チャーチル』の版元・講談社が、これにチャーチルの最晩年のくだりを書き足してもらって、新版にして出版したいと言ってきた。

老父の体調について釈明するより、自分が終章を補ってしまったほうがいいように思えて、長男・俊輔は資料に目を通し、父・祐輔の文体を模写して書いた。「英雄の死」と題する章である。

《チャーチルは、生家ブレナム城に近いブレイドンの墓地に葬られた。

イギリスの政治は、労働党に移っていたが、チャーチルの死にあたって首相ハロルド・ウィルソンはかれを評してこういった。

「チャーチルは議会においてもまことの戦士だった。かれの目的は傷つけることにあって、決して殺すことにはなかった。影響を与えることにあって、決して破壊することにはなかった」

たしかにチャーチルは古典的戦士の精神を今日に伝える最後の人のひとりだったのである。その生涯が反対党の党首によってかくもみごとに理解され、評価されるということに、イギリスの政治の達成があり、このイギリスに生まれたということに、チャーチルの政治家としての幸運があった。チャーチルの死は、荘厳なる落日であった。》（鶴見祐輔『ウィンストン・チャーチル』、講談社現代新書、一九六五年）

第四章　遅れながら、変わっていく　一九五九―七三

第一節　保守的なものとしての世界

一九五九年（昭和三四）二月。

紙芝居作者の加太こうじ（一九一八年生まれ）は、テレビの急速な普及によって、不景気にあえいでいた。

この日も、旧知の紙芝居屋が、借金したそうな様子で、葛飾区金町《かなまち》にある加太宅にやってきた。自分自身が借金の山で身動きが取れない状態なので、用事があるから、と加太は言いわけして、外出した。すると、相手の男も、ついてくる。――誰か知りあいに行き会ったら話しかけよう、と、加太は思っている。そうすれば、このお人好しの男はあきらめて帰ってくれるだろう……。

金町駅から、都心に向かう電車に乗る。車内に知人はいなかった。だが、見覚えのある顔があっ

1964年12月、
思想の科学研究会の忘年会。
加太こうじ（下、右側）とともに、
「相馬の金さん」の舞台を
真剣につとめる。
上野・本牧亭にて。

た。東工大助教授の鶴見俊輔らしい人物が、雑誌「思想の科学」の表紙を、わざとらしく、ほかの乗客たちに向けて持ちながら、座席に掛けている。面識はない。だが、加太こうじの紙芝居についての、雑誌やラジオで幾度か取り上げてくれた。だから、著書に付された写真などで、顔だちは覚えていた。

「鶴見さんですね。私、紙芝居の加太こうじです」

強引に話しかけ、その隣に腰を下ろしてしまう。相手は、目を大きく見開いて、

「もっと、お年寄りかと思っていました。六〇くらいかと思っていたのに」

などと言う。借金目当ての気のいい男は、しばらく、やりとりの様子を見ていて、やがて姿を消してくれた。

鶴見は、加太に「思想の科学」で自叙伝を連載しませんか、と勧めている。この偶然の出会いから、のちに加太は思想の科学社の社長までつとめることになるのだが、それは、ずっと後日の話である。（加太こうじ・山下肇『ふたりの昭和史』、加太こうじ『紙芝居昭和史』）

講談社版の第三次「思想の科学」が、鶴見に持ちあがった〝スキャンダル〟をきっかけに刊行が打ち切られ（一九五五年四月）、それから四年近くも同誌は刊行の中断が続いた。そして、やっと第四次「思想の科学」（中央公論社刊）が、この年一月に創刊されたばかりである。鶴見としては、それが嬉しく、こうやって電車に乗っているあいだも、車内の乗客に向けて表紙を掲げ、みずから宣伝につとめていた。

中央公論社社長の嶋中鵬二（一九二三年生まれ）は、小学生時代から鶴見俊輔の親友で、かねて「思想の科学」に助力したいと望んでいた。だが、経営者としての彼には、鶴見の極端に走りがち

な気性については、不安もあった。だから、小学生時代からのもう一人の親友、永井道雄（一九二三年生まれ、教育学者）が、一九五七年（昭和三二）、京大から東工大助教授に移ってくるのを待ち、彼にも参画を求めた上で、中央公論社からの「思想の科学」刊行に踏み切った。永井なら、小学生のときから優等生で、嶋中としても、この三人が揃えば安心だった。

したがって、鶴見が車内で宣伝につとめる「思想の科学」は、一九五九年二月号だったはずである。真鍋博による瀟洒なデザインで、表紙に印刷されているのは、こんなラインナップである。

《竹内勝太郎論　富士正晴
権力への責任　猪木正道
数学と弁証法　遠山啓
ルフェーヴルの弁証法　中村秀吉
〇
職場の群像（一）　上坂冬子》

上坂冬子は、まったく無名の書き手である。「職場の群像」は、自身が勤務するトヨタ自工での一九五〇年代前半の労働争議を背景に、事務職員たちの人間模様を描く。五年ほど前、京都のサークル「庶民列伝の会」で、これの原形となるものをノートにびっしり書き込んできて発表した（当時は、本名の丹羽ヨシコとして）。今度、新しく「思想の科学」誌上で連載するように勧めたのも、鶴見だった。掲載が始まると、トヨタ自工の組合幹部から、鶴見宛てに手紙が届いた。それは、「職場の群像」の筆者の本名を推定した上で、掲載停止を強く求めていた。だが、鶴見はこれを黙殺し、筆者本人にも知らせなかった。

父・鶴見祐輔が脳軟化症で倒れるのは、この年、一九五九年一一月である。命は取り留めたが、失語症と半身不随の症状は残る。父親の介護体制づくりの中心を担って奔走したのは、長女の和子である。東大病院での入院生活が一年近く続くあいだに、彼女は成城の家と軽井沢の別荘を処分して、父の政治生活がもたらした多額の借金などをすべて清算した。そして、残った額を投じて、郊外の練馬区関町に新しく家を求め、和子が寝起きする母屋の隣に、祐輔の病室および雇いの看護婦やお手伝いの居室を備えた別棟も設けた。昼夜交代で看護婦が二人、お手伝いは、住み込みが一人と通いが一人、という体制である。

和子は独身で、満四一歳。戦前の米国留学中、コロンビア大学で博士論文に着手しようとしたところで日米開戦、交換船での帰国を余儀なくされて以来、まだ正規の教職にも就けずにいる。にもかかわらず、さらにこれから父・祐輔への介護を担おうとする彼女の決断には、父親への思慕の深さとともに、この時代の「長女」という役回りにかかる重圧も、おのずと働いていたのではないか。

一九六〇年(昭和三五)春、プリンストン大学の社会学教授、マリオン・リーヴィが徳川社会の研究のために来日し、和子は日本滞在中の研究助手をつとめることになった。それでも、父の介護は、自身の社会生活に優先させている。初夏に向かうにつれ、六〇年安保闘争は、大きなうねりをなしはじめる。むろん、彼女も、できるだけデモにも出ているが、みずから運動の中核部分に加わる、ということはない。

一方、弟の鶴見俊輔は、一九五九年、筑摩書房の岡山猛から「日本の百年」という大型企画の相談を受ける。神島二郎、橋川文三、今井清一、松本三之介、鶴見という五人で編集・執筆を分担し、明治維新以来の百年を、記録現代史として全一〇巻に仕上げてほしいとのことだった。来るべき「明治百年」を政府行事に任せてしまうのではなく、民間の学問の課題としても取り組むべきだとする、竹内好の提案からの影響がうかがえる。

一九五〇年代に差しかかるころから鶴見が続けてきている大衆文化をめぐる研究。「転向」共同研究。さらに「日本の百年」を政治から衣食住に至るまでこまやかに資料に目を通していくという取り組みは、この時期の鶴見の思索に、ある明瞭な方向をもたらしているのが感じられる。歴史のなかに、いくつもの世代をまたいで形成されていく、民俗、言語、そして、近隣の小さな社会のなかにも培われる規範や諸機能。ここに根ざしてはたらく持続的な力。こうしたものへの着目の深化である。「芸術の発展」（一九六〇年、のち『限界芸術論』に所収）は、柳田國男を限界芸術《マージナル・アート》の研究者、柳宗悦を限界芸術の批評家、宮沢賢治を限界芸術の創造者、と見立てつつ、宮沢の仕事を土台に、ここからの展開のありようを析出しようと取り組む未完の試論となった。同時に、ここでの所論は、鶴見の仕事が、分析的な手法から、例示的な方法へと移っていく、ひとつの分水嶺をなすものでもあった。

堅牢な地層をこつこつと掘り下げる行為が、おのずと変化への兆しを胚胎することがある。それを思わせる出来事が、ほかにもあった。

一九五四年（昭和二九）に始めた「転向研究会」は、一九五九年（昭和三四）一月、ようやく『共同研究　転向』上巻（平凡社）を刊行するところまで漕ぎつけた。反響は、予期した以上に大きかった。やがて、総理府から、鶴見のところに連絡があった。新橋の天ぷら屋で待ち合わせ、二人の官僚がやってきた。「追放解除申請書が、うちにどっさり残っているので、せっかくだから役立ててほしい」という申し出だった。政治家、官僚、軍人、学者・評論家、実業人、作家・ジャーナリスト、右翼活動家ら、米占領下に公職追放に処された人びとが、この処分の「特別免除」を求めて、官庁（総理府の公職資格訴願審査委員会など）に提出していた、当人の弁明書である（ただし、これらの書類について実質的な審査をするのは、占領軍だった）。とくに積極的だったのは、係長の志垣民郎という人物で、同伴した上司の課長も、課の総意だから使ってくれ、とのことだった。

　大量の資料を彼らから預かり、転向研究会のしまね・きよし、横山貞子に、東大生で社会学専攻の見田宗介（一九三七年生まれ）も加わって、鶴見も含めて四人で手分けし、これらの文章を読んでいった（鶴見俊輔『期待と回想』）。追放解除後になって、いばった物言いをしている右翼の〝大物〟たちも、ここでは、「私は昔から民主主義者だ、追放解除してほしい」と、こんなに情けない弁明をしているのか、という驚きが、鶴見に残った（鶴見俊輔・上野千鶴子・小熊英二『戦争が遺したもの』）。これらの追放解除申請書の一部の内容は、鶴見俊輔・しまね・きよし「追放された人々の言い分」（『思想の科学』一九六六年八月号）で報告されている。また、のちに『共同研究　転向』下巻の改訂増補版（一九七八年）で、「転向思想史上の人びと」の略伝づくりにも、典拠を伏せて利用された。

「ドグラ・マグラの世界」（一九六二年）で、鶴見は、杉山茂丸の息子として、福岡の玄洋社の流れに位置づけられる作家・夢野久作（一八八九—一九三六）の小説に、国粋主義・国権主義への転向以前の民族主義——つまり、自由民権の拡大とアジア解放を求めるインターナショナルな視野を持つ民族主義者としての「世界小説」のありようを認める。

　また、「黒岩涙香」（一九六二年）では、稀代の人気を得た海外文学の翻案作家にして、新聞「万朝報」の発行人兼主筆として腕をふるった黒岩涙香（一八六二―一九二〇）に、粘り腰なジャーナリストとしての偉大さを見ている。日露戦争に際して、非戦論を貫くことで「万朝報」記者を離脱する堺利彦、幸徳秋水、内村鑑三といった面々のみならず、むしろ主戦論に転じた涙香にも、なお、大きな幅をもって自由民権の志が持続されていることを見てとるところに、転向研究を通過した鶴見の批評規準の豊かさがあった。

この見地は、一九七〇年代に差しかかろうとするころ、英国の作家ジョージ・オーウェルについて、彼の保守的な心性に光を当てて、それへの評価を鮮明にした態度にもつらなる（鶴見俊輔「オーウェルの政治思想」）。鶴見が述べるオーウェルの「保守主義」は、みずからの現在の思想に対して疑いを保ち、その疑いが自分の後ろ楯となっている国家にも及ぶ保守的懐疑主義に立っている。そこでは、保守的であるということが、国家批判の権利の放棄を意味することはない。むしろ、逆である。まして、現政府の決めた政策をつねに支持する、という立場を取るものではありえない。

「戦争中から戦後をとおって今にいたるまで、私が、こだわっているのは、〔日本の〕保守主義がそのまま国家批判の権利の放棄につらなるありかたです。理論的には別の保守主義があり得る、しかし現実にはそういう別の保守主義が日本でつよくそだたなかったし、その成立の社会的基礎そのものが薄いという認識です。（中略）そうだとすれば、その欠落をうめるために、保守主義以外の思想の潮流が代行することを認める。」（鶴見俊輔「戦後の次の時代が見失ったもの――粕谷一希氏に答える」）

第二節　一九六〇年六月一五日

鶴見俊輔がかねて敬愛していた石橋湛山は、首相就任（一九五六年一二月）後まもなく病いを得て、政権発足からわずか六五日間で退陣した。一九五七年（昭和三二年）二月、これによって、突如として出現したのが岸信介内閣だった。石橋の発病で、外務大臣だった岸が首相臨時代理をつとめ、そのまま次の組閣を担ったのである。あとから見れば、石橋政権発足にあたり、党内闘争を経た上で手堅く「首相臨時代理」の指定を受けておくところなど、さすがに岸は、ボクサーで言うなら試合巧者を思わせる。

岸信介（一八九六年生まれ）は、大東亜戦争（太平洋戦争）開戦に踏みきる東条内閣の閣僚（商工大臣）だった人物である。先の戦争での開戦責任がある当事者が、敗戦後わずか一〇年余りで、国の最高権力者に返り咲く。鶴見には、このことが、先に控える安保条約の改定問題よりも、まずは衝撃的な出来事だった。

だが、たちまち、時日は過ぎる。

一九六〇年（昭和三五）五月一九日、深夜（二〇日午前零時過ぎ）、衆議院本会議で日米新安保条約は自民党単独（党内反主流派は欠席）で強行可決される。これによって、アイゼンハワー米国大統領の訪日が予定される六月一九日には、新安保条約が「自然承認」される運びとなった。「完全なたちおくれ」と、振り返って、鶴見は書いている。（鶴見俊輔「いくつもの太鼓のあいだにもっと見事な調和を」）

五月二一日、都立大学教授の竹内好は、大学に辞表を提出。安保強行採決の前日（五月一八日）、彼は「安保批判の会」代表のひとりとして岸首相と面会し、国会解散を求めたばかりだった。竹内は、こんな挨拶文を知人たちに送る。

《私は東京都立大学教授の職につくとき、公務員として憲法を尊重し擁護する旨の誓約をいたしました。

五月二十日以後、憲法の眼目の一つである議会主義が失われたと私は考えます。しかも、国権の最高機関である国会の機能を失わせた責任者が、ほかならぬ衆議院議長であり、また公務員の筆頭者である内閣総理大臣であります。このような憲法無視の状態の下で私が東京都立大学教授の職に止ることは、就職の際の誓約にそむきます。かつ、教育者としての良心にそむきます。よって私は東京都立大学教授の職を去る決心をいたしました。

この判断は私の単独に下したものであって、何人の意志も介入しておりません。この処置は他人にすすめられるものではなく、また、すすめる気も毛頭ありません。私は文筆によってかつかつ生計を支えるくらいの才覚はあります。この条件の下で、私のなしうる抗議の手段として、私は熟慮の上で、この処置をえらびました。

私の辞職によって、同僚および学生諸君に迷惑をかける結果になるのは忍びないところでありますが、どうかお許し願います。そして今後とも変わらぬ友誼をお願い申しあげます。》

竹内の辞表提出の翌日、鶴見はこれを新聞の夕刊で知る。そして、自身も東京工業大学助教授の職についての辞表を、同月三〇日に出した。そのさい、みずから助手に採用していた判沢弘（一九一九年生まれ、転向研究会メンバー）には知らせなかった。声をかければ、年かさの彼まで辞表を出さずにはおれなくなる。だが、知らせずに辞めたことは、判沢の心に傷を残した。知らせたにせよ、知らせなかったにせよ、傷つけることは避けられなかった。（鶴見俊輔「判沢弘回顧」）

辞表提出の翌々日、六月一日の東工大文科系教授会で、鶴見は同僚たちに最後の挨拶をした。

「私の辞職の動機は、五月十九日、警官導入し、単独に安保決議したことにかぎりたい。岸首相の採った態度、また、政府機構はよろしくない。空虚に感じられる。東京工大には六年いた。皆さんが私に示してくれた寛容を感謝します」

それだけのことを述べ、すぐに鶴見は退出した。（水津彦雄「東工大辞職のころ」）

竹内好は、鶴見宛てに、このような電文を残す。

《ワガミチヲユキ　トモニアユミ　マタワカレテアユマン》

鶴見は、辞表提出の翌日にあたる五月三一日、思想の科学研究会の「主観の会」というサークルの面々に加わって、八王子の少年院に話を聞きに出向く。一行数人のなかに、画家で、アトリエ教室や学校で講師として絵を教えている小林トミ（一九三〇年生まれ）がいた。岸首相は、三日前、「院外の安保反対運動に屈すれば、日本の民主主義は守れない。私は国民の〝声なき声〟の支持を信じている」と、うそぶいていた。（小林トミ「鶴見さんと私」）

帰りの電車のなかで、新安保強行採決への憤りを口々に語りながら、このまま黙っていたら支持していることにされてしまう、デモはしたことがないが、今度は歩いてみようか、などと話しあっていると、隣に座っていたおばさんから、

「しっかりやりなよ」
と、声がかかった。新しいデモの着想は、このときに生まれた。少しずつお金を出しあい、白キャラコの布を買って、横幕に仕立て、こう書くことにした。

《総選挙をやれ!!
U2機かえれ!!
誰デモ入れる声なき声の会
皆さんお入りください》

全国統一行動、ゼネラル・ストライキの日とされた六月四日。鶴見俊輔は、前夜から、ゼネスト突入まぎわの国鉄労働者の組合と、彼らにさらなる闘争強化を求めて品川駅に坐り込んだ全学連主流派の学生たちのあいだを、ほとんど夜を徹して、調停に走りまわった。

そういうこともあり、この日、約束通り正午に虎ノ門の社会事業会館前にやってきたのは、小林トミと、同世代の映画助監督・不破三雄の二人だけだった。（声なき声の会編『またデモであおう――声なき声の二年間』）

ちょっと気勢をそがれたが、二人で安保批判の会の最後尾につけ、横幕を持って歩きはじめた。後ろには、誰もいない。

「はじめてデモに参加しプラカードを持った私はちょっと恥ずかしかった。国会近くになると横幕の後に三十人位歩いて来てくれたので、大分感激してしまった。そのうち『一緒に歩きましょう』と呼びかけると歩道から、一人、二人と大勢の人々が参加し、しばらくすると今度は歩道の人に呼びかける。そして参加者の中からは自然にリーダーが生まれ、新橋で解散する頃には三百人位の長い行列になっていた。」（小林トミ「それはこうしてはじまった」）

この日のゼネラル・ストライキで、国鉄は始発から午前七時まで止まった。実力行使への参加人員は、全国で五六〇万人。それが終わったあと、国会周辺に一三万人。全国四六八カ所で、五八万人のデモが行なわれた。（「いくつもの太鼓のあいだにもっと見事な調和を」）

新橋での〝声なき声〟のデモ解散後、小林トミは、とても家に帰る気になれず、国会前に戻った。付近で、思想の科学研究会（彼女自身も会員である）の人びとと合流し、もう一度、新橋に向かって横幕を立てて歩きはじめた。歩くにつれて、主婦や青年たちが大勢加わってきて、なかには赤ん坊をおんぶした人も混じり、長い行列になっていった。このとき、参加者の何人かから、次回のデモにもぜひ参加したいから、時刻と集合場所を知らせてほしいと声をかけられ、連絡先をいちおう「思想の科学」の事務局とさせてもらうことになった。

鶴見俊輔の日記帳は、この日あたりから、人の名前と電話番号、連絡方法が無数に書きつけられるばかりとなる。初めて会った人でも、一〇年、二〇年も互いに知っている同士のように、中心的な用件から切りだす会話が、当たり前のものとなっていった。

五月一九日以後の二週間のあいだに、岸内閣に対する反対運動は、一部の学生、前衛政党、労働組合だけでなく、一般市民層に支えられたものに変わってきていることが、こうして六月四日の昼夕二度にわたる〝声なき声〟のデモ隊列に途中から加わった鶴見には、自身の皮膚を通して感じられた。昼には、最初の二人から三〇〇人に増え、夕方の二度目のデモも二〇人から三〇〇人以上となった。道ぞいの両側から、人が入ってきた。

また、鶴見は、戦前の米国留学経験者一二名の「声明」を取りまとめ、米国大使館の前で配り、警備の警官たちにも丁寧な物腰で渡して歩いた。休憩中の警官たちは、熱心にそれを読み、胸ポケットにしまった。この光景が、週刊誌の写真グラビアに残っている（「週刊コウロン」一九六〇年六月二八日号、撮影・山田健二）。「声明」は、こんな文面である。

《声明
五月十九日の新安保条約強行採決以後、これに反対する運動が国民的な規模でおこっている。この混乱の中で岸内閣がアメリカの大統領をよぶということは、日本とアメリカの本当の意味での結びつきを強めるものではない。これは、いかにも現在民主主義のルールを無視した仕方で新安保条約を採決しようとしている岸内閣のやり方を米国が全面的に支持しているという印象をあたえるものである。
われわれは、アメリカの伝統に学び、アメリカに対して深い愛着を持つゆえに、いま岸政府がアメリカに対してとっている便宜主義的なむすびつき方をさけて、もっと本格的な日米両国民の友好の道をさがしたいと思う。
アイゼンハーワー大統領の訪日は、現在の混乱がおさまってから、あらためて計画されることを希望する。
一九六〇年六月九日
アメリカ留学生グループ
阿部行蔵、鵜飼信成、川口正秋、加藤秀俊、神谷宣郎、神谷美恵子、斎藤真、武田清子、鶴見和子、鶴見俊輔、細入藤太郎、南博》

関西にいる神谷美恵子に電話をかけ、この「声明」への参加を頼んだとき、彼女はすぐに承知した。「〔夫の〕宣郎さんはどうですか？」と鶴見が尋ねると、「宣郎は臆病ですから」と答えた。だが、神谷宣郎も加わった。（鶴見俊輔「神谷美恵子管見」）

ずっと年長の坂西志保（一八九六年生まれ、元・米国議会図書館東洋部日本課長）のところにも、参加を頼みに鶴見は出むいた。坂西は、日本政府関係の多数の委員もつとめている人である。死刑制度廃止の研究会が開かれている築地の料亭で、中座して、鶴見が待つ玄関先に出てきてくれた。文面に目を通し、彼女は、「このビラの趣旨には賛成です。しかし私は、集団のメンバーとして何かすることが信じられなくなっているので、私ひとりで何かやってみます」と答えた。（鶴見俊輔「独行の人」）

六月一一日のデモでは、「市民の皆さんいっしょに歩きましょう／五分でも百米でもいっしょに歩きましょう」と始まる散文詩のビラが、パステルカラーの上質紙に刷って配られた。同月一三日の夜、これに曲をつけたらどうか、という話が持ちあがった。これまでのデモで歌われてきた軍歌みたいなものではなく、童謡風ののびやかな歌にしたい。「めだかの学校」や「夏の思い出」で知られる中田喜直に作曲を頼んでみたら、どうか——。一面識もないまま、鶴見が中田宅に電話をかけると、夜半に帰るということだった。深夜に電話をかけると、中田は依頼の趣旨をすぐに理解してくれた。翌日、歌詞を届けて、あくる朝（一五日）には新しく作った曲を寄付してくれた。

六月一五日。この日も早朝からゼネストがあり、総評、中立労連系の一一一組合、五八〇万人が参加した。六月四日のゼネストより、さらに大きい規模である。ストのあと、国会周辺に向かうデモは、三三万人に及んでいく。

夕刻、〝声なき声〟のデモ参加者は、日比谷公会堂前に集まりはじめた。午後六時出発のデモ行進に備えて、「声なき声の行進歌」（作曲・中田喜直、作詞・安田武）の楽譜と歌詞が刷られたビラが配られ、歌の練習が始まった。楽譜の左上に、「歩くはやさで」と注記があった。

《市民の皆さん
いっしょに歩きましょう
　歩きましょう
五分でも百米でも
いっしょに歩きましょう
　歩きましょう
市民のみなさん
　勇気をだそう
いっしょに歩いて
私たちの気持を
あらわしましょう》

あとでわかったことだが、このころ国会周辺では、新劇人とキリスト者のグループが、右翼の襲撃を受けていた。

〝声なき声〟の行進は、この日ちょうちんを提げて気楽に歌いながら歩く行進として企画されていた。だが、ちょうちん屋と行き違ってしまった。いつまでもちょうちんの到着を待っているわけにもいかず、本隊は出発させ、鶴見俊輔と判沢弘がちょうちんを受け取りに走った。二人で、両手いっぱいにちょうちんを抱え、本隊を追って国会前まで来ると、先ほどまでと打って変わった惨状が、そこにあった。いたるところに負傷者が坐り込み、どこにどの大学生たちの隊列があるのか、まったくわからないほど混乱した状態だった。どこかの大学の女子学生が死んだ――という知らせが、学生たちのあいだを流れていく。

ひと山のちょうちんを付近の壁ぎわに置いたまま、〝声なき声〟の本隊を追っていくと、それは国会の脇を過ぎたところで、首相官邸前にとどまっていた。子連れの母親のなかには、おびえて泣きだす人もいた。ちょうちんに灯をともし、〝いっしょに歩きましょう……〟と、覚えたての「声なき声の行進歌」を歌いながら歩きはじめた。鶴見には、この歌詞を初めて示されたとき、〝市民のみなさん　勇気をだそう〟というくだりが、どうして歩くことにそれほどの勇気を要するのか、わからなかったが、右翼や警官が襲いかかってくる危険をおかして、子ども連れの市民のグループが歩いていくという状況のなかで、その歌詞は実感を伴うものとなって生きてきた。

行進は、新橋を抜け、東京駅の八重洲口まで歩いて、流れ解散した。参加者のなかには、こわい、もうこりごりだ、と口にする人もいた。明日すぐに、もっと大勢の人をさそって抗議デモをやろう、と計画する人もいた。そのまま、ふたたび国会へと引き返していく人もいた。

鶴見自身は、他の何人かと連れだって、国会前に戻って、学生たちのなかに入った。途中、何人かの母親たちが学生の周囲にいて、ハンカチや包帯を差し出しているのを見た。いつも〝声なき声〟の行進の最後尾に付いて、道行く人に「お入りになりませんか、お入りになりませんか」と泣くように繰り返し頼んでいる中年の婦人にも、ばったり行き会った。自分の息子が早稲田大学に行っていて、ここのどこかにいるはずなので気になって、とのことだった。そう言ってから、落ちつかない様子で、学生たちの群れのあいだに消えていく。

この夜、午後七時すぎ、全学連主流派七千名は、衆議院南通用門の鉄柵を引き倒し、バリケードとして並べてある警察のトラックを引き出して、国会構内へとなだれ込んだ。〃声なき声〃の一隊が、国会正門前あたりに差しかかったはずの時刻である。だが、全学連の学生たちは、国会構内に入ったとたん、警官隊に退路を断たれてしまい、警棒で容赦なく打ち叩かれて、五〇〇名の負傷者を出した。このすさまじい騒乱のなかで、東大生・樺《かんば》美智子（一九三七年生まれ）が死んだのだった。学生たちと警官隊のにらみあいが、夜半すぎまで、さらに続いた。警察のトラック二〇台が焼かれた。日付が替わり、午前一時前、警官隊は催涙弾を発射し、国会周辺の学生たちに襲いかかって、殴り、蹴り、捕えていった。検挙者一二七人。負傷者は、大学教員、報道関係者らを含め、数知れない。国会前から中継中だったラジオ関東のアナウンサーは、午前一時半ごろ、

「今実況放送中でありますが、警官隊が私の顔を殴りましたッ。そして首っ玉、ひっつかまえて、お前何をしているんだというふうに言っております。これが現状であります」

と伝えた。

政府は、午前零時すぎから臨時閣議を開き、「事件は国際共産主義の企図に踊らされた破壊的行動である」との声明を出している。

後日、このときの〃声なき声〃の行進の参加者の一人、両沢《もろさわ》葉子（一九二五年生まれ、当時・婦人問題研究所所員）は述べた。

「私たちが国会のわきまで来たときに、学生たちが、行かないでくれ。一緒にいてくれと泣くようにしてたのんでいたのです。そのときに、しばらく私たちの仲間はそこにたっていたのですけれど、

他の労組のグループはどんどんとおりすぎていくし、私たちのグループのリーダーが進もうというので、はなれていってしまったのです。あのときリーダーの人が、私たちの隊を二つにわって、のこれる人はのこるし、のこれない人はもっと行進をつづけて流れ解散するように言っていただけたら、一番よかったのじゃないかと思います。」

鶴見俊輔には、この未知の参加者の意見が、それまで聞いたなかで、いちばん正しい判断に思えた。(「いくつもの太鼓のあいだにもっと見事な調和を」)

詩人にして評論家の吉本隆明(一九二四年生まれ)は、六〇年安保闘争にさいして、より強く全学連主流派、ならびに、共産党に対立する新左翼・共産主義者同盟(ブント)に肩入れする姿勢で、その場所に立っていた。

彼は書く。

《六月一五日夜、国会と首相官邸の周辺は、ふたつのデモ隊の渦にまかれていた。ひとつの渦は全学連主流派と、それを支援する無名の労働者・市民たちで、その尖端は国会南門の構内で警官隊と激突していた。その後尾は国会前の路上にあふれていた。そして、頭をわられ、押しつぶされ、負傷した学生たちは、つぎつぎに後方へはこびだされて、救急車がかわるがわるやってきては、それをつれていった。

他のひとつの渦は、この渦とちょうど丁字形に国会と首相官邸のあいだの路をながれて、坂を下っていった。そして、ちょうど丁字形の交点のところで、腕に日本共産党の腕章をまいた男たちがピケを張り、この渦が国会南門構内で尖端を激突させている第一の渦に合流することを阻害していた。そこで、丁字形の交点の路上には真空が生れた。その一方では、つい眼と鼻のさきで流血の衝突がおこり、負傷者は続出し、他方では、労働者・市民・文化組織の整然たる行列が流れてゆき、その境では日本共産党員が、ふたつの渦が合流するのをさまたげている情景があった。そのとき、わたしたちは今日のたたかいが国会にあること、指導部をのりこえて国会周辺に坐りこむことを流れてゆくデモ隊に訴えながら、このピケ隊と小衝突を演じていた。安保過程をかんがえようとすると、この夜の情景が、象徴的な意味をおびて蘇ってくるのを感ずる。》（吉本隆明「擬制の終焉」）

これは、先に両沢葉子が述べたのと重なる場所の様子を、説明するくだりである。つまり、ここに言う「丁」の字の横棒、その左端が国会正門・日比谷公園の方面にあたる。それと反対方面、横棒の右端には、首相官邸がある。そして、一般の組合員などによる「整然たる」行列は、この横棒の左端方面から右端方面へ、つまり、首相官邸のほうへと直進していく。

一方、全学連主流派の学生たちは、こうした行進方向の途中で、右へ直角に折れて（つまり、「丁」の字で言うなら、縦棒の下端の方向へと）、進む。そちらに進むと、すぐに国会南門（衆議院南通用門）の鉄柵で阻まれ、これを突破するなら国会構内である。「丁」の字の縦棒は、その方向をさしている。

「丁」の字の横棒と縦棒との接点には、腕章をつけた共産党員が立ち、一般の組合員らの「整然たる」行列が、うっかり全学連主流派の学生たちについていかないように、ピケ（阻止線）まで張って、これら二つの「渦」の進路を振り分けているのだった。

六月一五日夜、全学連主流派の学生たちは、「丁」の字の縦棒を下に向かって突き進み、南通用門の先の国会構内に入って、警官隊に退路を断たれた猛烈な「渦」のなかで、東大生の樺美智子は命を落とす。

〝声なき声〟のデモ隊も、この「丁」の字の横棒を左から右へと、直進していく予定だった。だが、「丁」の縦棒と横棒の接点のところに、傷を負った学生たちが出てきて、行かないでくれ、自分たちを孤立させないでほしいと、頼んだ。どうするべきか躊躇して、しばらく〝声なき声〟のデモ隊は、この場にとどまった。だが、ほかの労働組合の列はどんどん進んでいく。自分たちのリーダーも、直進して進もうと言うので、そこで、負傷している全学連主流派の学生たちとは、離ればなれになってしまった。

あれで、本当によかったのか――? と、両沢葉子は、思い返している。

警官たちの暴力をおそれて、そのまま進みたいと思う人たちがいるのは、もっともだ。だが、その場にとどまり、傷ついた学生たちを見守りたいと思った人も、いるのではないか。だとすれば、違った考えの人は、「丁」の字の接点のところで別れて、互いに、それぞれの思った行動をとるのがよかったのではないか? と、このとき、彼女は考えた。(のちに、この人は「もろさわようこ」という筆名で、女性史についての著書を多数著す。)

鶴見俊輔は、この直後に、「6月15日夜」という一文を週刊誌に寄稿した(「週刊コウロン」一九六〇年六月二八日号)。

「一人の女子学生が殺された。これは新聞の報道するような殺し合いではなく、公平な喧嘩でもない。一方は素手であり、一方は税金によって与えられた許されるかぎりの武器を持っていた。このように装備の優劣のはっきりした条件において、なぜ学生たちは警官につきかかっていったり、警察の自動車を焼いたりするのか。仲間が殺され、傷つけられたことに対する怒りもあろう。だが、そのこと以上に一種の合理的な意図をもっているかに見える。

五月十九日以来、政府反対の運動についてのニュースで、言葉によるものはすべて、現政府に都合のよいものにかえられ、あるいは発表を禁ぜられたりして、もとの形でアメリカに達することはなかった。ハーター国務長官は、十一日の米国議会における証言において、この日本の政府反対の運動には大衆は参加していないと言っている。

その顔が日本の家庭で、テレビに写されていた。この厖大な情報網をもっているアメリカ国務長官の言明を、自分の一言で打ち砕くことのできる多くの男女が日本にいる。

だが、この人たちがなんと言おうとも、アメリカ国民にまで伝わることはない。このことはは っきりと現駐日米国大使マッカーサーに責任がある。マッカーサーが、どんなに五月十九日以来の大衆的規模における岸打倒運動について、アメリカに伝えまいと努力を払ってきたか。

それを理解しないかぎり、学生たちが力をこめてしていることの意味は捉えられない。言葉による伝達がとざされているとき、行動場面による伝達にはまだより広くゆとりがあった。首相の官邸の門をこわすとか、マッカーサー大使とハガチー氏をしばらくとり囲む場面をつくることをとおして、かれらの意志はアメリカ国民にテレビをとおして伝わってゆく。残念なことだが、日本の国民が、強い不満を現政府についてもっていることを、適切にアメリカ国民に伝える道は、行動場面を映画的、テレビ的な仕方で伝える以外に残されていなかった。」

それでも、なぜ学生たちは、長く日本の名物だった暗殺という方法に訴えないのか？　戦後の若者が切り開いた合理性と自制心の働きが、ここにある。彼らは、肉体に危害を加えるより、シンボルに見立てたものを打ち壊すことを選ぶ。この点では、戦前の右翼のやりかたは、いまでは警察に受け継がれている。

「――警官には、躊躇の色が見えた。しかし、門のわきに立っている自民党議員は、警官に向かって突っ込め、突っ込めとけしかけていた。これらの自民党議員が、かつて十五年にわたって日本の中国およびアメリカに対する戦争を、無理押しに進めてきたその当人であることを考えると、かれらが今日していることは、きわめて当然のことであるが、かつて鬼畜米英と罵しったもののために、いま全力をつくして同胞を肉体的に打ち壊して、贈り物にしようとしていることは、歴史の皮肉である。」

ここに記されるのは、日本の政権政党たる自民党議員、いや、より端的には、東条内閣閣僚だった岸信介を俎上に載せた、さらにひとつの転向研究というべきものでもあった。戦後の集団「転向」の類型が、ここに認められるとともに、これに抜きがたく伴う「永続転向」への非転向的な隷従の心性が、さらに陰惨な構図をなしている。

その日のこととして、吉本隆明は回顧する。

——六月一五日、ああいう行動に加わることで、「押し合いになって苦しいですから、これでおれも終りかと思った時間もありましたが、ここで死んでたまるかとすぐおもいかえします。ところがあとで若い人にきくと、そこで死んでもいいと思ったという。このギャップは、これはもういかんともなしがたい気がするのです。」(吉本隆明、座談会「'62年の思想——吉本隆明著『擬制の終焉』をめぐって」での発言。出席者は、ほかに竹内好、日高六郎、山田宗睦)

一方、鶴見俊輔は、数年を経ても、その吉本隆明を相手に、こう話す。

——「自分自身の感情としては、あのときはここで死んでもいいという結着はついていました。こわさは感じませんでした。この前の戦争中はものすごくこわかったんです。こんないやな、自分の信じていない戦争目的のために死んだらやりきれないというので、こわくてしようがなかった。しかし、安保のときは、あの戦争にくらべれば自分の目的により合致しているのだから、死んでもいいと思いました。」(吉本隆明との対談「どこに思想の根拠をおくか」で、鶴見の発言)

先に引いた座談会で、山田宗睦（一九二五年生まれ）は、吉本に向かって「吉本さんの心情の論理に、なにか玉砕の美学のようなものを感じるのです」と、述べている。だが、こと六月一五日の行動に関して見るなら、「玉砕の美学」じみた心情を重ねて述べているのは、やや意外だが、むしろ鶴見のほうである。

デモは、翌日の一九六〇年六月一六日も、さらにその次の日も続いて、同月一八日の国会周辺のデモはふたたび三三万人に達した。その間、アイゼンハワー米大統領の訪日延期が一六日に発表される。また、岸首相は、赤城宗徳防衛庁長官に、抗議活動鎮圧のために、陸上自衛隊の治安出動を重ねて要請したが、赤城長官はこれを拒んだとされている（同月一五日と一八日）。

とはいえ、岸首相は国会を解散せず、六月一八日の深夜、日付が翌一九日午前零時を迎えた時点で、日米間の新安保条約は「自然承認」されるに至った。国会の周囲を埋めるデモ参加者のあいだでは、その瞬間にむかって何事かが起こるのではないかと異様な緊張が流れたが、実際には、静けさのなかで刻限は過ぎていった。およそ四万人が国会周辺で夜を明かした。

鶴見俊輔ら、思想の科学研究会の顔ぶれも、ここにいた。

「『声の会』の人達と一晩中語り合う。いつものことながら女性の多いのに今更ながら驚く。会の三分の一は女性だ。多くの人々は夜を徹した。」（「事務局日誌抄」、「思想の科学会報」第二七号より。筆者は事務局担当の判沢弘と思われる。）

この時期、思想の科学研究会の会長をつとめていた久野収（一九一〇年生まれ）は、デモ仲間の一人として鶴見俊輔と行動をともにすることが多かった横山貞子から、「俊輔さんが今度は命がけで掛かっているのでとても心配だ、先生からそれとなく死地へ赴かないように守ってほしい」という意味のことを頼まれたことがあった。(久野収「思想の科学研究会をふり返って」)

当の横山貞子自身は、この夜、静かに自制を保って「自然承認」のときを迎えた抗議の人びとの様子に、未来にわたる意志の強さを感じる。こうした感想は、疲労困憊の鶴見にとっては意表をつかれるものだった。だが、それだけに強い感銘と慰めをもたらすものでもあったろう。

六月二三日朝、新安保条約の批准書を交わしたところで、岸首相は退陣を表明。この内閣を支えてきた官房長官・椎名悦三郎は、第一章で述べたように鶴見俊輔の縁戚にあたる。

翌々日の同月二五日、鶴見俊輔は、満三八歳の誕生日を迎えた。

第三節　結婚のあとさき

横山貞子は、一九三一年(昭和六)一一月九日、群馬県北甘楽《きたかんら》郡富岡町(現在の富岡市)の酒造家に生まれた。惣領長女で、下に弟が三人と妹が三人いた。

少女時代は、母方の祖母・せん(一八八五年生まれ)、母・幸恵(一九〇九年生まれ)に続いて、貞子も前橋の共愛女学校に学んで、寄宿舎生活を送った。プロテスタントの組合派の学校だが、海外のミッション・ボードの援助に頼らず、地元有志の寄付によって設立された学校である。この学校に貞子が進んだとき、すでに戦争の真っ只中だった。だが、校長は同志社に学んだ台湾人の周再賜(一八八八年生まれ)で、台湾、朝鮮、満洲からの留学生も多かった。寄宿舎の女生徒のあいだでは、上衣として朝鮮のチョゴリを着ることが流行したりしたという。(魚木アサ・横山貞子「デントン・周再賜――女子教育の伝統」、阪口直樹『戦前同志社の台湾留学生――キリスト教国際主義の源流をたどる』）

戦後、同志社女子大学英文科に学んで、一九五四年（昭和二九）に卒業。最終学年のとき、鶴見俊輔らの「庶民列伝の会」に参加するようになった。

大学を出ると、父・庫次（一九〇五年生まれ）を説得して、東京で慶應義塾大学大学院英文科に進んだ。下のきょうだいたちも、次つぎ進学して東京で暮らすことになり、そのための家を一軒、両親は目黒区鷹番町に新築してくれていた。慶應の大学院に進むと、ちょうど鶴見俊輔も京大から東工大助教授に移って、その研究室で「転向研究会」が始まり、これにも参加した。慶應の大学院で修士課程を終えると、米国イリノイ大学マス・コミュニケイション学科に留学。その間、転向研への参加は中断するが、日本に戻って、五七年秋、復帰した。

一九六〇年春から夏にかけての安保闘争を越え、同年一一月九日、鶴見俊輔と横山貞子は結婚する。

結婚に至る具体的な経緯について、詳しく聞きただしたことはない。けれども、鶴見の口ぶりなどからすると、わりに早い時期から、当人同士は心通わすところがあったものと思える。ただ、そのことについては、転向研究会などの仲間たちにも、はっきり公言はしていなかった。親族などに対しても、そうだったのではないか。

「十月の或る日、鶴見さんからの結婚状が舞い込んできました。今回、横山貞子さんと結婚の運びになられたる由、編集子は感無量であります。『鶴見さん、横山さん、本当におめでとうございます』」（「消息」、「思想の科学会報」第二八号より。「H」という一字署名があり、事務局担当の判沢弘の筆によるものと思われる。）

同じ転向研究会のメンバーでも、安田武（一九二二年生まれ）は、書き方にもっと遠慮がない。

「一九六〇年の秋、鶴見俊輔から、突然、『結婚します』という、宛然、宣告文のような挨拶状を貰った。青天霹靂とはまさにこういう場合を形容するのであろう。しかも、『花嫁』は、わがサークルの女性三羽烏——トリオ、とは書かない、このゆかしさ——のひとり横山貞子とある。とるものもとりあえず、高畠通敏に電話すると、彼は、あまりのショックに、蒲団を引き被ったまま寝込んでいるという。これは、ムリないことであった。」（安田武「実録『転向』研究会」第二回、「思想の科学会報」第四七号より）

いずれにせよ、転向研究会の仲間たちでさえ、二人の「結婚」について、当人たちからはっきり告げられるのは、その直前のことだったようだ。ともあれ、結婚当日の一一月九日で、横山貞子は満二九歳となった。

——「結婚」とは、何をしたのですか？

と、横山に尋ねてみたことはある。

——結婚の通知を送って、婚姻届を出す。それだけ。——との答えだった。

ただし、安田武の回想には、「鶴見俊輔と横山貞子の結婚披露が、国際文化会館で行われた時……」との記述もある（「実録『転向』研究会」第四回、「思想の科学会報」第四九号より）。当時、国際文化会館では、鶴見俊輔のいとこ、鶴見良行が事務局支配人兼宿泊管理課長として勤務しており、施設を使う上での便宜はあった。結婚する当人たちとしては、親しい仲間たちを誘って食事をする、というくらいの気持ちで、「結婚披露」とまで意識していなかったのかもしれない。

ともあれ、二人の結婚については、報告を受けた側のほうが、かえってドギマギしている様子である。同じ一文で、安田武はさらにこだわる。

「安保闘争のころ、『週刊コウロン』の仕事で、鶴見俊輔と高畠通敏と横山貞子と四人、麹町の

『千代田』という旅館に、カン詰になったことがある。その時、横山貞子が、途中で、家へ帰ってくる、といい出した。家へ帰って風呂に入ってくる、というのである。彼女が去ったあと、高畠と私と二人で、横山貞子論をやった。話し好きの俊輔が、どういうわけか、その時は話のなかに入ってこなかった。

『結婚します』という通知を受け取って、高畠がひっくりかえってしまったのは、トタンに、この時のことを思い出したからにちがいない。勿論、悪口をいったワケではない。ただ、彼女の癇性なまでの潔癖感とクリスチャンであること、地方の素封家の娘であることとの〝思想的・精神的・客観的考察〟を論じあったに過ぎない。しかし、俊輔と横山貞子とが、いよいよ結婚するということになると、あの時、めずらしく話に加わってこなかった――涼しい顔で、仕事に没頭していたらしいような俊輔の『沈黙』が、なかなか不気味に思えてくるのである。」

たしかなことも、いくつかある。

一つは、鶴見と横山が、この結婚以来、相手を二人称で呼ぶとき、「汝」と言ってきたことである。むろん、これは聖書の古い日本語訳で使われた言葉であって、それにならった。夫から妻を呼ぶときは「おい」、妻から夫を呼ぶときは「あなた」、――こんなふうに非対称な呼び方になることは避けたかった、だから、言い交わして、そのように決めた。これは横山から聞いたことがある。鶴見に聞いたとしても、たぶん、同じ説明が返ってきたのではないか。傍から聞くと、耳慣れない響きなのだが、これは鶴見の最晩年までずっと続いた。のちに長男の（そして一人っ子となる）太郎が生まれて、一家三人。その家庭には、家族間で言い交わして決めれば、たとえ、世間の習慣からは少し風変わりに感じられることでも、ずっと持続できるという風があった。「汝」という夫婦間での呼び方は、なかでも、もっとも早くからの例ではないか。（たとえば、電話に出ない、と宣言して、かなり長く実行した期間があった。横山の心臓病への負担を考えて、というように鶴見は言っていたが、鳴り続ける電話に出ない、というのも、それなりに忍耐力を必要としたのではないか。だが、鶴見宅にはいやがらせのようなものも含め、やっかいな電話が多かっただろうから、現実的な負担軽減にも益するところはあったと思える。鶴見和子が脳出血で倒れて〔一九九五年一二月〕、それ以後、急用の事態に備えて、この宣言はおのずと解消されたように記憶する。）

もう一つは、一一月九日の「結婚」後も、彼らは、これまで暮らしたそれぞれの家に、なおしばらくのあいだ、べつべつに暮らす。たとえば、鶴見は、結婚前の時期、『現代日本の思想』（久野収との共著）の印税によって清水三枝子のために建てた家（葛飾区金町に所在）で、自分用の一部屋をあてがわれ、そこに下宿する形で暮らしていた。清水三枝子の姪で、鶴見が可愛がっていた幼い掛川雅代も、この家に引き取られて住んでいる。一方、横山は、目黒区鷹番町の家で、きょうだいたちとともに暮らしてきた。結婚後も、なおしばらく彼らは、これらの家にとどまり、各自で暮らす。

したがって、結婚直後の「思想の科学会報」第二八号（一九六〇年一二月一日発行）に掲載された「会員名簿」でも、彼らの連絡先は、並んで、こんな表記である。

《鶴見俊輔　葛飾区金町三ノ二〇二二　清水方
鶴見貞子　目黒区鷹番町七〇　横山方》

これには、鶴見俊輔に三度目の重い鬱病が現われはじめたという事情も、関わっていたと思える。

「あれだけ安保闘争をやったんだから、結婚だって、やれるんじゃないかと思ったんだ」

冗談にまぎらせた口調で、あるとき鶴見は言った。

たしかに、そういう心の動きは、あっただろう。

鶴見には、「結婚」などという行動を選んで、抜け駆け的に自分が〝幸福〟を手にすることに、自罰的な意識が働く。かねてから、自分でそれを予期しているだけに、結婚に踏みきることへのためらいと自戒が、絶えず彼にはあったはずである。

とはいえ、こうした自縄自縛の状態を打ち破れずにいることには、べつの負い目と自己嫌悪も、彼に生じる。恋人の横山貞子のことである。ひそかに心を交わすような形で、自分は彼女のことを「待たせ」続けてきた。ひそかに、というのは、自分たちの関係においても確実な約束（たとえば結婚など）を「言明しない」ということである。なぜなら、結婚を望むような自分を意識しだすと、とたんに罪責感が頭をもたげて、鬱のほうへと追い込まれる。過去に感情の行き交いがあった女性たちに対する自分の挙措を、彼は忘れることができずにいたからである。

だが、かと言って、これ以上、横山を「待たせ」続ければ、もう彼女は三〇歳になってしまう。当時としては、すでに相当な晩婚の域である。自分のことだけなら、世間的な常識論など、もはや無視しても生きられる。だが、彼女のことを考えるさいには、常識論が重みとなって、彼に加わる。なぜなら、横山貞子が、本当のところで、どう思っているのか、彼にもわからないからである。おそらく今後も、彼女のほうから、結婚してください、などと言いだすことはない。そして、これからも、ずっと、平気そうな、落ちついた顔をしていることだろう。だからこそ、鶴見は落ちつかない。自分ひとりで、先回りして圧迫感をますますつのらせ、焦りが増してくる。

だから、六〇年安保にあれだけ無心に打ち込んだ自分の余勢を駆って、個人生活の領域でも、一気に問題解決を図りたい、という野心が湧く。加えて、鶴見は、六〇年安保に駆けまわるなかで、この問題に対する彼女の反応に、たびたび胸を打たれることがあった。自己破壊的に六〇年安保のなかを突きすすみ、消耗し尽くした鶴見には、さらに彼女を求める気持ちが増していただろう。

個人生活で自身の幸福を追求しようとすれば罪責感にとらわれ、かといって、立ち止まってしまうと、横山に対する自責の意識で自己嫌悪がつのる。これぞ、グレゴリー・ベイトソンの言う「二重拘束《ダブルバインド》」の状態だった。

鶴見の鬱がつのってくる。

いわば勢いを駆って「結婚」まではしたものの、それを直視することを避けようと、同居を遠ざけておきたいという信号を発する。優柔不断、もしくは、往生ぎわの悪さということか。だが、いまはそれを受け入れるしかないという横山の判断が、二人の暮らしぶりからうかがえる。それは、彼を自殺に追い込んでしまうという結果を、何より彼女が恐れたからのことでもあったろう。弱みは、こうして、互いにある。

同年一二月、二人は、瀬戸内海のハンセン病療養施設、長島愛生園へと「新婚旅行」に出向く。園内誌「愛生」で、鶴見は毎年、「文芸祭」に公募される評論文の選考にあたってきた。ここで友人となり、思想の科学研究会にも加わったハンセン病者の詩人・志樹逸馬は、ちょうど一年前、一九五九年一二月三日に満四二歳で没してしまった。まだ、治代夫人は、その島にいることだし、彼の墓参もしたい。また、現地の知人たちに新妻の横山貞子を紹介し、彼女にも島を見せたいという気持ちが、鶴見には働いていただろう。

赤いバラの大きな花束を用意して、在園者たちは、二人を待ち受けてくれていた。この花束を抱えて東京に戻り、家財など何もないまま、金町の清水宅の一室で、初めて同居して暮らしはじめた。

とはいえ、旅のあいだと、ひとつの場所に定着して暮らすときの重みは、違ってくる。鶴見は東工大を辞職して、カネもなかった。加えて、清水三枝子宅の建設には、隣接する敷地に賃貸アパートまで建て増そうとしたことで、借財が残った。いまの彼には、不定期に入る原稿料、いくばくかの印税があるばかりだ。目下、引き受けている仕事で、大がかりなのは筑摩書房からの「日本の百年」シリーズの企画だが、これは形になるまで、まだまだ時日を要する。急げば収入をもたらしてくれるのは、みすず書房から引き受けたライト・ミルズ『キューバの声』(*Listen, Yankee : The Revolution in Cuba*) の翻訳くらい。この秋、原著が出版されたばかりのものである。鶴見の鬱も、いよいよ、さらにつのってきた。

年の瀬近く、ついに、二人はまた旅に出た。

伊豆・湯ケ島の宿の小部屋にしばらく置いてもらって、そのあと、沼津に出て、さらに名古屋に向かった。所持金は尽き、しかも、年が明けて、一九六一年（昭和三六）の正月となっていた。見知らぬ土地なので、工面を頼める知人もいない。ホテルのロビーのカウンターごしに、フロント係の男性二人が立つのが見えた。横山が事情を話すと、東京に戻ってから送金する、ということで、部屋を用意してくれた。

宿の部屋でも、列車の車内でも、鬱のあいだの鶴見には、ひどく落ち込んで物思いに沈んでいるか、どなって当たり散らすか、どちらかの状態が交互に現われた。列車の座席で、なじられ続けるのは、つらい。

それでも、東京に戻る列車のなかで、物思いに沈み込んでいる状態よりも、当たり散らしている時間が増えてくると、横山には、まだしも前より安心なように思われた。鶴見の自殺への衝動が、少しずつ薄れているのを感じたからだった。

東京に帰着したところで、いくらかのカネを工面して、そのまま、日暮里駅近くの谷中初音町で六畳一間のアパートの部屋を借りた。東京の懐かしい町の面影が残っているので、このあたりで暮らしてみたいと、鶴見が望んだからだった。共同便所で、電話はない。テレビもラジオも持たない暮らしだった。ほとんど逼塞して、雑誌「思想の科学」の編集会議その他の会合にも出ていない。ただ、「思想の科学」誌上で、武田清子、関根弘と三人で続けてきたサークル雑誌評「日本の地下水」(もとは雑誌「中央公論」に連載していたが、中央公論社版「思想の科学」が創刊されて、こちらの誌上に引き継がれた)は、おおむね、毎回きちんと続けている。郵送で、原稿を編集部に届けたのだろう。この住所(台東区谷中初音町四ノ一五九)への転居は、「思想の科学会報」(第二九号)の「雑報」欄には載せているが、それ以外、知人にもほとんど居所を知らせていない状態だった。

鶴見は、自己嫌悪がつのると、一人きりになりたがる。そのときには、そうさせるほうがいいのだと横山は気づき、少し離れた場所にもう一つ六畳の部屋を借り、彼女自身はそこで暮らしはじめた。そして、おりおりに鶴見がいる部屋へと通う。鶴見の居所を探り当てて訪ねてくる記者や編集者は、できるかぎり横山が押しとどめ、代わって応接するようにした。

仕事をし、収入を得ることが必要だった。ライト・ミルズ『キューバの声』の翻訳は、横山も手伝い、というより、七割がたを彼女が訳した。鶴見は注文原稿を仕上げねばならず、加えて、筑摩書房の「日本の百年」の作業量は膨大だった。『キューバの声』の資料は横山の部屋に、「日本の百年」の資料は鶴見の部屋にまとめておいて、〝キューバの部屋〟〝日本の部屋〟と呼び習わして、取りかかる仕事に応じて、それぞれの部屋を行き来したりした。

「日本の百年」の仕事は、各時代の衣食住、政治、経済、そして犯罪に至るまで、社会史にまつわるあらゆる資料に目を通していく。原稿を書く時間が足りずに、調度のない部屋で、横山が画板のようなものを膝に載せ、そこに原稿用紙を置き、鶴見が口述するのを書き取った。それでも、鬱々と心持ちをこじらせている鶴見は、横山の筆記が滞ったりしたときには、「こんなことも知らないのか……」と、なじる。いや、当人は、なじるつもりなどないのかもしれない。だが、そうした一語一語は、彼女の胸に辛辣に響いた。

ともあれ、ライト・ミルズ『キューバの声』の翻訳は、猛スピードで進んだ。前年秋に原著が出版されたばかりだが、鶴見俊輔による「訳者あとがき」の日付は、この年（一九六一年）二月二五日。そして、早くも三月二五日の奥付で、刊行されている。

鶴見の鬱病などお構いなしに、世界は猛烈な速度で動いていた。一九六〇年一一月八日、米国大統領選挙で、ジョン・F・ケネディが、リチャード・ニクソンを歴史的な僅差で下す（時差を考慮に入れれば、これは鶴見たちの結婚当日である）。一方、米国の社会学者ライト・ミルズは、革命キューバに西側言論人としていち早く乗り込み、街の人々の声を片っ端から拾って、キューバ人の声を通して語る文体で、この一冊を駆けるように書きあげた。

訳者の鶴見は、この本を「新しい意味での外交文書」だと述べている。「国家」を介さず、異なる社会に生きる人と人とが直接に声を重ねる「外交」もありうる。それに役立つ「文書」であると、この多声的な書物をみなしたのだろう。

鶴見俊輔と横山貞子が、こんなふうに谷中初音町のアパートで暮らした期間は、一九六一年（昭和三六）一月から、同年九月末にかけてである。そのあと、ふたたび彼らは葛飾区金町に戻っている。

第四節　テロルの時代を通る

一九六〇年（昭和三五）は、暴力が、政治の表層にまで急浮上した時代である。政権みずからが、安保反対運動に対し、警官隊による暴力的な取締りを黙認する姿勢で臨んだことから、たちまち、荒々しいテロの連鎖に陥っていく。

同年六月一五日、安保反対をとなえて国会構内になだれ込んだ学生たちの一人、東大生の樺美智子が、警官隊による警棒の乱打のなかで、命を落とす。

六月一七日には、社会党右派の河上丈太郎が、右翼の青年に衆議院議員面会所で斬りつけられて、負傷する。

さらに、七月一四日、岸信介首相その人も、後継が池田勇人に決まると、とたんに、首相官邸で右翼に太ももを刃物で刺された。

社会党委員長・浅沼稲次郎は、一〇月一二日、日比谷公会堂での演説中、一七歳の右翼少年によって刺殺される。

一一月には、深沢七郎の小説「風流夢譚」が「中央公論」一二月号（一一月一〇日発売）に載る。新聞のコラムや時評では、当初、わりに好意的な反応が続いた。だが、言及が重なるにつれ、夢物語の体裁ながら、皇族が「実名」をもって首をはねられる場面があることに注目が集まり、これを理由に右翼が動いている、と警察が出版元に知らせてくる。そのうち、右翼が中央公論社に現われる。これを新聞が追いかけ、宮内庁も「風流夢譚」には不快感を示した、とニュース性を加える。

新聞の論調は、ここで「文芸」としての扱いから「社会問題」に転じて、さらには、この作品での「皇室」の扱い方の批判へと、流れていく。こうした状況に至ると、大手のジャーナリズムは、まずもって、火の粉が自分たちに降りかかるのを防ごうとする。自分（たち）はこの作品の書かれ方を容認するものではないが……、という前置きが、必須のものとなる。あまり直接に読まれることもないまま、「風流夢譚」という作品名のタブー化だけが強まる。

ここで、雑誌「中央公論」の編集長みずからが、右翼へ詫びを入れに出向いていく。さらに、翌月の「中央公論」（二月一〇日発売）誌上に、「実名を用いた小説の取扱いに十分の配慮を欠いた結果」、「いたずらに世間をお騒がせいたしましたことについて」、「関係方面並びに読者諸賢に深く遺憾の意を表するものであります」と、編集長名による社告を掲載するに至る。こうなると、右翼の動きも、さらに活発になっていく。

そして、翌一九六一年（昭和三六）二月一日、右翼の少年が中央公論社社長・嶋中鵬二宅に押しかけて、嶋中夫人（嶋中雅子）に重傷を負わせた上、止めに入ったお手伝いの女性（丸山かね）を殺害するという、「嶋中事件」が起こるのである。

鶴見俊輔は、このとき、谷中初音町のアパートに引きこもって暮らしており、部屋にテレビもラジオもなく、新聞も取っていない。事件の翌日（一九六一年二月二日）、午後三時ごろ、上野駅まで出て新聞を買って、この事件が起きていたことを初めて知った。すぐに嶋中夫人を病院に見舞いにいき、そのあと、嶋中鵬二を自宅に訪ねた。永井道雄がすでに来ていて、嶋中の自室に入り、三人で話しはじめる。（鶴見俊輔「『「風流夢譚」事件以後』を読んで」）

事件後に届いたハガキなどの束を、嶋中は枕元に置いていた。右翼の襲撃について、いい気味だとして、さらに憎しみを示しているものが多く、そのことが嶋中に打撃を与えていた。彼は、この国に、神社関係者がこれほど多くいるということも初めて知ったと言い、そういう事情を十分考慮に入れずに雑誌を出してきたことには、出版社の社長として反省があると述べた。

永井道雄が用意してきた社告の原案を示し、それに目を通した嶋中は不満を表した。永井による案は、テロに対して言論をもってたたかうことを中心に、強い主張を述べるものだった。

やがて、思想の科学研究会会長の久野収が、鶴見良行に伴われて到着した。久野は、ヒゲをぼうぼうに生やした鶴見俊輔の異様な風采に驚いた。永井道雄による社告原案を久野は一読し、これでは立派すぎる、鶴見俊輔がもういっぺん手を入れなおして、もっとトーンダウンしたほうがよい、と意見を述べた。久野には、戦前、反ファシズムの雑誌「世界文化」や「土曜日」の刊行に、出版弾圧をかわしながら(かわしきれなかったが)携わった経験があった。玉砕か屈服か、という二者択一に追いこまれることなく、〝芸は売っても身は売らぬ〟筋道を見つけていくには、原則論に頼りきれない難しさがあるというのが、彼の実感だった。(「思想の科学研究会をふり返って」、久野収『久野収　市民として哲学者として』)

そこで鶴見俊輔は、「中央公論社」名による「ご挨拶」の文面を、「――実名を用いた小説を扱うにあたっての十分な配慮を欠いていたことを深く反省し、このことについて出版人として遺憾の意を表明いたします。……」という文脈のものに書きあらためていった。

むろん、中央公論社としての社告について、社長たる嶋中が、個室にこもりきって、鶴見、永井ら社外の者に相談している、というのは、異常な状態である。だが、すでにテロによって嶋中の家庭生活は破壊されており、そのショックによる心理的な退行状態のなかで、小学校以来、三〇年余りのつきあいが、彼らのなかに甦ってきていた。(このとき検討された社告は、同年二月五日の主要新聞各紙〔朝日新聞は意見広告にあたるとして掲載を拒んだ〕ならびに雑誌「中央公論」三月号〔二月一〇日発売〕に掲載される。)

二月四日午後、鶴見は、護国寺で行なわれた丸山かねの葬儀に参列してから、ふたたび谷中初音町の部屋に引きこもる。そして、中央公論社とも、思想の科学研究会とも、交渉を持たない状態がさらに続いた。そのあいだ、ずっと、旧友の嶋中鵬二を助けられない自分のことが、重荷だった。

鶴見俊輔は、この一九六一年九月から、京都の同志社大学文学部に社会学科新聞学専攻の担当教授として招かれて、教えはじめる。鶴見を同志社に迎えられないかと、交渉の使者役を担ったのは、戦後、この大学での新聞学専攻の創設時から担当教員をつとめてきた和田洋一(一九〇三年生まれ)だった。和田も、久野収らよりさらに年長世代として、「世界文化」同人に加わり、やがて京都人民戦線事件として検挙(一九三八年)された履歴の持ち主である(和田洋一『灰色のユーモア――私の昭和史ノォト』)。新聞学専攻の教員陣に欠員が生じたところに、東大で政治学を教えた堀豊彦(一八九九年生まれ)から鶴見が東工大を辞職して以来、逼塞している様子を伝え聞き、みずから東京に出向いて、堀豊彦宅で鶴見に会った。鶴見は、その家の暗い廊下をゆらゆらと揺れながら歩いたことを覚えている。まだ鬱病のさなかで、こうした会合にも横山貞子に同行してもらうことが必要だった。鶴見としては、長く知る武谷三男、また久野収とともに、和田洋一も戦前の京都で「世界文化」に加わっていた人物であることから、親しい気持ちを抱いたことは確かだろう。やがて鶴見は、戦前の京都で発行されていた「世界文化」や「土曜日」を、「思想の科学」の源流をなすものと意識するようになる。(鶴見俊輔・横山貞子「概念を生む現場」、鶴見俊輔『「思想の科学」私史』)

ちなみに、このとき、和田洋一と鶴見俊輔の仲立ちを果たす堀豊彦は、高畠通敏(一九三三年生まれ)が東大法学部で学んだ当時の担当教官だった。同じ法学部教授をつとめていた丸山眞男は、高畠が学部生ながら転向研究会に参加して頭角を現わしたところ、「彼は秀才だからつぶさないでくれ」と、わざわざ鶴見に念を押したという（鶴見俊輔「学問と市民運動つないで」）。鶴見は、それを高畠に伝えた。だが、高畠当人は、丸山の心配をよそに、その後も率先して「声なき声の会」事務局長を担い、さらに、思想の科学研究会事務局長としての奔走、べ平連（ベトナムに平和を！市民連合）の発足の呼びかけなど、新しい運動の牽引役を進んで引き受けていく。

とはいえ、鶴見俊輔の同志社大学教授への着任は、さほど円滑に進んだわけでもなかったらしい。和田洋一の回想によると、最終的に教授の採用を決める同志社大学文学部教授会での票決にかけたさいにも、かなりの数の反対票が出たという。（和田洋一「鶴見さんと同志社と京都」）

同志社での講義が始まると、当面のあいだ、京都駅前の法華クラブを定宿にして、鶴見は東京から通った。まだ鬱の症状が続いていて、横山貞子の同行を必要とすることもあるという状態だった。やがて、京大人文科学研究所がある東一条の裏道に学生下宿の部屋を借り、東京で横山と暮らす貸間とのあいだを往復する暮らしとなる。

年の瀬近く、一二月二四日のことだったはずである。依然、「思想の科学」の編集会議などには、鶴見の欠席が続いていた。

永井道雄から、金町の貸間に、鶴見俊輔に宛てて電報が届いた。電話をくれるように、とのことだった。消極的な気分が続いていて、一日遅れて、公衆電話から折り返しの電話を入れた。すると、「思想の科学」天皇制特集号（一九六二年一月号、一九六一年一二月二五日発売予定）が刷り上がって、見本までできていたのだが、中央公論社の幹部会が、急遽、この特集号の販売中止を決め、断裁処分にしてしまった、とのことだった。

このとき、最初に鶴見に浮かんだ考えは、テロの被害者である嶋中と中央公論社を追いつめたくない、ということだった。

一二月二六日午後六時から、この問題への対処を決めるため、思想の科学研究会の評議員会が開かれた。出席者は、以下のとおり。――久野収、磯野誠一、市井三郎、大野力、斎藤真、佐藤忠男、関根弘（途中退席）、竹内好、高畠通敏、鶴見和子、鶴見俊輔、鶴見良行、中沢護人、永井道雄、判沢弘、日高六郎、安田武（途中退席）。オブザーバー、渡辺一衛・横山貞子。

その席に出て、鶴見俊輔は、「思想の科学」天皇制特集号が断裁処分にされるまでの具体的な経緯を、初めて知ることになる。

天皇制特集号は、この年八月、思想の科学研究会会員の編集委員・斎藤真（一九二一年生まれ、東大教授・米国政治史）によって企画が立てられ、市井三郎編集長が、これを中央公論社の編集局長に報告し、その承諾を得ていた。（ちなみに、この年二月の嶋中事件以後、中央公論社側からの要請により、雑誌「思想の科学」の編集内容に関しては、すべて思想の科学研究会内で任命される編集委員によって企画され、中央公論社から派遣される社員二名は編集事務にかぎって携わる、ということになった。また、企画内容に関する責任を明瞭にするため、「思想の科学」編集長を同研究会会員から任命すること、とされた。これ以前は、特に編集長という役職は置かずにいた。）

こうした経緯を聞いて、鶴見俊輔は、今回の特集号廃棄について、「思想の科学」側からの中央公論社への強い抗議は、正しい、と考えるようになった。

そこで、鶴見俊輔自身としては、一年余りも「思想の科学」の会合に出席しなかった者として僭越とは思ったが、このさい、発売元の中央公論社とはこれまでの協力と援助に感謝して別れ、今後は、思想の科学研究会として独自の道を行こう、という提案をした。つまり、中央公論社との関係を解消し、これからは、思想の科学研究会の独力で、「思想の科学」刊行の道筋を求める、という意見である。

評議員会の議論は、さまざまに錯綜し、翌日の午前五時まで、えんえん一一時間に及んだ。だが、最後は、久野収会長の裁定で、ようやく、この方向にまとまった。鶴見俊輔は、久野とともに、「われわれは、みずからの努力で言論の自由を守ることに、さらに積極的でありたい」といった内容の確認事項を起草する。（「思想の科学会報」第三三号）

一方、年が明け、一九六二年（昭和三七）に入ると、都留重人（当時・一橋大学教授）は、朝日新聞で担当している「論壇時評」（一九六二年一月二二日）において、中央公論社のみならず、この事件への思想の科学研究会の対応についても、手厳しく批判した。

《新聞は、わずかの例外を除いてほとんどとりあげなかったけれど、今月の論壇には、ひとつのかなり重要な事件が起った。中央公論社が、その発行を引受けていた「思想の科学」一月号を、製本完了後に廃棄することにきめた事件である。

その号は、昨年八月にすでに「天皇制」特集号とすることにきまり、十月には、細目の編集プランができ、その間、中央公論社からは常時一人の編集員が編集会議に参加し、あらかじめ編集内容をきかされておりながら、最後まで何の文句もなくて、すべてが出来上がって発送直前に、突如、「業務上の都合」という理由で中央公論社が廃棄を申し出たものである。印刷製本を終っていた約一万部は、むざんにも裁断され、紙型はつぶされ、原稿は原著者に返された。編集の主役であった「思想の科学研究会」は、結局この処置を了承してしまったらしい。

中央公論社じしんが「編集上の手落ちはなく、執筆者の顔ぶれも左右のバランスは十分考慮され、別に悪い点はないと思うが……」といっているくらいで、廃棄にふみきった唯一の理由は、たまたま例の嶋中事件の犯人の公判が行なわれているさなかであるということのようだ。当事者双方の詳しい説明をきくまでは、論評を避けるべきだろうが、ともかくここに思想の自由は、ひとつの減点を記録した。どこに責任があったのか、私たちは追究をおこたるわけにはゆかない。》

これを発表したあと、電話をくれるように、との伝言が、都留から鶴見俊輔に届いた。電話を入れると、

「これから『思想の科学』をどうするつもりか」

と、都留は尋ねた。

――ガリ版ででも、出します、と鶴見は答える。

「それは、いけない。雑誌というものは、財産なのだから」

都留は反対した。そして、こんなふうに付けくわえた。

「――カネは手配してある。そこに行って、資金を借りて、ちゃんとした雑誌を出すようにしなさい」

都留が指示したのは、井村寿二（一九二三年生まれ、金沢の百貨店・大和《だいわ》の経営者、のち勁草書房社長）のところに出向いて、資金を借りてくるように、ということだった。

鶴見は、それにしたがって井村を訪ね、新会社設立の資金として関係者一〇人の連名で百万円を借りうけた。加えて都留は、自身が井村から借りていた銀座の事務所を明け渡して、「思想の科学」の事務所として無料で貸してくれた。銀座七丁目の貸しビル屋上にある、一〇畳分ほどの広さの仮小屋だった。（『期待と回想』、大野力「井村寿二さんと『思想の科学』」）

立教大学助教授となった高畠通敏の研究室で、「思想の科学」自主刊行の新会社設立に向けた評議員会を開いた。新たに思想の科学研究会事務局長となった高畠は、その席で、新会社の財政的基礎と見通しについて、黒板に白墨でリアリスティックな曲線を描きながら、詳細な報告を行なった。「百万円の資金ですと、半年で使い切って、倒産します」というのが、彼の現実的な未来予測だった。

一方、思想の科学研究会の内外には、中央公論社と訣別して自主刊行をめざす、という経緯について、なお、根強い反対論も残っていた。研究会会員の藤田省三（一九二七年生まれ、思想史家）は、一九六二年二月、「〝自由からの逃亡〟批判」という文章を正続二度にわたって「日本読書新聞」に寄稿して、今回の同研究会の決定が、総会も拡大評議員会も開かれないままなされたことを批難した（これに対し、関根弘が、さらに続けて同紙に「インテリスーダラ節を排す」を寄稿、藤田文を的外れな議論だとして反論する）。会員外の福田歓一（一九二三年生まれ、政治学者）は、廃棄された天皇制特集号への寄稿者の一人で、単なる発売延期と断裁処分では、問題の次元が違うと、原則論にこだわった。

二月二五日午後、思想の科学研究会の臨時総会が開かれる（定足数が足りずに、正式な総会としては成立せず、のちに「臨時集会」とされた）。議長は、竹内好。新会長・市井三郎による経過報告のあと、荒瀬豊・藤田省三・福田歓一がそれぞれの立場からの批判を述べ、これに続いて討論に移った。夕刻の休憩後、高畠通敏から、今後の方針として――研究会会員有志で資金を調達して新会社・思想の科学社（仮称）を設立し、研究会は、この会社に第五次「思想の科学」刊行を委託する、という提案がなされた。そして、さらに論議が続いた。

最後に、議長の竹内好が、

「『天皇制特集号』発行拒否事件は、単なる出版慣行の問題ではなく、『言論の自由』についての原理の原則の問題であるという点については、会員の間で一致した認識であることを再確認する。ただし、その具体的処理の方法については意見の相違がある。」

「今度の事件で会がとった処置については、全面的に承認しないという少数意見があったことを議事録にのせる。」

「今後、会がとるべき処置としては、①言論の自由の一般的抑圧に会として抗議し、言論の自由擁護の運動に会も努力するという趣旨の声明を出す。②廃棄された天皇制特集号をできるだけはやく自主出版する。第五次『思想の科学』を発刊する。」

などと臨時総会の討論をまとめ、「声明」草案の起草を藤田省三、荒瀬豊、鶴見俊輔、市井三郎に委嘱して、午後八時一五分に閉会した。（「思想の科学会報」第三三号）

三月三〇日。

第五次「思想の科学」復刊一号（四月号）特集「天皇制」を、有限会社思想の科学社から発行。一四四ページ、定価一五〇円。表紙デザイン・岩崎堅司。一六三〇〇部発行。

これは、中央公論社版「思想の科学」天皇制特集号（一九六二年一月号）として予定されながら発売中止、断裁処分されたものをすべて復刻し、解説的補足その他を八ページ加えたものである。実売率は、九七パーセントだった。

この出発にあたり、思想の科学社の編集部は、佐藤忠男（一九三〇年生まれ、映画評論家）を中心とする編集委員に、専従編集者として寺門正行が加わって構成されていた。佐藤忠男自身が、新潟の町工場で働く満二三歳の工員だったころ、「仁俠について」というヤクザ映画論を「思想の科学」

（講談社版、一九五四年八月号掲載）に投稿して、誌面に登場してきた人である。

その妻、佐藤久子も、思想の科学社創立当初は、営業部員として勤務していたが、やがて退職。代わって、横山貞子が営業部員として働いた。つまり、夫の鶴見俊輔が京都の同志社大学に講義などに通う一方、妻の横山は、こうして東京での勤務を続けた。

新しく思想の科学研究会会長となった市井三郎は、成蹊大学で哲学を講ずるかたわら、愛用のオートバイの後部座席に事務局長の高畠通敏を乗せて、用紙業者や書店を熱心に回って、事務一般も支えた。こうして復刊一号が好調な売れ行きを示したこともあり、半年で倒産という当初の高畠の予測を覆し、思想の科学社の雑誌刊行は続いていく。

一方、こうして多忙をきわめるようになった高畠に代わって、横山貞子は、「声なき声の会」の事務局と、その機関誌「声なき声のたより」の編集も受け持った。彼女が「声なき声のたより」の編集を担当する期間は、一九六一年一二月から一九六三年五月（第一六号〜第二九号）。ほぼ毎月一回の発行を続けて、その後、ふたたび高畠による編集と事務局に戻っている。

第五節　問いとしての「家」

鶴見俊輔が、京都の同志社大学教授の職に就くのは、先にも述べたように、一九六一年（昭和三六）九月のことだった。

京都での鶴見について、まず、いくらか先史に遡った出会いから、見ておこう。

一九六〇年（昭和三五）秋、鶴見は、同志社大学での公開講演に招かれる。まだ安保闘争の余熱のようなものが残っており、会場には溢れるほど人が入って、窓の外で立木の枝につかまって、聴いている人もいた。鶴見にとっては、自身の結婚が近づいている時期である。終演後、「同志社学生新聞」の求めで、座談会に加わった。同志社の教員も含め、いずれも初対面といってよい顔ぶれである。

この春に同志社大学法学部（岡本清一ゼミ）を卒業したばかりで、京都市内の製パン会社・進々堂で働きはじめている北沢恒彦（一九三四年生まれ）。市内の書店・三月書房の若主人で、現代史研究会というサークルを運営する宍戸恭一（一九二一年生まれ）。学外からも、こうした参加者がある。「現代におけるインテリの生き方」という表題で、創刊八五周年記念の冊子版「同志社学生新聞」（一九六〇年一一月一五日号）に掲載されている。

宍戸恭一は、吉本隆明に共鳴するところが多い様子で、鶴見に討ちかかる。

「**宍戸**（前略）安保闘争と鶴見さん、竹内〔好〕さんの行動を考えてみますと、結論的に、急進インテリのマスターベーションでしかなかったというふうに感じました。」

彼が「声なき声の会」を「疑似インテリの集団」と断じることなどに関して、鶴見は返している。

「**鶴見**（前略）『声なき声の会』についてはね、デモクラシーというのはアマチュアの政治運動なんですよ。（中略）私はこの団体を母体にして代議士をつくるとか、そんなことは考えない。この人達は政治が嫌いという事が特色なんですからね。なぜ私が〔大学を〕やめたかということなんかは、どっちだっていいんだ。大学の教授であるということが私には不自然なんだ。それがある契機で自然にもどったというだけなんだから。」

一方、北沢恒彦にとっては、自身の就職と六〇年安保が、この年、いっぺんにやってきた。それらが折り重なって、気になっている様子である。

「**北沢**　ぼくは鶴見さんの辞職に関して鶴見さんがいわれたことは肯定的に受けとめるんです。くる時がきたらやはり会社をやめなければならないということを感じました。樺さんの死とか先生方の辞職がバックボーンになったことは確かですね。」

この年六月四日、国鉄労働者のゼネスト開始を目前に控えて、未明の品川駅構内にともに立ちながら、吉本隆明と鶴見俊輔らのあいだには、見地の相違があった。規定通りの時限ストにとどまることなく、さらに闘争を拡大してほしいと、全学連の学生たちは、その場で国鉄労組の指導部に求めていた。吉本には、彼ら全学連の学生たちへの肩入れの姿勢があった。だが、実際にはそうはなるまい、という認識も。一方、鶴見たちは、全学連と国鉄労組の仲介に入って、結局、学生たちは説得されて、駅構内での坐り込みを解いた。

「**司会**〔平林二〕　鶴見さんのやり方と吉本さんのやり方とは、その間に大きなシステムの相違があると思いますが……。

鶴見　ええ。同時に、私も吉本も、埴谷雄高みたいなものをホマンキュラス（原型）として、持っているのだが、私個人の中には、全然別なものがあってね。品川駅で、異なる立場で、あい対立したことがあったのだが、向こうは私の立場をわかっているし、私も彼らの立場をわかっています。つまり、ホマンキュラスを媒介するわけなんだな。役割が違う。なぐりあっていい。どっちだっていいのだという考えが根本にあるから、政治的人間ではないのですね。

（中略）われわれが埴谷になるのではなく、われわれの中の小さな埴谷を徹底的にみがいていけば、それが統一戦線の媒介になりうる。統一戦線の媒介項にせしめるように自分の中に小さな人間として育ててあげようということです。そこに、妥協でない統一戦線が可能になる。これが今後の組織の根本なんだと思うんだ。」

年が明け、一九六一年（昭和三六）春、京都の同志社大学での座談会で出会った北沢恒彦という青年が、東京まで、鶴見に会いにきた。それまでのあいだ、幾度かの文通が生じていた。

この時期、鶴見は、鬱にとらわれて谷中初音町のアパートに逼塞していた。だが、こうした行きがかりから、彼には住所を知らせていたようだ。おそらく、この相手の青年のなかにも、抑鬱気味の傾向が現われていることを感じ取ったからではないか。その日、鶴見は、筑摩書房から依頼を受けているシリーズ「日本の百年」の仕事が追い込みに掛かりはじめて、谷中初音町のアパートを出て、横山貞子とともに、平河町のホテルで缶詰め状態に置かれていた。横山も同伴し、北沢と三人で会ったのは、ホテル近くのおにぎり屋でのことだった。（「概念を生む現場」）

秋からの鶴見の同志社大学への着任も、すでに本決まりしていたはずである。（山口功二「ごく私的な新聞学専攻・メディア学科のメモワール」）

北沢は、前年春に同志社大学を卒業して就職したばかりだが、すでに二七歳になろうとしていた。これには、朝鮮戦争下に過ごした京都での高校時代、共産党所感派の武装方針に従い警察幹部宅に火炎瓶を投げるなどして逮捕、黙秘のまま拘置が長期に及ぶなどして、高校、大学の学生生活を遅れ遅れに送ってきたという事情があった。党内での査問などを経て、すでに共産党を離れていたが、大学進学後も公判などは続いた。このあたりの概略は、これまでのやり取りのなかで、鶴見も知るところとなっていたようである。

六〇年安保の年の秋、北沢は結婚している。つまり、鶴見の結婚とほとんど同時期である。妻・徳子は、同じ同志社大学法学部にまだ学籍を残しているが、この初夏に出産が迫っていた。また、北沢恒彦は、出生時の事情から養父母によって育てられたが、実母からの接触もあった。この二月、その実母が自死したことを知る。そうした個人事情を鶴見が知るのはまだ先のことなのだが、北沢自身としてはあれこれ思い悩むことも多いなかで、鶴見を訪ねることにしたのだろう。

この訪問のさい、北沢は、自身の勤務先である製パン会社・進々堂の社内報「隊商」を持参している。月刊で、毎号わずか八ページの小冊子だが、北沢自身が編集にあたっていた。「思想の科学」誌上で、鶴見たちが「日本の地下水」というサークル雑誌評の連載を続けているのも知った上で、読んでみてもらいたいと考えたのではないか。

「思想の科学」一九六一年五月号の「日本の地下水」で、鶴見は「製パン会社の社内報」という見出しを立て、こんなふうに書いている。

《パンをつくる仕事は夜業が主になって、苦しい。アメリカの労働運動は、パン焼職人のストライキからはじまった。日本のパン焼工場でも、くらい気分で働いているところが多いだろう。その中で、京都のパン製造・販売会社、進々堂は毛色のかわった職場である。

この会社の社内報『隊商』(月刊、八ページ、京都市中京区竹屋町寺町東、株式会社進々堂発行、編集者水本保行、北沢恒彦)の正月号は、従業員二百三名の年頭所感を特集している。》

また、ここには、経営者一族の続木《つづき》満那《まな》という専務が、「私の二等兵物語」という連載物語を書いている。

彼は、大東亜戦争下の一九四二年(昭和一七)一二月、伏見の歩兵第一〇九聯隊に一兵卒として入隊。入営後一〇日目に中国に送られ、銃剣術や射撃の練習のために生きている中国人捕虜を目隠しもせず木にくくりつけて、突き殺したり撃ち殺したりすることを命じられた。

以下は、続木満那「私の二等兵物語」から、鶴見がそのまま抜き書きしているくだりである。

《「今でも昨日のことの様に思い出しますが、真白に雪のふりつもった二月の朝、陣地の後の雑木林に四十人の捕虜が長く一列に並ばされました。その前に三メートルほどの距離をおいて私達初年兵が四十名、剣つき銃を身構えて小隊長の『突け』の号令の下るのを待っていたのです。昨夜、私は寝床の中で一晩考えました。どう考えても殺人はかないません。小隊長の命令でもこれだけはできないと思いました。しかし命令に従わなかったらどんなひどい目に会うかは誰でも知っています。自分ばかりでなく同じ班の連中までひどい目に会わすことが日本軍隊の制裁法です。け病を使って殺人の現場に出ないことを考えてみました。気の弱い兵隊がちょいちょいやる逃亡という言葉も頭をかすめました。しかし最後に私の達した結論は『殺人現場に出る、しかし殺さない』ということでした。

『突け』の号令が、とうとう下された。しかし流石に飛出して行く兵隊はありません。小隊長が顔を真赤にしてもう一度『突け』とどなりました。五、六人が飛び出して行きました。捕虜の悲鳴と絶叫と鮮血が一瞬のうちに雪の野原をせいさんな修羅場に変えました。

尻込みしていた連中も血に狂って猛牛のように獲物に向って突進してゆきました。私はじっと立っていました。小隊長が近づいて来ました。『続木!!　いかんか』と雪をけちらしてどなりました。私はそれでもじっと立っていました。小隊長は真赤な顔を一層赤くして『いくじなし』というが早いか私の腰を力まかせにけり上げました。そして私の手から銃剣をもぎとると、銃床で私を突きとばしました。小隊長の号令に従わなかった男が私以外にもう一人だけいました。丹波の篠山から来た大雲義幸という禅坊主の兵隊で、二人はその晩軍靴を口にくわえ、くんくん鼻をならしながらよつばいになって、雪の中を這いまわることを命ぜられました。これは『お前等は犬にも劣る』ということだそうです。しかし大雲も私も『犬にも劣るのはお前たちのほうだ』と心の中で思っていましたから、予想外に軽い処罰を喜んだ位でした。これを機会に二匹の犬は無二の親友になりました。（後略）」》

これからのち、鶴見は何度も、この続木満那による一文に言及している。それほど深く、彼の印象に食い込んでしまったからだろう。

なぜなら、こうした続木の行動は、鶴見自身が戦地で取りたかったものでもあるからだ。だが、その勇気が、おそらく自分には欠けていた。かつてジャワ島で同僚に命じられた捕虜殺しをめぐるわだかまりが、胸に刻み込まれたまま、消えていない。――もし、自分に殺人が命じられたら、どうしたか？

人に人を殺すことを強いてきた、国家指導者への憎しみが、彼のなかに続いている。「死んでもいい」との思いで、日米開戦時の閣僚、岸信介の政権による再軍備路線に抵抗したのも、このことに根ざしている。もし、そうでなければ、もう、それは自分ではないのだと。

「アイデンティティ」（自己同一性＝自分らしさ）とは、鶴見にとって、こうした意味である。エリクソンが最初にこの語を用いたときにも、おそらく、そうだったろう。だが、この語は次第に水膨れして、「自己」を「国家」に重ねて語られるものになっていく。そうした語法のずらしかたを、鶴見は警戒し、固く拒もうとするのだったが。（鶴見俊輔・吉田満「『戦後』が失ったもの」、「戦後の次の時代が見失ったもの」）

一方、北沢恒彦は、この製パン会社での勤めに悩んでいた。六〇年春に就職し、数カ月間は製パンの現場仕事に配属された。夜勤が続く仕事なので、体にきつい。だが、もともと大学卒の上級職コースの人材として採用されたのだから、まもなく、彼の場合は人事係に異動があった。労務管理、さらには、就職希望者の身元調査にまであたる仕事である。おれの人生は、結局、こんな用途に投じられてしまうのか。くよくよ悩んで、ノイローゼが昂じる。日常のなかの政治、という問題が、ここには動いている。職業と、転向、あるいは、擬装転向。のちに彼は、「尾崎秀実」という論文を「思想の科学」（一九六五年五月号）に寄稿するが、尾崎という「擬装マルクス主義者」のたたずまいは、日ごろ保守的でまっとうな常識人として立つ、この人自身の姿と両立している。その視野は、北沢自身の日常が身を置く、仕事や世間との摩擦のなかから、おのずと浮かんだ構想のようにも思われる。

ともあれ、先に述べたように、北沢恒彦が結婚するのも、鶴見と同じく一九六〇年秋のことで、翌六一年六月一五日には、早くも長男（恒《ひさし》）が生まれる。つまり、国会議事堂の衆議院南通用門構内で樺美智子が命を落としてから、たまたま、ちょうど一周年の日にあたる。

同志社大学文学部社会学科新聞学専攻のカリキュラムで、鶴見俊輔による講義が始まるのは、一九六一年九月である。まだ彼には、鬱の症状が続いている。

「比較新聞論」の講義のときは、目に強い光を宿して、教壇を熊のように歩きまわりながら話した。「英書講読」では、デヴィッド・リースマンの『孤独な群衆』（*The Lonely Crowd*）をテキストに使った（「ごく私的な新聞学専攻・メディア学科のメモワール」）。学生たちには、試験で答案さえ出せば及第はさせる、ただし、不正に同じ内容の答案用紙が複数現われたときには落第とする、と伝えていた。

同志社での講義が始まって、しばらくすると、研究室に、また北沢が訪ねてきた。せっかく鶴見が京都に赴任してきたのだから、何か定期的な研究会を持ちたい、ということで、レジュメのような書きつけを彼は一枚用意していた。

まだ鬱の症状が続いているので、鶴見としては、すぐには答えを出さず、しばらく自分のなかに置いて考えた。だが、こうして京都に来ると、同志社の関係では、ほかに付き合いのある人もいない。だから、何かやってみよう、というほうに心が動いた。何かテーマが要るだろうと考え、「家」についてにしよう、と思いついた。

生まれたときから、ずっと「家」の問題で苦しんでいる。鬱の原因にせよ、そうである。そこに、エロスがからむ。これまで三度の大きな鬱は、母、家の外での女性たちとの交際、さらに、結婚と、いずれも女性との関係がきっかけとなってはいるのだが、これも大もとへとたどれば、「母」であり、それぞれが、やはり「家」の変奏曲となって見えてくる。

期間を区切って結論を求めようとするのではなく、時間をかけ、さまざまな議論を積み重ねていく集まりにしたい。それには、北沢にとっても、「家」というテーマは悪くないのではないかと思われた。

秋に北沢が持参したメモをもとにして、鶴見なりに「家の会」と名付けて、その初期目標などを整理して、プリントをつくった。それを持参し、川端四条を東に入った大原女家《おはらめや》という甘味処で、最初の会合を持ったのが、一九六二年一月三一日のことである。同志社大学宗教部主事の笠原芳光（一九二七年生まれ）にも声をかけ、三人で会った。あるいは、横山貞子も、そこに加わっていたかもしれない。

プリントには、こんなことが書かれている。

「家の会」の目標として、

「個人の思想よりも、もっと時間的空間的に大きな幅をもつ単位としての家の思想をとらえる方法を工夫し実験を重ねる。」

活動の形として、

「論文形式での報告にこだわらないことにする。しかし、サークルとしての活動の記録を残し、仕事を積み上げていきたいので、不定期にプリントを一号二号と発行することにする。」

などなど。（笠原芳光・北沢恒彦・鶴見俊輔『「家の会」とは何か』）

大学教員という仕事を重ねてくると、そこから習慣となって、論文をつくることが学問の終点と考えがちになる。だが、それは習慣にすぎない。これをひっくり返したい、という考えが、鶴見の立てた目標としてあった。共同の研究を通して、各個人の日常生活のなかにもたらされる何か、そちらのほうが、論文の発表よりも重大だろう、と。（鶴見俊輔「私の家族問題集」）

「家の会」の最初の会合が京都で持たれた六二年一月三一日、東京では、「思想の科学」自主創刊に向けたドタバタの真っ盛りだったはずである。それを尻目に、鶴見は、京都に出向いたときには、こんなふうにゆっくりした勉強会の計画を語らっていたことになる。東京の仲間たちからすれば、いわば、抜け駆け、というより、サボりと言うべきか。

ともあれ、こうやって、東京と京都、互いの時間の進行速度がまったく異なるような二段構えの暮らしをもち得たことが、鶴見にとって、生涯三度目の重い鬱からの回復過程で助けとなったことは確かだろう。京都に一人で通える自信を得るまでになったところで、鶴見は、「東一条」の市電停留所近くの京大人文科学研究所の裏手に、狭い学生下宿の部屋を借り、ここを京都出張中のねぐらとした。北沢恒彦一家も、すぐ近くの吉田泉殿町に暮らしていた。以後、これまでの三度ほど重篤な鬱は、終生、鶴見をとらえなかった。

「家の会」は、鶴見、北沢、笠原、横山の四人から始めて、北沢が学生時代の何人かの友人を誘い、妻・徳子も初期のうちには加わっていた。さらに、少しずつ参加者を増やしていく。

また、北沢恒彦は、同年四月に、製パン会社・進々堂を辞めている。そして、同年七月、京都市役所の税務職員臨時採用試験を受けて、理財局に採用される。妻の徳子も、その春から同じ市役所の総務局に勤務していた。

一方、鶴見俊輔は、この年から、安田武、山田宗睦と語らって、毎夏八月一五日に、交代で丸坊主になる約束を交わした。毎回、安田が銀座の馴染みの床屋に予約を入れて、全員立ち会いのもとに、その年の当番（?）の頭がバリカンで刈られていく。一五年戦争と同じだけの期間は続けようと、一五年間、この約束ごとを続けた。一人五回ずつ、丸坊主になった勘定である。

同年一一月には、前年から米国ケネディ政権の新しい駐日大使として赴任しているエドウィン・O・ライシャワーが、鶴見俊輔たちとの公開討論のため、同志社大学にやってきた。「日本の民主主義」というのが、討論会のテーマだった。

鶴見は、このとき初めて、学生たちからデモをかけられる側に立たされた。米国大使と話などするな、と主張する学生たちとは違って、ライシャワーの考えを聞いた上で、こちらから批判もしよう、と考えた自分を、間違えていたとは思わない。だが、実際の討論の内容は貧しく、ライシャワーも自分も、ここに来るまでの持論をそれぞれに述べただけで、互いに、何も新しいものを自分に付け加えられることなく帰路につくことになった。討論会場からの帰り道で、この日二度目の罵声をデモ隊から浴びながら、それによって、いっそう惨めな気分を味わった。（鶴見俊輔「近頃きいたこと」）

上：1962年8月15日。この年から、
敗戦の日に山田宗睦（右）、
安田武（左）と3人で集まって、
銀座にある安田の馴染みの床屋で
替わるがわる丸坊主になる
「坊主の会」を15年間続けた。

下：「坊主の会」15年間に、
3人が5回ずつ丸坊主になった。
髪が伸びるまで、
どこに出向いても坊主頭。

一九六三年（昭和三八）に移って、初夏のことである。

群馬県草津のハンセン病療養所、栗生楽泉園で再会したロシア人の青年、コンスタンチン・トロチェフ（一九二八年生まれ、本名コンスタンチン・ミハイロヴィッチ・トルシチョーフ）との付き合いは、その後も続いていた。トロチェフは、右足が義足となっていたが、オートバイを乗りこなす快活な人物だった。その日、鶴見が東京にいることを知ると、トロチェフは自分のほうからオートバイで東京に出るので、そこで会おう、と提案した。鶴見は、翌朝に同志社での授業があるので、その晩の夜行列車に乗らなければならない。夕刻のわずかな時間しかなかったが、トロチェフがその晩泊まるという神田美土代町のＹＭＣＡのロビーで会おう、ということにした。

鶴見がＹＭＣＡに出向くと、すでにトロチェフは到着していたが、フロント係との交渉がこじれている様子だった。聞いてみると、ほかの宿泊客を不愉快にさせるので（義足のほか、彼の顔にはゆがみが残っていた）、この晩、彼を宿泊させるわけにはいかない、とフロント係が言い張っている。戦後の新薬プロミンでハンセン病は治るようになったし、トロチェフは治癒したという証明書も持っている、と鶴見が口添えしても、らちがあかない。しかたなく、その夜、トロチェフはべつの宿を取り、鶴見は夜行列車で京都に向かった。

翌日、鶴見は胸のつかえが取れず、同志社のゼミの学生たちにそのことを話した。ＹＭＣＡの〝Ｃ〟は、クリスチャンのＣじゃないか、あれならＣなんか取ってしまえばいいんだ、と前夜からの憤りを吐きだした。学生たちは、黙って聞いていた。だが、しばらく日を置いてから、そのうちの一人（柴地則之）が、鶴見を訪ねてきて、

「その人たちが自由に泊まれる家をつくりましょう」と、言った。そして、説明を加えた。「土地

を貸してくれる人がいます。目的も承知しています」

それが、奈良の古神道の流れをくむ大倭《おおやまと》紫陽花邑《あじさいむら》で、ハンセン病快復者の宿泊施設「むすびの家」の建設に、彼らが取り組む始まりとなった。（木村聖哉・鶴見俊輔『「むすびの家」物語』）

一九六四年（昭和三九）夏の終わり。

鶴見俊輔と横山貞子は、金町の貸間を引き払い、父・鶴見祐輔が療養している練馬区関町の家に移った。

父・祐輔の療養生活について、もっとも尽力してきた姉・和子は、一九六二年九月、ついに決心して、プリンストン大学社会学部大学院に留学している。以前、日本で研究助手についていたマリオン・リーヴィが指導教授となることを引き受けてくれていた。それからは、主に妹の内山章子《あやこ》と、俊輔が、交代で病床の父を看てきた。弟・直輔も、六二年に米国コロンビア・ビジネススクールを卒業して帰国後は、この家の母屋に暮らした時期があった。

だが、このさい、俊輔夫妻で関町の家に住み込んで、祐輔の介護にあたろう、という決心をしたのだった。これを機に、横山貞子は、思想の科学社での勤務を辞めている。

俊輔にとっては、戦後、一九五〇年代初めに、二度目の重い鬱を患って、入院生活を送ったとき、退院と同時に、もう実家には戻らないと決め、そのまま過ごしてきた。父・祐輔による、公人としての自己と私人としての自己とのズレを、突きつめることなく使い分ける生き方に、許しがたい憤りと屈辱感を息子としては抱いてきた。だが、父のほうは、無心に息子を愛している。それがわかるだけに、息子としては、余計に苦しい。そう遠くないうちに、老父の寿命は尽きるだろう。父と息子との関係に、得心のいく決着をつけておくには、いましかない、という思いも、息子・俊輔の側にはあっただろう。

いつのことであったか、鶴見俊輔と横山貞子が、初めて夫婦そろって祐輔の病室を訪ねたとき、ふと、老父は、二人に並んで立ってみるよう、しぐさで求めた。わずかながら俊輔のほうが上背があることを確かめると、祐輔は安心したように声をたてて笑った（鶴見貞子「新年の主役」）。実は、俊輔の両親、つまり祐輔と愛子の夫婦では、亡き妻・愛子のほうが、いくらか背が高かった。愛子はこれを気にして、道を歩くときでも、夫婦で並んで歩いたりするのを避けていた。祐輔のほうは、普段、ことさらそれを気にかけるそぶりを見せなかったようだが、内心、小積に感じてはいたのだろうか。

鶴見俊輔と横山貞子に長男・太郎が誕生するのは、一九六五年（昭和四〇）七月一三日、この関町の家で暮らすあいだのことだった。一人っ子である。

翌一九六六年（昭和四一）春、姉・和子が帰国して、市井三郎の推薦により、成蹊大学助教授として教えはじめる。吉祥寺にある成蹊大学は、関町の家から、徒歩でも通えるほど至近の距離である。俊輔夫妻は、これと入れ替わりに、京都に一軒家を借り、その地で親子三人暮らしていくことにした。ただし、俊輔には、借家の物件探しをするだけの時間的な余裕がなく、横山が日帰りで京都まで出むいて、家を決めてきた。北野天満宮から少し北、わら天神近くの北区衣笠大祓町である。落ちついた町並みに、こぢんまりと佇む、いい家だった。

一九六五年二月以来、米軍はベトナム戦争の下、北ベトナムへの爆撃（北爆）を開始して、現地の民間人の犠牲者をもみるみるうちに増やしていく。これを受け、鶴見たちはべ平連の活動を始めていた。

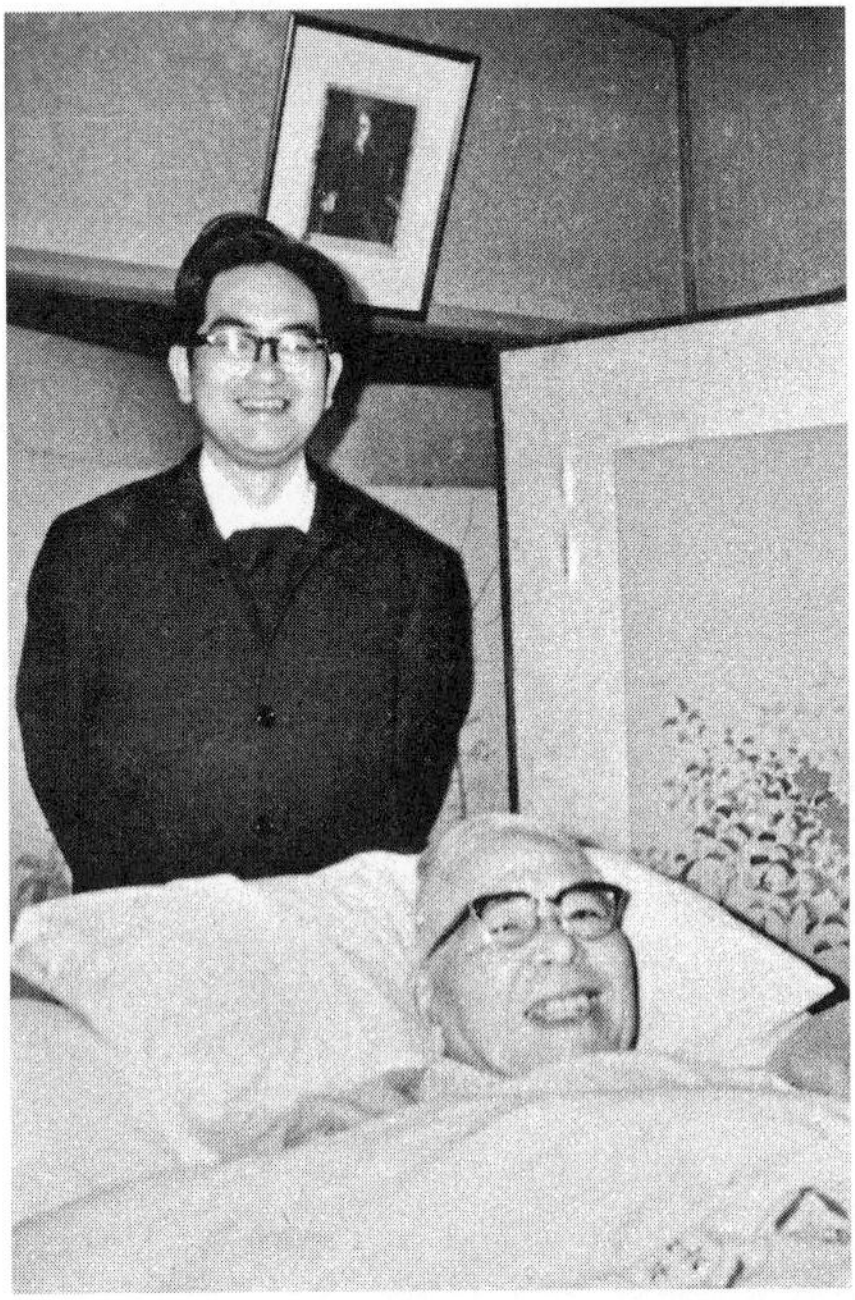

上：1970年2月節分の日に、
練馬区関町の自宅で療養する
父・祐輔（85歳）と。
毎年、豆まきを行なった。

下：1958年7月、転向研究会の
箱根強羅合宿。
前列、左・松尾（石井）紀子、
右・藤田省三。後列左から、
西崎京子、鶴見俊輔、横山貞子。

第六節　京都、ベトナム

一九六五年三月、鶴見俊輔は、旧知の作家・富士正晴（一九一三年生まれ）による絵の展覧会が、東京の文藝春秋の画廊で一週間催されるにあたって、連日、受付役をつとめていた。鶴見以外の呼びかけ人は、ずっと年長の両大家たる中国史家の貝塚茂樹（一九〇四年生まれ）とフランス文学の桑原武夫（同）だけ。若輩の自分にできることはこれくらいのように思えたからだった。

最終日、画廊に高畠通敏がやってきた。目下、米軍の北ベトナム爆撃を支えているのは、日本と沖縄の米軍基地である。だから、これに抗議する市民運動を起こそう、とのことだった。「声なき声の会」を拠点に、ほかの同じように小さなサークルなどにも知らせて、北爆反対の相談の会を開こう、ということにした。この時期、市民運動はすっかり下火で、「声なき声の会」の集まりも、参加者が一〇人に満たないことがあった。

四月初め、本郷の学士会分館で相談会を開いた。五年前の安保闘争とは違った、若い世代に指導者を求めよう、と意見が一致した。そこで、小田実（一九三二年生まれ）に呼びかけ人への参加を頼んでみたらどうか、ということになった。小田は、六〇年安保のとき、安保反対を表明した若手文化人による「若い日本の会」（大江健三郎、石原慎太郎、永六輔、谷川俊太郎、江藤淳、黛敏郎、福田善之、浅利慶太、寺山修司、羽仁進ら）にも加わっていない。なぜなら、当時の彼は、のちにベストセラーとなる『何でも見てやろう』の世界放浪の旅を、その年の春まで続けていたからだった。日本に戻ると、すぐに、この大冊の旅行記を書くことに没頭したため、六〇年安保の騒動に巻き込まれることなく終わっている。

小田は、二年間の放浪旅の途中でメキシコに滞在したさい、鶴見俊輔のいとこ、佐野碩《せき》にも会っている。「セキ・サノ」と長く呼ばれつづけて、日本語を話す能力もかなりあやしくなった、押し出しの立派な中年過ぎの亡命演出家だった。小田は、すっかり、この男の世話になり、画家シケイロスが壁画を制作している現場まで見物させてもらったりした。

鶴見が電話で小田の居所を探すと、大阪にいることがわかり、つかまった。やる気がある、と小田は答え、東京に出向いてくるおりに新橋駅近くのフルーツパーラーで高畠も加えた三人で会い、その場で「呼びかけ」文、デモの日取りなどについての打ち合わせをした。

新しい市民運動の名称は、このとき「ベトナムに平和を！市民・文化団体連合」と決まった。（しばらく、この名称を使ううちに、実態にそぐわない「文化団体」が抜け落ち、「ベトナムに平和を！市民連合」となる。）高畠が、略称は「べ平連」だな、と名づけた。（鶴見俊輔「ひとつのはじまり——あるいは、べ平連以前」）

四月二四日、赤坂見附駅近くの清水谷公園から出発して、米国大使館前を経由し、新橋駅近くの土橋まで、「べ平連」最初のデモを約千五百人で行なった。

五月に入るころ、京大人文研助手の樋口謹一（一九二四年生まれ）から、鶴見のところに電話があり、京都でもべ平連を作りたい者がいる、と言ってきた。誰でも「べ平連」と名乗ればべ平連なので、どうぞ自由に作ってくださいと返事をした。数日後、同じく京大人文研助手の山田慶兒（一九三二年生まれ）が走りまわって、京都べ平連ができた。

京都べ平連の最初の集会は、五月二二日、同志社大学寧静館、約三百人。六月一二日、二度目の集会が、同じく同志社大学寧静館で。さらに七月、九月、一〇月と集会が続く。京都べ平連の代表は京大人文研助教授の農業経済学者・飯沼二郎（一九一八年生まれ）。事務局長が北沢恒彦。

同年一一月から、京都べ平連は、月一回の定例デモ（毎月第一月曜、午後六時出発、京都市役所前から円山公園）を始め、一九七三年（昭和四八）のベトナム戦争終結まで続く。集合地の京都市役所前で、毎回、代表の飯沼二郎が、きまじめで、やや長すぎるほどのスピーチをしてから、それでもきちんと定刻を守ってデモは出発する。

到着地の円山公園では、デモ参加者のなかから、連絡事項やアピールなど、次つぎと、比較的簡潔な発言がなされてから、解散となる。

定例デモのこうした運びかたには、現実的な利便もあった。というのは、東京のべ平連が常設の事務所を持っていたのに対して、京都べ平連は解散に至るまで一度も事務所を設けないまま、低予算で運営する方針を守った。というのは、比較的限られた広さの市街地で活動する京都べ平連の場合、定例デモでの立ち話や、「思想の科学」の読者サークルである「人形の会」、また「家の会」など、顔ぶれが重なるいくつかの集まりの場で、参加者相互が事務連絡や打ち合わせは済ませてしまえるからだった。

ここで、やや余談にわたることをお許し願う。

京都べ平連事務局長などをつとめた北沢恒彦は、私（黒川）の父親にあたる。つまり、先述した一九六一年六月一五日に生まれる北沢の長男・恒が、私自身の本名なのである。

私の幼時、両親とその学生時代の友人たちが、毎年六月一五日、同志社大学に間近い「わびすけ」という喫茶店で集まりを開いていたのを覚えている。私は、自分の誕生日を祝って、両親の友人たちがパーティを開いてくれているとばかり思っていたのだが（実際、そのように優遇される）、あとになって思い返せば、あれは「6・15」を記念するささやかな集い、つまり、樺美智子の命日の集まりだった。

ふだんは、両親に連れられていく先ざきで、「ツルミ先生」を見かけた。だが、いまになって記憶をたどると、意外にも、この六月一五日、同志社大学近くの「わびすけ」での集いでは、その姿を見た覚えがない。なぜかというと、毎年この日、鶴見は必ず東京で国会議事堂を〝声なき声〟の仲間たちとともに訪ねて、衆議院南通用門前で、亡き樺美智子への献花を行なっていたからだろう。つまり、六月一五日は、鶴見にとって「東京にいる日」なのだった。この個人的行事は、以来、ほぼ半世紀にわたり、最晩年に至るまで続いていく。

こうした原則堅持の姿勢は、ほかにもあった。

東京でべ平連を始めるとき、自分が言い出して、小田実を誘った。だから、こうした仲間を裏切ることなく、自分もそこに立っていたい、という気持ちが鶴見には強かった。やがて東京のデモが定例化（毎月第四土曜日の午後二時、清水谷公園を出発。のち、第一土曜日に変更）すると、新幹線で京都から通って、そこに加わった。京都の定例デモに出ることよりも、東京の定例デモに出るほうが、彼自身にとっては優先するべき事柄となっていた。

つまり、京都べ平連のことは、代表を担ってくれた飯沼二郎らにまかせている、という気持ちがあったのだろう。京都での定例デモでは、毎回出発前に、飯沼が硬い表情でまじめな（口べたなぶん、よけいに長く感じる）スピーチをする。鶴見のほうは、あくまで参加者の一人といった風情で、なごやかな表情のまま、知人たちと語らいながら歩いている。そういう印象が、幼かった私にも残っている。

京都で、いつも「ツルミ先生」が中心にいる集まりといえば、むしろ、「家の会」や「人形の会」

というサークルの場であった。そういう印象の残る人が、（いまや、当時の若者も老人だが）多いのではないか。

そうした次第で、子ども心にも、「飯沼先生」については、よほど市民運動がお好きなのだろう、だから、こんなにデモばかりやっておられるんだろう、という思い込みのようなものがあった。熱心なクリスチャンとして、その人柄が知られていたことも、よけい、そうした印象を強めていた。だが、必ずしも、そうではなかったらしい。——私が、遅ればせながら、ようやくそれに気づいてきたのは、ずっと近年になってのことである。

たとえば、こんなふうに、飯沼二郎は回顧している。


《一九六五年二月、アメリカ軍が、宣戦布告もなしに、北ベトナムに、しかも戦場でない都会地に爆撃（いわゆる北爆）をはじめたことに、私はおさえがたい怒りを感じた。その爆弾は、ボール爆弾とかヌノ爆弾とかいうもので、人命はうばうことなしに、ながく苦しみを与えるというもので、とくに老人や婦人や子供に大きな被害をおよぼした。私は、それまで、およそ政治運動というものをしたことがなかった。だから、その怒りを、どのようにして社会的に発表したらよいか、全くわからなかった。ちょうど、そこに、同じ勤務先〔京大人文研〕の若い友人の、北爆抗議集会をやるから、発起人の一人に加われという誘いを受け、私は、よろこんで、その誘いに応じた。一週間ほどして、同志社大学の教室で、その集会がおこなわれた。参加者は三百人ほどあった。

ところで、私は、北爆への抗議は一回かぎりのつもりであった。そんなことに、〔専門である農業経済学の〕研究の時間をとられたくなかったからである。研究することは、いくらでもあった。一日二四時間が四八時間あっても足らなかった。けれども、アメリカ軍の北爆は一向にやまないばか

1965年6月12日、同志社大学今出川キャンパスにて、
京都べ平連の第2回集会の日。
中央、著者（黒川）、あと3日で4歳。
右、その父・北沢恒彦31歳。左、飯沼二郎47歳。撮影・松岡潔。

りでなく、いよいよ苛烈になっていった。抗議をしたものとして、やめるわけにはいかなかった。いやいや、月に一度ぐらいの割合で、抗議集会とデモとをつづけていった。》(飯沼二郎「百姓に学問は必要ですが学歴は不要です」)

だが、それも次第にマンネリ化する。「それなら、こちらのほうから、京都市民の中に入っていこう」と、定例デモ化を飯沼は提案する。そのため定例デモの責任者になってしまった。

《毎月第一月曜日の午後六時に、京都市役所前に集まって、河原町通り、四条通りをとおって、円山公園のラジオ塔前で解散する。その一週間ほど前に、中立売署にデモの申請に行く。デモの三日ほど前に、中立売署から電話がかかってきて、許可書をとりに行く。スピーカーで、「ベトナムに平和を!」「ベトナムはベトナム人の手に!」「日本政府はアメリカのベトナム政策に手をかすな!」という三つのスローガンのシュプレヒコールの音頭をとって先頭を歩く。そのあいまに、歩道を歩いている人々にたいしてデモの主旨をのべて、デモへの参加をよびかける。

このデモは、一九七三年四月まで、八年間つづいた〔注・七〇年代に入って、定例デモは第二日曜日に変更された〕。私は、その間、海外出張で五、六回休んだが、八〇回以上は歩いている。はじめから終りまで、いやだった。デモの一週間ほど前から飯がまずくなり、デモの前日は必ず神経性の下痢をした。デモの先頭に立つことが、はずかしかった。》(同前)

下痢は、デモが終わると、すぐに治る。しかし、デモが終わったあとの気持ちは、毎回なんとも、さわやかになる。それは、内気で臆病な自分のようなものでも、ルカ伝一〇章のイエスの言葉

（〝強盗に襲われて倒れている人がいたら、その前をとおりすぎるな〃）に従って行動できたと感じるからだ。

《それでも、京都べ平連の運動をはじめて一、二年のあいだは、運動のために研究の時間をとられることがひじょうに苦痛であった。その上、政治運動は、とうてい、自分にはむいていないという気持があった。演説をしても、とても皆をふるい立たせるような勇ましいことはいえなかった。警察に抗議にいっても、かえって、警察側にいいまかされて帰ってきた。そのたびに、自己嫌悪におちいった。一人だけで、本をよみ、論文を書き、バッハを聞き、山を歩いているほうが、はるかに楽しかった。》（同前）

ごめんなさい、飯沼先生、そうだったのですね――。と思ったとき、もう、その人は故人となっていた。

第七節　裏切りと肩入れと

自分の考えを貫きながら生きようとすれば、世間に対して不義理が生じる。逆から言えば、人からの期待を「裏切る」覚悟なしには、わが意を通すことは難しい。
「私が京大を辞めたことは桑原（武夫）さんへの裏切り、東工大を辞めたことは宮城（音弥）さんへの裏切り」だったと、鶴見は話していた。だが、そうした進退を決するときも、桑原から教えられた心得が、心中に働いた。桑原は、「小事はこれを他に諮り、大事はこれを自ら決す」という信条を鶴見に伝えたことがあった（鶴見俊輔「桑原先生のこと」）。

ともあれ、桑原は、鶴見が京大を辞職したくらいで、彼への信望を撤回するつもりはなかったようである。むしろ、ベトナム戦争下、桑原による鶴見への肩入れは、いっそう、その度合いを増していく。

一九六五年（昭和四〇）八月一四日夜から一五日朝にかけて、ベ平連は「徹夜ティーチ・イン――戦争と平和を考える」というイベントを企画し、東京12チャンネルによって、これはテレビで生中継された。全体は、三部構成とされていた。

第一部「ベトナム戦争と日本の進むべき道」（一四日午後一〇時三〇分〜一五日午前二時五七分）の出演者は、以下のような人びとだった。

自民党から宇都宮徳馬・江崎真澄・中曾根康弘・宮沢喜一、社会党から勝間田清一・羽生三七、共産党から上田耕一郎、公明党から渡辺〔部〕城克、民社党から麻生良方、さらに、横浜市長の飛鳥田一雄、元陸軍中将の佐藤賢了、元防衛研修所所長の佐伯喜一、学者としては坂本義和・長洲一二・服部学・日高六郎・星野安三郎、共同通信社外信部次長の宍戸博、作家では、いいだもも・小田実・開高健。そして、司会が桑原武夫・鶴見俊輔・久野収、という顔ぶれだった。（なお、テレビ放送は、一五日朝六時まで続く予定だったが、第二部「戦中戦後をふりかえる」での司会・無着成恭による「……たとえば戦争に負けたときには天皇の力で収まったが、いまの天皇の命令でまた戦争をやると言えば、あれと同じようにやるかどうかとか、……占領政策では戦犯という形で取上げておきながら、牢屋から出てきた人はどんどん総理大臣になったりしているのはどういうわけか……」といった発言が局内で問題視され、放送は一五日午前四時八分をもって、局側の判断によって打ち切られた。）

ともあれ、これだけの顔ぶれが、政権にある自民党内からも参加したことには、鶴見からの働きかけに、宮沢喜一ら党内少壮の議員らが積極的に応じたという経緯があった。だが、それとともに、桑原武夫という名望ある学界の〝大物〟が討論全体の司会役をつとめることへの信頼感が、政党人ら各方面に行き渡ったことも疑えない。桑原は、これからのち、べ平連などへの後見役をみずから進んで変わらずつとめる。

一九六六年（昭和四一）六月、べ平連は、米国の平和・人権運動の二人の活動家――ボストン大学の政治学・歴史学教授ハワード・ジン（一九二二年生まれ）と、学生非暴力調整委員会（SNCC《スニック》）の黒人活動家ラルフ・フェザーストーン（一九三九年生まれ）――を日本に招いて、北海道から沖縄まで、日本列島を縦断する講演キャラバンを敢行した。

ジンは、労働者階級出身のユダヤ系米国人で、第二次大戦中、B17爆撃機の乗員として活躍した人物である。戦後、復員兵の特典を生かしてニューヨーク大学を卒業。コロンビア大学大学院に進んで博士号を取得し、大学教員となった。

爆撃機の乗員だったころ、彼は一九四五年春にヨーロッパでの戦争が終結し、米国の基地に戻って、日本方面への出撃を準備しているところで、広島への原爆投下を知った。そのとき思ったのは、戦争が終わった、太平洋を飛ばなくてすんだ、ということだけだった。自分が原爆を落とす役回りとなったら、どんな事態を引き起こすことになったのか――。また、ヨーロッパ戦線で、村や町を爆撃して、何の罪もない人びとを殺してきたことについても、自身の想像力が及ぶようになるのは、それから、なおあとのことだった、と述べる。

このときの講演キャラバンのさいにも、桑原武夫は京都での主催側として名をつらね、加えて東京では、彼らとともに壇上に立って講演をした。

さらに一九六八年（昭和四三）八月、京都べ平連が受け皿となって、三日間にわたる「反戦と変革に関する国際会議」（会場・国立京都国際会館）が開かれた。この国立施設の会場使用の交渉で、先頭に立ったのも、京大教授定年直前の桑原武夫、松田道雄（小児科医）、奈良本辰也（立命館大学教授）という、京都「名士」の三人だった。国立京都国際会館館長の高山義三（前京都市長）は、「乱暴なことにはならないでしょうね」と、彼らに念押しした上で、会場使用許可の決裁を下した。（飯沼二郎・小田実・北沢恒彦・鈴木正穂・鶴見俊輔「京都べ平連をめぐって」）

桑原武夫は、この国際会議の初日冒頭の壇上に立ち、「歓迎の辞」を述べた。このとき、彼はすでに京大教授を退官し、名誉教授の肩書きだった。（小田実・鶴見俊輔編『反戦と変革——抵抗と平和への提言』）

桑原武夫は、べ平連の運動が「直接行動」に根ざしていることを理解していた。

六六年にハワード・ジン、ラルフ・フェザーストーンとともに壇上に立ったときにも、彼らが体現しているのは「新しい哲学」なのだ、と指摘する。さらに、これについて、「哲学者鶴見俊輔さんはたいへんそれに感動して」いる、とした上で、自分もそれに「全く同感です」と述べ、はばからない。

加えて、彼は、複雑なことをやわらかな口調で話した。——戦時中、東北帝大で教えていたとき、総長から秘密裡に頼まれて、安南（ベトナム）の名門出身の若者を預かった。戦後、その若者は、自分は安南独立連盟の委員長であると告白してから、ベトナムに戻っていった。そして、殺された。帰国する前、若者と少し議論したとき、自分はマルクス主義には反対であるけれども、帰国したら、まず、ホー・チ・ミンと協力する、と言った。そして、対仏の独立を共同して勝ち取ってから、反共の線でホー・チ・ミンと対決するのだ、と述べていた、と。

桑原武夫は、自分自身の知見から、そういうベトナムに関する過去の複雑な様相の事例を、二つ、三つと、柔らかで控えめな口調で述べ、その講演を終えている。どの人物が正しい、だから支援する、というようなことを桑原は言わない。だが、こうして言及すること自体に、彼の関心と好意のようなものが感じられる。ここには、彼の教育者、また人材を育てることができる研究者としての姿勢が、如実に現われていることを私は感じる。（桑原武夫「あるベトナムの独立運動家」、鶴見俊輔・小田実・開高健編『反戦の論理』より）

ジンとフェザーストーンの日本列島縦断講演が行なわれたのは、一九六六年六月二日から同月一四日のことである。鶴見俊輔も、通訳として、この旅に同行した。ただし、米国の施政下にある沖縄での講演のさいには、鶴見を含む日本人のべ平連関係者に対して、いっさい渡航許可が出なかった。だから、沖縄での講演については、ジンとフェザーストーンだけが日本から渡航して、現地の受け入れ態勢のもとで行なわれたのだった。

こうした講演キャラバンの直後にあたる、同年六月二九日。米軍機が、北ベトナムの首都ハノイならびにハイフォン地区という都市部に、初めての爆撃を拡大した。

翌三〇日、これにただちに抗議して、鶴見俊輔、市井三郎、いいだもも、渡辺一衛、大野明男ら、「非暴力反戦行動委員会」を名乗る人びとが、米国大使館前で二回にわたって坐り込みを行ない、警官隊に排除された。午後二時から行なった一回目の坐り込みの参加者は、三〇人。午後六時からの二回目の参加者は、五二人だった。その翌日の七月一日にも、さらに「非暴力反戦行動委員会」

の四一人が、米国大使館前で三度目の坐り込みを行ない、また警官隊が彼らを排除した。

「非暴力反戦行動委員会」というのは、緊急の必要が生じたときには、逮捕されることも覚悟して直接行動を取るという、べ平連から有志が集った小グループである。

彼らは「よびかけ」のビラをつくって、あらかじめべ平連のデモのさいなどに配っていた。そこでは、
1、米国が北ベトナムに宣戦を布告し、上陸作戦をはじめる場合
2、米国がベトナムにおいて核兵器を使う場合
3、米国が北ベトナムの首都ハノイを爆撃する場合
これら三つのうち、いずれかの事態が起こったときには、米国大使館に向かって反対の意志を伝える、として、そのさいの集合地点と時間などを告知していたのだった。（小泉英政・川上賢一・黒川創『鶴見俊輔さんの仕事⑤　なぜ非暴力直接行動に踏みだしたか』）
駐日米国大使ライシャワーは、この年七月なかば、米国に一時帰国して、求められたジョンソン大統領との会談を果たしたのち、辞任を発表した。
四半世紀におよぶ知己たるライシャワーに対して、鶴見が取ったような行動も、一つの「裏切り」だったと言うべきか？　少なくとも、ライシャワーの側が、そのように受け取ったらしいことは確かである。
後年、ライシャワーが自伝（*My Life between Japan and America*, 1986. 日本語訳は『ライシャワー自伝』、徳岡孝夫訳）を著したさい、鶴見については、日米戦争下の留学生だったころの彼の姿に触れながら、このような述べ方をしているだけだ。

《有名な鶴見祐輔の子、俊輔は、官憲の訊問に「自分は理論上はアナーキストだ」と答えたため拘留されることになった。私の講読に出たこともあるが少し変わった人で、留置中に規則正しく睡眠と食事をとり、友達が本を差し入れたため、獄中にありながらハーヴァードを卒業した。鶴見も都留〔重人〕も一九四二年夏の交換船で日本に帰り、鶴見は有名な評論家になったが、強い反米偏見を持ち続けている人である。》

——ライシャワーは怒っているんだよ……。

これに触れ、鶴見が、やや寂しげな表情で苦笑するのを幾度か見たことがある。

人生は、そうやって過ぎていく。

第八節　脱走米兵との日々

本物の脱走米兵が、ベ平連の目の前に現われるようになったのは、一九六七年（昭和四二）一〇月からである。

横須賀や岩国の米軍基地の前などで、軍隊からの脱走を呼びかけるビラやリーフレットを配ったりはしていた。だが、それがどういう結果を生むことになるのか、あらかじめ予想を立てておくことなど、できるはずもない。

京都のわら天神に近い鶴見宅は、すでに電話加入の申し込みは済ませていたが、まだ回線が引かれていなかった。だから、一〇月二八日、電報で連絡が来た。発信者は、東京のベ平連事務局長・

吉川勇一（一九三一年生まれ）である。
「ダッソウヘイアラワル　シキュウレンラクヲコウ　ベヘイレン」
鶴見は驚いた。すぐに連絡しようとしたが、自宅近くの公衆電話を使うのは危険だと考えなおし、府立植物園近くの「オーク」という喫茶店まで足を延ばしてから、東京のベ平連事務所に電話した。横須賀に寄港中の米空母「イントレピッド」から若い四人の水兵が脱走したのだと確認すると、すぐに東京への新幹線に飛び乗った。

ベ平連関係者の手配によって、池袋にある鶴見良行の自宅マンションに脱走兵たちの身柄は移されていた。いずれも一九歳ないし二〇歳の白人兵士で、休暇上陸が許されたおりに、そのまま離隊したのだという。空母イントレピッドは、一〇月二五日、ベトナムのトンキン湾に向けて、すでに横須賀を再度出港していた。

一〇月三一日、東京のベ平連の前事務局長で映画プロデューサーの久保圭之介らの手配により、鶴見良行宅で、四人の脱走兵たちの記録映像が撮られた（16ミリの記録映画「イントレピッドの四人」となる）。四人の脱走兵自身が、自分たちで用意した声明を発表したほか、四人の日本人――小田実、開高健、鶴見俊輔、日高六郎が出演した。

四人の脱走兵は「声明」において、このように述べた。
「あなた方はいま、四人の脱走兵を目の前にしている。米国軍隊を離れた四人の愛国的脱走兵である。（中略）

われわれは、アメリカがすべての爆撃を中止し、ベトナムから撤退し、ベトナムをベトナム人のみずから決するところにまかせなければならないと考える。

われわれは、みずからの信念のために、軍の懲戒処分に直面している。そのため、われわれは、日本もしくはこの戦争に関係していない第三国に政治的保護を求める。（後略）」

吉川勇一は、米兵の脱走を日本人が援助すると法的にはどうなるのか、ということについて、角《す》南《なみ》俊輔弁護士に電話で問い合わせた。翌日、角南弁護士は、これに対して、「日本人の脱走米兵援助は、日本のいかなる法令にも違反しない」と回答した。米軍隊の構成員ならびに軍属、それらの家族による日本への出入国は、日米安保条約に基づく米軍の地位協定によって、「旅券及び査証に関する日本国の法令の適用から除外」されているからだ、ということだった。

これを受け、吉川勇一は、脱走米兵を日本国外に逃がすにあたって便宜をはかってくれるよう、ソ連大使館への働きかけを始めた。米国人僧侶ブライアン・ヴィクトリア・良潤らが、これに協力した。

鶴見俊輔は、四人の脱走兵のうち、口ひげを生やしたクレイグ・アンダーソン、メガネをかけることがあるマイケル・リンドナーの身柄を預かった。あとの二人は、茅ヶ崎にある深作光貞（一九二五年生まれ、文化人類学者）宅に引き取られていった。鶴見は、アンダーソンとリンドナーをひとまず練馬区関町の姉・和子と父・祐輔が暮らす家に連れていき、以前に自分が使っていた二階の部屋で、彼らを二、三泊させた。最初の夜が明けたところで、別棟の病床で療養している祐輔に、彼らを引きあわせた。祐輔は、彼らが脱走米兵であることを理解した上で、喜んで、満面の笑顔で握手した。

父・祐輔は、戦時下も戦後も、家庭内では和子や俊輔の言うことをよく理解し、ほとんどつねに彼らの意見に対する支持者だった。だが、家の外に出て、政治家として立つときには、軍やそのときどきの権勢に妥協を重ねる。そうした二律背反を平気で生きるかのような態度が、俊輔からの苛立ちと反撥を培った。また、こうした政治家としての身の処し方が、俊輔の「転向研究」の問題意識の原型をなしていた。とはいえ、祐輔自身は、つねに娘、息子を深く愛し、彼らが長じてからは敬意さえ抱いている。だから、俊輔が抱く苛立ちといつもすれ違う。俊輔には、このことが、父との関係に対する困惑の根幹をなしてきた。だが、いまや父・祐輔は完治を望めない病床にあり、政治家としての彼は、すでに世界から消えている。

脱走兵の二人は、やがて口論を始めた。リンドナーは、もう脱走はやめて部隊に戻る、と言いだした。鶴見俊輔は、あえて二人のあいだに割っては入らず、夜が更けると、きょうはもう寝てください、と告げ、次の朝、食事をさせた。そして、せっかく日本に来たのだから、何かしたいことはないか、と尋ねた。すると、彼らのほうから、銭湯というところに行ってみたい、と言いだした。

近所の銭湯は用心して避け、ずっと遠くの銭湯まで出かけた。開店から間もない時間で、浴場には陽光が降り注いでいる。三人で、そうした湯につかっていた。風呂から出て、関町の家まで歩いて帰るあいだに、部隊に戻ると言っていたリンドナーが、このまま脱走を続けると、前言をひるがえした。

一一月三日、鶴見は新幹線で彼らとともに京都へと移動した。自宅近くの平野屋という旅館で、彼らを五泊ほどさせている。食事は彼らを鶴見宅に連れてきて、横山貞子が作っていた。二歳の息子・太郎は、ひげをたくわえたアンダーソンの容貌を見て、「ひげのおにいちゃん、こわいよ」と、泣きさけんでいた。

そのあいだに、鶴見には、どうしても京都を留守にしなければならない日があった。困ってしまい、大徳寺近くの日本家屋に住んでいた米国の詩人ゲーリー・スナイダー（一九三〇年生まれ）に、一日だけ脱走兵を二人、預かってくれないかと頼みにいった。彼は引き受けた。

スナイダーは、その日、二人の脱走兵を奈良に連れていった。寺院の巨大な木造建築などを見せてから、店に入って、生のナマコを注文し、二人に「これを食えなければ、日本にはいられないぞ」と、おどして食べさせた。

脱走兵の四人は、このあとふたたび合流し、一一月一一日正午ごろ、横浜港からナホトカに向かうバイカル号に乗せられ、日本を離れた。そこから、モスクワを通って、さらにスウェーデンに向かうことになっていた。

四人を乗せたバイカル号が公海上に出たのを確認してから、同月一三日夕方、ベ平連は鶴見も出席して記者会見を行ない、記録映画「イントレピッドの四人」を上映した。反響は大きかった。
（関谷滋・坂元良江編『となりに脱走兵がいた時代』、吉岡忍・鶴見俊輔『脱走の話』）

脱走兵援助は、これからあと、さまざまなかたちで続いた。

韓国系米国人の脱走兵、金鎮洙《キムジンス》（英語名ケネス・グリッグス、一九四七年生まれ）を一九六八年（昭和四三）一月、鶴見宅で匿ったときには、二歳の太郎が、彼と手をつなぎ、近所を散歩したりした。脱走兵援助は、彼らを受け入れる各家庭の家族ぐるみの協力なしには、成り立たない行動だった。金鎮洙の場合、顔だちに日本人との違いがないので、こうやって子ども連れで近所を歩くかぎりは人目に立たず、ストレスのかかる潜伏生活には、よい気分転換の時間となった。二歳の子どもも、この運動に、こうしたかたちで加わっていた。

姉の鶴見和子は、一九六八年四月、練馬区関町の自宅、その一人暮らしの母屋で、黒人脱走兵テリー・ホイットモアを預かった。ホイットモアは、ベトナムの戦場で勇猛に戦い、人間も家畜も殺し、最後は重傷を負って、ジョンソン大統領からじかに勲章まで受けた兵士である。だが、確実にこちらが撃ち殺されそうな場面でも、なぜ南ベトナム解放民族戦線の兵士らは、とどめの一撃を放たなかったのか？　それを考えるうちに、――自分が黒人だったからだ――と思い至って、彼は脱走を決意した。べ平連（脱走兵の支援組織は、別働隊としてＪＡＴＥＣ《ジャテック》と呼ばれた）に助けを求めるよう彼に勧めたのは、横浜の米兵相手のバーで知り合い、その部屋に転がり込んだ日本娘だった。

ホイットモアが日本脱出にむけて東京を離れる最後の夜、運び屋役のべ平連の若者たち（室謙二・一九四六年生まれ、吉岡忍・一九四八年生まれ）に、その娘が、彼と会わせてほしいと、うるさくせがんだ。運び屋の若者たちは、この娘を持てあまし、鶴見和子に、脱走米兵と一緒に彼女も泊めてやってくれるだろうかと、恐るおそる頼んでみた。和子は快諾する。のちにホイットモアは、回想の手記（『兄弟よ俺はもう帰らない』）で、そのときの鶴見和子（実名は伏せられている）への感謝を述べた。

日本人の家庭が、いつでも、脱走米兵を受け入れられたわけではない。彼らを匿うには、とりわけ一家の主婦には大きな負担がかかった。だから、家庭内の人間関係がよほど良好でなければ、脱走兵を受け入れるのは難しい。だから、私が育った家に、脱走兵はついに来なかった。小田実の家庭も、当時は、そうだったようだ。また、脱走兵を受け入れた家庭で、のちに離婚にいたった例も少なくない。これだけが原因とも断じ難いが、重い負担の傷みが、長く尾を引くこともあったのではないか。

一九六八年八月、先にも触れた京都での「反戦と変革に関する国際会議」を開くときにも、厄介な問題が生じた。この催しの準備にべ平連関係者の人手が取られてしまい、増えてきていた脱走米兵たちの世話に、手を回しきれない状態に至ってしまった。

そこで、鶴見は思いつくところがあり、ふたたびゲーリー・スナイダーのもとへと相談に出向く。以前、スナイダーを囲んで話を聞いたとき（「仏教と来るべき革命」、「思想の科学」一九六七年一二月号）、

1967年か68年、家の会、滋賀・三井寺合宿。
前列、左から2人目・鶴見俊輔、同3人目・北沢恒彦。

1972年8月7日、岩国のコーヒーハウス「ほびっと」への不当な家宅捜索に対する
国家賠償請求訴訟を起こしての記者会見。右から、「ほびっと」店長で
原告の中川文男（六平）、鶴見俊輔、代理人弁護士の美奈川成章。

鹿児島県トカラ列島の諏訪之瀬島に、彼が「部族」(ヒッピー族)と呼ぶ仲間たちのコミューンがあると教えられていた。ベ平連の国際会議が京都で開かれているあいだ、脱走兵たちをそこに連れていってもらえないかと思ったのだ。

鶴見から用件を聞くと、スナイダーはしばらく考えた。彼の妻(マサ)が日本国籍なので、この件への関与を追及されると、米国への入国に差し支えが出ないか、という心配があった。だが、結局、スナイダーは、今度も引き受ける。

諏訪之瀬島行きには、ベ平連から阿奈井文彦(一九三八年生まれ)が、働き手として同行することになった。彼は、もとは同志社大学で哲学専攻の学生だったが、卒業はしていない。当時、鶴見の研究室を訪ねて、「クズ屋(廃品回収業者)になりたい」と希望を話すと、「それはいいなあ」と即座に賛同した鶴見から同業の先人(松本市壽)を紹介されて、東京でしばらくクズ屋として働いていた。その後、ベトナムに渡って半年ほど各地を歩きまわってきた人物である。(阿奈井文彦『ベ平連と脱走米兵』)

話がまとまると、スナイダーのほうから、べつの話を鶴見に切りだした。

「今夜、良質のLSDが手に入るが、それを試してみないか」

というのだった。

自分が困難な問題を持ち込んで、引き受けてもらったのだから、相手の持ち出す提案にも乗ることにしようと考えた。鶴見自身も、かねて敬愛する作家であるオルダス・ハクスリーの『知覚の扉』などを通して、メスカリン(サボテンの一種であるペヨーテの成分として得ることもできる幻覚剤)の作用などについては知見があり、よい機会に恵まれれば、それを試してみたいという気持ちは抱いていた。ウィリアム・ジェイムズにしても、このような精神拡大的経験についての関心を抱きつづけた人物だった。そうした世界拡張の方法として、何らかの薬物などの力を借りる文化について、もとより彼には偏見が少なく、そこに踏み込んでみることへの抵抗感も薄かった。

——広い日本家屋の部屋に、ただ大きな枕が置いてある。やがて薬が効いてきて、足が立たなくなった。しかし、心は浮遊し、部屋のなかを動いている。

そのうち、自分が竹の節のなかに閉じ込められたように感じた。小さくて狭い場所。やがて、ぽんと音がして、竹の節が抜け、その向こうには何もなかった。

そうだろうと、これまでも思っていたのだが、実際に、この存在の向こうには何もないのだ。急に笑いがこみ上げてきた。部屋の隅に坐っている導師スナイダーが、はるか彼方と感じられるところから、

「その笑いは、何の笑いか」

と問いかけてくる。答えずにいると、彼は自分でその問いに答える。

「それは神の笑いだろう」

続けて、彼は自分の書いた散文を朗読した。部屋の隅々まで響きわたる声だった。

スナイダーは言った。

「これは体に悪い。しかし、もう一度、陽の光が射す野原で、これを服用すると、世界が新しく見える。次の間に寝床を用意しておいた。そこに曼陀羅を掛けてある。まだ薬の影響が残っているうちにそれを見ると、仏が動いて見える」

ようやく動けるようになったところで、立って便所に行くと、小便が走っていく様子だけが見え、自分の姿が見えない。何もないところから小便が走って、壺のなかへ入っていく。

次の朝、スナイダーはコーヒーをたててくれた。夏の朝で、縁側に立って庭を見ていると、キリ

ギリスが一匹、向こうにいた。すると、自分がキリギリスに入って、そこから自分を見ている。スナイダーの家を出て、歩くあいだも、この体験は自分のなかに残っていた。（鶴見俊輔「スナイダー——人間の原型に帰ろうとした詩人」）

このときの経験は、以後の鶴見の著作にも、はっきりと痕跡を残すことになる。

脱走米兵に、スパイがまぎれ込むこともあった。

はっきりしているのは、一九六八年一〇月、ベ平連に助けを求めて「ラッシュ・ジョンソン」と名乗った男の場合である。

脱走兵の移動に同行することで〝運び屋〟と呼ばれるベ平連の若者たちにも、彼のことを「あやしい」と感じる者が多かった。彼の身柄を預かって、仲間たちとの打ち合わせなどに出向くと、行く先ざきに、こちらを監視しているらしい私服の男たちが、それとなく立っている。「ジョンソン」は日本語を理解して、無線で情報を流しているのではないか？　運び屋の若者たちに次々と彼の身柄が受け渡されていくにつれ、そういう疑いが、さらに増していった。

だが、彼をスパイだと裏づける、決定的な証拠はない。運び屋の若者たちは、もう、彼の身柄を手放してしまったほうがよさそうだ、と主張する。だが、運び屋たちを統括する責任者だった栗原幸夫（一九二七年生まれ、文芸評論家）は、首を縦に振らなかった。鶴見俊輔も、そうだった。スパイではないかと仲間をうたがう疑心暗鬼に陥ると、それは次々に感染し、孤立した仲間内での凄惨なリンチ事件に行きつく。地下活動を余儀なくされた者たちは、過去に幾度となく、そうした暗い歴史をたどってきた。その連鎖を、なんとか自分たちのところで、断ち切りたい。鶴見や栗原のような年長世代には、そうした思いが強かった。

──もし、「ジョンソン」が本物のスパイだったとしたら、しかたがない。たとえ、それによって脱走兵援助の運動が壊滅に追い込まれたとしても、仲間同士で殺し合いをするよりマシだろう……。──

鶴見が、そんな言い方をしたこともある。

これに対して、吉岡忍ら、運び屋の若者たちには、胸中にわだかまるものがあった。

──鶴見さんや栗原さんの考えは、人間的で、立派である。だけど、それだけでは、命がけで脱走してきた兵士たちを守れない。彼らを見殺しにする結果になっても、いいのだろうか？──

それでも、吉岡たちは自制した。地下活動のなかでは、おのずと視野が限られる。いまは責任者の判断にしたがわなければ、自分たちはばらばらにされてしまうと考えたからだった。

結果から見るなら、このとき正しい現実認識に立っていたのは、若い〝運び屋〟たちの側だった。

同年一一月に入って、「ジョンソン」ともう一人の脱走兵を、北海道の根室港から日本漁船を使って国後島沖でソ連側の警備艇に引き渡し、そこからの空路でモスクワ、さらに北欧へと脱出させる手はずとなった。（本田良一『密漁の海で──正史に残らない北方領土』）

この道中、時間調整も兼ねて立ち寄った弟子屈《てしかが》の町で、スパイ「ジョンソン」は、逃亡する。これにより、もう一人の本物の脱走兵ジェラルド・メイヤーズは、米軍の手に引き戻されてしまうのだった。

スパイ「ジョンソン」が、日本脱出の現場となるべき根室港まで至る前に途中逃亡してしまうのは、運び屋の一人としてレンタカーのドライバー役をつとめていた山口文憲（一九四七年生まれ）がたわむれに所持していたモデルガンを、たまたま目にしたことから、自分は殺される、と思い込み、とっさに逃げだした、ということだったらしい。彼は、すでに一行を秘かに尾行していた米軍ＭＰ

らに助けを求めたようである。

おかげで後日、山口文憲には、銃刀法違反容疑で日本の警察に踏み込まれて逮捕される、というおまけまで付いてくる。むろん、本物のピストルなど存在しないのだから、山口はすぐに(と言っても三日後に)釈放されるのだったが。

こうした結果が、鶴見俊輔の内心に、大きな負い目となって残る。なぜなら、山口文憲は、当時、トランペット奏者として東京芸大器楽科をめざす浪人生だった。ところが、ベ平連の活動にのめり込み、三浪の挙げ句に逮捕。これで踏ん切りをつけたかのように大学進学自体をやめてしまい、手づるの生じたフリーランスのライター稼業で暮らしていく。

——鶴見の行動の取り方は、周囲の若者たちにも、多大な影響をもたらした。すると、当然、彼らは人生の進路そのものを大きく変えてしまう。

当の鶴見としては、彼らの踏み込みの深さに、たじろぐところがあった。だが、そうかといって、鶴見が、自身の行動や発言をいくらかなりとも自重したかというと、そのつもりはなかったようだ。山口文憲のような若者たちが、逮捕にまで至る行動をとった末に、それなりに優等生だった道からドロップアウトし、まったく別の生き方に移ってしまう。そのことに、鶴見自身が衝撃を味わうのは事実なのだが、だからといって、これで鬱に陥ったりすることはない。この点が、過去に彼を鬱に引き込んだ自罰的な意識のあり方とは違っている。申し訳ない、との思いを、ときに周囲の若者たちに対して強く抱きながらも、もはや鶴見には、そのようにしか行動できない自分というものに、思い切るところがあった。いわば、自身についてのリカルシトランス(不可操性)、つまり、「どうしようもなさ」の承認、といったものではないか。だから、そこが、明るい。この時期あたりからの鶴見は、そういう要素を帯びてくる。

一九七〇年（昭和四五）春、鶴見俊輔は同志社大学教授を辞職する。六〇年代末からの学園紛争で大学構内の占拠を続ける学生たちに対し、教授会が警察機動隊の出動を要請することを決め、実行したことに対する抗議の辞職だった。

学園紛争で、学生たちの運動方針を支持したからではない。彼らの排除を警察に代行させることを決めた、その教授会の態度を批判してのことだった。教授たちにとって、自分たちの学生じゃないか、なぜ、それなのに、自分たちはどこかに身を隠してしまい、よその者（警察）に彼らを殴らせるのか、ということだろう。

「殴るか、殴られるか、殴らせるか」の問題なんだ――と、鶴見が言うのを聞いたことがある。そのとき、教授が取りうる選択肢としては、――わが手で学生たちを殴るか（体力差があり、殴り返されるだろうが、それを承知で）、一方的に自分が殴られることにまかせるか、あるいは、ほかの誰か（警察）に学生を殴らせるか――、その三つだったということだろう。鶴見の見方としては、倫理的に最悪なのは「（警察に）殴らせる」であって、同志社大学教授会はそれを選び、彼はこれに抗議して辞職した、ということである。

もっとも、もしも、今日の大学の教授会が同じ問題に直面すれば、どの選択肢が採られるか？　第一の選択肢（殴り、殴り返され、へたりこむ）は、ドラマツルギーとして見るなら、喜劇である。第二の選択肢は、悲劇となる。第三の選択肢は、喜劇でも悲劇でもない。日常の延長線上にある政治劇が、そこにも、だらだらと続いているということか。これを選ぶことへの自制心は、以前より増していると言えるのか？

同志社大学教授会に辞表を出すとき、やはり鶴見は、ほかの誰にも相談せず、自分ひとりで決め、出してきた。

家への帰り道で、まずいかな、という気持ちが兆しはじめた。自分の独断で仕事を辞めてきた、などと話すと、細君は何と言うだろう。確信のないまま、家に帰った。

家に入って、まっすぐ、妻の横山貞子に、そのことを話した。彼女からの答えは、

「よかった」

というものだった。そして、

「――これで大学を辞めなければ、また鬱が出るのではないかと、心配していた」

と、安堵の言葉がそれに続いた。このころ、横山自身は、創立まもない京都精華短期大学（初代学長・岡本清一）で、英語・英米文学の教員としての仕事を始めていた。


とはいえ、当時の同志社大学では、鶴見俊輔の講義を目当てに入学してくる学生もいたはずで、これもまた、彼らに対する「裏切り」である。

中川文男（一九五〇年生まれ）という若者も、おそらく、そうした学生の一人だった。一九六九年（昭和四四）、彼は同志社大学に入学したが、翌春、鶴見は教授を辞職し、この大学を去ってしまう。だからかどうか、彼は入学まもない時期から、大学での勉強などほっぽらかして、ベ平連の運動にのめり込む。もっとも、このころの大学自体が、学生たちによる占拠や、大学側のロックアウトやらが続いて、まともに運営されていない。さらに中川は、京都の反戦運動だけでは飽き足らず、山口県下の基地の町、岩国ベ平連まで応援に出向いたりするようにもなった。そして、岩国の米軍基地内の軍事法廷で行なわれている二等兵ノーム・ユーイングの裁判について知る。

ノーム・ユーイングは、岩国の軍隊から脱走、一度はベ平連の保護下に入ったものの、むしろ自

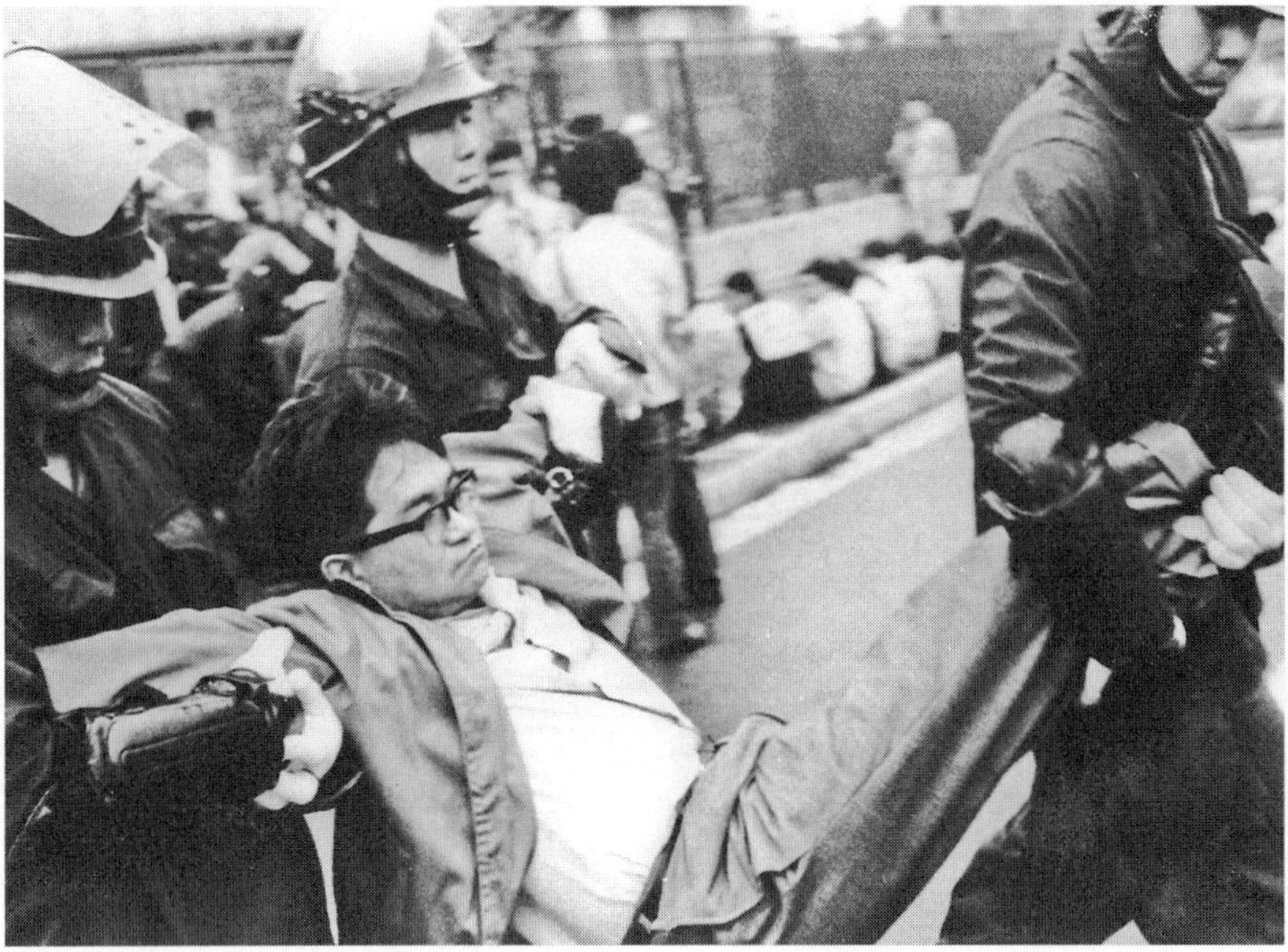

1970年6月21日、安保拒否百人委員会に加わっての非暴力直接行動で、
国会議事堂前に坐り込み、排除される鶴見俊輔。

分は米軍の隊内で反戦運動を広げるべきだと考えなおして、みずから基地へ戻ったのだった。そのとき、まだ彼は一九歳。やがて彼は、隊内で暴動を起こした首謀者としてとらえられ、隊内で不許可離隊（最初の〝脱走〟と帰隊）ならびに治安攪乱（帰隊後の〝暴動〟に参加したこと）という二つの罪に問われた。

鶴見俊輔も、この軍事法廷で、ユーイングのための証言を行なった（一九七〇年一二月九日）。また、弁護士・小野誠之《のぶゆき》（一九四二年生まれ）は、日本の法曹人でありながら、ユーイングの弁護人として、この法廷に立っている。いずれも、こうした米軍の軍事法廷としては初めてのケースで、彼らの脱走米兵援助活動が、ここに至るまでの三年間に積み上げた成果とも言うべきものだった。この年一二月一七日、ユーイングには懲役九カ月と不名誉除隊の判決が下る。戦時の日本の軍隊なら銃殺とされた罪、しかも二つについてのものだから、この法廷闘争にはそれだけの意義があった。（鶴見俊輔「アメリカの軍事法廷に立って」）。なお、五年後の一九七五年、ユーイングは、軍隊外の自発的な反戦活動家として、ふたたび岩国を訪れる。）

このころには、中川文男は、むしろ「中川六平」というニックネームで、仲間たちから知られる存在となっている。大学は、ぎりぎりの点数でも、必要な単位数をどうにか稼いで、卒業さえできればいいと考えていた。いや、本心では、卒業さえ、どうでもいいのだが、郷里・新潟の両親のことを気にかけていたのだろう。

一九七一年（昭和四六）五月五日、子どもの日。凧揚げで米軍機を止めようという催しがあり、岩国基地に近い今津川の堤防沿いに、いくつか凧が揚がった。べつの日には、風船を上げたこともあった。こうしたアイデアは、反戦米兵から出たもので、飛行士たちには、これらは神経質にならずにおれないものなのだという。

だが、この日はほとんど無風で、なかなか凧がうまく揚がっていかない。警備にあたる制服警官が、八〇人。鶴見俊輔の姿もあり、六法全書を抱えて、警官の責任者と話している。「米軍機を落としたら、大変なことになります」と警官は繰り返し、鶴見のほうは、凧揚げを法的に規制する根拠がないことを述べている。

やがて、いくらか風が吹きはじめた。川に浮かぶ小舟から、一つだけ、高く高く揚がっている凧があった。小舟の上の若者は寝ころんだまま凧を揚げている。はるか上空で、それがいまは米粒のように見える。やがて星条旗を掲げた大きな船が現われ、そこには日本の警官も六人ばかり乗っている。だが、舵の取りかたを誤って、浅瀬に乗り上げ、うごかなくなった。しかたなく、一人の米兵が川のなかに入って、腰まで浸かりながら船を押す。やっと、どうにか、彼は小舟に近づき、手を伸ばして、船端に手をかけようとした。その瞬間、小舟で凧を揚げていた若者は、糸を切った。糸の切れた凧は、風に乗り、ふわふわと、ゆっくり、夕方近い川面に落ちていった。小舟で凧を揚げていた若者も、やはり同志社べ平連の顔ぶれで、甲斐扶佐義（一九四九年生まれ）という名前であ

コーヒーハウス「ほびっと」のマッチ箱。イラスト・長新太。

る。のちに学費未納で同志社大学から抹籍になる。

一九七二年(昭和四七)二月、中川六平は、鶴見俊輔、北沢恒彦、中尾ハジメ(一九四五年生まれ)、さらに、地元の若者たちも加わって準備を重ねてきた反戦コーヒーハウス「ほびっと」のマスターとなり、この店を開店する。岩国基地のほうから見れば、今津川をはさんで、対岸の市街地である。このとき北沢は、京都市中小企業指導所の中小企業診断士となっており、「ほびっと」の開業にさいしても経営面での助言を行なった。当時、ライヒ『性と文化の革命』の訳者として知られた中尾ハジメは、大工の心得があり、同時期に自分たちで開業準備を始めていた京都の喫茶店「ほんやら洞」同様、ここでも店の外装、内装、調度などの用意の先頭に立った。

「ほびっと」は、開業当初、地元住民のほか、米兵たちのお客も着実に増えていき、好調な滑り出しだった。だが、いやがらせ、米軍の入店禁止命令、でっち上げ容疑による家宅捜索、裁判など、試練の数々もやってくる。

三月に入ると、郷里の母親から、人づてに、中川六平あての便りが届いた。

どうやらおまえは、聞くところによると「京都には住んでいない。大学にも行っていないそうで、どこで何をしているのですか」——と書いてあり、胸に響いた。

夜行列車で新潟に帰って、二時間ほど両親と話した。はっきりとは言われなかったが、警察が実家に来たようだった。「とにかく大学は行ったんだから、卒業だけはしてほしい」とのこと。母親は、「身なりが汚いと赤軍に間違われるよ」と言って、床屋代、そして靴、セーター、ズボン、みんな新しく買うようにと、金をくれた。それだけ話して、また岩国へと帰ってきた。

五月、ついに両親が岩国までやってきた。駅で迎えて、「ほびっと」に案内した。二人とも、店内をきょろきょろ見回した。親しくしている岩国教会の牧師が、旅館まで出向いて、両親に挨拶してくれた。あとで母親から聞いたところでは、牧師は、「大学を卒業するよう、ぼくから本人を説得します」と、言葉を添えてくれたという。

翌日、宮島、広島を案内して、原爆ドームの周囲を歩いた。親子のあいだに、これといった会話はなかった。「おまえが大学を卒業したら、市役所に就職できるようにしていた」と、ぽつんと父親が話した。

両親は、二泊して、岩国を引き上げた。このあと京都に寄ることにしていて、鶴見俊輔先生、飯沼二郎先生に、面会を申し入れているとのことだった。

鶴見俊輔は、その日の夕刻、飯沼二郎と連れだって、中川六平の両親と会うために、京都市内の宿に出向いた。

父母二人で相談し、岩国までやってきた。息子が、その町で、こんな暮らしをしているとは、両親はどれほど驚いたことだろう。それを思うと、気持ちは重かった。自分も、飯沼も、いい大人で、しかも先生と呼ばれた立場である。

何をやっているんだ、と問いつめられるのは当然だ。

だが、訪ねていくと、両親は、こう言った。

「岩国に行ってきました。息子に会いました。続けさせます」

（鶴見俊輔「日本人の中にひそむ〈ほびっと〉」、中川六平『ほびっと　戦争をとめた喫茶店』より）

第九節　亡命と難民

鶴見俊輔『北米体験再考』（岩波新書）は、奥付によると一九七一年八月二〇日の刊行で、目次は以下のようになっている。

《序章　ケムブリッジ――東ボストン
第一章　マシースン
第二章　スナイダー
第三章　フェザーストーンとクリーヴァー
終章　岩国　》

つまり、戦前の米国留学と交換船での帰国を起点に、現在まで。だが、そうやって現在に至る途中経由地点は、留学当時の自分が視野にとらえていた世界の眺望とは違ったものになっている。留学によって自分が米国から与えられたものをすべて否定しようと言うのではない。ただ、のちになって知り得た事柄を経た上で、そこを振り返ると、当時の自分の居場所は儚く、そして、浅薄に浮きあがったものにも見える。

赤狩りを経験する米国。そのなかで、『アメリカン・ルネッサンス』の著者F・O・マシースン（一九〇二―五〇）は自殺する。

米国留学中、刊行されたばかりの、この大冊の本を読んだ。一九四一年のことだった。マシースンはハーヴァード大学の教員でもあったので、彼が演説するのも一度だけ聴いた。

マシースンの主著となった『アメリカン・ルネッサンス』は、一八五〇年から五五年にかけてのわずか五年ほどのあいだに、エマソンの『代表的人間』（一八五〇年）、ホーソーンの『緋文字』（一八五〇年）および『七つの破風のある家』（一八五一年）、メルヴィルの『モービィ・ディック（白鯨）』（一八五一年）および『ピエール』（一八五二年）、ソローの『ウォルデン』（一八五四年）、ホイットマンの『草の葉』（一八五五年）が現れたという事実の研究である。二百年ほどの北米の文学史のうちのこの五年間に、なぜこれらの作品が集中しているのか。その五年間に、七冊の本を結びつける一つの思想的な潮流があったからであり、その潮流を同時代の社会生活との結びつきにおいてとらえ、その思想が未来に対して持ちうる意味を解読することを、マシースンは自身の課題とした。『アメリカン・ルネッサンス』が論じた五人の作家のうち、エマソン、ホーソーン、ソローは、マサチューセッツ州コンコードに暮らした人であり、その土地を母胎に、これらの作品も生まれた。この片田舎の町は、アメリカ独立戦争の口火を切った古戦場で、一六歳の鶴見俊輔にとっては寄宿制の男子予備校に入学し、米国での留学生活を始めた場所でもあった。「アメリカン・ルネッサンス」という表題は、かつて北米にかがやかしい文学的伝統があり、それを復興する努力が、一八五〇年代におこったという意味ではあるまい。むしろ、人間のもっていた文学的伝統が、北米という土地に、この一八五〇年代に復活した、という意味で用いられたのだろうと、鶴見は受けとっている。

マシースンのキリスト教は、ラインホールド・ニーバー（一八九二―一九七一）の影響を深く受けている。したがって彼は、〝強盗に襲われて倒れている人がいたら、その前をとおりすぎるな〟と、サマリア人の行動を例示的に述べたときのようなイエスの言葉を、社会行動への導きとして理解する。このようにして、マシースンのキリスト教は、自身の内に社会主義運動への衝動を含む。同時に、これは、社会主義運動が陥りがちな独善性と権力主義に、いくばくかの抑制と懐疑をもたらすはずのものだった。

彼は、キリスト者であり、社会主義者であるという、二つのはなればなれの立場に立ちつづけざるを得なかった。そして、おそらく同性愛者でもあった。

彼と交流があった反戦詩人ロバート・ローウェルは、「F・O・マシースン、一九〇二―一九五〇」という詩のなかで、このように記した。

《同性愛の男のもつ
形式へのすさまじい愛と
人間にたいするなりふりかまわぬ愛
とにひきさかれて》

そういうことだったのかもしれない――。

と、鶴見俊輔は記している。

「形式への愛着と、人間誰でもにたいする愛着とは、『アメリカの文芸復興』という批評の本を、奇妙にゆがめているところがある。

『芸術の歴史は名作の歴史であって、失敗作や凡作の歴史ではない』というエズラ・パウンドの言葉を道しるべとして、この本は書かれている。だから、北米文学の二百年の歴史の中からもっとも偉大なエマソン、ソロー、ホイットマン、ホーソーン、メルヴィルのわずか五年間につくった数点の作品の分析を中心にしてこの七百ページの大著を書いたわけなのだが、この本の中であつかわれたエマソン、ソロー、ホイットマンの三人は、いずれも、かれらの作品と、民衆の日常の会話との連続性をつよく主張した人びとなのである。凡作からきりはなされた名作の世界があり、名作を書く大家の独自の世界が、大衆文化の世界からきりはなされたものとして別にあるし、あるべきだと主張したエズラ・パウンドが、ムッソリーニのファシズムの代弁者として戦時イタリアで活動したことを忘れることはできない。パウンドがすぐれた詩人であることはたしかだが、パウンドのモットーに導かれるこの民主主義文学の再発見の著書は、その内部に、悲劇的な不均衡をもっている。それは、マシースンの生活そのものの内にあった不均衡と見あうものだったろう。」

一九六六年、鶴見俊輔たちは、ハワード・ジン、ラルフ・フェザーストーンという、二人の人権・平和活動家たちとともに日本列島を縦断する旅をした。だが、『北米体験再考』が書かれる一九七一年、フェザーストーンという黒人青年の肉体は、彼自身が運転するクルマのなかに何者かによって持ち込まれた大量の爆薬ですでに吹き飛ばされ（一九七〇年三月九日）、いまは、もう、この世界のなかにない。

「世界のひびわれの中に、身をもって入っていった人が、これまでに何人かいた。そのことが世界に何か確実なものをもたらすと、たやすく言うことはできない。」

べ平連・JATECによる脱走兵援助の活動によって、無事に日本から海外に逃げ出ることができた脱走兵は、二〇人ほどだとされている。

国外脱出に至る前にとらえられ、軍に連れ戻された若者たちもいた。また、ノーム・ユーイングのように、隊に戻って反戦活動に入ることを選んだ者もいる。脱走に踏みきるか、隊内にとどまるべきか、迷いながらベ平連に連絡してくる兵士たちも多く、おそらく数百名の米兵たちと、ベ平連関係者は何らかの接触を持ちつづけたものと思われる。

脱走してきた米兵たちを匿い、彼らの身柄を受け渡していくことに協力した日本人は、さらに多い。優に千人を越える人びとが、これに手を貸していたはずである。それぞれの家庭に、当時の記憶が、いまどの程度保たれ、語られることがあるものなのか。

また、ベトナム戦争からの脱走兵には、韓国軍の兵士もいた。当時、開発独裁型の政治体制をとる韓国の朴正熙《パクチョンヒ》政権は、強力な外貨獲得策として、ベトナムへの派兵に乗り出していたからだった。金東希《キムドンフィ》（一九三五年生まれ）という韓国人青年がいた。徴兵による韓国軍への入隊中、南ベトナム派遣兵となる命令を受け、一九六五年夏に釜山で脱走、日本の対馬に密航してきて、警察に逮捕された。出入国管理令違反（密入国）で懲役一年の判決を受け、福岡刑務所で服役中に、このまま韓国に送還されると脱走兵として銃殺刑に処される恐れが強いとして、「兵役証明書」を添え、「亡命願」を法務省に重ねて提出した。だが、受け入れられないまま、刑期満了とともに「退去強制令書」を執行されて、長崎県の大村入国者収容所に身柄を送られた（一九六七年二月一九日）。それでも、なんとか韓国に強制送還されてしまうことだけは避けたいと考え、その翌日（二月二〇日）、送還先を朝鮮民主主義人民共和国（北朝鮮）にしてほしいとの「帰国先希望書」を当局に提出した。

この件は、たまたまテレビで報じられたことから、ベ平連関係者の知るところとなった。京都大学の大学院生で、京都ベ平連の塩沢由典（一九四三年生まれ）が大村収容所に手紙を書いてみると、金東希から返信があり、文通が生じた（同じ被収容者の任錫均《イムソッキュン》〔一九三〇年生まれ〕が金の通信を手伝っていた）。さらに金東希は「退去強制令書取消し」を求めて、福岡地裁に提訴し、公判が始まった。だが、四回目の公判を間近に控えた一九六八年一月、法務省当局の判断により、金はソ連船バイカル号に横浜から乗せられ、ナホトカ経由で北朝鮮へと、ひそかに送還されたのだった。支援者に肩すかしをくわせる形ではあったが、日本亡命が無理なら、北朝鮮への送還を、という金東希の次善策の希望は実現したことになる。（京都金東希を守る会『権利としての亡命を！——金東希問題を考える』）

ともあれ、こうした経緯から、日本の旧植民地人たる韓国・朝鮮人だけを拘束・送還するための収容施設として、大村収容所の差別的な性格が、一般の社会にも見えてきた。（ほかに、少数だが中国人も収容していた時期がある。）

これをきっかけに、京都べ平連代表の飯沼二郎は、一九六九年（昭和四四）、自宅に〝朝鮮人社〟という表札を掲げて、個人雑誌「朝鮮人」を刊行しはじめる。副題に「大村収容所を廃止するために」と付していた。朝鮮人の識者を各回のゲストに招き、鶴見俊輔・小野誠之・大沢真一郎（一九三七年生まれ、社会学者）という同人といっしょに長時間の座談会を行なう、というスタイルが、だ

雑誌「朝鮮人」。
鶴見俊輔が飯沼二郎から
編集・発行人を引き継いで、
最初に出した第21号
（1983年3月）と、
終刊の第27号（1991年5月）。
「大村収容所を廃止するために」
との雑誌副題を各号に付した。
装画は、ともに須田剋太。

んだんにできていく。第二号から、画家・須田剋太（一九〇六年生まれ）が、毎号の装画を描き、無料で提供してくれた。座談原稿を飯沼自身の手で取りまとめ、雑誌が出来上がったらリュックサックに詰め、京都や大阪の協力的な書店にみずから配本し、前号の精算をしてもらった上で、帰ってくる、というやり方である。

創刊時から、飯沼は第二〇号まで、という目標を掲げ、一九八一年（昭和五六）に達成した。だが、大村収容所は、このときもなお、韓国・朝鮮人だけを収容する、という差別的な施策の下に残っていた。

そこで、鶴見俊輔は、ここから自分が雑誌「朝鮮人」の発行を引きつぐことにして、自宅に〝朝鮮人社〟の表札を掲げた（自宅は、一九七五年、左京区岩倉長谷町に移っていた）。そして、第二一号（一九八三年）から、終刊号の第二七号（一九九一年）までを出した。

第二七号で終刊させることができたのは、一九八九年（平成元）一一月、大村収容所が韓国・朝鮮人だけを収容するという機能を終えたからである。

その翌月（八九年一二月）、小野誠之弁護士が現地に出向いて所長から説明を受けた。それによると、

「一九八九年八月二日、九〇名余りの韓国人が、釜山、金海空港に集団送還された。そして、その後、同年一一月初旬までに二〇名余りの被収容者は、自費出獄で韓国に向けて長崎空港を飛び立った。こうして、大村収容所には、今やひとりの韓国・朝鮮人もいなくなった。今後の退去強制は、大村収容所を経由せず各地方入管局からまっすぐ帰国することとなると思われる。」（小野誠之「大村収容所——一九八九年一一月」、「朝鮮人」第二七号より）

以後、この施設は、入管行政上の位置づけを変えている。

「そして今、大村収容所には、ヴェトナムからの政治難民を装ってきたとされるボート・ピープル、いわゆる『中国人擬装難民』を収容しているとの説明を受けた。その数は約一五〇〇名にものぼる。」（同前）

大村収容所の正式な閉鎖は、一九九三年である。

鶴見俊輔も、雑誌「朝鮮人」ができあがると、毎回、バッグに詰め、協力してくれる書店に、自分で配本してまわった。三月書房店主・宍戸恭一は、一九六〇年の初対面の座談会では鶴見に「急進インテリのマスターベーション」と辛辣な論陣を張ったが、このころには、穏やかで好意的な応対に変わっていた。

一九七三年（昭和四八）一月、パリ和平協定が調印されて、ベトナム戦争は終結に向かう。前年（一九七二年）夏、すでに鶴見俊輔は妻子とともに日本を離れてメキシコに赴き、その年九月初めから、エル・コレヒオ・デ・メヒコで一〇カ月間におよぶ講義を受けもった。前期は明治以後の日本文学、後期は第二次大戦前後の政治思想。セミナーの参加者は、メキシコ人四名、チリ人一名、ブラジル人一名、キューバ人一名、日本人一名、という顔ぶれだった。鶴見は講義に英語を用い、学生たちは必要に応じてスペイン語を使った。その程度には、鶴見自身も、スペイン語がわかるようになっていった（鶴見俊輔「エル・コレヒオでの一年を終えて」）。このときの講義内容は、Shunsuke Tsurumi, *Ideología y literatura en el Japón moderno* (El Colegio de México, 1980.) というペーパーバックとなり残っている。

いとこの佐野碩は、終生日本に戻らないまま、すでに現地で没していた（一九六六年、満六一歳で死去）。それでも、この地で彼と結婚し、別れたのちもいっしょに仕事をした米国人の舞踊家ウォルディーンと会うことができた。

「碩は、すごく言葉が達者で、英語のスラングをアメリカ人なみに使いこなしました。スペイン語もうまかったし、ロシア語、ドイツ語、フランス語も自由でした。話がすごくうまくて、いつも劇的だった。ふだんは陽気なのだけれども、彼のかんしゃくにはほとほと困りました。気がへんになったとしか思えないことがありました。

夜中の二時ごろに急に起きて怒りだし、

『明日は、おれは日本公使館に自首して出るぞ』

なんて、どなりだすんです。正気とは思われませんでした」（鶴見俊輔「佐野碩のこと」）

彼のなかに終生続いていた内心の揺れを、鶴見も自身の体のなかに感じる。

一九三九年にメキシコに亡命してきたあと、佐野碩の最初の公的な仕事は、ウォルディーン振付によるモダンバレエの新作「ラ・コロネラ」で、コーラスと演技の指導をしたことだった。骸骨が活躍する政治漫画を描いて時局を批判したポサダ（一八五二―一九一三）の版画をもとに構成されたもので、メキシコの伝統に根ざしながら社会変革を望む民衆の舞踊劇として、公演は大きな成功をおさめた。（岡村春彦『自由人佐野碩の生涯』）

「若い人たちを佐野碩のまわりにひきよせたのは、彼の節操のある生き方だったと思います。メキシコの演劇界には、彼以前には、そういう伝統はなかったのですから」（「佐野碩のこと」）

リヴェラ、オロスコ、シケイロス、タマヨ……と、並みいる近代メキシコの画家たちに較べても、鶴見俊輔は、さらに少し年長の世代にあたるポサダによる骸骨の絵柄が気に入った。メキシコ革命のたたかいに向かう農民たちの姿も、彼が描けば、骸骨の隊列である。一人旅も乱痴気騒ぎも、この骸骨たちはいとわない。そのおおらかさは、水木しげるが描く漫画をも思わせた。いま生きている者も、やがては皆、死者たちの列に加わる。そこには、短期決戦型の運動が伴う粛清とか内ゲバを自制しながら変革に向かう、もっと気長な伝統が含まれているようにも思われた。

一方、横山貞子は、町の書店で見かけた画集で、フリーダ・カーロ（一九〇七—五四）の作品を初めて知って、引きつけられた。当時、この女性画家は、まだ日本ではほとんど紹介されていなかった。

フリーダ・カーロが鮮やかな色彩で描くのは、多くが自画像である。幼時にポリオ（小児まひ）を患い、片足は萎えていた。一〇代でバスの大事故に巻き込まれ、脊柱、肋骨、骨盤、右足を骨折、下腹部を鉄製の手すりが串刺しにするという大けがを負った。だから自画像も、金属製の背骨を持ちコルセットで固められていたり、子宮が傷ついていたりで、どれも痛みを帯びている。

だが、それでいて、絵のなかの彼女は、鮮烈な刺繡のテワナ衣装（オアハカ州テワンテペック地方の伝統的民族衣装）を身につけ、まっすぐなまなざしをこちらに向けてくる。メキシコの風光と結びつき、その色彩が体内から兆しはじめる。痛苦に濁らされずに、これは鮮やかに澄んでいる。

横山自身も、丈夫な体ではない。家族を挙げてのベトナム反戦の日々を頂点に、結婚から一〇年あまりの無茶な暮らしは、おそらく彼女の心臓なども蝕んだ。だからこそ、フリーダ・カーロとの出会いは、自分自身の心持ちをそこに見いだすような経験でもあった。

鶴見俊輔は七三年六月終りに、エル・コレヒオ・デ・メヒコでの講義を終え、妻、幼い息子と三人で、メキシコから大西洋を東に渡り、それからひと月半ほどで、……スペイン、アンドラ、イタリア、バチカン、サンマリノ、英国、オランダ、デンマーク、ノルウェイ、フィンランド、ふたたび英国を経由し、かつての佐野碩の亡命の旅程を逆回りするようにして、日本へと帰ってきた。

第一〇節　沈黙の礼拝

一九七三年（昭和四八）一一月一日午後四時ごろ、父・鶴見祐輔が、満八八歳で、練馬区関町の自宅にて没する。

長男・俊輔は京都から駆けつけたが、わずかな差で、老父が息を引きとる瞬間には間に合わなかった。

姉の和子は、トロント大学社会学部の客員教授に赴任中だった。一〇月三一日深更、父の容態悪化を知らせる国際電話を受けた。翌朝、ヴァンクーヴァーで飛行機を乗り継ぎ、羽田へと向かう。途中給油地のアンカレジを過ぎたあたりで、大雪原への荘厳な落日を眺めて、父の死を感じた。羽田到着は、祐輔の死去から数時間後のことだった。

俊輔、満五一歳。和子、満五五歳のことである。末っ子の直輔も滞米中だった。肉親では次女・章子だけが、医師、看護婦らと臨終に立ち会った。

鶴見祐輔が七四歳で倒れ、しばらくのちに、長男・俊輔が金庫内を探すと、一九三七年（昭和一二）に父が記した遺言状が残っていた。前年の二・二六事件を受け、今後同様のことが起きたときに備えて残したものに思われた。葬式は禅宗で、と、そこでの父は指示している。現在でも同じ意向か、病床の父に確かめるわけにもいかない。つきあいのあった京都の市川白弦に相談すると、野火止の平林寺の白水敬山《しろうずけいざん》老師を勧められた。老師を訪ね、父のことを話すと、心よく引き受けてもらえた。

ところが、ある日、古くから父の側近にあった人が、姉・和子を仲立ちに（老父の身ぶりを言葉に直して伝える役にあたっている）、「先生のご信仰は何でしょうか」と尋ねたところ、「キリスト教」と答えているので、考えなおさざるを得なくなった。さらに詳しく宗旨について訊いてみると、師事した新渡戸稲造と同じクエーカーの方式によって葬式をするように、と、はっきり身ぶりで伝えてきた。

白水敬山老師に詫びに出向くと、父上の心のままにされるのがよい、とのことだった。

告別礼拝式は、一一月六日午後、三田の普連土学園講堂で行なわれた。親族のほか、クエーカー、べ平連、役人、代議士、文筆家、日の丸を担いだ右翼の白髪の老人までが打ちまじり、この光景そのものが鶴見祐輔の人生を映しているかのようだった。（石谷行《すすむ》「『弱い時にこそわたしは強い』――鶴見祐輔さんの最期」）

クエーカーが重んじる「沈黙の礼拝」の最中、宮内庁の使者が、勲章「勲一等瑞宝章」を捧げ持って、会場入り口に現われた。遺族席の鶴見和子が、それに気づいて、肘でつついて傍らの俊輔に、使者を迎えに出るべきではないかと、まなざしで知らせたが、彼は席を立たなかった。わざと、こうした儀式の時間にぶつけて使者を送ってくることに対して、無表情を保ちながらも彼は憤りを抱いていた。遺族代表の俊輔が席を立とうとしない様子を横目に確かめ、ほかの親族たちも、それにならった。

生前、祐輔は、すでに勲二等を受けている。そこをさらにと政府上層にかけあい、この勲章を出させるように奔走してきた当の衆議院議員も、会場には列席している。彼らには、こうした長男の態度は不愉快なものだったのではないか。「沈黙の礼拝」が続くなかにも、まなざしが行き交った。

この一九七三年、雑誌「思想の科学」四月号は、〈いま子どもはなにを〉という特集を組んでいる。表紙には、ただ「この号はぜんぶ子どもがかきました。」と、大きく書いてある。小学生までの作文の投稿を誌面でつのり、それだけでつくられた特集である。

「読者へ」と題する編集委員会からの前書きによると、子どもたちから寄せられた投稿は、「ぜんぶで一、六八九人、四〇〇字詰原稿用紙二、九五六枚」に達し、そのうち、「八四人、二三三枚」をここに掲載したのだという。

巻頭には、いいだきゅう（7歳　神奈川・藤沢市）による「よの中がいやになった」。

――「先生、ぼくはきのう気がついたんだけどよの中がいやになってしまいました。」と、書き出している。おもしろい。

じつは、当時小学校五年生だった私が書いた作文も、このなかにある。

北沢恒（11歳　京都・伏見区）、「思想」という表題である。

――音楽の授業中、男児たちが騒いで、学級崩壊（そんな言葉は当時なかったが）。放課後、クラス担任の先生に呼び出され、おまえが首謀者やろ、と叱りつけられる。

だが、「ぼく」としては、自分が授業をまじめに受けていなかったのは事実なのだが、「仮面ライダー」のテーマソングなどを歌って授業を崩壊させるまでした覚えはなく、こうやって決めつけられるのが不満である。

音楽担当の女先生と直接対決させられることになり、いよいよ開き直って、ギモンをぶつける。

《15分ほど　そのまま待たされると、職員室に加藤先生〔音楽の先生〕が入って来た。

ぼくは、古川先生〔クラス担任の先生〕に　むりやり　あやまらされた。

「すいません。」

と、言うと　加藤先生が、少し　ほほえんだように感じた。あやまってから　ぼくは、あやまった事を　ひじょうに　バカらしく感じた。しばらくしてからぼくは加藤先生に
「なんで、そんなに　自分で　バカラシイと思っている事でもむりして　やらな　あかんのや。」

とか、

「やろうと、やるまいと　ぼくの自由やろ。」

とか、

「人間と、言う物は、自分で　いいと思う事を　自由に　のびのび　やるのが　一番　幸せ　なんと　ちがうのか。」

とか、

「なんで、みんなが、やっていたら自分も　一しょに　なってやらんと、あかんのや。」

とか、次々に　しつ問して行ったが全部
「人間と、言う物は、他の動物と　ちがって　ちゃんとした社会が　有って　それにそって生きて行かんと　人間の道から、はずれてしまう。学校も　その練習や。あんたの考え方やったら　いずれ『後かい』しんならん時がくる。」

と、無シに近い事を　言われた。

ぼくは、カーッと、なって又同じような　しつ問を　して　先生に　食い付いて行った。

でも又、はね飛ばされた。

ぼくは、目頭のへんが　熱くなるのを　感じた。なみだが、こぼれそうに　なった。しかし、ここで、なみだを　こぼしたら　まけだと思って必死に　こらえながら　先生に又、食い付いて行っ

た。
そんな事を　くり返している内に　加藤先生は、とうとう帰ってしまった。》

それから、また担任の先生から小言、そして抗弁が続いている。

《最後に、先生は、

「お前は、アナアキストだ。自分の事しか考えない。先生は、そう言う奴を　最も　ケイベツする。お前と、話が合うまで毎日話し合わんならん。そう言う奴は、どうしても社会に送り出す事は、出来ん。これから毎日、話が合うまで職員室へ　放果《(ママ)》後こい、わしは、お前みたいな連合赤軍の教育者になりとうない。今日は、もう、わしも　帰らんならん帰れ。」と、言われて職員室を出た。

ぼくは、アナアキストの意味は、知らなかったが、『アナアキスト』と、言われた事が、すごく気に　かかったと言うより　ショックだった。

後で、お父チャンに聞いたのでは、アナアキストとは、自分の　いいと思った事は、自由に　やる方が、よいと言う思想の持ち主の事だ。中尾ハジメさんのような人　だそうだ。

そうならば、やっぱりぼくの考え方もズバリ先生の言った通りアナアキストだ。

付け加えて　おきたい事は、これから話が付くまで毎日、放果《(ママ)》後職員室へ来いと先生は、言ったが、ぼくは、それから一度も　その事では　職員室へは、行っていない事と、お母チャンが、その事（音楽の時間の事）で学校へよばれ　その事でだいぶ　なげいていた事。》

などと書いている。

母は、こうして担任の先生から学校に呼ばれたときに、

――お宅のお子さん、幸徳秋水とか、読んでるんとちゃいますか。――

と言われたのだそうだ。コウトクシュウスイ、というのがどういう人なのか、ますますわからなかったが、母が何度もそのことを口にしたので、「幸徳秋水」という穏やかならぬ雰囲気の人名は記憶に残った。だが、そこまで踏み込むようには、作文に書けていない。だが、母が「なげいていた」というのは、そのことを指そうとしていたはずである。


両親の関係は、この時期、あまりうまくいっていなかった。だが、ことがわが子の学校でのトラブルだけに、両親がわりに頻繁に、これに関するらしいことを小声で話しあっていた様子を覚えている。コドモの当事者である私より、両親の口調のほうが、暗かった。私にとって、担任の先生は、ふだんは優しく熱心で、好きな部類の先生だった。それだけに、いつもと違って、ひどく頑な先生の態度に、とまどう自分を感じていた。


――組合の活動家で……。――

――共産党員らしいんだ。――

といった、担任の先生のことを噂しているらしいコトバが、両親のあいだで、小声で交わされていた。


長じてから思えば、学校の先生も、うちの両親も、ともに京都市の職員である。人づてに聞き合わせれば、その人についてのかなり具体的な事柄が伝わってくるものだったのかもしれない。だが、とりわけ父の声の暗さは、もと反党分子（?）、あるいは、ベ平連活動家とか新左翼シンパ（?）といった、自分の履歴にまつわる風聞が、まわりまわって、小学生のわが子の処遇に影響をもたらしているのではないか、という不安からではなかったろうか。たとえば自分のベ平連の活

動について、息子が学校で教師からイヤミを言われて帰ってくる、というのなら、まだしもである。けれども、かつて自身が「トロツキスト」とか「ブランキスト」とかいったコトバが行き交う査問も受けた身としては、同様の語法で、わが子について「アナアキスト」、「幸徳秋水」といったコトバで説教がなされるのは、やはり、かなりに不気味で気の重いことだったのではないかと思われる。

その後、相当に時間が過ぎてからだったかと思うが、鶴見（当時は「ツルミ先生」と呼んでいた）が、少年の私に話しかけてきたのを覚えている。

「うちの太郎がね、〝ひさしくんはいいなあ〟って、うらやましがってたよ。〝作文を書いて、ひさしくんは自分で原稿料を稼いだ。ぼくも書いて稼ぎたかった〟って言っている」

そう言って、あははは、と、やや上を向き、愉快そうに彼は笑った。

たしかに、当時、「思想の科学」の原稿料は原稿用紙一枚五百円で、あの作文は一〇枚書いたので五千円、ちゃんともらったのを覚えている。丸山眞男が書いても、小学生が書いても、同じ一枚五百円なのである。

鶴見太郎は、私より四歳年下なので、「思想の科学」が特集〈いま子どもはなにを〉を組んだ当時、七歳である。だから、これを聞いたときには、まだ太郎くんは幼すぎて書けず、それがくやしかったのかなと思った。だが、あとで思い返せば、この特集の巻頭に置かれた、いいだきゅう「よの中がいやになった」も七歳の作品である。だから、鶴見太郎だって、何か書こうとすれば、書けたはずだ。（付言すると、いいだきゅうは、いいだももの長男だった。）——などと考えたところで、やっと気づいた。

そうか、あの特集がつくられたころ、鶴見太郎は、両親に連れられてメキシコにいたのだ。それで、作文を投稿するチャンスを逸して、無念だったんだな。

ちなみに、〈いま子どもはなにを〉の特集号をめくり直すと、最終ページに、企画を担当した八人の編集委員および編集部員（大沢真一郎・北沢恒彦・栗原彬・高崎宗司・那須正尚・丸山睦男・山口文憲・吉田貞子）が、それぞれに「編集後記」を記している。

このうち、北沢恒彦のものは、ごく短く、全文を引くと――「赤軍派諸君の多くはおとなしい子どもだったという。ヤンチャを赤軍と呼ぶのは事実誤認ではないか。」

もう一つだけ、古い記憶を加えておく。

一〇代なかばからハイティーンのころは、同世代の仲間同士で遊びまわっている年ごろで、鶴見俊輔、飯沼二郎といった人たちと顔を合わせる機会は、私の場合、数年間ほど、ほとんど途切れていた。

久しぶりに鶴見俊輔と顔を合わせた日のことは、いまでも覚えている。一九八〇年（昭和五五）夏、私は一九歳になっていた。

その春、韓国では光州事件が起こって、軍事クーデタの下で、多くの人命が奪われた。また、金大中をはじめ、民主化に取り組む人士たちが片端から牢獄にとらわれていた。同じ春、私は同志社大学に入学し（文学部文化学科文化史専攻日本史）、基礎演習（森浩一ゼミ）の仲間たちと「日朝関係史」の勉強を始めたところだった。日々、韓国で進行していく事態が、いま自分たちが学ぼうとしている事柄と無関係なものとは思えなかった。だから、この問題について、自分たちでも考えていけるようなシンポジウムを、同志社構内の施設を使って、実現させたいと思ったのだ。

鶴見俊輔に、何か問題提起にあたるような講演を頼むことはできないだろうかと、そのとき考えた。何年か前（一九七二年）、鶴見たちが韓国の詩人・金芝河《キムジハ》（一九四一年生まれ）の投獄に反対する署名を携え、軍事政権下の韓国に渡ったことは知っていた。そのとき、金芝河は馬山の結核療養所で軟禁状態に置かれており、そこに強引に入り込んでいくようにして、鶴見たちは彼と会うことができたのだった。たしか、このときは、「金芝河氏救援委員会」といった名で、署名は集められたのではなかったか。そのさい、鶴見たち一行に対して、金芝河はたどたどしい英語ながら、それをつかいこなして、こんなふうに応じたという。——「Your movement cannot help me. But I will add my voice to it to help your movement.（あなたがたの運動は私を助けることはできない。しかし、私は、あなたがたの運動を助けるために、私の声をそれに加えよう）」（鶴見俊輔「分断」）

（なお、これはのちに知ったことだが、この訪韓のさい、鶴見たちは、日本から持参した金芝河の投獄に反対する署名簿の写しを、当時「中央庁」と呼ばれた政府庁舎の建物に持参した。そのさい応対した韓国政府側の要人は、ハーヴァード大学博士の名刺を差し出し、「金大中がハーヴァード大学に招かれて講義をするそうだが、英語ができるのでしょうか」と、〔流暢な英語によって〕皮肉を言ったのだそうである。

「中央庁」の高いドームを備える壮麗な建物のなかに立っていると、鶴見は、ここにはいつか来たことがあるな、という感覚に襲われた。やがて、この建物が、かつての朝鮮総督府の建物であることに気がついた。八歳のとき〔一九三〇年〕、鶴見は、大連・星ヶ浦公園に建造された初代満鉄総裁、亡き祖父・後藤新平の銅像の除幕式に、遺族代表の一員のような形で、家族に連れられ参列した。その旅の途上、ここ、朝鮮・京城〔現在のソウル〕に立ち寄って、祖父・新平の幼友達で、自分たちが〝斎藤のおじさま〟とも呼んできた、朝鮮総督・斎藤実に挨拶をしたのだった。——ここは、まさに、あのときに足を踏み入れた建物なのだ。

だが、鶴見は、自分が気づいたことについて、ほかの誰にも話さなかった。たとえ話しても、思うところが過不足なく相手に伝わることは、ほとんど絶望的なほど難しいのだと、すでに彼はよく知っていた。）

ともあれ、そういうわけで、私は、鶴見俊輔に講演を頼もうと、一九八〇年、一九歳の夏の終わりに近い夜、彼の連続セミナーが開かれる講義会場へと出むいた。たしか、京大正門前に近い東一条・日本イタリア会館だったと記憶する。あるいは、そこから少し離れた京大楽友会館だったかもしれない。――「戦後思想」をめぐって何度かにわたる講義の初回で、このときは、和辻哲郎を俎上に載せていた。戦時下には『尊皇思想とその伝統』といった流れでいくつも著書を出しておきながら、戦後は手のひらを返して『鎖国』で「つまり日本に欠けていたのは航海者ヘンリ王子であった」と、今度は開国派国際主義に転じてのお説教を始める。こういう和辻哲郎を、「歯車が、食い違ってるんですよ」と、いつになく厳しい表情で批判していた。

終演後、会場前の路上で待ち受けると、鶴見が出てきた。

声をかけ、こちらが名乗ると、彼は目を大きく見張り、

「これは、驚いた。大きくなったね！」

と、笑顔になった。

私は、用件を切り出した。

同志社の大教室をつかって、光州事件を受けてのシンポジウムを開きたいので、何か話をしていただけませんか――と。

とたんに、彼の表情は、また硬いものに変わってしまった。

「私はね、一〇年前、同志社を辞めたんだ」

と、抑えつけたような声で、そう言った。

「――教授会が、機動隊を入れて、学生たちを殴らせたんだ。どすん、どすん、とジュラルミンの楯で、学生たちの体を殴りつけている音が聞こえる。いやなものなんだ。だから、私は、同志社には行かない。近くを歩くのさえ、いやなんだ」

語気強く、そう言い捨てると、じゃあ、と片手を少し挙げ、足早に逃げ去るように、東大路沿いの歩道を北へ向かって、暗がりのなかに消えてしまった。

あのときの逃げ足の速さを、私は忘れない。

第五章　未完であることの意味　―二〇一五

第一節　「世界小説」とは何か

日本における「世界小説」の起源をなす代表的な作品の一つに、鶴見俊輔は夢野久作『氷の涯』（一九三三年）を挙げている。（鶴見俊輔「ドグラ・マグラの世界」、一九六二年）――世界最初の社会主義政権を樹立したロシア革命に対する干渉戦争として、日本政府が踏み切るシベリア出兵で、北満洲のハルビンに送られた一兵士、上村作次郎歩兵一等卒が、一九二〇年（大正九）、現地の日本軍内部の腐敗と謀略に巻き込まれる。その渦中で、ジプシー（ロマ）とコルシカ人の血を引く娘ニーナが道連れとなり、二人は逃避行を重ねる。

一枚の地図を頼りにハルビンから松花江をモーターボートで下り、ハバロフスク、そこからウスリー川沿いにハンカ湖に出て、ウラジオストークまで降りてくる。途中、白軍（ロシアの反革命軍）

にとらえられてスパイの疑いを受けたが、ニーナのジプシー言葉が役にたって、どうしようもない浮浪人として放免され、二人で演じる手風琴（アコーディオン）と踊りで、村の結婚式や祭りの余興を買って出たりしながら、ウラジオストークの裏通りにある貧民宿まで流れてきた。この町は、米軍が干渉戦争から撤退したあと、日本軍が替わって占領し、ここでもスパイ調べが厳しくなっている。もう、赤軍につくのも、白軍につくのも、日本軍につくのも、いやになった、と二人は思う。だから、これから、結氷が覆った海の上を、馬ぞりに乗ってウイスキーを飲みながら、沖へ沖へと走っていこうと決めている——。

一人の兵士が、日本軍の隊列を離脱し、「国」の外側へと越えていく。そこでの「国」という枠組みとは、どういうものなのか？

鶴見によれば、「世界小説」は、複数の民族間の交渉を描くことで成り立つ「国際小説」とは違っている。むしろ、それとは対照的に、「世界小説」は、世界を一つのものとしてとらえる感覚で貫かれているという（鶴見俊輔・谷川健一「多義性の象徴を生み出す原思想」）。だとすれば、ほぼ『氷の涯』と同時期、北米各地をところかまわず働きながら渡っていく谷譲次『テキサス無宿』などの「めりけんじゃっぷ」も、やはり「世界小説」の住人と呼んでよいだろう。『氷の涯』の上村歩兵一等卒も、谷譲次描く流れ者の「めりけんじゃっぷ」も、もはや〝国民〟という上衣はとうに擦りきれ、体から脱落してしまい、身は「国」の外の無主の地にまよい出て、そこを行くようなおもむきがある。むしろ、こうした姿が「世界小説」の境涯なのではないか。

鶴見俊輔は、少年のとき、夢野久作の作品にのめり込んで過ごした。夢野久作の全集（黒白書房版）が、父の鶴見祐輔あてに送られてきていたからだった。夢野久作（本名・杉山泰道、一八八九—一九三六）の父親・杉山茂丸（一八六四—一九三五）は、福岡出身で、日本のアジア主義の源流をなす玄洋社の頭山満（一八五五―一九四四）らとも交流が深く、初代首相の伊藤博文をはじめ、政界の大物たちの懐刀として立ち働くことで知られた。後藤新平（一八五七―一九二九、鶴見俊輔の母方の祖父）とも、親しい間柄だった。だから、杉山茂丸・夢野久作父子の相次ぐ没後、流行作家でもある鶴見祐輔あてに、遺族の意向で、久作の全集などが送られていたのだろうという。だが、祐輔は、大衆娯楽小説と目される作品には冷淡で（彼自身も大衆的な人気の作家であったにもかかわらず）、こうした本は手に取ろうともしなかった。だから、家庭のなかでは長男の俊輔ひとりが、夢野久作の熱心な読者となった。

『氷の涯』という作品を読み解く上で、俊輔という少年には、身近なところに手がかりがあった。亡き祖父・後藤新平こそが、寺内内閣で外務大臣在任中、シベリア出兵を強硬に主張した当人だったからである。その後、この政策は失敗だったと、後藤自身が認めて、みずから革命ロシア政府の極東代表ヨッフェに来日を求め（一九二三年）、日ソ間の国交樹立に向けて局面打開を図りもした。このころには、シベリア出兵当時の日本軍部によるロシア金塊（革命で打倒されたロマノフ朝の国立銀行が金本位制のために保有していた金塊）の横領疑惑についても次第に表面化し、陸軍次官（のち陸軍大臣）山梨半造までが関与したらしいとする噂が流れた。ややのちに、物心がついてからも、俊輔は、そのような話を家庭内で聞くことがあった。こうした聞き捨てならない噂話は、夢野久作のもとにも父・杉山茂丸の方面から届いており、それらが『氷の涯』の下地となる。

玄洋社周辺の人脈について、戦後になっての見取り図では、総帥の頭山満を「右翼の巨魁」とすることで片づけられがちだが、鶴見俊輔には、この種の予断が少ない。後藤新平の一族という境遇にいたことで、幼時には、そうした系統の人びとの出入りも身近に見ることがあった。たとえば、両国の国技館での相撲観戦に伴われると、後藤新平一家の桟敷の隣は、頭山満の桟敷だった。禿頭白髭にメガネをかけた物静かな老人として、頭山満がそこに坐って土俵を見ている。酒を飲まず、地位や金銭への欲を示さず、いつも笑顔でいる人、という関係者の目に映った頭山満のおもかげに、彼自身も触れていた。(鶴見俊輔「夢野久作を語る」)

鶴見が「ドグラ・マグラの世界」を執筆した当時(一九六二年)、思想の科学研究会の傘下で「共同研究　明治維新」のサークル活動が続いていた。世話人役をつとめる市井三郎(一九二二年生まれ)には、思想の科学研究会の外部にも参加を求めたいという考えがあり、会の外から、まず神道研究家の葦津《あしづ》珍彦《うずひこ》(一九〇九年生まれ)、やや遅れて林竹二(一九〇六年生まれ、教育哲学者)、西春彦(一八九三年生まれ、元外交官)らも、このサークルに加わった。

このころ鶴見俊輔は、杉山家(杉山茂丸・夢野久作ら)の伝記を書きたいという構想を抱いていた。だが、調べるにつれて、書きにくいと感じるところが多くなった。そこで、あるとき、葦津珍彦に、

「あなたは杉山茂丸の縁戚にあたられると聞きますが、私は、茂丸の息子泰道(夢野久作)に関心をもっており、泰道には息子がいると聞いています。紹介していただけませんか」

と頼んだ。(鶴見俊輔「葦津珍彦――日本民族を、私よりはるかに深く愛した人」)

これに対して、葦津は、

「久作の子は杉山龍丸が長男で、福岡の唐の原の農場に住んでるが、よく上京して来ては長話に来るが、私は貴方との紹介者になりたくない。アドレスは正確に知らせるから、直接に連絡されたらどうか」

と答え、紹介したくない理由を詳しく話した。

それによると、久作は、この長男・龍丸(一九一九年生まれ)を陸軍将校にした。彼は南方戦線で重傷を負ったが、かろうじて敗戦の祖国に帰って来た。以後、自分のところを杉山家の縁故者とし

て、しきりに訪ねてくる。インドの砂漠緑化に尽くそうという雄大な計画を抱いて、さかんに日印間を往復している。

ただ、龍丸は、祖父・茂丸や父・久作を追慕する情が強く、まじめな学者たちを連れてくることも多いのだが、諸資料の読み方などに思い込みがあって、すぐにそうした研究者たちとのあいだにトラブルが生じる。だから、自分からは、あなたに対して、そうした仲介はしたくないのだ、ということだった。（葦津珍彦「『愉しい話をしようよ』」）

結局、鶴見は、このときは杉山龍丸との連絡を取らずに、京都の「家の会」で、「杉山家二代」（茂丸と泰道）という口頭での発表をしただけに終わっている（鶴見俊輔「夢野一族の頌」）。それとはべつに「ドグラ・マグラの世界」を「思想の科学」一九六二年一〇月号に発表すると、やがて杉山龍丸当人から手紙が届いた。三弟の杉山参緑（一九二六年生まれ）がそれを読み、龍丸に知らせたとのことだった。その後、杉山龍丸は、鶴見の家を「もっとも多く訪れたひと」となる。東京での所用から福岡に戻る途中、京都駅で下車して、プラットホームでいつも伊勢の「赤福」を一折買い、それを携えて訪ねてくる。酒をまったく飲まないのは、父・夢野久作と同じだった。

「予告なく来るので、こちらが外出するところだったことが何度もあったが、私が彼にその事情を伝えると、赤福をのこして帰った。二十年ほどのつきあいのなかで、彼の憤慨にあったことはない。『夢野久作全集』を三一書房が出すはこびになったとき、突然九州の杉山龍丸から電報がきて、ヘンシューイインニナッテクレルナ、アトフミ、ということだった。

電報をおいかけて速達の手紙がきた。

あなたが編集委員になると、あなたを相手に、私は金の交渉をしなくてはならなくなる。あなたと私との間に、金銭を介在させたくない。

こういう趣旨が、つよい筆勢で書いてあった。私は編集委員をひきうけなかった。」(「葦津珍彦」)

杉山龍丸は、一九六五年(昭和四〇)四月、ベ平連発足の準備委員会(最初の会合)にも自発的に参加し、「呼びかけ」の二一名に加わった。肩書きは「玄洋社国際部長」である。また、自身が傷痍軍人であり、その心持ちから発した「ふたつの悲しみ」という忘れがたい寄稿を「声なき声のたより」(第四三号、一九六七年一一月)に残した。

第二節 家と「民芸」

前にも少し触れたように、鶴見俊輔の哲学にとって、「伝記」という方法と出会うに至る道行きは、ひとつの画期をもたらすものだった。彼の仕事の後期というべき時期に差しかかるにつれ、いよいよ、それは著作群のなかでも中核を占めはじめる。

「ちくま少年図書館」という少年少女向けシリーズの一冊に、鶴見俊輔は『ひとが生まれる――五人の日本人の肖像』(一九七二年)という小伝集を書いている。文中のところどころ、一ページ全面をさいて、佐々木マキ(一九四六年生まれ)による印象深いイラストレーションの人物像が挿入されている。

ここで鶴見が取り上げたのは、以下の五人である。
・中浜万次郎(一八二七―九八) 土佐の漁師、少年時代に漂流して米国に渡った。
・田中正造(一八四一―一九一三) 下野国(現在の栃木県)の名主の家に生まれ、足尾銅山からもたらされる鉱害への抵抗を続けた。

・横田英子（一八五七―一九二九）　信濃国松代（現在の長野市松代町）の武家に生まれ、官営富岡製糸場の伝習工女をつとめた。
・金子ふみ子（一九〇三―二六）　横浜に無籍者として生まれ、朝鮮人のアナキストと連れ添い、獄中で自死する。
・林尹夫《ただお》（一九二二―四五）　神奈川県横須賀市に育ち、京都の三高、京都帝大に進んで、学徒出陣によって航空兵となり、撃墜されて戦死。

――それぞれの若者たちが、生まれおちた世界のなかでの自分の位置に気づき、社会に向かって働きかけを始める時期に焦点を置いて、これらの小伝は書かれた。鶴見自身は、この年、満五〇歳となった。

メキシコのエル・コレヒオ・デ・メヒコで教えるために渡航するのも、同じ一九七二年（昭和四七）夏である。翌七三年夏に日本へ戻ると、まもなく新しい伝記「柳宗悦おぼえがき」の雑誌連載を始める（「月刊百科」一九七四年一月号～一二月号）。

かたや、その一九七四年（昭和四九）一月から七五年一二月にかけての丸二年間は、「朝日新聞」紙上で「論壇時評」も担当した。総合雑誌、思想雑誌、評論雑誌といったものだけで、当時、百タイトル以上の刊行物があった。対象とするべき論文も、政治学、社会学、経済学から自然科学の諸分野にまでわたるので、高畠通敏（政治学）、西川潤（経済学）、吉川勇一（市民運動）、和田春樹（歴史学）という助言者が配されていた。自分でも、新作の諸論文を読んではノートを取る、という、米国留学中の「一番病」時代さながらの勤勉な日々が続いた（鶴見俊輔『いくつもの鏡――論壇時評1974-1975』）。朝日新聞東京本社の社屋は、このころ、まだ有楽町にあった。助言者との打ち合わせなどで、このビルに出向くと、旧知の学者や作家たちと廊下で行き会うことがよくあった。にこやかな笑顔で近づいてくる彼らの一人ひとりが、内心のテレパシーめいた声で、

――ぼくがこのあいだ雑誌に載せた文章、今度の「論壇時評」で取り上げてくれるんだろうね？

――

と、こちらに語りかけてくるように感じる。約束の二年が終わると、心底、ほっとした。この点では、つらい二年間だった。

また一方、鶴見俊輔は、同じ朝日新聞社から、「朝日評伝選」という伝記シリーズを始めるので何か書いてほしいと頼まれ、幕末の蘭医で奥州・水沢出身の高野長英（一八〇四―五〇）を書くことに決めている。水沢は、自身の母方、つまり後藤新平の郷里であり、高野長英も、その遠い縁戚にあたる。

メキシコからの帰国まもない一九七三年秋（一〇月下旬）、岩手県和賀郡（現在の北上市）出身の画家・阿伊染徳美（一九三五年生まれ、『わがかくし念仏』著者、思想の科学研究会会員）の案内で、花巻・北上・水沢など、この地域一帯を歩く機会があった。父・鶴見祐輔の死去は、その直後、同年一一月一日である。祐輔にとっても、ここは「岩手二区」という、たびたび衆議院に送り出された選挙地元だった。鶴見俊輔にも、この土地と、そこに育った人間への関心が増していた。むろん、長英が「蛮社の獄」後に脱獄者として逃亡と潜伏を続けながら生きたことなども、ベトナム戦争下の脱走米兵援助の経験と重ねて、彼には気持ちを寄せるところがあった。

こうやって書かれた鶴見俊輔『高野長英』（一九七五年）は、古代以来の安倍氏・清原氏、キリシタンの出現と消長、かくし念仏、繰り返される凶作や飢饉といった、水沢という土地に蓄えられた

記憶を、時の重なりのなかから語りはじめる。次いで、長英の事蹟、さらに、逃亡者としての伝説へと抜けていく。

鶴見俊輔『柳宗悦』（一九七六年）は、先に連載を完結させていた「柳宗悦おぼえがき」に加筆してまとめられた。

メキシコからの帰国後、すでに柳宗悦（一八八九―一九六一）は故人だったが、夫人の柳兼子（一八九二年生まれ、声楽家）はなお健在で、一人暮らしの三鷹のアパートメントを訪ねて、鶴見俊輔は話を聞いた。一九四〇年（昭和一五）夏、留学中の米国から一時帰国した一八歳のとき、目黒区駒場の自宅に柳宗悦を訪ねて以来、三十数年ぶりの柳家訪問だった。

一八歳当時の鶴見には、民芸への興味も知識もなく、もっぱら、ウィリアム・ブレイクの研究者としての柳にキリスト教神秘主義についての質問などをしたのだが、柳のほうは、それについて、すべて仏教の経典から例を引いて答えた（鶴見俊輔・上野千鶴子・小熊英二『戦争が遺したもの』）。今度、こうして柳兼子を訪ねる鶴見は、すでに五〇歳を過ぎ、ほぼ、あのときの柳宗悦と同年齢である。

たとえば、「蒐集」について。

一八歳の鶴見が駒場の柳家を訪ねたとき、道路一本隔てた向かい側には、すでに日本民藝館が開館し（一九三六年）、柳宗悦自身が館長職に就いていた。今度の取材で、鶴見は、柳宗悦の四男・宗民（一九二七年生まれ、園芸家）から、こんな話を聞く。

「自分の家で佃煮などを入れているいれものがないなと思うと、時々、民芸館の陳列棚に入っていたりした。しばらくすると戻ってきた。父は、ものは使えば使うほど美しくなるという説だった。」

続けて、鶴見は、このように書く。

「自分の生活それ自体が一つの蒐集で、そういうものとして蒐集を考えてゆきたいという主張が、そこにあった。ヨーロッパの美術館とはちがう考え方である。」(『柳宗悦』)

また、「柳宗悦おぼえがき」の連載に先立つ一九七二年六月から七月にかけて、前章で触れたように鶴見俊輔は詩人・金芝河《キムジハ》(一九四一年生まれ)の投獄に反対する署名簿を携え、軍事政権下の韓国に渡ったことがある。そのさい、ソウル市中心部にあるドーム付きの壮麗な政府庁舎「中央庁」で、応対に出た韓国政府側の要人に、金芝河の釈放を求める署名簿の写しを渡した。だが、ふと気づくと、この建物は、彼自身が八歳のころ(一九三〇年)、祖父・後藤新平の幼友達、斎藤実への挨拶に連れてこられた、あのときの朝鮮総督府の建物なのだった。

日本による植民地支配下に置かれた朝鮮・京城(現在のソウル)で、朝鮮総督府のドーム付き五階建ての庁舎は、北岳山を背にする朝鮮王朝時代の宮殿(景福宮)の前面に、立ちはだかるように建設された(一九二六年竣工)。宮殿の正門である光化門は、この工事のために、当初、破却するものとされていた。その計画を知ると、すぐに、柳宗悦は「失われんとする一朝鮮建築のために」という文章を書き、「改造」(一九二二年九月号)に発表する。これをきっかけに、かろうじて光化門については、宮殿敷地内の工事の邪魔にならない場所に移築する、という方針変更が示されたのだった。

鶴見自身の韓国再訪の経験が、このようにして、柳宗悦という人物への見方にも新しく光を差し入れた。

一九二二年(大正一一)、柳宗悦当人が、先の「失われんとする一朝鮮建築のために」などを収めた自著『朝鮮とその芸術』を刊行するにあたり、その「序」で、すでにこのように書いている。

「日本の同胞よ、剣にて起つものは剣にて亡びると、基督《キリスト》は云った。至言の至言だ。軍国主義を早く放棄しよう。弱者を虐げる事は日本の名誉にはならぬ。（中略）自らの自由を尊重すると共に他人の自由をも尊重しよう。若しもこの人倫を踏みつけるなら世界は日本の敵となるだろう。そうなるなら亡びるのは朝鮮ではなくして日本ではないか。」

こんなこともあった。
鶴見俊輔一家のメキシコ行きに前後する、一九七〇年代前半のことである。
借家として暮らしてきた京都市北区衣笠大祓町、わら天神近くの家の貸し主から、急に、まとまった入り用が生じてしまったので、この家を買ってもらえないか、と告げられた。だが、鶴見俊輔は、一九七〇年（昭和四五）に同志社大学を辞職して、定期収入のない身である。妻の横山貞子も、京都精華短大で、講師として英語・英米文学を教えているに過ぎない。それでも、貸し主は、家を買ってもらえないなら、ほかへ売りに出して金策するしか方法がないので、よそに引っ越してもらいたい、と言うのだった。

どうすればいいのか。横山貞子は、困ったまま、わら天神前の交差点にある信用金庫に飛び込んだ。そして、頭がおかしいと思われるのではないか、と自分でも感じながら、「お金を貸していただけませんか」と頼んでみた。幸い、二階のフロアに上げられ、支店長が話を聞いてくれた。懸命に話すと、最後に支店長は、「では、お貸ししましょう」と決断してくれたのだった。

こうして、わら天神の借家を買い取った。その後しばらくして、これを抵当に、左京区岩倉長谷町の土地を手に入れた。ちょうど運良く、このころ横山に、京都精華短大から助教授就任のオファーがあった。「ですから、わたくしは、お金のことでは一度も実家の世話になっておりません」と、この人が話すのを聞いたことがある。

新居の設計は、三沢博章という建築家に頼んだ。以前、鶴見俊輔が、科学史家の吉田光邦を北白川の高台にある自宅を訪ねたときに、落ちついた木造二階建ての家の造作が気に入った。市街地を見下ろす広い木製のベランダを備え、採光、空間の取り方などもモダンなのだが、時を経ても古びていかない造りであるように感じ、印象に残った。メキシコから日本に戻ったあと、もう一度、今度は横山貞子を伴って吉田宅を訪れた上で、設計者の三沢博章を紹介してもらったのだった。

家の施工は急がず、三沢とじっくり相談しながら、横山貞子も自分で図面を引き、設計に加わった。階段の吹き抜けや採光、庭の配置、書庫の取り方など、限られた敷地でも、考慮に入れなければならない要素は数限りなくある。その上、建築資金がわずかしかないので、起伏に富んだ吉田光邦邸とは違って、ただの四角な箱のなかに、これらの要素をうまく嵌め込んでいかなければならなかった。それが納得のいくものになった時点で、岩倉長谷町の土地に家を建てだした。テーブル、椅子、棚、床の間などの調度も決めていく。まだ一部の工事を残している家に、鶴見一家が引っ越すのは一九七五年（昭和五〇）春である（鶴見太郎「衣笠大祓町の家」）。

暮らしの場を作るという具体的な営みは、同時期に進む『柳宗悦』の執筆にも、当然、反映するところがあった。

また、しばらく時間を置いて、横山貞子は、「使う人の立場——私の民芸ノート」という連載を「思想の科学」誌上で続ける（一九七八年七月号〜七九年二月号）。これに手を加えて一冊としたのが、横山貞子『日用品としての芸術——使う人の立場から』（一九七九年）である。

使う者の立場から日用品を見る、というのは、それまでの鶴見俊輔の限界芸術（marginal art）論にほとんど見受けられない、独創的な観点である。横山貞子『日用品としての芸術』には、こんなくだりがある。

《ドイツの建築家ブルーノ・タウト（一八八〇―一九三八）は、日本滞在中の日記の中で、民芸運動にかかわりのある人びとの民家好みについて批判的な発言をしている。私がタウトの意見に興味を持ったのは、タウトが著名な建築家だからではなく、むしろ、彼がごく小さな日本家屋に二年あまり住んでいたことから来ている。私が一年ほどメキシコで暮した時の住まいは、鉄筋コンクリートのアパートで、電気、ガス、水道、水洗便所、シャワーがつき、暖房設備がないことをのぞけば、西欧の住まいとまったくおなじだった。タウトの日本家屋体験をここに重ねてみると、メキシコでは日干し煉瓦をつんだ壁に土間の床、そして、かまどでとうもろこしの茎を燃やして炊事する家に住むことになる。旅行の途中で数日をすごすのなら、めずらしくおもしろい体験ですむのかもしれないが、まったく未知の住環境の中で毎日の暮しをいとなむのは、かなりな努力を必要とする、重い体験になるだろう。タウトの日本家屋論、日本文化論には、この住まいの原体験が裏うちされている。》

一九三三年（昭和八）三月、ブルーノ・タウトは、祖国ドイツでナチスが政権を掌握する直前に、このままでは親ソ連派の知識人として逮捕される恐れがあると耳打ちされて、エリカ夫人とともに、あわただしくスイスへと脱出する。そこからアテネ、イスタンブール、モスクワを経て、日本での亡命生活に入っていた。

世界的に著名な建築家だったタウトは、来日直後こそ、新聞社、大学、有力者などからの招待、講演などに、息つぐひまなく引き出された。だが、ブームに一段落がつくと、すでに戦時期の時勢なだけに、名声はたちまち翳っていく。建築家としての仕事は、いっこうに決まらない。声がかかったときでも、途中でたち消えになってしまう。亡命者として身柄は受け入れられているにせよ、日本政府は国際連盟を前後して脱退しているナチス政権への遠慮も働き、積極的な助勢をしてくれない。むしろ、タウトという存在は、政府にとって、もはやお荷物なのである。

建築家という職業は、国家、自治体、大企業によるモニュメンタルな建築を請け負うときには、巨額な資金が動いて、名声も高まる。だが、施主あってこその仕事である。おのずと、支配層からの要求には抗いがたいという弱みも帯びる。こうした職業上の「特殊性」は、同じ時代の西欧社会からの来日生活でも、陶芸家(初期にはエッチング作家)であるバーナード・リーチ(一八八七―一九七九)の場合などとは、対照的なものと映る。

リーチは、タウトが来日した翌年一九三四年(昭和九)、柳宗悦の招きで再度の来日をして、およそ一年間の滞日生活を送るが、わずかな収入で友人たちと共同で暮らしを営むことに慣れており、民芸の旧友たちの伝手を頼って、さして不便を味わった様子はない。横山貞子によれば、さらに軍国主義が深まる一九三九年(昭和一四)、民芸の陶芸家・河井寛次郎は米国人の内弟子を迎え入れており、「あの男はスパイだ」という批難も受けたが、意に介することなく過ごしたという。

もっとも、バーナード・リーチの場合は、成人後の二度にわたる長期の滞日経験(このうち最初のときは、一時、北京で暮らした期間を含む)のほか、幼少期に日本で養育された時期もあり、彼なりの日本語も使えたことなど、突然の亡命者の立場に置かれたタウト夫妻と較べて、日本での暮らしに著しいアドヴァンテージがあった。志賀直哉によると、リーチの日本語は「少ない語彙で却って非常によく感じが出る」ので、「自分も語彙は貧弱な方だが、リーチの話を聴き、気丈夫に思った」という(志賀直哉「リーチのこと」、「工藝」第二九号、一九三三年五月)。この点で、「あまり日本文化のこまかい約束にこだわらずに人間本位に大づかみに書く」という「白樺派の文体」の実現に、バーナード・リーチは影響を与えたと、鶴見俊輔は『柳宗悦』で指摘している。

タウト夫妻が、高崎市近郊の少林山達磨寺の丘の上にある山荘（洗心亭）で暮らすことになるのは、一九三四年夏からの二年余りである。六畳と四畳半の二間に、狭い台所と風呂が付いていた。六畳の二辺を廻り縁が囲んで、床の間の背面に、壁ひとつ隔てて便所がある。電気は引かれていたが、用途は照明用に限られた。調理、暖房には、木炭と練炭を用いる。わずか二畳分の広さの土間で、木炭コンロを使って食事ごしらえをするエリカ夫人には、相当な苦労があっただろう。横山貞子によれば、この限られたスペースで、民芸風の厚手で重く大ぶりな食器を使うのは無理で、またタウト夫妻の好みから見ても、それが選ばれることはなかったはずという。ここで自然との交流を楽しむ住まい方を過ごした経験が、タウトに、日本の住宅建築と生活様式に関する自前の深い理解や洞察をもたらした。

だが、結局、戦時色を強める日本社会で、建築家タウトは、自身の職業を続ける足場を得られなかった。一九三六年（昭和一一）秋、トルコ政府から、国立芸術大学建築科主任教授に彼を招きたいとのオファーがあり、タウト夫妻は日本を離れる（二年後、ブルーノ・タウトは現地で気管支喘息のため客死する）。

一方、かつて麻布の後藤新平邸内の洋館の設計にもあたったチェコ出身のアントニン・レイモンド（一八八八―一九七六）は、このとき、まだ日本で設計事務所を構えていた。だが、彼にも、やがて離日（一九三七年）のときが来る。

その後、レイモンドは、ニューヨークに事務所を開設したあと、一九四三年から四四年にかけて、ユタ州の爆撃実験場で、焼夷弾実験用のプレファブ日本家屋の建設に携わる（『アントニン&ノエミ・レーモンド』、神奈川県立近代美術館鎌倉）。横山貞子『日用品としての芸術』からの孫引きになるが、その仕事について、のちにレイモンド自身は次のように回想しているという。
「なぜなら、日本人がどんな家を建てるかを知っている建築家は私一人しかいなかったからです。われわれはロシアから杉材を、ハワイから畳をとりよせ、ニュー・ジャージー州フォート・ディックスで下ごしらえをして、それをネバダ州に送りました。空軍は沢山の模型日本家屋を組みたてて、いろんな爆弾の投下実験をやりました。ついに空軍は、目的にかなう爆弾をつくりあげました。戦後日本に帰って、自宅の庭に池を掘らせた時、職人がそれとおなじ爆弾を掘りあてましたっけ。」(*The Japan Experience*, edited, with an introduction, by Ronald Bell, Weatherhill, 1973.)
戦後、レイモンド夫妻は、ふたたび日本に戻って、麻布 笄 町《こうがいちょう》に自邸を兼ねた事務所を開設、さらに軽井沢にもアトリエを開いて、晩年のキャリアを築く。戦争下、彼が米軍部に協力して成功に導く焼夷弾の開発実験は、結果として、自身の不在期間中の東京への大空襲によって、おびただしい数の死者を生んだ。だが、彼がこれについて深く注意を寄せた様子はない。

鶴見俊輔『柳宗悦』と横山貞子『日用品としての芸術』は、このように、日本の民芸運動に向けた批評として、対照的な二つの方向からのまなざしを構成している。『日用品としての芸術』の文中でも控えめに触れられているように、横山は心臓に故障を抱えながら暮らしていた。これについて、鶴見には、ベトナム戦争下、脱走米兵援助などで家庭生活をも巻き込む無茶な活動を続けて、妻の横山に負担をかけすぎたことへの内心の反省もつのった。
『柳宗悦』を刊行したあと、横山にさらに重い発作が生じて、入院の続く時期があった。これを機会に、鶴見はいよいよ本腰を入れて、炊事、洗濯、買い物、掃除、ゴミ出し、といった家内労働に励みだす。自身では「生きがいを感じて、勇躍、任務についたというところかな」と述べている。

（鶴見俊輔「買いもの考」）

彼にとって、これは新しい発見の場で、なおかつ冒険でもあった。たとえば、家事労働には、終わりというものがない、と気づく。

「これを無限にやっていると、もしこれが愛情というものがないとしたら、大変な苦痛とわずらわしさだろうなあという気持があるね。（中略）それは黒い恨みがたまってくるだろうね。」（鶴見俊輔・粉川哲夫『思想の舞台』、対談での発言）

こうした日々の経験のなかで、さらに「民芸」の見え方は変わっていったはずである。

第三節　土地の神

一九七六年（昭和五一）九月、現代風俗研究会（初代会長・桑原武夫）が、京都の法然院で発足する。初期の中心的な顔ぶれは、鶴見俊輔のほか、多田道太郎（一九二四年生まれ、フランス文学者）、井上俊（一九三八年生まれ、社会学者）、津金澤聰廣（一九三二年生まれ、社会学者）といった柔軟な思考を示す関西在住の学者たちで、法然院貫主の橋本峰雄（一九二四年生まれ、哲学者）も、その一人だった。橋本は、京都大学（入学時は京都帝大）で西洋哲学を専攻して卒業後、仏門に入り、当時は法然院貫主のかたわら、神戸大学教授として哲学・倫理学を教えていた。

この年、橋本峰雄は、『性の神』という、世界の東西、古代から現代を往還しながら、その主題を論じる著作を刊行したばかりである。さらに派生して「風呂の思想」というフィールドワークも、やがて同会の年報「現代風俗」創刊号（一九七七年）に発表する。こうした学風は、鶴見俊輔にも強く働きかけるところがあった。

同じく七六年一〇月一八日の朝一〇時ごろ、竹内好（一九一〇年生まれ）が、前ぶれなく岩倉長谷町の鶴見俊輔の新居を訪れた。竹内にとっては、戦時下の「中国文学研究会」以来の盟友・武田泰淳（一九一二年生まれ）を半月前（同月五日）に亡くしたばかりの時期だった。このとき竹内は、岩波書店の編集者・田村義也（一九二三年生まれ）を伴っていた。田村は、本務の編集のほかに装丁も得意で、他社から刊行された鶴見俊輔『限界芸術論』（一九六七年、勁草書房）の装丁まで手がけていた（そのさいは、函入り、型押し、多色刷りという凝ったデザインに挑んで、なかなか完成に至らず、鶴見本人が著者校正を終えてからも、担当編集者をさらに数カ月待たせた）。この七六年七月にも、やはり田村が装丁を担当した鶴見のメキシコ滞在記『グアダルーペの聖母』（筑摩書房）が出版されたばかりだった。

鶴見俊輔は、不在だった。妻の横山貞子が応対したが、彼女も京都精華短大での授業の時間が迫って、これから出かけようとしているところだった。竹内は、――きょうの午後、京都会館で開かれる岩波の文化講演会で話すので、ちょっと寄ってみたのだ――とのことだった。

書庫を見せてほしい、と、竹内は横山に求めた。新築後まもない時期なので、書庫の収蔵スペースにはまだ余裕があった。書棚と書棚の間を歩いてみて、竹内は、「羨ましいね。こうやって、体を横にしなくても書棚の間を通れるのは実に羨ましい」と言った。そして、すぐに玄関を出ながら、横山を相手にめずらしく、「背中が痛くてね、首のうしろが凝ってね」と、こぼしていた。（鶴見俊輔編『アジアが生みだす世界像――竹内好の残したもの』での横山貞子の発言）

冬になり、同年一二月一五日、竹内好がガンで入院しており、病状が良くない、との電話が、筑摩書房の編集者・中島岑夫から鶴見俊輔に入った。この年末のうちに、二度、彼は東京・吉祥寺の病院に竹内好を見舞っている。同じ吉祥寺で暮らす埴谷雄高（一九〇九年生まれ）と、二度とも病室で行き会った。毎日、時刻を決めて、竹内を見舞っている様子だった。

病床の竹内好に向かって、鶴見は「アメノウズメノミコトの伝記」をいずれ書きたいと思っている、と話した。すると、竹内は、レコード盤にはA面とB面があることになぞらえて、「上のメロディーではなく、下のメロディーをききたいと思う人にとっては、うらがえして別の中心がある」と答えた。官僚が作る〝国の神話〟の裏側に、もうひとつ、べつの神話がありうる、というモチーフを竹内が的確に受け取って答えてくれているのだと、鶴見は感じる。（鶴見俊輔「竹内さんのこと──日録から」）

年が明け、一九七七年（昭和五二）に入ってからも、竹内の病室に通った。マンガ好きの鶴見俊輔に、竹内は「マンガには理解がないが、マンガ世代は尊重しているつもりなんだ」などとも話した。

同年三月三日、竹内好は息を引き取る。

葬儀は、同月一〇日、信濃町の千日谷会堂で行なわれた。

「中国文学研究会」当時の仲間で、先輩格の増田渉（一九〇三年生まれ）が弔辞を読んでいる最中、突然、ばたんと、その場に倒れた。葬儀委員長の埴谷雄高が、身を翻すようにして駆け寄り、自分が所持するニトログリセリンを手早く舌下に含ませた。一方、丸山眞男（一九一四年生まれ）は、鶴見の近くの席で凝然として、「……武田〔泰淳〕が竹内を呼び、竹内が増田を呼んだんだ……」とつぶやいているのが聞こえた。

増田渉は、病院に運ばれ、そのまま死去する。

丸山眞男も、竹内、埴谷と同じく吉祥寺で暮らしていたので、何か着想などが思いうかぶと、竹内宅を足早に訪ねては、ほとんど一方的におしゃべりにのめり込んでいく、という友人関係だった（埴谷雄高「時は武蔵野の上をも」）。

一九七九年（昭和五四）一一月、鶴見俊輔は『太夫才蔵伝』を刊行する。特定の個人をめぐる伝記ではない。「漫才をつらぬくもの」と副題にあるように、漫才という表現を成り立たせるに至る、多くが名もなき人びとをめぐっての伝記である。

ロンドンの美術館を訪ねたとき、そこにある世界諸国の道具類のなかで、鶴見を惹きつけたのは、日本の根付けの蒐集だった。……蝦蟇仙人、ほら貝のなかで酒を呑む弁慶、籠の上の椎茸、河童、赤ん坊を胸に抱くおかめ、蓮根の切り口の上にうずくまる亀……といった根付けは、誰の腰にぶら下げられていたものかわからないが、小さな形に理想をこめ、自由の天地を保っている。権力の網の目に取り込まれず、ただ、道を歩いている人の腰に下げておかれる。このささやかな理想が、鶴見にとっては魅力あるものとして映る。

「こういう考え方は、急に私をおとずれたものではなく、何かせのびして考えようとするたびに、うしろからしのびよってきて、何度も私をつきとばした。」（『太夫才蔵伝』）

偉大な個人が日本にいないというのではない。たとえば、田中正造とか宮沢賢治を立派であるとは思うけれども、彼らの活動の値打ちも、ほかの同時代の人たちとの結びつきにあるのであって、むしろ、こうした考え方を世界史上の偉大な個人にも適用してゆきたいと思うようになった。

この考え方を、鶴見にもたらした一つが、漫才だった。だから、その源にいったん遡り、系譜と広がりをたどりながら書いていく。

週刊マンガ雑誌「少年チャンピオン」に連載される山上たつひこ「がきデカ」のなかにも、漫才のかたちがある。

　これは小学生を主人公とするマンガで（その男の子の欲望過多な様子が、当時のおとなたちからひんしゅくを買っていた）、身体検査のときに、女の子の部屋に男の子が押し入って、先生に叱られる場面がある。すると男の子二人は、裸のまま背中合わせに立って、互いにお尻を突き出して、ぶつけあい（片方がこまわり君といって、これが主人公）、相手方の男の子のほうが、

「ヒューマン・ライフ、こまわり君」

と呼びかける。すると、こまわり君のほうは、

「海岸通りの糖尿病」

と受ける。（両人のせりふは、ともに当時のテレビCMのキャッチコピー、カネボウ化粧品「フォー・ビューティフル・ヒューマン・ライフ」と、資生堂「海岸通りのぶどう色」のもじり。）

美人モデルの魅力を強調したCMの雰囲気を転倒させる、こうした〝下品〟な少年マンガの掛け合いにも、鶴見は、広告の歴史に向きあう「漫才」の社会批評を見いだし、おもしろがった。

　旅回り一座の子ども座長から身を立てたミヤコ蝶々（一九二〇年生まれ）は、弟子の南都雄二（一九二四年生まれ）とのちに一緒になり、夫婦漫才として舞台に上がるようになった。姉女房の苦労と器量が買われ、二人で司会する身上相談形式のラジオ・テレビ番組「夫婦善哉《めおとぜんざい》」（ラジオは一九五五〜七〇年、テレビは六三〜七五年の放送）で人気を得たが、やがて離婚。番組を打ち切ることを考えたが、制作の朝日放送は、夫婦生活に失敗した二人であるからこそ、さまざまな夫婦から話を引き出す適性もあると判断して、番組を続行させる。後続で始まるテレビ番組「唄子・啓助のおもろい夫婦」も、やはり元夫婦の漫才コンビ、京唄子と鳳啓助によるものだった。

　鶴見俊輔は、芸風と実生活の共存のありように漫才という形式の独自性を見るとともに、彼らの

実生活上の失敗も一つの魅力として受け入れる視聴者層の出現にも、それが醸成されてきた歴史の移りゆきを見ている。

カナダのケベック州モントリオールにあるマッギル大学での連続講義を担当したのは、一九七九年九月から翌八〇年四月まで。妻の横山貞子と息子・鶴見太郎も同行して現地に赴き、一四歳の太郎は地元のハイスクールに通いだす。ケベック州の公用語はフランス語だが、モントリオールの町はフランス語圏と英語圏とに分かれており、マッギル大学は英語圏の大学である。鶴見俊輔も、講義は英語で行なった。

講義は、前半期の一三回が「戦時期日本の精神史、一九三一～一九四五年」、後半期の九回が「戦後日本の大衆文化史、一九四五～一九八〇年」、さらに、そのあと五回ほど、学生の報告を聞いて議論する機会を作った。

毎回の聴講者は一〇人ばかりで、うち正規の学生は五人だった。それ以外の聴講者には、マッギル大学への鶴見の招聘に携わった同大学准教授の太田雄三（一九四三年生まれ、日本史家）、同市内のフランス語圏にあるモントリオール大学で日本研究をしている二人の米国人、ロバート・リケット（一九四四年生まれ、大学院生）とアラン・ウルフ（非常勤講師）、そして、日本の国立国会図書館からモントリオール大学東アジア研究所に派遣中の職員である加藤典洋（一九四八年生まれ）がいた。また、正規の学生のなかには日本から留学している大岩圭之助（一九五二年生まれ、のちに筆名「辻信一」で環境運動家、文化人類学者として知られる）がいたが、鶴見は、最初のうち、彼のことを中国系カナダ人とばかり思っていた。

このうち加藤典洋は、のちに文芸評論家として知られ、八〇年代後半から「思想の科学」編集委員に加わる。辻信一も、同誌への主要な寄稿者の一人となる。一方、ロバート・リケットは、米国軍人の家庭出身で、日本留学を経て自身も米軍兵士となり、やがてコロラド州の兵舎から脱走して、ふたたび日本に逃亡したという経歴の持ち主だった。最初の日本留学中に、横須賀に寄港中の米空母から脱走した「イントレピッドの四人」の声明に接し、彼らの落ちついた勇気に衝撃を受けていた。モントリオール大学では「三里塚農民の空港反対運動」を主題とする修士論文を書いており、鶴見の講義が終わると三度目の来日を果たし、そのまま腰を落ち着ける（ロバート・リケット「日米のはざまで、日本に生きて40年」）。やがて、リケットも「思想の科学」に日本語で書いて寄稿するようになる。

一九七九年一二月、マッギル大学での前半期の講義を鶴見俊輔が終えると、ファヌーフという名の白人の大学院生が現われ、自分がクルマで案内するので北米先住民モホーク族の居留地に行こうと誘われた。息子の太郎も、同行することにした。ところが、いざ出発すると、道路をこのままたどってクルマで目的の居留地に到着するには、途中でいったん国境を越えて米国領内を通らねばならないことがわかった。だが、鶴見は、戦後一度も米国には入国せずに過ごしてきた（より正確には、一九五一年にスタンフォード大学に赴任するためのヴィザ発給を米国政府に拒まれて以来、はっきり意識して、そうすることにした）。

浅い川を自力で向こう岸まで渡りさえすれば、米国領を通らずに居留地までたどり着くこともできるのだが、この日は、あいにく零下二〇度だった。

ファヌーフは、米国領を通過するだけなら、旅券を示さなくてもだいじょうぶだと思うとのことだったが、試みようとすると、国境の税関の見張り役に止められた。あきらめかけたが、ファヌーフは、居留地で自分たちを待ち受けている族長に、公衆電話で連絡を取ろうとしているようだった。

戻ってくると、彼は言った。

「族長のところに電話をしたら、ここまで、向こうから出てくると言っている。カナダ側のドライブ・インで待っていよう」

しばらくすると、三人の男たちがやって来た。皆、黒い髪にジーンズ、色物のシャツ、といった出で立ちなので、一見すると日本の青年たちと同じである。

族長は、フランシス・ローレンスという名の三〇代なかばの男で、もとはボクシング選手なのだそうだ。彼は、コーヒーを勧めてから、

「自分たちのところに来てくれれば、ごちそうできるのだが」

と言った。

あとの二人の副官は、ひとりがナポレオン・ボナパルト、もうひとりがベンジャミン・フランクリン。むろん、これらとべつにモホークの言葉による名前も、それぞれにあるのだが。彼らの任免は、古くからのモホーク族の習慣にもとづき、女性の長老たちが協議して決めるのだという。

フランシス・ローレンスは、さらに自分たちのことを説明した。

「――私たちは、米国とカナダ、二つの国に対して交渉しなければなりません。われわれの居留地は、両方の土地にまたがる一つの国だからです。そのために、自分たちのところの若い人をコーネル大学に送って、法律の勉強をしてもらっています。

それから、ファヌーフさんはフランス系カナダ人ではあるけれど、私たちの運動の必要から、彼に学費を出して、マッギル大学で公衆衛生学を勉強してもらっています。川や水の汚染を調べる必要があるからです」

ここに来る途中で、アルミニウム工場の脇を通った。この地方の重要産業とされているのだが、

そこから生じる汚染が居留地に公害をもたらしている。

「――われわれモホークの部族連合が民主主義の政治をたもってきたことを、ベンジャミン・フランクリン（米国建国の父とされる一八世紀の政治家、初代駐フランス公使）は書いていますね。フランクリンが公使になって、われわれの民主主義をフランスに持っていったんです。つまり、フランス大革命には、モホークの血が入っているんですよ」

「――暖かくなったら、国境を通らなくても、川を歩いて渡れますから、われわれのところに来てください。いや、ここの道だって、私たちのトラックの後ろに乗っていけば、見張りの人の注意を受けずに国境を越えられると思うんですがね。きっと、だいじょうぶ。あなたは十分、インディアンに見えますから」

　軽口まじりに、フランシス・ローレンスは鶴見を励ました。

「――自分たちの国を代表して、われわれの国土を奪い取った国々の代表と交渉しているんです。坐り込みなどのときには、それだけの意気込みがなければ、できませんよ」（鶴見俊輔「二つの国を見わたして」）


　クリスマスには、例年そうしてきたように、モントリオールの自分たちのアパートから、米国留学時代に世話になったヤング家に、鶴見俊輔は電話する。

　ヤング夫人は九〇歳ながら元気な様子で、

「モントリオールまで来ているのなら、すぐそばなのだから、国境を越えてワシントンまで会いに来て」

　と電話口で言った。

「USAには行けない」

そう答えると、

「それなら、わたしがそちらに行く」

と言う。

九〇歳の彼女が来られるのだろうかと思ったが、本当にモントリオールまで、次男チャールズといっしょにやって来た。そして、自分たちのアパートで夕食をともにすることができた。俊輔の妻と息子に初めて会えたということを、ヤング夫人はとても喜んだ。(鶴見俊輔『思い出袋』)

モントリオールのマッギル大学での講義の終盤、鶴見俊輔は、葦津耕次郎(一八七八―一九四〇)という神道家に触れている。

福岡県の筥崎宮《はこざきぐう》の社家に生まれたが、満三〇歳で自身は神職を辞し、以後は鉱山業、社寺建築業などに携わりつつ、在野の神道人として、その振興に尽くそうとした人物だった。先述の「共同研究　明治維新」に加わる葦津珍彦は、その長男である。

《……戦前の日本の国家主義者のなかに葦津耕次郎という人がいまして、この人は大正時代に朝鮮に日本政府が神道の神社をつくる際に、日本の国をつくった女神である天照大神を主神として祭ることに反対しました。昔から日本の神道はその土地の神を敬うことをしてきたのであるから、朝鮮において建設さるべき神社で祭らるべきものは朝鮮の神であるべきだというのです。》(「旅行案内について」、一九八〇年三月二〇日の講義。鶴見俊輔『戦後日本の大衆文化史　一九四五〜一九八〇年』より)

このことについては、神社新報社編『近代神社神道史』に、詳しい経緯が記されている。明治期以後、台湾、樺太（サハリン）、朝鮮、南洋群島、さらに満蒙（満洲・内モンゴル）をはじめとする中国大陸諸地域などに、移住する日本人が増加する。それにともない、こうした現地の居留日本人が、自分たちの心の拠りどころとして、郷里の氏神などを祀る社をみずから作ることは多くあった。だが一方、日本国家の経営によって、現地に創建された神社も少なくない。

北海道開拓の守護として創始された札幌神社（現在の北海道神宮）を先駆に、台湾神社（のちの台湾神宮）、樺太神社、朝鮮神宮、南洋神社、関東神宮（いずれも官幣大社）はその代表的なものである。これらの神社の祭神は、札幌神社以後しばらくは、日本人古来の伝統的な神道思想にもとづいて「国魂神」（その土地の神）を奉斎するのが常だった。ところが、一九二五年（大正一四）の朝鮮神宮創建のとき以来、この前例が破壊されるに至る。

朝鮮神宮の創建は大正の初めごろから次第に着手され、一九一八年（大正七）、その計画が具体化した。まず朝鮮総督府部内で、天照大神と明治天皇の二柱を祭る方針が出されて、これが内務省などの同意を得た上で正式に決定され、翌一九年（大正八）、官幣大社朝鮮神社（のちに朝鮮神宮）の造営が始まる。

祭神問題の議論は、鎮座祭の年となる一九二五年春に起こった。今泉定助、葦津耕次郎、賀茂百樹、肥田景之といった神道人たちが「朝鮮神宮の祭神は当然、朝鮮国土に関係深き神、すなわちその建邦の祖神を奉斎すべきである」と強く主張して、運動を始め、頭山満らの在野有志も、これを支持した。

とくに葦津耕次郎は、韓国併合（一九一〇年）に先だつ時期から、このことを強く考えており、初代韓国統監・伊藤博文が現地に赴任する途上の下関に訪ねて（一九〇六年〔明治三九〕二月）、日韓両民族の融和を図る根本の道として「朝鮮二千万民族の凡《あら》ゆる祖神を合祀する」神社を建てるべきであると説いたこともあった（「葦津翁逸話集」、葦津耕次郎翁還暦記念出版『あし牙』より）。また、のちに斎藤実朝鮮総督との面談を経て、一九二五年八月に葦津が提出した「朝鮮神宮に関する意見書」では、「韓国当初の神社（国家的神社）に、皇祖及び明治天皇を奉斎して、韓国建邦の神を無視するは、人倫の常道を無視せる不道徳にして、人情を無視し人倫を顧みざる行為なり。（中略）然らば即ち日韓両族融合の根本たるべき朝鮮神宮は、反りて日韓両民族乖離反目の禍根たるべし」と、率直な主張を述べている。

斎藤総督は、こうした葦津耕次郎の意見に耳を傾ける見識は備えていた。だが、前任者のもとですでに事は運んで、「すべての手続きが完了しているから今更仕方がない」というのが、植民地高官としての彼に取りうる態度だった。（「葦津翁逸話集」）

鶴見俊輔は、先に引いた講義で、続けて述べている。

《――このような〔葦津耕次郎の〕考え方、それは日本古来の伝統からいえば正統なものなのですが、戦前および戦中の時期に日本を支配していた勢力から顧みられませんでした。このような伝統に対する再評価が、一九六〇年代以後にわずかながら起こってきたといえます。それは少なくとも戦前戦中の時代よりも表に出てきたといえるでしょう。》（「旅行案内について」）

このときのマッギル大学での連続講義は、英語による講義ノートをもとに、のちに鶴見が日本語で講義をしなおすかたちで新たに録音し、これを起こした原稿に文献などの注記を付した上で、鶴見俊輔『戦時期日本の精神史　一九三一～一九四五年』、『戦後日本の大衆文化史　一九四五～一九八〇年』として刊行された。ここでの引用も、それによる。

なお、もとの英文による講義ノートに直接もとづく英語版は、ロンドンのＫＰＩから、*An Intellectual History of Wartime Japan, 1931-1945* と *A Cultural History of Postwar Japan, 1945-1980* の二冊として刊行されており、こちらのほうが講義の原形に近い。

第四節　入門以前

——「思想の科学」で、〃大学生〃の特集を作ってみませんか？——

と、鶴見俊輔から声がかかったのは、一九八一年（昭和五六）、大学二年生の秋ごろだったかと思う。私は二〇歳だった。

小学校五年生のときの応募で、「思想」という作文が「思想の科学」に採用されて以来、ときおり編集部から声をかけてもらって、中学、高校、大学と、寄稿することがあった（本名の「北沢恒」「北沢ひさし」のあと、大学に入って短期間「洞内和哉」という筆名を使った）。

根城にしていた京都・出町の喫茶店「ほんやら洞」で鶴見俊輔と顔を合わせたとき、「思想の科学」に書いた文章について、きつい口調で注意を受けたこともある。同志社大学の文化史専攻（私はそこの学生だった）で教えるＫ先生について、名指しで茶化したくだりについてだった。

「Ｋさんは『信貴山縁起絵巻』の研究で、立派な実績がある人です。もし、彼について批判があるなら、その仕事をちゃんと評価した上で、全力を尽くして批判しなくてはいけません」

〃全力を尽くして〃という語に、顔が紅潮するほど力をこめて、この人は言った。当時、つまり、六〇代くらいまでの鶴見は、そういう話し方をする人だった。あははは、と、前触れなく大声で笑いだしたりもするのだが、文章を書く上でのモラル、といったところでは、自分自身にとても厳しい、突き詰めた考え方をすることが、話し方に表れていた。

批評という行為についての自分流の心得として、「自分の背中から刃を貫き、もし切っ先が余れば、相手の体にも届くように」書きたい、ということを言った。喩えかたが、きつい。よく笑う人だが、相手側の挙措についても、よく見ている。サークルの席などでは人気者だが、一対一では、話しにくいところがあったと思う。電話口でも、相づちを打たない。ただ、じっと相手の言葉を、区切りがつくまで聞いている。だから、電話をかけた人は、受話器のむこうの沈黙に向かって、用件を話しつづけなければならないのだった。

もう少しあとになってのことだが――「思想の科学」のような活動で、「その中心にいると、どうしても、いろんな方面からゴシップが寄ってくる」とも言った。端的には、関係者である誰彼への批判、苦情、陰口、といったものだろう。「だから、そういうゴシップは、私のところで止めてしまう。よそへ通さないようにする」――と言っていた。さらにあとになって思えば、折りにふれてのそうした心得の語りかたで、ぽつんぽつんと、ほんのわずかずつだが、実地教育のようなものが施されていたということか。〝――しなさい〟というふうには、この人から言われたことがない。むしろ〝自分の場合は、こうだった〟と、いわば、ここでも例示的な話し方をするのが常だった。

K先生を茶化して鶴見から叱責を受けた話に戻ると、そのとき、私は自分の書いた文章について、大学の教室などで、「K先生が怒っているぞ」という噂を耳にしていた。だが、筆名を使って学生が書いた一文について、いまさら筆者の正体を突きとめたって、K先生にとっては手間と時間がさらに無駄になるだけである。それよりは、むしろ、「思想の科学」と言えば鶴見俊輔、というのが世間の通り相場なのだから、あるいは、K先生は、元同僚でもある彼のところに、ひとこと苦情を寄せることを思いつかれたのではないか。三十数年を経て、いま思い返しても、そう感じる。鶴見には、まことに困ったことだったろう。にもかかわらず、彼は、あえて、それを私には告げなかったのではないだろうか？

噂や疑心暗鬼に輪をかけるより、そういうものは「私のところで止めてしまう」。それが鶴見のやりかただった。

さらには、これに加えて、彼は、

「――『思想の科学』の臨時増刊号で〈大学生にとって大学生とは何か〉という特集を作ってみたらいいんじゃないかと思うんだ。あなたなりにプランをつくってみて、私の家に持ってきてください」

と、気前のいいことを言ってくれたわけである。

そうしたことがあり、おりおりに鶴見宅を訪ねて、この企画を進めていった。東京の「思想の科学」編集部とは、すでに鶴見が話を通しておいてくれたようで、ほとんど交渉を持たなかった。当時は、思想の科学社社長の加太こうじが、月に一度、京都に出向いてきて、三条寺町の「リプトン」という喫茶店で、持ち回りの小さな会議が持たれていた（顔ぶれは、加太、鶴見のほか、北沢恒彦、塩沢由典、中山容）。そこには、何度か顔を出したが、この件の企画内容についてはほとんど話が出なかった。

「何人か書き手を募って〝本の中の学生像〟っていう、書評の小特集を立てたらどうかな」

鶴見宅で、差し向かいで編集プランを説明すると、そういうアイデアを彼は加える。これには費用も要ることだからと、三万円だったか、五万円だったか、「編集費」というものを預けてくれた。

「——書店でまとめて本を選んで買うでしょう。そのあと、すぐに喫茶店に寄って、すべての本にぱらぱらとでも目を通しておくんです。そうやって、内容を頭に入れておけば、あとで本をちゃんと使えて、無駄にならない。買って、そのままにしておくと、そこで終わりになりがちだから」

インタビューで話を取るのもいいんじゃないか。誰か、話をきいてみたい人はいますか？　と、鶴見は言う。

丸山眞男は、どうでしょう？——と、こわいものなしで、こちらは答える。

いやあ、ちょっと、それはむずかしいよ、と鶴見は笑いだす。

「——丸山さんは、体調もよくないんだから……。たとえば、社会学の渡辺潤は、どうか？　彼のミニコミ論に私は感心してるんだ。話を聞いてみるといいんじゃないかな」

インタビューをいくつか私が取ってくると、また鶴見は助言する。

「テープ起こしをした原稿はね、少しずつ削っていこうとすると、なかなか所定の枚数まで減らせない。だから、まず最初に、ぜったいに外せない発言だけを赤鉛筆で囲んでおくんです。そこを軸にして、あとは青鉛筆で、少しずつ増やしていくようにすると、所定の枚数に収めやすい」

依頼原稿が集まりだすと、鶴見もそれらに目を通した。こまかなことはとやかく言わないが、「ここから始めたらどうか」と、書きだしの一、二枚をばっさり削って、すぱっと本題が始まるようにする。あるいは、ぐずぐず続く文末の段落を削って、きっぱりと終わる原稿に仕上げる。

原稿が校正刷りに印刷されて届く。

「著者校正は、必要なところに加えていい。ただ、一ページごとの行数は増減しないように調整しないといけない。行数が増減すると、各ページの組み版が動いていってしまって、文選工の人に面倒をかけるから」

まだ活版印刷の時代だった。だから、そういう心がけが必要だと教わった。

原稿の配列にも、気を配る人だった。というより、掲載順をあれこれ考えることを、編集作業のなかでの楽しみとしているようだった。筆者の有名無名などには頓着することなく、これを一番に読ませたい、といったことが編集者のメッセージなのだからと、それが鮮やかに伝わる配列を好んだ。

「思想の科学」特集〈大学生にとって大学生とは何か〉は、いま確かめると、一九八二年六月臨時増刊号である。このときから、私は「黒川創」という筆名を用いはじめた。

これからあと、京都で学生生活をすごすあいだは、おりおりに声をかけられ、執筆やインタビューに加わった。一九八四年（昭和五九）春、大学卒業と同時に、東京に仕事口を見つけて、引っ越した。これを機会に、「思想の科学」の編集会議にも出てこないかと声をかけられ、顔を出すようになった。当時、「思想の科学」編集部は飯田橋の神田川ぞいにある古い貸ビルの一室に入っており、月一度の編集会議も、ここで開かれていたのだった。

社長の加太こうじと、アルバイトも含めて三人ほどの常勤の編集部員、鶴見俊輔をはじめとする六人ほどの編集委員、ほかに、ときに応じてのランダムな参加者もあり、毎回一〇人あまりの顔ぶれだった。私の場合、当初は何も心得ないまま、その場にいた。だが、しばらくするうち、「編集委員」の数のなかに入れてもらっていたようである。

夕刻六時からの会議は、いつも遅れがちに始まり、途中で近所の中華料理屋のメニューがまわされて美味しくない出前を取るのだが、鶴見はたいがい「けぬきすし」「柿の葉すし」のような寿司や菓子などの手土産をどっさり携えて現われた。テーブルの中央にそれを置き、手を伸ばし、ぱくぱく食べながら、会議にのぞんだ。（それとはべつに、出前の店屋物もちゃんと食べる。）

「思想の科学」は月刊誌だが、常時、五、六カ月分の特集企画が動いていた。毎月、さらに新しい企画も提案されて、書き手や依頼原稿のアイデアについて意見を交わす。鶴見は、発言の合間にじっと天井をにらんでは、手帖に目を落とし、しきりにメモをとる。これは、どうやら、その場の誰かの発言要旨を書きつけているのではなく、そこからさらに触発されて、自分が新しく思いついたことを書いているらしい。それらをもとに、彼は次から次へと、新しいアイデアを連発する。また、突然に、自分の膝を打ちたたいて哄笑する。

ひと月のうちに溜まった投稿原稿が、テーブルの上に積み上げられる。すると、鶴見は眼鏡を外し、真剣なまなざしで、唇を噛み締めたりしながら、一本ずつ読んでいく。「これ、おもしろいよ！　載せてほしい」と、ときおり声を上げる。彼は、生原稿を読むスピードも、速い。同じペースでどんどん読む、というのではない。初めの一枚か二枚は、舐めるようにじっくり読み、だんだん原稿用紙をめくるピッチが上がり、やがてまた、急所に差しかかったところで、めくる速さが落ちていく、といった読み方である。

私は、がやがやと話し声が行き交うなかで生原稿を読んだりすることに不慣れで、なかなか文面が頭に入らない。耐えかねて、

「なんで、そんなに速く読めるんですか？」

と、隣りの席にいた鶴見に訊いたことがある。

「スキーみたいなものじゃないかな」目を上げて、ひと呼吸置き、彼は答える。「ゲレンデの上から見渡すと、雪原の全体の地形が目に入ってくるだろう？」

書かれていることが〝地形〟をなして見える――ということらしいのだった。

売り上げや返品、さらに、経理状況などを報告する資料も配られる。

これについては、ひと通り、鶴見は黙って聞いていることが多い。

雑誌の特集企画については、日々の営業成績を預かる編集部員のほうが、売れる、いや、これじゃ売れない、ということが気になる。だが、鶴見は、いや、売れなくてもいいんだ、という態度に出ることがある。

本当にまったく売れなければ、もちろん困るのだが、特集として、何かやりたいことがある以上、それをやらないことには、わざわざ自分たちでこんな雑誌を続けている意味がないじゃないか、ということだろう。また、じっさいには、売れないだろうと思っていたものが、案外持ちこたえることもあるし、売れるに違いないと思ったものが、そうでもない、ということもある。いずれにせよ、数千の読者のうちの多くは、「思想の科学」という場で、ある一つの主題がどのように議論されるのかという関心によって、この雑誌を手に取ることになるのだろうから、特集のテーマだけが売り上げを決定的に左右する、というわけでもない。全体として見るなら、ちゃんと内容を作りさえすれば、どんな特集でも、数字の上ではほぼ平均していく。

それよりも、うっかり、だらけた号をつくってしまうのが、こわい。鶴見は、このことを気にかける。だからこそ、それぞれの特集を五カ月、六カ月と、毎月会議で討議し、そのたび新しいアイデアも入れながら、手間をかけて進めていく。これは、雑誌編集のありかたとして、「思想の科学」の一つの特徴をなしていたのではないか。

単行本も、年に何点か出した。比較的、こちらのほうが堅調で、雑誌の赤字を補ってくれている時期が長かった。これについても、鶴見は、儲けを狙って大部数で出すことを好まず、こつこつと少部数で刻んでいく方針を常に支持した。結果から見ても、そうした粘り腰が「思想の科学」をこれだけ長持ちさせたとは言えるだろう。

経理面での利潤追求をさほどうるさく言わなかった鶴見だが、一度か二度、編集部を厳しく叱責する場面に居合わせたことがある。経理上の赤字を穴埋めする資金を追加して入れてほしいと求められたときだった。赤字はわかる、どうしてもそうなることは承知で自分もこれに関わっているのだから。だが、それとはべつに、こんな放漫な金銭管理をするのは困るじゃないか――。と、彼が言いたい気持ちが伝わってくるかのような、経理報告がなされたときだった。

どんな商売でもそうだろうが、ちょっとした油断のようなものから、弛緩した状態が生じてしまうことがある。たとえば、新刊書を一冊刊行するにも、内容に応じてクロス装など少し凝った造本にするなど、それなりに工夫を試みる。だが、これを進行させるなかで、当初の刊行予定期日が守れず、しかも、成り行きまかせにページ数が増えていったりすると、全体のスキームが崩れて、みるみる諸経費が膨れ上がってしまう。「経費」というのは、実は厄介な代物で、互いが気にかけあっていないと、つまずきのもとになる。こうした危険が迫るのを感じて、鶴見は厳しい口調になるようだった。

素人商売には違いない。プロから見れば、しょせん商売として成り立ちようがないことを無理にも続けているのだから、そのことは疑えない。それでも、こういう場面に出くわすと、彼は本気で努力して、この事業を続けてきたのだな、と感じた。経理報告も、(そう思われがちだったが)鷹揚に聞き流しているのではない。ちゃんと聞いた上で、ふだんは、黙っているようだった。

一九八二年(昭和五七)、鶴見俊輔は満六〇歳になる。この年から、「朝日新聞」の書評委員もつとめた(一九九二年まで)。朝日新聞東京本社の社屋は、すでに中央区築地に移っている。書評委員会は隔週に開かれるので、御茶ノ水の山の上ホテルを定宿にして、なるべく、その前後に東京でのほかの用件の日程も入れようとしていた。だが、それだけでは片付けきれずに、月に三度、四度と、京都―東京間を往復しなければならないことも、なお多かった。

少し遅れて、「朝日新聞」の書評委員に、森毅（一九二八年生まれ、数学者）も加わる（一九八六年から）。森は自宅が京都府南郊なので、書評委員会が開かれる当夜は、やはり山の上ホテルに泊まった。彼も鶴見も酒をまったく飲まず、ともに読書領域がきわめて広く、しかも話し好きなこともあり、連れだって新聞社からホテルに帰り着くと、ロビーでコーヒー一杯を頼み、そのまま二時間ほども話しつづけることが通例になっていく。

鶴見俊輔『デューイ』は、一九八四年（昭和五九）一二月刊。講談社の「人類の知的遺産」という全八〇巻の伝記シリーズの一冊で、企画委員の一人、都留重人からの慫慂によるものだった。鶴見の実質的に最初の著書である『アメリカ哲学』（一九五〇年）には、デューイ（一八五九―一九五二）の章がない。当時の日本でプラグマティズムの思想家と言えば、ウィリアム・ジェイムズと並び、ジョン・デューイが断然有名だった。にもかかわらず、若き鶴見は、あえてデューイを斥けた上で、プラグマティズムを論じる著書を書き上げているわけで、むしろ、そこに当時の彼のプラグマティズム観の反映があった。

約言するなら、デューイという思想家には、「コミュニケイション」への楽観が顕著で、また、そこに立つ広義の「教育」への過剰評価があった。つまり、逆に言うなら、コミュニケイションの失敗、伝わらなさから学ぼうとする手だてが、工夫されていない。とくに若い時代の鶴見には、この点が、どうしても受け入れ難かった（鶴見俊輔「二人の哲学者――デューイの場合と菅季治の場合」）。また、「思想の科学」創刊号（一九四六年五月）で、デューイのこうした点を批判して、むしろ、人間の「どうしようもなさ」（リカルシトランス）への認識に立脚するガートルード・ジェイガー「生まれたままの人の哲学」を掲載したことにも、鶴見という哲学者における出発当時からのスタンスが表れている。

ここを出発点とすることで、当時の鶴見は、マルクス主義の進歩史観から、もっとも遠い場所にいる。のちに彼が、自分の哲学的立場を「反動の思想」だと断言したりするのも、そのことによるのだろう。敗戦直後の鶴見は、太宰治に共感を寄せ、また、ごく初期の三島由紀夫（「春子」など）における、焼け跡に悄然と一人立つかのようなたたずまいに近しい気持ちを抱いていた。そうしたことも、当時の彼らに通有された、孤立した場所からの心象風景をうかがわせる。

（前述したように、鶴見は、一九四七年、「思想の科学」が開催する「コミュニケイション講座」で、太宰に講義してもらいたいと考え、三鷹の家まで二度、依頼に出向いたが、会えなかった。そのさい、雨漏りのする留守宅で、女の子がタライに水を受けて遊んでいる様子が、彼の目に残った。〔鶴見俊輔・橋川文三・吉本隆明「すぎゆく時代の群像」〕）

若き鶴見にとって、デューイは、「頭の悪い」思想家だった。だが、デューイは、きわめて長命を保ちながら、九〇歳に至っても、さらにパースを再読し、そこから学びなおすことができる「頭の強い」思想家として生きていく。（鶴見俊輔『たまたま、この世界に生まれて』）鶴見自身においても、年齢を重ねるとともに、そちらの意味が、より濃いものとなっていく。

西洋哲学史上に位置づく諸大家のなかで、デューイは、きわだって普通人に近い哲学者であると、鶴見俊輔は述べる。いばらない人だった。彼のゼミナールに出席したことがある鶴見和子によれば、少人数の集まりのなかでさえ、どこにいるのかわからないくらい目立たない人物だったという。（『デューイ』）

久野収（一九一〇年生まれ）は、戦争中にマルクスとデューイの双方からの影響を受けながら、反ファシズムに立つ雑誌「世界文化」の刊行を仲間たちと続けた。戦後においても、戦争反対の論理と革命の論理とを区分して、互いが協力できるところで協力して平和運動を進めようという提唱となって、彼のなかに、その影響は残る。

「自分からえらぶ道は一つであるとしても、それをめぐって、自分の支持し得る選択の幅がもっと多くあることを忘れないことが大切である。その幅を状況の中でつねに新しくとらえなおすことが、デューイの言う探求の論理学であろう。いや、選択の幅ということだけではない。選択の幅を生みだした母胎としての状況から考えてゆくというデューイの方法とひびきあうものを内にもつことが大切だ。

このような考え方をデューイからうけつぐ時、日本の哲学はデューイを卒業したか？　という問いに対して、卒業してはいない、まだ入門さえしていないではないか、と私は答えたい。」（同前）

第五節　「まともさ」の波打ち際

鶴見俊輔『夢野久作――迷宮の住人』は、一九八九年（平成元）、鶴見自身が企画立案に加わる「シリーズ民間日本学者」（リブロポート、企画立案はほかに中山茂・松本健一）の一冊として刊行された。

杉山泰道（夢野久作）の曾祖父が歌道で師事した二川相近《ふたがわすけちか》の筑前今様に、こんな作があるという。

〽花よりあくる御吉野《みよしの》の
　春の曙《あけぼの》　見渡せば
　唐人《もろこしびと》も　高麗人《こまびと》も
　大和心《やまとごころ》になりぬべし

今の人が読めば日本主義の歌と取れるだろうが、夢野久作の解釈は違う。彼は、息子・龍丸に、この歌をこんな解釈で伝えたという。

「大和心という言葉を、みんながなごやかに融和協力するというように考えたらどうだろう。日本という国、日本の土地の固有のものに限定することなく、たまたまこの作者の二川相近が日本人であるから日本のもので、世界共通の人間の心にあるものを歌にしたと考えたらどうか」

龍丸は、中学校二年生のころ、父・久作に連れられて、太宰府天満宮近くの観世音寺を訪れた。そこには、大黒様の像がある。まずしい百姓の姿で、大地をうつむきかげんに見て、悲しそうにしている。父は息子を、その木像の前に連れていき、このように言う。

——「龍丸、よく見ろ、これが大黒様の本当の姿だ。しかし、これは、単に大黒天のみではない。これは日本の昔の天皇の本当の姿だ。日本の天皇は、本来百姓農夫だったのだ。これをよくおぼえておけ」

その土地、その土地の、神がいる。

この神とは、ただの庶民の姿で、そこにいるものかもしれない。庶民の先祖が、その土地の神である。

鶴見俊輔による夢野久作伝は、久作が一八歳のとき、福岡の伯父の家で養生する九三歳の祖母

（養母の母か）を見舞いにいって、心得のある謡《うたい》をうたってなぐさめようとする場面で終わる。「富士太鼓を」と所望するので、それをうたって、うたいおさめると、二つ切りの手ぬぐいを顔におしあてて祖母は涙をぬぐい、

「ああ、久し振りで面白かった。死んだ爺さんが生きてござったらなあ……。今一つ聞かせて」

久作は自分が謡曲を始めてから、これほどの感動を人に与えたことがないので、誇らしく感じて、今度は何をうたいましょう、と尋ねる。すると、

「お前はあの富士太鼓を知って居なさるかの」

「今うたいましたよ、それは」

「何をば」

「その富士太鼓をです」

「ああ、その富士太鼓、富士太鼓。わたしはようよう思いだした。死んだ爺さんはそれが大好きで毎日毎日謡いござった。あれをひとつ」

自分はへとへとになってもう一度うたうと、祖母はまたもや涙を拭いながら、

「ああ、久し振りで面白かった。死んだじい様が生きてござったらなあ。それでは今度は富士太鼓をひとつどうぞ」

（夢野久作「謡曲黒白談」）

鶴見俊輔は、かつてカナダのマッギル大学での連続講義で、一九五〇年代前半、米国で吹き荒れた赤狩りのなか、下院非米活動委員会で喚問された劇作家リリアン・ヘルマン（一九〇五年生まれ）が選んだ態度について、このように述べる。

「リリアン・ヘルマン自身は、一九五二年五月二一日朝、この委員会に出頭しました。彼女は、彼女自身に関する質問にだけ答えて、彼女以外の人々にかかわる質問については、沈黙を守るという線を押し通しました。マッカーシー旋風の全時代を通じて、ヘルマンは、委員会の質問に答えて、しかもほかの人間を罪に陥れることを拒否した、最初の証人となりました。（中略）ともかくマッカーシーの魔女狩りに対して、はっきりと立ち向かった最初の人が女性であったということは、意義深いことです。」

この証言をしたあと、ヘルマンは公私にわたる暮らしの上で、多くの損失を被った。所有していた農園を売り払い、持ち金が尽きたときには、偽名で百貨店のパートタイムの仕事を得たりすることで、しのいだ。当時の私生活上の伴侶は、年長のミステリ作家ダシール・ハメット（一八九四—一九六一、『マルタの鷹』作者）だったが、彼は関係する組織の協力者の名を証言することを拒んで牢獄に入れられ、釈放後も社会生活には復帰することなく終わる。

「——マッカーシー旋風の時代をふりかえって、ヘルマンは、このように感想を述べました。『国会への私の初登場から始まってそのあとに続く年月に起こったこの時代のいろいろな出来事のために、私はかなりの罰金を支払った。私が自由主義についてもっている信念は、ほとんど全部なくなってしまった。そのかわりに、私は、何かひそやかなものを獲得した。それはほかにいい言い方がないので、まともであること、と呼んでおこうと思う。』」

ここに引かれたヘルマンの言葉（『眠れない時代』）の末尾、鶴見が「まともであること」と訳しているのは、原文に照らせば‘decency’という語にあたる。さらにあとのくだりで、鶴見はこの語を‘the sense of decency’（「まともさの感覚」）というふうにも用いている。

現在、「まともであること」の閾《しきい》はさらに下がって、そのように自分が生きているかどうか自体が確かめにくくなっているようにも思える。むしろ、「まとも」であるかどうか、という自問を消し去ることこそが、政治支配の語法、社会運営上の技術とみなされるようになってきた。

とはいえ、閾が下がるのであれば、なお、そこにおいて考えていくしかない。「まともであること」のハードルは下がりに下がって、もはや、ほとんど水面下に没して、波に洗われてしまっている。だが、われわれ庶民の暮らしとは、もともとそういうものでもあって、ただ、そこにおいても、まともさを感じさせる人はいたし、たぶん、これからもいるだろう、ということなのではないか。

たとえば、親類の老女の前で、何度も何度も、へとへとになりながら謡曲をうたって尽くす若き夢野久作のようなふるまいは、ばかばかしいものではあっても、「まとも」である。老女のなかの記憶は、たちまち消えていってしまうのだから、彼の努力も、あとに何か残すとは考えにくい。だが、彼は、ただ、彼女をこのまま一人あとに残して立ち去りがたくて、うたっている。うたう甲斐があるとは、そういう状態のことだろう。人が生きている意味というのも、結局、その程度のことなのではないか。

人が波打ち際を歩いていくとき、波はそのすぐあとから、次つぎに寄せてきて、その足跡を消していく。だが、普通の人は、そうやって自分の痕跡が消えることなど、ことさら気にもかけずに暮らしてきた。それでも、目には見えにくい、それぞれの道が、なお、ここに残っているのは確かだ。

さきほどの講義に戻ると、このように鶴見は述べている。

「――戦争中にさかんに声高に唱えられた思想の流儀は、（中略）不謬の普遍的原理をそなえるものとして日本の伝統を理想化しました。それは日本の伝統を歪めてとらえる結果になりました。実際には日本の伝統は、（中略）人間を縛るような普遍的断定を避けることを特徴としています。この消極的性格が、日本思想の強みでもあります。普遍的原理を無理に定立しないという流儀が、日本の村に、少なくとも村の中の住民の一人であるならばその人を彼の思想のゆえに抹殺するなどということをしないという伝統を育ててきました。（中略）それは西洋諸国の知的伝統の基準においてはあまり尊敬されてこなかった、もうひとつの知性のあり方です。

リリアン・ヘルマンは、マッカーシー上院議員の攻撃にさらされた結果、米国知識人のあいだにある自由主義的伝統の薄さに気がつき、むしろ知識人であると否とを問わず、何人もの人たちと彼女が分かちもっている彼女自身のまともさの感覚に寄りかかるようになりました。彼女は、いま私がここで述べたと同じような直感をもっていたのかもしれません。生き方のスタイルを通してお互いに伝えられるまともさの感覚は、知識人によって使いこなされるイデオロギーの道具よりも大切な精神上の意味をもっています。」（「ふりかえって」、一九七九年一一月六日の講義。『戦時期日本の精神史一九三一〜一九四五年』より）

鶴見俊輔『アメノウズメ伝』の刊行は、一九九一年（平成三）五月である。

神話と性を主題に、アメノウズメという日本神話における助演級の女神が、各章ごと、一二の変奏曲をなすように論じられていく。

「神話」も「性」も、おおらかな喜びに結びつくものでありうると同時に、反面、狂暴な暴力も帯びる。ことに日本神話は、明治以後の国家に編み込まれて、猛威をふるった。戦地の性暴力も、その背中に負ぶさった。六九歳となろうとしている鶴見は、これを自身に引き寄せ、俎上に乗せていく。

――一五歳で初めてオーストラリアのアデレードに滞在したとき、英語に意訳された「古事記」をテキストに使って、日本についての勉強会をしている同好会に招かれた。渡されたプリントには、八百万《やおよろず》の神の集いの様子が書かれている。そこには、タイプライターの神も、ストリッパーの神もいた。タイプライターの神の正体は、のちになってもわからなかった。だが、ストリッパーの神は、アメノウズメノミコトを指しているようだった――。

記紀において、アメノウズメノミコトが活躍の場を得るきっかけは、アマテラスオオミカミ（天照大神）が機織りをしているところに、弟のスサノオノミコトが馬の死体をさかはぎにして投げ込む乱暴を働いたことである。驚いた機織り女が、機織りの道具で陰部を突いて死ぬ。機嫌をそこねたアマテラスは、洞穴にこもって、人に会わなくなった。世界全体が暗くなり、不吉な気分がたちこめた。

そこで八百万の神々が河原に集まり、知恵を絞った。そして、そのあと、力もちのアメノタヂカラオノミコトを洞穴のそばに隠しておいて、アメノウズメノミコトにおどりを頼んだ。

アメノウズメは、ササを手に持ち、オケの上に立って、神がかりして、胸もあらわに、腰紐を陰部まで押し下げて、足を踏み鳴らしながら夢中でおどった。

洞穴のなかのアマテラスは、外で何が起きているのかをいぶかしんで、岩戸を細めに開け、外のアメノウズメと問答を始める。やがてアマテラスが身を乗りだす隙を見て、そばに隠れていたタヂカラオが、アマテラスの手を取って、外に引き出した。

とたんに世界は明るくなった――。

「古事記」と「日本書紀」にアメノウズメノミコトの出番は二つある、と鶴見は述べている。「ひとつは、指導者が機嫌をそこねてかくれてしまったのを、機嫌をなおさせるところ。もうひとつは、異民族との出会いに同輩がためらっている時に、ひとりわるびれずに出ていって、異民族とつきあいのいとぐちをつくるところである。両方の場面で、彼女のやり方は、衣服をひろげて、乳と性器を見えるようにすることであり、こうして笑いをさそい、相手の緊張を解く。」

おどりというものが、どういう思想上の役割を持つかは、あまり考えられてきたことがない。アメノウズメのしぐさは、おどりであって、それは、主張としては、支離滅裂であると評価されよう。夫は妻に、おまえの言うことは支離滅裂だなと断案を下して、家庭の議論を打ち切ろうとすることがあるだろう。そのとき、妻が、

「その支離滅裂なところにわたしの主張があるのよ」

と、反論したら、どうだろう？　（『アメノウズメ伝』）

第六節　もうろく

「思想の科学」の刊行は、続く。

一九九〇年（平成二）九月、思想の科学社の代表取締役は、加太こうじから上野博正（一九三四年生まれ）に交代する。

上野は、浅草のハンコ職人の息子に生まれて、東京大空襲の下をかろうじて生きのび、苦学しつつも大学は文学部四年、そこからさらに医学部六年、大学院四年と経ながら、医学の博士号はあえて取らず、やがて勤務医生活も辞して、新宿の陋巷で「上野めだか診療所」という町医者稼業を続けてきた。役所への届けには、内科、精神科、産婦人科としてあるらしいが、それさえ、診療所の看板には記していなかった。やや吃音があり、せき込むように話すところのある人で、「鶴賀須磨寿太夫」の芸名を持つ新内の名取りでもあった。

鶴見俊輔の記憶によると、一九五九年（昭和三四）のことである。葛飾区金町《かなまち》の掛川尚雄宅に寄宿していたころ、玄関のガラス戸の前を行きつ戻りつする人影が見えて、声をかけてみると、上野博正という名の未知の青年で、思想の科学研究会に入りたい、とのことだった（鶴見俊輔『「思想の科学」私史』）。この年、上野は二五歳。当時は、まだ、東京教育大学の史学科に学籍を残していた（卒業はしていない）。記録によると、思想の科学研究会への上野の入会は、一九六二年（昭和三七）一一月となっている（『思想の科学研究会会員総名簿　入会記録　1946〜2017』）。

加太こうじから上野博正へ、思想の科学社社長の立場が引き継がれる。これは、以後、上野が鶴見とともに、この会社を経済的にも支えたということである。専従の編集部員への安月給と、当時四百字詰原稿用紙一枚千円の原稿料が雑誌「思想の科学」執筆者に支払われることを除けば、関係者の誰にも収入をもたらさない。その会社を経営するとは、そういうことになる。

一九九一年（平成三）、思想の科学社は、飯田橋から新宿百人町の「上野ビル」、つまり、上野が「めだか診療所」を開いている地上三階、地下一階の小さなビルへと移転した。一階が編集部事務所、地下が書籍・雑誌の倉庫にあてられた。診療所は二階部分だった。

思想の科学社としては、この移転で、事務所賃料と書籍倉庫代の削減になる。だが、上野の立場にとっては、ほかに貸せばそれなりの家賃収入が見込めるはずのスペースなのだから、これは一種の我慢競べのような経営方法でもあったろう。

鶴見俊輔も、金策の手を打っていた。

姉の鶴見和子が住む練馬区関町の家は、もともと、父の祐輔が脳梗塞で倒れたさい（一九五九年）、自宅療養ができるように、和子の手配で、それまでの成城の自宅などを処分して手に入れた土地に建っていた。やがて祐輔が没するにあたり（一九七三年）、俊輔は和子から「相続放棄はしないでちょうだい」と釘を刺され、地所は俊輔名義となっていた。これを抵当とする形で運用し、金策に充てようとしたのである。若いころ日銀勤務の経歴を持ついいだもも（一九二六年生まれ）の仲介で、信頼できる都市銀行支店長が紹介されて、この方策は実現した。

だが、まもなくバブル経済ははじける。金策を裏付けてきた土地の処分も一転して難しくなり、世紀が変わって二〇〇〇年代に入るころまで、これが頭痛のタネとなる。

鶴見俊輔が、手控えの小型ノートで『もうろく帖』をつけはじめるのは、満七〇歳になろうとしている一九九二年（平成四）二月である。本文ページの冒頭には、歌人・島田修二の歌をうつしている。

《一九九二年
　二月三日
　　老眼になりて見えてくるもののみを
　　まことに見んとこころを定む
　　　　　　　　　　島田修二》

鶴見俊輔は、きわめて早くから、やがて来るべき自分の「もうろく」に身構えるようなところがあった。四〇代なかばで、早くも「退行計画」（一九六八年）と題するノートを発表している。「今ふりかえると、八月の草いきれ、あぶとはい〔はえ〕の羽音は、四十年ちかくも前とおなじようにはっきりとあらわれてくるが、それと一緒にあった感情は、もうない。書きのこされず、知られずにおわることがあるとして、それが人間にとって何か。自分にとって何か。」

鶴見の記憶力はきわめて優れていて、四〇年近く前、小学校に入ったころの夏のある日の情景、道端の草のなかに坐って、虻や蠅がぶんぶん音を立てて飛んでいた様子も覚えている。そのとき、ここでこのように自分が感じている気持ちは、どこにも書き記されることなく過ぎていってしまうのだな、と思ったということも。

こうして四〇代なかばになった自分が、今のところ覚えている事柄も、これから老齢に差しかかっていくにつれて、じょじょに薄らぎ、忘却は加速していくことだろう。そうした予感と愛惜を、彼は書き残しておこうとしている。

「こんなことを考えることには、何の意味もないか。

わたしは、そう思わない。

存在の全体をどのようなものとして思いうかべるかが、わたしの生涯の意味を決定する。」

さらに言う。

「昔の当の相手がいないとして、そのいない相手にむかって指しつづける何かの試合として、自分の人生がある。」

「自分にとって自分とは何か？　終りのない試合を続ける、かこいのはっきりしない場所のことだろう。」

だが、七〇歳で『もうろく帖』をつけはじめる動機は、四〇代なかばでの「退行計画」とも、大きく違っている。

自分自身の思いつき、そして、他者の発言ないしは作品からの抜き書き。そうしたものを、自他の区別にこだわらず、この帳面に、覚え書きとして記していこうと考えた。もはや、自分と他人の境界など、あいまいになっている。死者と、まだ生きている自分のあいだの境界も。

覚えているつもりでいることも、すでに自分は多くを忘れているのだろう。いま、ここにいる自分のことも、すぐに、もうろくが追い越していくことになるだろう。

だが、その「もうろく」のなかに、なお未見の領域がある。現在の鶴見の関心は、そこにあり、要するに、『もうろく帖』をつけていけば、おもしろいことが何か見つかりそうだ、と彼は感じている。つまり、「もうろく」を一つの方法として、この日々の断片を記録していくことで、さらに新しい冒険に出られないか、という知的野心を彼は抱く。いまの自分が意識していない自分に、そこで会えるのではないか、ということである。細部の枝葉が落ちていき、大ざっぱな幹の部分が、姿を現わしてくるように。彼は、いまでも自分に対する編集者なのである。計画好き、企画好きで、老人の身にも実行可能な、これからの新しい計画への方途をここに見出した。

この『もうろく帖』自体が、一つの作品になるだろう、と彼は考えていた。同時に、何か原稿を頼まれたとき、これをネタ帖のようにつかえば、新しい着想が得られる。つまり、これも、もうろくの功徳で、一度忘れたことが、また新しいものとなって戻ってくる。

英国の作家E・M・フォースター（一八七九―一九七〇）の没後、*Commonplace Book* というものが刊行された。彼がおりおりに筆を取っては手元に溜めていた「抜き書き帖」である。鶴見俊輔にとって、E・M・フォースターは好きな作家で、この本も刊行から時を置かずに読み、心を引かれた。そのことが、彼の意識に残っていた。（鶴見俊輔・長田弘「方法としてのアレクサンドリア」）

だから、この『もうろく帖』第一冊（一九九二年二月三日から二〇〇〇年三月一七日までの書き入れがある）も、扉ページに、フォースターにならって、

《Commonplace Book ／ 書き抜き帳 ／ 1992.2.3》

と、ペンで自筆している。

そして、本文の次のページに、横書きに、こう記す。

《もうろく帖のはじめに。

私にはもうろくのけいこをする機会があった。うつ病の期間三度。

そして今や本番。》

鶴見俊輔は、次の伝記『竹内好――ある方法の伝記』の準備に、こうした日々のなかで着手し、やがて書きはじめる。

――戦後まもなく、竹内好「中国人の抗戦意識と日本人の道徳意識」（「知性」一九四九年五月号）という論文を薄い雑誌のなかに見つけて読んだ記憶から、この伝記は始まる。

竹内好による、この論文は、中国の作家・林語堂（一八九五―一九七六）が渡米生活中に英語で執筆・刊行して世界中で広く読まれた『モメント・イン・ペキン』（一九三九年）を論評するかたちで書かれていた。林語堂は日本でも高名な作家だったことから、戦時下のうちに、この本は三種類も訳書が出ている（訳書名を挙げると、藤原邦夫による抄訳『北京歴日』、鶴田知也訳『北京の日』、小田嶽夫・庄野満雄・中村雅男・松本正雄訳『北京好日』）。ただし、原著は、義和団事件（一九〇〇年）から日中戦争下に至る北京の社会や家庭生活を描いており、戦時下での日本語訳にあたっては、削除や意図的な歪曲を余儀なくされたくだりも多いのだという。

訳文が比較的ましだとされる『北京好日』から、竹内は一例として、以下のくだりを引く。

《「伯牙《ボーヤ》がね、その中毒を癒《なお》そうとした動機が面白いんですよ。或る日東安市場《トンアンシーチャン》を奥さんと一緒に歩いていると、何処かの船乗りが奥さんのあとを蹤いて廻ってお尻をつゝいて仕方がないんですって、三度目の時には奥さんも堪りかねて声をあげたんですって。伯牙も怒って振り向いたんですが、するといきなりその船乗りが伯牙の頰をなぐりつけて、あははと笑うんですってさ。それで伯牙はヘロインを喫むのをやめる気になったんですって。」

「で、撲られて伯牙はどうしたの？」木蘭《ムーラン》が訊いた。

「どうするって、どうにもなりゃしませんわ。支那の巡査なんか触ることも出来ないんですもの」

木蘭は胸を打たれた。》

同じくだりを、原文から竹内好が訳すと、こうなる。

《「だれが伯牙《ボーヤ》に中毒をなおす決心をさせたか、おわかりになる？　日本人の船員なんです。……制服をきた日本人の船員が後をつけて……奥さんがふりむいても日本人はやめないんです。奥さんはこわくなって、小声で旦那様に告げました。三度目にその日本人がいたずらしたときに、奥さんは金切声をあげ、そして伯牙は、憤慨してふりむいたんです。そうすると、その日本人の船員は、ピシャと伯牙の頰に平手打ちを食わせておいて、笑うんです。そのとき、日本人が憎い、という気持ちが骨まで通ったのです。そして、自分にヘロインをのむ習慣をつけさせたのは日本人だ、と気がついたものですから、それで止める気になったのです。」

「なぐられて、どうしましたの？」と木蘭がたずねた。

「どうすることができましょう。中国の警察は、日本人に手を触れることもできません。治外法権ですわ。」

木蘭は胸を打たれた。》

伯牙《ボーヤ》というヘロイン中毒の青年（彼は天津のホテルで、ボーイから勧められた日本製の麻薬入りタバコを何気なく吸ったことから、病みつきになった）が、自力でその克服をこころざしたわけを、親族の女性が説明している。作者は、伯牙によって中国人を代表させている。だから、日本人と中国人の入り組んだ関係をここで省かれると、ヒロイン木蘭（伯牙の叔母にあたる）が「胸を打たれた」という一句が宙に浮いてしまう。

もとの小説を中国人が読めば、自分たちの状況をここに読み取り、木蘭と同じ胸の痛みを覚える。中国人ではない米国人も、英語版で読むのだから、同様のことを察することができた。だが、日本人の読者は、日本語訳を通してこの作品を読むことで、こうした読み解きの外に置かれたままだった。——竹内好は、「中国人の抗戦意識と日本人の道徳意識」という論文で、そのように指摘した。

鶴見俊輔は、一〇代の米国留学中、林語堂の英文の著書を読んだことがあった。だが、魯迅による鬱屈した文体に較べて、甘く、優しく響く文体だという希薄な印象が残っただけで、そのまま自分のなかを抜けていった。それだけに、なおさら竹内による、「翻訳」をめぐる小さな一点から書きはじめて、やがてそれが大きな流れに達して、日本人の現在の問題を照らし出すに至る、という論述の方法に衝撃を受けたのだった。

日本人には、戦後も、なお、自分たちが行なった戦争について、知らないままのことが多い。竹内は、「翻訳」の一例のあり方を指摘することで、それを明るみに出していく。そうすることで、戦後の日本人にもなお続く「戦争」に対する道徳的観点の欠如を指さす。

ここで、さらに一つ、べつの視野からの証言をも挿入しておきたい。

のちに社会学者となる日高六郎は、一九一七年（大正六）、中国・山東半島の膠州湾に面する青島《チンタオ》で生まれた。世代の上では、竹内好（一九一〇年生まれ）と鶴見俊輔（一九二二年生まれ）のほぼ中間にあたる。

日高の父（日高賢吉郎）は、一八七五年（明治八）生まれで、東京外国語学校（現在の東京外国語大学）支那語科の第一期生として学び、卒業後、当初は、北京の日本公使館に通訳として勤めた。義和団事件直前の時期だった。やがて公使館を辞し、天津で貿易商を始める。のち、第一次世界大戦下（一九一四年）に日本軍がドイツの租借地だった青島を占領すると、その町に移った。中国人の民族資本家らとの信頼関係が篤く、三菱の嘱託として、三菱の現地支店が石炭などを買い付けるさいには、両者間を取り持つ。いわば「ほんものの日華親善」を望むアジア主義者、といった心情の持ち主だった。わが子たちには、「支那」という呼称を用いることを堅く禁じていた。

六郎が現地の日本人のための中学に入って間もなく、父は「お前が通う中学校がどういう金で建てられたか、知っているかね」と、尋ねたことがある。知らない、と六郎は答える。すると、「あれは、中国人に阿片を売ったその金でできたんだよ」と父は続けた。（日高六郎「父の思い出」）

さらに、中学の補習授業で中国語を教えてくれるので、それを受けたい、と六郎は父に伝えた。すると、普段は鷹揚な父なのだが、このときだけは「ノー」と言った。

――中国語を勉強してはならない。中国に来たら、日本人は堕落する。この青島を見てごらんなさい。中国人にいばって、悪いことばかりしている。権力、武力のもとで人間は堕落していく、みんなそうだ。中国で生活しないようにしてくれ。おまえは日本に帰って、日本で勉強しなさい――ということだった。（黒川創『日高六郎・95歳のポルトレ――対話をとおして』）

父は、彼自身の国粋主義を抱いていた。だが、一九世紀末以来、中国で暮らしつづけた経験は、現地の日本軍、そして日本人への幻滅を、彼に深めさせるばかりだった。

日高六郎は、私に、こんなふうに言っていた。

「……父の話には、阿片を資金（とくに機密費）にする軍のやりかたにたいする非難の調子があったと思います。父はよく日本の薬屋が中国人にたいして阿片やモルヒネを密売していることを批判していたのです。

阿片やモルヒネ中毒というのはすごいからね。中毒していくと、身辺のものを全部売りはらって、最後には自分の家の床をはいで、それで金をつくって買いに行く。日本の薬屋はもっぱら中国人に売る。もちろん在留日本人にも流れたけれど、その売り上げは、ちゃんとルートがあって、軍の機密費になる。その額は莫大だった。

戦後、竹内好さんは極東軍事法廷で阿片問題が暴露され、また林語堂の『北京好日』を読んでおどろいたということを書かれている。例の『中国人の抗戦意識と日本人の道徳意識』という、たいへんな論文のなかにある。ぼくは、竹内さんのこの論文を読んで、衝撃を受けたけれども、しかしあの中国通の竹内さんが、阿片が日本の軍国主義によってどう使われたかを深く知っておられないことにも一寸おどろいた。ぼくは中学生のとき、父から聞かされたのです。」（「父の思い出」）

竹内好、鶴見俊輔、日高六郎。

この三人による知見の視野は、少しずつ、違ったところにある。

竹内は、日本本土と留学地・北京を往還しながら、戦時下の青年期を過ごす。

鶴見は、戦時色が強まる一〇代の時期に米国留学に発って、そこで英語文学としての林語堂の作品と出会う。

日高は、旧ドイツ租借地の風光を持つ青島で生まれ育って、外から「日本」を見る目を携え、戦時期日本への「留学生活」に入っていく。

これら三者の視野を、すべて自分のものとして生きることはできない。そして、竹内好「中国人の抗戦意識と日本人の道徳意識」は、日本内地にあっての日本人の「道徳意識」が、これら三者のいずれの視野からも隔たった場所に、置かれ続けていることを指摘するものだった。

ここには、一つの「国民」の内側から「道徳意識」はいかにして醸成されうるものなのか、という、難問が付された形になっている。竹内は、こう書く。

「侵略戦争が国民の価値意識を混乱させ、林語堂に告発されたような、道徳的不感症を生みだしたことは事実だが、同時に、国民的道徳意識の低さが侵略を可能にしたともいえるのである。そして、それが今日でもまだ自覚されていない。（中略）人道にたいする罪を、平和にたいする罪に解消させれば、肩は軽くなるが、問題は片づかない。人道にたいする罪をその固有の意味において追求し、鏡にうつされた自分の野蛮さを、目をそむけずに見つめ、その底から自力で起死回生の契機をつかむのでなければ、その苦痛に堪えるのでなければ、私たちの子孫が世界市民に加わることを望むことはできない。」（「中国人の抗戦意識と日本人の道徳意識」）

鶴見俊輔『竹内好』は、原稿が全体の三分の二ほどまで書き進められたところで、筆者の鶴見自身が小脳の梗塞を患う。一九九三年（平成五）八月のことで、それから半年余り、京都南病院への入退院を繰り返した。九四年四月二日に、最終的な退院。『竹内好』の終盤、ここからの残り三分の一にあたる原稿は、口述筆記で作成した。

その間も、鶴見俊輔は、「思想の科学」の編集者としての役回りにはまめだった。たとえば入院先でさえ、看護師だった和田円（一九六六年生まれ）を新しい書き手として見つけてきた。

病室のベッドから、鶴見は「あなた、おもしろいことを言うねえ。なにか書いていますか」と声をかけ、和田が友人三人でホチキス留めの同人誌を作っているのを知ると、さっそく読ませてもらう。彼女が「入院生活は退屈ではありませんか」と尋ねたときには、「ぼくは今まで生きてきて退屈だと思ったことは一度もないんだ」と、愛嬌のある答え方をした――。（和田円「鶴見さんの入院生活」）

こうした時期にも、鶴見は、東京での「思想の科学」の編集会議は、ほとんど欠席しなかった。たぶん、会議の日取りに合わせて、できるかぎり入院のスケジュールなども調整していたのではないか。

「思想の科学」編集部で、たまたま鶴見俊輔と私が二人で居合わせたおり、九五歳で亡くなった井伏鱒二のことが話に上った。

「三浦哲郎が井伏のことを書いてたね」

と、鶴見が言った。門弟の三浦哲郎が「新潮」に寄せた追悼文（「長寿の哀しみ」、「新潮」一九九三年九月号）のことだった。厳密な執筆態度で知られた井伏も、最晩年は辻褄の合う文章を書くのが難しかったことを述べ、深夜、部屋に凝然と立ちつづける彼の姿をその一文は伝えていた。

「――あれは、三浦が、井伏のことを尊敬しすぎてるんだ。私なら、こっそり辻褄の合わないところは直して、編集者に渡しちゃうんだがな」

茶目っ気をまじえて鶴見が言ったことが、胸に消えずに残った。

一九九四年（平成六）七月一五日、鶴見俊輔は、『竹内好』の「あとがき」を書き終えた。だが、心残りが生じたようで、同年八月一五日の日付で、それよりかなり長い「あとがきへの書きたし」を補足している。このとき、鶴見は満七二歳だった。
まもなく、緊急の事態が起こった。

《一九九四年の出来事
九月三日　南病院に入院
九月五日　ファイバー検査、癌発見。
九月七日　南病院退院。
―――
九月一三日　国立京都病院に入院。
九月二九日　大腸癌手術。
胆石摘出。》

そして、『もうろく帖』の次のページには、

《一〇月二五日　退院
今ここにいる。
ほかに何をのぞもうか。》

第七節　世界がよぎるのを眺める

一九九五年（平成七）の年の瀬、一二月二三日。「思想の科学」の特集〈鶴見和子研究〉（一九九六年二月号）の見本刷りができあがり、郵送で練馬区関町の鶴見和子宅に届いた。

鶴見和子は、さっそく目を通し、その夜のうちに京都の弟・俊輔に電話して、感想を述べた。声に高揚した響きがあり、機嫌はよかった。

翌二四日の午後四時ごろ、鶴見和子は、不意に痺れを覚えて、自宅で倒れた。救急病院に運ばれ、診断は脳出血だった。

このとき、鶴見俊輔たちは、「思想の科学」を刊行五〇年にあたる一九九六年五月号で終刊させることをすでに決めていた。ガンの発症と手術が、幕引きの時期をめぐって、彼に具体的な決断を促した。経営面では、まだ、さらに刊行を続ける余地はあった。鶴見としては、自身は編集から完全に退き、後続の世代に雑誌が引き継がれるのを見届けたい気持ちもつのった。だが、過去五〇年間の雑誌「思想の科学」が残した業績に、誰より強い自負があるのも鶴見である。戦後、並走するいくつもの雑誌が衰退をたどって、やがて息絶える様子を見てきた。「思想の科学」が同じ道をたどっていくのは、彼には受け入れがたかった。つまり、良かれ悪しかれ、過去半世紀間、この雑誌は、鶴見俊輔のものだった。編集の中心には、いつも彼が立っていて、短期間の離脱（鬱、海外滞在、ガンのため）を余儀なくされているあいだも、そこに残って編集にあたる誰もが、彼の不在を意識していた。

だから、これから雑誌の内容が低下していくリスクにまかせるよりも、やはり、ここでいったん終止符を打つことにしよう、という判断に彼は傾く。将来、復刊したいという気運が生じれば、そのときには新たな顔ぶれで出直せばよい、との考え方である。

姉・和子が倒れて二日後、一二月二六日夜、思想の科学社で、予定通りに編集会議が開かれた。この席で、鶴見俊輔が、なにかに憤っているかのような緊張した表情に、強い口調で、彼女の病状について報告を述べたのを私は覚えている。さらに続けて、彼は、特集〈鶴見和子研究〉の「著作年譜」に散見される誤植や誤記について、一つずつ口頭で読み上げ、訂正点を述べていった。これまでになかった挙措なので、この人が受けている衝撃の深さのようなものが思われた。

これより少し前のことだったかと思う。何かのはずみに、埴谷雄高のことが、私とのあいだで話題に上った。そのとき、とっさに鶴見が、わざといくらか偽悪的な口調で、

「あの人は、女三代にかしずかれてきたんだからな」

と言い、はははっ、と笑ったのを覚えている。

埴谷雄高という人物は、母・姉・妻という身近な三人の女性たちによって、生涯にわたり、とても大事に扱われてきた男だ、との意味である。これを聞き、むしろ私は、鶴見が自分自身のことを言っているのだな、と感じた。

姉の和子は、弟・俊輔が幼いころ、母・愛子からの際限ない叱責に割って入って、彼を助けてくれた。長じてからは、知識人としての弟・俊輔に、強い敬意を払いつづけた。それもあって、彼の社会生活上の自由を優先させて、自分自身の再度の留学希望などは後回しで、病身の父親の世話にあたっていた。戦後、ようやく彼女がプリンストン大学社会学部大学院への留学を果たすのは、一九六二年、満四四歳のとき。同大学で博士論文を書き上げて帰国、成蹊大学文学部に初めて助教授

の職を得るのは、一九六六年、満四八歳となる年のことだった。にもかかわらず、弟・俊輔のほうは、彼女を「優等生」とからかって、学者としての彼女に向ける評価にはかなり冷やかなところがあった（晩年、彼はこうした評価を大きく改める）。ここには、子ども時代からの姉への「甘え」が続いているのを、彼も自覚してはいた。自分のそうした至らなさが、悔いと混じって一挙に思い返され、姉が倒れた直後、彼は、あれほど不機嫌な顔でいたのではないか。

前月には、弟・鶴見直輔（一九三三年生まれ）も、持病の悪化で片足を切断するという大手術を受けていた。

だが、当時の鶴見俊輔は、東京の病院で弟を見舞った足で編集会議に出てきても、そうしたことは話さなかった。帰りの夜道などをたまたま並んで歩いているとき、――弟が悪くてね、片足を切らなくちゃならない――と、ふと漏らすのを聞いた、という程度である。私にすれば、それによって初めて、この人に弟がいることも知ったのではないか。

鶴見俊輔は、高齢になってから、講演や対談などで、自分が育った家庭のことをよく話すようになった。だから、いまでは、そういう印象のほうが強いかもしれないが、少なくとも六〇代くらいまでの鶴見はそうではなかったように、私は覚えている。

祖父・後藤新平、父・鶴見祐輔と、権勢と名声を併せ持つ家族のもとに育ち、しかも彼自身はそこからの自立を願いつづけたのだから、これにまつわる話を進んで人前でしたいわけがない。つまり、こうした祖父、父への記憶が世間で薄れて、ようやく、あまり遠慮することなく、彼らについての話題を口にしやすくもなったのではないか。

だが、弟・直輔についての言及の少なさは、それとはかなり違った事情からのことだったように思われる。兄である俊輔と、ひと回り近く年齢が離れ、しかも、幼時には体が弱く、きょうだいや父親からは離れがちに保養地などで滞在しながら、「看護婦さんに育てられたように」（次姉・章子《あやこ》による）成長した末っ子だった。戦況の悪化が続くと、学童集団疎開の命令が出て、軽井沢での国民学校生活、そして母親からも引き離されて、新潟県下の国民学校での寮生活へと送られなければならなかった。こうした成長期に、兄・俊輔のほうでは米国留学、軍属としての戦地派遣、そして、戦後の京大赴任などが重なった。

「カネにこだわるんだ」

かなりトゲを含んだ口調で、弟・直輔について、鶴見俊輔が評したことがあった。当の弟からすれば、自身が育った家庭内での立場が、そうした用心深さを余儀なく身につけさせた、というのは、ありうることのように思える。また、そうした弟からの視線を扱いかねて、兄の立場からは、苛立ちを覚えることがあるだろうということも。

ただし、それだけ、というわけではない。

この弟・鶴見直輔は、米国コロンビア・ビジネススクール留学（経営学修士取得）を経て、三菱商事に勤めた人で、『サラリーマン　働きがいの研究——「これから」をどう生き抜くか』（一九八二年、ＰＨＰ研究所）という著書がある。この本を読むと、そこに取りあげられている話題が小田実、佐々木邦、吉田満、マンガの鳥山明「Dr.スランプ」まで、兄・俊輔の好みとことごとに重なることに、驚かされる。「折衷主義のすすめ」という章もある（兄・俊輔には、『折衷主義の立場』という著書がある）。あるいは彼には、この兄と、もっと話したいことがあったのではないか。当の俊輔は、それを受けとめかねたまま、硬い態度で返してしまうところがあり、その痛みが、当人のなかにも残っていたのではないかと思える。

鶴見直輔は、一九九六年（平成八）二月一五日、満六二歳で没する。――翌日に通夜、翌々日に葬儀――と、兄・俊輔の『もうろく帖』に記されて残っている。

それから一〇年余りを経て、最晩年の鶴見俊輔は、なお、このように話している。

「親父もおふくろも欲張りな人間というものは好きじゃないんだよ。だから、弟が割合に自分の利害に対して敏感だということについて、小学校のときから担任の先生に返す手紙の中に『利害に対して敏感』、と書き入れているんだよね。つまり、弟についてそれが心配だったんだ。

そのことは家のまなざしであって、親父とおふくろが弟に対して見せるまなざしなんだね。それ自身に、行きすぎがあって、弟は次男なんだけど、逆に悪い影響を与えたんじゃないか、という気がするんだよ。」（鶴見俊輔『かくれ佛教』）

だが、ここで、このようにも彼は気づく――。

「弟の没後、その子供たちの話をきいて、弟が、自分のつくった家族に対して心くばりのある父であり、その家族をとおして、新しい人間として自分をつくりかえた。そのことが分かってきた。」（同前）

一九九六年春、雑誌「思想の科学」が同年五月号（四月一日発行）をもって終刊。

創刊メンバー七人のうちの一人、丸山眞男は、鶴見からの挨拶の手紙に、このような返信のハガキを記した。

《かねてわざわざお手紙をいただきました『思想の科学』休刊の件、とりあえず一筆申し上げます。陳腐なコトバですが「感慨無量」というほかありません。しかし商売にならないという理由でなく、戦後半世紀ということで休刊を決断されたことは、流石に俊輔さんだ、という思いもいたします。色々悪口も申しましたが、『思想の科学』の雑誌と研究会活動が全国的に残した遺産はけっして無駄にならないでしょう。小生の方は、最近一ヶ月の入院（これが肝臓ガンになって五度目です）から帰宅しましたが、明後日にはまた局注のための通院で、仕事の予定がまったく立たず閉口しております。お元気で。　草々》（一九九六年四月八日、消印）

この丸山眞男は、同年八月一五日に没する。満八二歳。

さらに埴谷雄高も、翌年一九九七年（平成九）二月一九日、満八七歳で没する。

ひとつ話題を付け足すとすれば、この時期、一九九五年夏から「女性のためのアジア平和国民基金」（略称・アジア女性基金）が発足し、鶴見俊輔も、その「呼びかけ人」に加わった。アジア女性基金とは、先の戦争中、日本軍の従軍慰安婦とされたアジア諸国の女性たちに、民間から募った「償い金」とともに、内閣総理大臣の名で「お詫びの手紙」を手渡し、あわせて政府予算による医療・福祉支援事業も行なおうというものだった。

この事業が、日本政府による正式な謝罪を求める人びとから批判を浴びたのは、「償い金」が日本政府の予算ではなく、民間の募金でまかなわれ、「国民、政府」の「協力」という曖昧な性格を帯びている点だった。これでは、従軍慰安婦とされた人びとに対し、日本政府が責任を認めた上で謝罪することにならないではないか、ということである。

鶴見俊輔が、この事業の「呼びかけ人」に加わることにも、反対論があった。私の自宅にまで「鶴見さんを制止するように」と求める電話がかかってきた。むろん、私としては、「鶴見さんに意見があるなら、当人に宛てて手紙でも書いてみてはどうか」と、勧めてみるほかないのだったが。

それでも、鶴見に、どうして「呼びかけ人」を引き受けたのですか、と尋ねてみたことはある。

彼は、ふだんより少し重そうな口を開いて、二つの点を挙げた。一つには、

「状況から見て、元従軍慰安婦の人たちが生きているあいだに、日本政府の国家賠償が実現できるとは思えない。だとすれば、こんな形であれ『償い金』を実現させて、その上で、国家賠償は撤回せずに求めつづけていくのがいいんじゃないか。自分たちは（当事者からの抗議に）殴られつづけるほかないと思っている」

そして、もう一つには、

「私のような考えの者も、こういう（政府寄りの）事業の内側に入っておくことで、将来、だんだんに事業の方向が変わっていくこともありうると思う」

ということだった。

むろん、ここには、アジア女性基金の発起人として身を挺してきた和田春樹らが、べ平連以来、長く信義を置く仲間であるという気持ちもあっただろう。「だから一緒に泥をかぶる」ということである。（『戦争が遺したもの』）

また、一方、この時期、鶴見は、戦場という死地に出ていく少年兵士が、年長の慰安婦に抱かれて慰めてもらう、その時間をもたらしたものは「愛だと思う」と述べて、これもまた、さらに、いくばくかの物議をかもした。

それは、自伝的な語り下ろしのロングインタビュー集『期待と回想』でのことだった。計一〇回に及んで行なわれたインタビューの最終回、その終わり近くで、鶴見は自分から、

「きょうは最後に『慰安婦の問題』を置きたいと思って、ここに来たんです。いままで私はこの問

題について発言をしたことがないので、どこかで発言しないといけないと思っていました。」と切りだして、アジア女性基金についての考えを述べ、そこに加えて、続ける。

《慰安所は、日本国家による日本をふくめてアジアの女性に対する凌辱の場でした。そのことを認めて謝罪するとともに言いたいことがある。

私は不良少年だったから、戦中に軍の慰安所に行って女性と寝ることは一切しなかった。子どものころから男女関係をもっていた、そういう人間はプライドにかけて制度上の慰安所にはいかない。だけど、十八歳ぐらいのものすごいまじめな少年が、戦地から日本に帰れないことがわかり、現地で四十歳の慰安婦を抱いて、わずか一時間でも慰めてもらう、そのことにすごく感謝している。そういうことは実際にあったんです。この一時間のもっている意味は大きい。

私はそれを愛だと思う。私が不良少年出身だから、そう考えるということもあるでしょう。でも私はここを一歩もゆずりたくない。このことを話しておきたかった。》（一九九六年一〇月二日。ここでの聞き手は、塩沢由典・中川六平）

習熟した言葉の使い手として、こういうことを言えば反発が起こるであろうということは、鶴見にもわかっていたはずである。逆から言えば、もう少し的確な言葉づかいはありえなかっただろうか、ということでもある。たとえば、従軍慰安婦という立場に置かれた女性から、戦場で死んでいく少年兵士に贈られたのは、ある種の「慈悲」なのだと言うことはできよう。あるいは、愛は愛にしても、エロスからは聖別された「アガペー」（自己犠牲）という言葉を充てることもできるのではないか。もし、そうした配慮が用心深くなしえたならば、あれほどの反発は避けられたのではないかとも思える。にもかかわらず、鶴見はそうしなかった。それは、あえて「愛」という無防備な（つまり、ここにはエロスの意味までが含まれる）言葉を用いたことにこそ、彼の意志があったと受け取るほかないということである。

一〇代なかばで、客と働き手という関係のまま、カフェや遊廓で働く年長の女性たちの世話になり、彼女らから施された愛によって、かろうじて自分は救われ、いまも生きている。ここにまじる悔恨とともに、彼女たちには感謝し、このことを忘れない。

自分と同世代の死地に赴いた少年兵士たち、彼らに代わって、世話になった慰安婦の女性たちに、いま、お礼を述べておく――。

これは、まちがった振るまいであるのかもしれない。だが、それを承知で、このとき鶴見が言い残しておきたかったものは、そういった気持ちだったのではないかと、私は感じている。

大腸ガンの手術後、もう長い原稿は書けないと、鶴見俊輔は言っていた。だが、このあと彼は『『死霊』再読』という埴谷雄高をめぐる長文の評論を書きはじめ、「群像」一九九八年三月号に発表する。さらに「晩年の埴谷雄高――観念の培養地」（「群像」二〇〇二年二月号）、「埴谷雄高――状況の内と外」（「群像」二〇〇二年八月号）、「世界文学の中の『死霊』」（講談社文芸文庫『死霊　Ⅱ』解説、二〇〇三年）と書きついで、これらをおよそ半世紀前の『共同研究　転向』に収めた「虚無主義の形成――埴谷雄高」などと合わせて、二〇〇五年（平成一七）に論集『埴谷雄高』にまとめる。

この本の中核に置かれているのは、埴谷の創作の基調をなす「自同律の不快」――つまり、「俺は俺である」という事実への不快、落ちつかなさは、彼が植民地・台湾で生まれ育った経験にもとづく、ということである。

やさしい自分の母親。同じその人が、現地の台湾人に対しては、違った人間になっている。幼児にとって、安心して包まれていられるはずの世界の容貌が、そこで突然、ひずむ。この不意の変形への恐怖と不信が、彼の心理の底に焼きついて、離れなくなる。

「人力車に乗って、『左へ行け』と言って、〔日本人の〕大人たちは〔台湾人の〕車夫の頭をボーンとける。ぼくは子供ながらそれを見て日本人が嫌になってしまった。」(座談会、埴谷雄高・鶴見俊輔・河合隼雄「未完の大作『死霊』は宇宙人へのメッセージ」で、埴谷の発言。『埴谷雄高』より)

鶴見俊輔自身も、これとよく似た「自同律の不快」を抱えて、成長したのではないのだろうか？たまたま生まれ落ちた特権的な境遇への「自同律の不快」。六歳になろうとする年(一九二八年)、張作霖爆殺の報に接して、後藤新平の書生たちが「日本人がやったのだ」と噂しあっているのを聞き、「日本人」が嫌いになる。また、母から受ける過度の誠意も、彼に「自同律の不快」の苦しみをもたらした。

埴谷雄高と鶴見俊輔のあいだには、日ごろ、個人的な交際がなかった。だから、そのぶん、埴谷については論じやすいところがあったはずである。ただし、埴谷は、行動者であるより、むしろ息の長い思索者で、おのずと『埴谷雄高』も、伝記というより評論風の書法が色濃くなった。

以前、竹内好の病室で何度か一緒になったときのことを通して、鶴見は埴谷について「この人は二重人格だ」との思いを深めた。

病室に現われた埴谷は、病臥している竹内に、楽観的なことばかりを調子よく話していた。ところが、病室を一歩出て、鶴見と連れ立って歩きはじめると、竹内の葬式の手順についての事務的な打ち合わせに一変する。「真っ二つにわかれたその対話」に。

《私が二重人格だから、そう感じたのだろう。戦中、私は海軍にいて、自分の皮膚の内部には国民全体の弾劾する鬼畜米英をかくまって生きつづけてゆく道を自分の第一の志としていた。それができなくなったときには、自殺するだけだ。

二十歳のときの感情は、敗戦と占領で日本の状況が一変した後も、私の中に生きつづけている。私の中には、日本人、特に日本の知識人に対する不信が生きつづけている。埴谷雄高にひきつけられたのは、そのせいだ。》（鶴見俊輔「状況の内と外」、『埴谷雄高』より）

同じ「状況の内と外」で、鶴見は、埴谷雄高と大岡昇平の対談『二つの同時代史』から、この戦争が生んだ「世界小説」の素地を引く。

《**埴谷**　〔ドストエフスキーの〕『死の家の記録』にはロシア人のさまざまなタイプが描かれている。ところが〔大岡の〕『俘虜記』は、たとえば亭主の前で女房を強姦するのが気持がいいという男から、あるいは仲良くなった農民出身の兵士まで、日本人のいろいろなタイプを描いたばかりでなく、この点で二十世紀に生きる大岡はドストエフスキーより進んでいるんだけれど、敵をも、アメリカ人をも書いたわけだ。しかも多様なアメリカ人を描いたんだよ。よく本をくれる軍医がいたり、わざわざ夜中にきて握手してくれる二十歳のアメリカ人が出てきたり、それからドイツ系アメリカ人も出てくるし、スペイン系アメリカ人も出てくる。要するにドストエフスキーの『死の家の記録』より二十世紀はもっと広がっているんだよ。大岡は日本人を発見したと同時に、世界の他の国をも発見したわけだ。

大岡　最初の洋行だからな（笑）。》

埴谷の『死霊』は、一九四六年（昭和二一）一月、「近代文学」創刊号誌上で連載が始まり、九五年一一月、第九章「《虚体》論—大宇宙の夢」発表をもって未完のまま擱筆する。鶴見たちの「思想の科学」も同じ一九四六年の五月に創刊、こちらは九六年四月（五月号）までである。同じ半世紀間の同時代史が、ここにあった。

長命を保つことは、次つぎに旧知の人びとの死を見送る経験をも意味した。鶴見の場合、年齢を重ねるにつれ、これら亡き知人たちへの「追悼文」をジャーナリズムから求められることも、加速するように増していった。若いうちは、たとえ著名な書き手でも、こうした文章を求められることは少ない。「追悼文」を書くほど誰かのことを長く知るとは、自分もそれだけ死に迫っていくことである。（のちに私は、鶴見俊輔『悼詞』〔二〇〇八年〕を編集したが、そこには、彼が記した亡き人一二五人への追悼文を収めた。その後、彼による「追悼文」は、さらに増えた。）

ともにガン経験者であるノンフィクション作家・柳原和子（一九五〇年生まれ、『がん患者学』著者）と鶴見俊輔が、京都・法然院の秋の庭を眺めながら対談するテレビ番組を見たことがある。（NHK教育、二〇〇一年一月八日放送、ETV2001「いのちの対話（1）——病から生まれるもの」）

鶴見は、庭に舞い落ちていく木の葉を指さし、語っていた。

——いまの自分は、あの葉の一枚のなかにいて、世界が目の前をよぎる一瞬を眺めている。そのように感じる。——

第八節　最後の伝記

戦後まもなくから、鶴見俊輔は、ぽつりぽつりと詩を書き、小さなメディアに発表してきた。私にとっては、おもしろいものが多く、鶴見の思想表現としても重要に思われた。だが、これらを一冊にまとめたものはない。だから、八〇歳を鶴見が迎えるにあたって、彼の詩集を作っておきたいと考えた。ただ、どのように作るのかが問題だった。

本というものが、いっそう売れない時代になっていた。こんなとき、詩人でもない「哲学者」の詩集を進んで出したがる出版社があるかは疑わしい。いや、それより、鶴見俊輔本人が、詩集を出しましょう、という勧めに、どんな反応を示すかも心配だ。

妹の北沢街子、連れ合いの瀧口夕美らと一計を案じて、

——少部数のきれいな詩集を手製本で出しましょう。自分たちで製本して出版します。——

と提案してみることにした。

表紙は、落ちついた風合いの布地を選んで、裏打ちを施し、クロス装にして、箔押し。簡便な作りのケースに、それを収める。篆刻で「狸男」(鶴見の異称)のハンコも作って、検印を捺したい。検印紙には和紙を使おう。本文用紙は、手触りのよい紙を糸かがりして、開きのいい詩集にしたいと考えた。てのひらに乗るくらいのサイズで作りたい。

手づくりの刊行物なら、当の鶴見俊輔としても、わりあい気楽に了解してくれるのではなかろうか。

二〇〇二年（平成一四）八月一五日の夕刻だった。その日、私は、妹とともに京都・岩倉の鶴見俊輔宅を訪ねる所用があった。毎年、彼は、この敗戦の日、昼食を抜く、という、ささやかな断食をして過ごす。朝は、すいとんを食べるのだったか。とにかく、この人は、そのとき、かなり空腹な状態で、われわれを待っていた。

用件を済ませるあいだ、彼は「腹がへったな」と、しきりに言った。だから、用事が終わると、夏の遅い夕暮れを待ちかねたように、とにかく三人で外に出て、町の小さな洋食屋で食事した。老哲学者は、もりもり食べて、それにつれて、ふだんのおしゃべりが戻ってきた。

私は、まだ、詩集の件を切りだしかねていた。そうするうちに、何か察するところがあったのだろうか？

「わたし自身の葬式で配れるように、一度だけ、詩集を作りたいと思ってるんだ」

まったく偶然、鶴見のほうから、詩集作りについて口にしてくれたのだった。渡りに舟とばかりに、こちらからも、造本のアイデアなどについて説明した。鶴見は請け合った。

「――題だけ決めてるんだ。『もうろくの春』。訳詩も入れたい」

少年時代に、ツルゲーネフの晩年の自選小文集が、生田春月の訳により、新潮社から刊行されていた――ということを、このとき、鶴見は話した。ツルゲーネフ自身は、その文集の原稿の表紙に、ラテン語で“Senilia”（もうろく）と走り書きで記している。ところが、彼の編集担当者は、これを行きすぎた謙遜と考えたようで、あえて『散文詩』というタイトルに改めて発表した。そして、この小文集は、そのタイトルで世界中に知られて定着した。生田春月が、訳者として、こうした経緯を新潮社版『散文詩』の末尾に付記している。――だが、鶴見には、その原タイトルのほうが、当時から、ずっと心にかかっていたのだという。

そういう次第で、運良く世に送りだすことができたのが、鶴見俊輔詩集『もうろくの春』である。版元の名に「編集グループ〈ＳＵＲＥ〉」を使うことにした。これは、われわれの父・北沢恒彦が「ＳＵＲＥ」というミニコミ誌を自分ひとりで編集・発行するために名乗っていたグループ名（？）である。Scanning Urban Rhyme Editors（街の律動をとらえる編集者たち）の略称だそうで〝シュアー〟と読ませた。

鶴見俊輔と北沢恒彦らで、一九六二年から京都で活動を始めたサークル「家の会」は、その後、おおむね十数人から二〇人ほどの規模で、毎月の例会と年一度の合宿というペースで四〇年近く続いた。だが、このあたりで区切りとしようと、一九九九年春で、活動を終えた。北沢恒彦も、その秋に六五歳で死んでいる。

収録した鶴見の詩から、比較的古いものを一篇、引いておこう。

らっきょうの歌

猿が　らっきょうを
むいている
皮・皮
皮の山

うずたかい山に　うもれて
一心に　むきつづける

彼に　むくいられる時は来るか
皮・皮　嘘の皮
嘘の皮が　真実でないと
誰が　言えよう

むきすてられた皮が
私をおしつつむ時が　来ないと
誰が　言えよう

（初出「人形通信」第一五号、一九六九年一二月）

幸い『もうろくの春』は、その後、少部数ずつ幾度か版を重ね（そのさいは、もう手製本は無理で、機械の力を借りた）、現在は未収録作品と合わせて『鶴見俊輔全詩集』にまとめている。

当初は詩集『もうろくの春』を作るためだけのつもりだったのだが、こうした思わぬ成り行きが重なって、「編集グループ〈SURE〉」は、直接販売のみの極小出版ながら、今日まで続いている。もっとも、このグループとして、われわれがやりたかったのは、出版というより、むしろ寺子屋みたいな活動である。京大近くの左京区吉田泉殿町に無人の老朽長屋となって残っていた実家の建物を事務所に使って、適宜、勉強会というのか、気になる人の話を聞く会などを開ければ、と考えた。基礎となる人的なつながりさえできれば、あとは、場所はどこであれ「見えない学校《インビジブル・カレッジ》」として、集まりは持てるだろう。

とりあえず、京都在住の作家・山田稔（一九三〇年生まれ）にお越しを願って、何人かで囲んで話を聞こう、ということにした。鶴見俊輔は、もう高齢だし、仕事も減らしているはずで、出てくるつもりはないだろう。だが、山田稔作品の愛読者なので、いちおう知らせてはおこうと通知だけはしておいた。すると、思いがけなく「出席する」と、返事があった。当日（二〇〇三年一二月二八日）は、午後に始まり、夕食をはさんで、夜遅くまで、ずっと鶴見は座談の中心にいた。

そして、会が終わると、

「おもしろかったな。次は、誰を呼ぼう？」

と言った。

ゲストの企画は、さらに次つぎ鶴見から生まれて、「セミナーシリーズ　鶴見俊輔と囲んで」全五巻、次いで「シリーズ鶴見俊輔と考える」全五巻を、「編集グループ〈ＳＵＲＥ〉」から刊行する。こうして、京都の「編集グループ〈ＳＵＲＥ〉」は、東京の「思想の科学社」に替わり、〝鶴見俊輔の地元出版社〟といった観を呈するようになってしまった。

「九条の会」の呼びかけ人に鶴見俊輔が加わって、加藤周一（一九一九年生まれ）、奥平康弘（一九二九年生まれ）、小田実（一九三二年生まれ）、大江健三郎（一九三五年生まれ）らと、東京で発足の記者会見を行なったのが、二〇〇四年（平成一六）六月一〇日である。イラク戦争に伴い、自衛隊のイラク派遣が小泉純一郎内閣のもとで始まって、憲法九条の実質が揺らいでいた。

鶴見自身は、国民投票で「自分たちで守れるような憲法」を決めなおすのも一案だろうと、早くから述べていた。カンボジアＰＫＯ（一九九二年）のときから京都で活動を始めた「自衛官人権ホットライン」の席でも、「ＰＫＯに反対する人ばかりなら私は賛成します」と話したという（高橋幸子「なぜ、『タヌキが好き』か」)。対立する議論においても、何割かの理は、相手の側に含まれる。それを認めた上で、ときどきの状況のもとで、決断を下していく、という態度である。

「論憲、加憲とかの自由はもちろんあるべきだと思います。細かいことを言えば、私もそういう意見を持っています。(中略)しかしだから全体を改定すればいいじゃないかという立場には立ちません。争点は9条を護るか護らないかというところに焦点をおきますと、私は9条を護ったほうがいいという考え方に立っています。」(二〇〇四年六月一〇日、記者会見での鶴見俊輔の発言。九条の会オフィシャルサイト)

二〇〇六年(平成一八)七月三一日、姉・鶴見和子が、およそ八年八カ月を過ごしてきた京都府宇治市の老人施設、京都ゆうゆうの里で死去。満八八歳だった。

六月終りのCTスキャン検査で、大腸ガンがリンパ節に及び、すでに手術不可能であることが判明していたが、俊輔と妹・章子で相談し、本人に告知はしなかった。本人に対しては、主治医から心不全が進んでいて心臓が弱っている、と説明がなされた。(内山章子『鶴見和子病床日誌』)

葬儀は八月二日、個人の遺言に従って、京都ゆうゆうの里の集会所で、無宗教の献花のみ、という簡素なかたちで行なわれた。施設のしきたりに従って、親族、入居者、職員だけで、そのうち、施設の関係者たちはふだんの服装での会葬だった。

墓には入らず、遺骨は海に撒いてほしいと、和子本人が早くから意向を示していた。「葬送の自由をすすめる会」に相談の上、散骨は一〇月二三日午後、と決められた。

その日、小雨のなか、小船は和歌山港を出て、うねりが高い海を南西の方角、紀伊水道に向かった。鶴見和子が研究した南方熊楠ゆかりの田辺湾、神島《かしま》沖に続く海である。同行するのは、鶴見俊輔・貞子夫妻と息子・太郎、妹の内山章子、その長女・友子、「葬送の自由をすすめる会」からの世話役二人と船長だった。

「このあたりで」と声がかかり、水溶性の袋に入れた骨を海に投じ、その上に花びらを撒いた。船は大きく円を描いて一周し、花びらはずっと円の中心の海面で、ゆるやかに揺れていた。（横山貞子「アニミズムのほうへ」）


雑誌「思想の科学」終刊後も、思想の科学研究会と、出版社たる思想の科学社は、なお存続している。ただし、思想の科学社社長をつとめた上野博正は、二〇〇二年元旦、膵臓ガンのため満六七歳で死去して、伴侶の余川典子がその役職を受け継ぐ。思想の科学研究会の事務局などをつとめてきた人である。


鶴見俊輔は、雑誌「思想の科学」を終刊させるにあたり、

——私としては、これから三つの出版物を企画して進めたい。——

ということを言いだした。どれも簡単には片づきそうにない、大がかりな共同作業を想定するものだった。

・雑誌「思想の科学」五〇年間の総索引。
・「思想の科学」五〇年の歴史をめぐっての関係者による討議集。
・「思想の科学」五〇年間の主要論文のサマリー集。

以上の三点で、いずれも大冊となることが見込まれた。

鶴見は「三年でやれると思う」と言ったが、到底、それでは無理なように思われた。結果的に、これらは以下の三冊として、いずれも思想の科学社から刊行できた。それぞれの発行年も添えてお

く。

・『思想の科学総索引　1946–1996』（思想の科学研究会　索引の会）、一九九九年刊
・『源流から未来へ——「思想の科学」五十年』（鶴見俊輔編）、二〇〇五年刊
・『「思想の科学」ダイジェスト　1946〜1996』（「思想の科学」五十年史の会）、二〇〇九年刊

つまり、「思想の科学」終刊から、結局、さらに一三年間を要したのだった。

こうした作業は、いざ着手すると、当初想定していたよりも、作業量が膨らんでいく。たとえば、刊行が最後になった『「思想の科学」ダイジェスト』では、当初、歴代の主要論文として一千タイトルほどを選んで要約することを見込んでいた。だが、実際の選定作業にかかると、いずれも落とし難く思えてきて、最終的には倍の二千タイトルほどを収録している。鶴見俊輔自身も、そのうち百に近い数の要約原稿を担当したのではなかったろうか。

鶴見は、号令だけをかけて、あとは〝若い者に任せる〟といったやりかたを取る人ではなかった。言いだして、みずから率先して、実行していく。だから、しかたなく（？）、ほかの者も、その後ろからついていく。ずっと、それだったから、五〇年間も、こんな雑誌が続いてきたのだろう。

さすがに最後の『「思想の科学」ダイジェスト』では、鶴見は自身が担当するタイトルのうち何割かは早々に書き上げていたのだが、なお、何十本かが、なかなか着手できずに積み残された状態が続いた。体力が落ちているだけでなく、さらにほかにも、やろうとしていることは多かったからだ。「もう、あきらめませんか」ということを私からは何度か言った。あるいは、「ほかの者たちで手分けして片づけるようにしましょうか」とも。

だが、鶴見は、なかなか、あきらめない。それぞれに、みずから編集者として手がけた思い出を持つ論文でもあったからだろう。そこで、最後まで未着手のまま残されていた諸タイトルについて

は、口述筆記の方法を採ることにした。自宅の座敷に資料を積み上げ、二日間ほど、数時間ずつ、鶴見はぶっ通しで口述を続けた。それぞれの論文の内容は、古いものでも、まだ鶴見の記憶のなかに折り畳まれて残っている。だから、こちらから論文タイトルを読み上げるたび、鶴見は数秒間、唇を嚙み締め、記憶の底から、その内容が湧き上がってくるのを待ちかまえるような態勢を示す。やがて、ぱっと口を開いて、「要約」を語りはじめる。

二〇〇八年に入ったころではなかったか。当時、東京の大田区にあった私の住まいに、横山貞子から電話があった。

——俊輔が「竹内好シンポジウム」を京都で開きたいと言っている。彼は「京都の者たちでやろう」という言い方だけれど、昔からの仲間はすでに高齢化しているので、もう、そういう準備にあたれる余力はないと思う。自分たち夫婦（鶴見・横山）と編集グループＳＵＲＥの仲間たちとで、そういう催しを開くことはできるだろうか？——

と、およそそのような用件だった。

ふだん、横山貞子は、八〇代半ばに至った鶴見俊輔の健康状態を慮って、近年では、もっぱらブレーキ役に徹している感があった（それに対して、私は、鶴見が何か企みを思いつくたび〝共犯者〟の側にまわりがちなので、心苦しいことが多かった）。だから、こんな用件で横山から連絡があるまでには、よほど家庭内で議論が重ねられたのだろうし、もはや横山でさえ止められないほど、鶴見の気持ちに切迫したものがあるのだろうとも推し量れた。編集グループＳＵＲＥの仲間（北沢街子、瀧口夕美、そして私）としても、やれることはやってみようという話になり、とにかく鶴見夫妻と相談を重ねながらシンポジウムの準備を進めていくことにした。

鶴見俊輔としては、自著『竹内好』の出来ばえに満足できておらず、あれを改稿したいのだ、という意向を何度か聞いていた。だが、実際に着手するのは容易ならぬことではないかとも思われた。「敬意を抱きすぎた相手の伝記を書くのは、難しいんだ」――『竹内好』に満足できずにいる理由を、鶴見俊輔は、こんなふうにこぼすこともあった。

鶴見が竹内と初めて会うのは、一九四八年（昭和二三）七月一五日、銀座の菊正ビル。竹内、武田泰淳ら、中国文学仲間が会合を持っているところに、鶴見のほうから出向いていった（竹内好「日記」）。翌四九年七月、思想の科学研究会発足にあたり、竹内は最初から入会している。

だが、竹内が「思想の科学」で表立って精力的な役割を担うようになるのは、一九五四年春、講談社版（第三次）「思想の科学」で、みずから編集会議の座長をつとめ、雑誌編集を牽引するようになったときからである。〝大衆化路線〟とも言われた、この講談社版「思想の科学」は、竹内が「国民文学論」を提唱していた時期とも、いくぶんか並行する。講談社版「思想の科学」の刊行は、一九五四年五月号から、わずか一年間、計一二冊に過ぎないのだが、すでに述べたように、この期間中には、鶴見俊輔に事実無根のカネと女性関係にまつわるスキャンダルの疑いがかけられ、講談社が刊行の打ち切りを決める、という経緯があった。それに対し、思想の科学研究会では、竹内好を筆頭とする年長会員たちが徹底して実証的な事実究明のプロセスを踏んで、スキャンダルとされた事実は存在しないと証明することによって鶴見俊輔の名誉も守り、一連の騒ぎに終止符を打ったのだった。

だから、もし、鶴見俊輔『竹内好』が、戦後の竹内の活動についても論じようとすれば、たとえばこうした状況を述べるにあたって、そこでの経緯には筆者である鶴見自身も絡んでおり、オーソドックスな「伝記」の書法から離れることを余儀なくされる。それを避ける上でも、鶴見の『竹内好』は、もっぱら、敗戦に至るまでの竹内の〝前史〟部分を語ることに注力することになったのだろう。だが、やはり、それでは、竹内好を十分に描けていないというジレンマが、鶴見に残った。

いや、それだけではない。

『竹内好』の改稿の難しさは、ほかにもある。たとえば、それは、鶴見が、竹内の思索をそれだけ根源的《ラディカル》にとらえてきているからである。

鶴見の見方からすれば、日米開戦にあたって竹内好が「大東亜戦争を支持する」と言うとき、そこには、字義通りに東亜解放の理念を突き進めて、植民地朝鮮を解放し、そして、日中戦争を停止する、という日本国家の責務も含まれる。つまるところ、それは、この戦争に日本が敗れて潰える、そのことを支持する、ということでもあった。

また、竹内は、「アジア」の伝統を重視することを強調したが、それは、西欧的な近代化を否定するものではなかった。その意味で、彼は、加藤周一のような徹底した西欧的モダニストを、自身の対極に立つ論敵ととらえるのとともに、しかも全面的に方法を同じくする者である、ということも認める。つまり、西欧的な近代化を突き詰めることを通して、そこに「アジア」という問題がさらに鮮明に浮上してくるものと、竹内は考える。

――そのような、まだ十分明らかにされずにいる竹内好像を、おそらく鶴見は、より大きな時代の文脈のなかに置きながら語ることをめざしてきたはずである。

たとえ未完の道程で尽きるとしても、こうした方位感覚を携えながらの模索は、これとして尊い。だが、戦後の竹内好もさらに持続して扱うには、それにふさわしい新たな次元にわたる「方法」も、必要とされることになるのではないか。

一人の思想家としてとらえるならば、鶴見俊輔の生き方自体が、こうした「方法」の貪欲な模索の連続だった。老年の彼にも、それはなお、免除されるべきことではあるまい。『もうろく帖』の案出と実践は、そのことを指す。

あべこべに、竹内好の側からの、鶴見にまつわる回想も、ひとつ引いておこう。

《六〇年安保のとき私は都立大をやめた。その十日後に鶴見俊輔さんが東京工大をやめた。しめし合わせたわけではないが、結果は同一歩調になった。

鶴見さん——と書くとやはり、よそいきの感じになる。俊輔さん、としよう——は、相撲の千秋楽のテレビを見て帰ってから夕刊で私の辞職を知ったそうである〔注・当時は日曜日にも夕刊が発行されていた〕。私は「安保批判の会」の会合の席で、通信社の人から俊輔さんの辞職を耳打ちされた。ジーンと眼の奥が痛くなった。

（中略）

かれの辞職は私を孤立感から救い出してくれた。私は翌日、俊輔さんに電報を打った。ワガミチヲユキトモニアユミマタワカレテアユマン。

（中略）

それにしても、なぜ俊輔さんは、あのとき必然性の乏しい辞職行動に出たのだろう。むろん、必然性の乏しいというのは私の見解であって、かれには学問の自立という大義名分があるわけだが、それだけでは私には納得できない。動機のほんの一部にせよ私への義理立てが感じられてならない。私小説の伝統にとらわれているせいかもしれないが。

そんなものはまったくない、と俊輔さんは頭から否定するだろう。しかし私は、その否定を予想して、なおかつ、後代の研究者のためにあるヒントを提供したい。

第三期の講談社時代に、思想の科学研究会は内紛をおこして分裂の危機に見舞われた。当時、私が会長だった。私は自分が何もしないことで、この危機をどうやら回避した。何もしないとは、言いかえると公と私を分けるということである。私は血気にはやる若いアクティヴ諸君をなだめなだめ、ほんの少しの犠牲で会の分裂をおさえた。

私にくらべると俊輔さんは、公私混同を気にしない、またはその誤解をおそれぬ独裁者あるいは家父長の気質を多分にそなえている。その短所でもあり長所でもあるものが最大限に発揮されたのがやはり六〇年安保のときだった。かれはデモをやりながら愛妻を射とめた。これほど大ぴらな公私混同はそうざらにはあるまい。》（竹内好「ともに歩みまた別れて」）

この人は、自分よりも大きい、と鶴見は感じていたのではないか。そういう「恩人」について、伝記を書く、というのは、やはり難しい行為のように思える。

一九七六年一〇月一八日、病魔に冒されつつあった竹内好は、生涯最後の講演（「魯迅を読む」、京都会館）を行なう当日、わざわざ足を延ばして、京都・岩倉にある鶴見俊輔の新居を訪ねてみたいと考えた。そのときは会えなかったが、ここにある親しみから、彼らは互いに遠ざかることがなかったことを思わせる。

シンポジウム「竹内好の残したもの」（編集グループSURE・思想の科学研究会共催）は、二〇〇八年（平成二〇）一二月六日、京大会館で開かれた。基調講演者の中島岳志（一九七五年生まれ）をはじめ、発言者の大澤真幸（一九五八年生まれ）、山田慶兒（一九三二年生まれ）、山田稔、井波律子（一九四四年生まれ）ら、一人ひとりに鶴見俊輔はみずから連絡をとり、話してもらいたいポイントを提示し、参加の意志を取りつけていった。当日の講演と討議は、鶴見俊輔編『アジアが生みだす世界像——竹内好の残したもの』に記録されている。

鶴見俊輔自身も、このシンポジウムで短時間の発言を行なった。だが、すでに満八六歳の鶴見は、さほど踏み込んだ話をしたわけではない。むしろ、この日の彼は、発言者全体での討議を楽しんでいたようだ。

いわく——、

「——いま山田慶児さんの話のなかに、ヨーロッパの母としてのアジアというのがあったでしょ。あれは意表をつく考えです。考えていくと、ヨーロッパ思想のもとにアジアがある。（中略）私は、七二年から七三年にかけて、メキシコで暮らした。（中略）

そのとき竹内さんは、メキシコに行ったら、自分が住めるところを探してきてくれ、と私に言ったんです。竹内さんは、ナショナリストだから日本にいなきゃいけないとかいう人じゃないんです。メキシコに行って、魯迅の翻訳を続けて日本に送れば、そこで収入はありますね。食えるんです。そういう道もまた、彼はそのとき考えていたんです。」

「——戦時中の『近代の超克』〔一九四二年、『文学界』誌上に掲載されたシンポジウム。河上徹太郎、亀井勝一郎、下村寅太郎、小林秀雄らが参加〕は、私も読み返してみたんですけれども、これ、だいたいくだらない説だなと思っているのに、竹内さんは、やっぱり値打ちを見出しているんですね。私は、そういうところに私を超える竹内さんの特徴を感じるんです。私がくだらないと思っているところに、くだらなくないものを見る。及びがたし、と思うんですね。私はいま、日本の大臣とか、国会の中にいる人、全部をくだらないと思っているんです。一五〇〇年間で日本がもっともくだらない時代に入ったと思っている。けれども、竹内さんだったら、おもしろいところがあると思うのかもしれない。」

「――さっき文学は死んだと思ったという話がありましたね。そのとき、日本人がひじょうにたくさん日記を書いているということに、中島〔岳志〕さんは、思いを寄せられたでしょうか。『土佐日記』からずっと来て、幕末育ちの初代ジャーナリスト、岸田吟香も日記を書いているんですよ。それから、金子文子の『何が私をこうさせたか』は、その時代のジャーナリズムとぜんぜん違うものを捉えています。竹内さんの「浦和日記」も、そういうものなんです。つまり竹内さんは、雑誌を読んだり本を読んだりはしていますが、言論を身振りとしてとらえています。こいつは信頼できるか信頼できないか。要するに、日常の態度に支えられていないもの、それは読まない。論外なんだ。（中略）

そう考えると、日本の文学は死んだというときには、上澄みの文学だけをとらえているんじゃないかな。」

もう、老いた自分自身には、大刀を振りまわせる腕力は残っていない。それでも、議論の刃の切っ先を、絶えず未来の方向に向けておけるよう、ちょっと、指先で構えを修正。そういう、若い世代への剣術指南役は続けた。

『もうろく帖』、二〇〇八年一二月一二日に、こう書く。

《竹内好の会おわり。これ以上のことを私は私の人生にのぞんでいない。》

二〇〇九年（平成二一）二月一九日から三月三〇日まで、心房細動のため、入院。

同年四月二〇日から五月一五日まで、心房細動再発のため、ふたたび入院。

たしか、このころのことだったか。

心臓などに持病がある横山貞子は、自身も加齢するなか、鶴見俊輔への介護を続けながらの暮らしに、体力の限界、そして不安を感じるようになっていた。そこで、夫婦揃って老人施設に入所しないかと鶴見に提案し、彼も同意する。だが、翌日、鶴見は同意を撤回、やはり自宅で暮らしたい、と話した。

「私はどうなってもいいの？」

と、横山は夫に尋ねた。

「すまないが」

と、鶴見は答えたという。

二〇一一年（平成二三）三月一一日。東日本大震災。さらに、福島第一原発の原子力事故が起こった。

それからの日々、鶴見俊輔は自宅のテレビを見続けた。

同年六月四日。日比谷公会堂、「九条の会」七周年の集いで、「受身の力」と題した講演を行なう。後藤新平ゆかりの市政会館に併設された会場である。創刊当初の「思想の科学」編集部も、同じ建物（市政会館の側）に置かれていた。だから、よけいに、まもなく満八九歳となる鶴見は、この講演に期するところがあっただろう。

講演の声は元気で、話も滑らかに進んだ。

京都の自宅に帰宅後、こちらに電話があり、無事に大仕事を済ませられたという安堵が伝わってくる声で、機嫌がよかった。

鶴見俊輔「複数の自我」は、「京都新聞」二〇一一年一一月一一日夕刊に掲載された。

「インド人のアマルティア・セン氏が経済学のノーベル賞をもらったとき、私が読んでもわからないだろうと思って、本を取り寄せることもなかった。ところが今度『アイデンティティと暴力』という本の広告に引きつけられて、日本語訳（勁草書房）を取り寄せて読んでみた。これは、私の問題が至るところに書いてある本だった。」

——たとえば、一九世紀なかばのアイルランドの飢饉のとき、英国はその原因を、料理法などアイルランド文化の特殊性に帰した。

どうしてアイルランド人が言うことを聞かないのか、英国人にはわからない。英国が世界の四分の一を統治するようになっても、アイルランド統治は片づかない。

このような記憶は、日本史上にもあったか？　沖縄がある。

日本の領土で、現地の住民がいる場所としては、ここだけで地上戦が行なわれた。本土から来た軍人たちの言うままに、集団自殺に追い込まれた記憶は、六六年経っても住民の記憶に刻まれている。いま、この地に来る米兵には理解しにくいことだろう。勝ち目のない戦争を仕掛けて三〇〇万人を失いながら、それを忘れて、世界の大国という自負をもつことを選んだ（選んでいる）、いまの本土の日本人にも理解しにくいことになっている。

センがインド国籍を手放さずにいることに、かつて自分たちが英国の植民地で生きたという記憶を保ちたいとの意志が込められている。それが、センのなかにある複数の自我だ。

一一歳の子どもとして、彼はヒンズー教徒とイスラム教徒が血を流して争うのを見た。

敵に暴力を加えようとするとき、相手はひとつのアイデンティティ（自我）に見える。だが、相手は、いまはそのように見えるとしても、果たして一個のものか？　自分と同じく、相手もまた複数のアイデンティティをもつのではないか。

一一歳のときに見た流血の記憶を現在に甦らせたのは、何年か前、短期の海外出張を終えて英国に戻ったとき（当時、彼はケンブリッジ大学トリニティ・カレッジの学寮長をつとめていた）、空港の入国管理官が、そのインドのパスポートから目を上げて発した質問だった。

――英国内での住所は、ケンブリッジ大学の学寮長の家？　あなたは、学寮長とよほど親しいのですね。――

「このときセンは、自分が複数のアイデンティティをもっていることを知らされた。現在センはインド国籍をもったまま、ハーヴァード大学の経済学科教授である。前世紀以来、長く低迷していたハーヴァード大学哲学科は、センのような教授を得て、活気を取り戻すかもしれない。そして日本人は、自分たちの記憶に刻みこまれた複数のアイデンティティを保つところまで、行きつくことができるだろうか。」

この原稿を新聞社の担当記者あてに送ったのち、二〇一一年一〇月二七日、鶴見俊輔は脳梗塞に倒れる。

「複数の自我」は、彼の生前に発表される、最後の自筆原稿となった。

第九節　子どもの目

私の手帖は、二〇一五年（平成二七）七月二〇日（月曜）に始まる週のページが、読み取れないほど乱れた文字の走り書きで埋まっている。

七月二〇日夜一〇時五六分、鶴見俊輔は、京都市左京区の民医連第二中央病院で息を引き取る。最後は誤嚥性肺炎の症状があったとのことである。この時点では、私はまだ彼の死を知らなかった。本人の遺志として、自分の死に際し、当面、東京方面の知人たちには知らせないように（私の現住所は神奈川県鎌倉市）、との意向が示されていたという。知己が数多いだけに、大きな騒ぎになってほしくない、静穏に家族だけによって送られたい、という気持ちからのことだろう。

その夜が明けて、二一日（火曜）には、自分の新著（『鷗外と漱石のあいだで』）の見本が出来上がったとのことで、東京・表参道まで受け取りに出向いた。ふだん、東京都内に出向く用事はめったにないのだが、このときは編集担当者が臨月に近い身重だったので、こちらから編集部に近い場所まで出向いていくことにしたのだった。昼食を担当編集者とともにし、見本を二冊、受け取った。この週末の二六日（日曜）、ひさしぶりで京都に鶴見俊輔を訪ねる約束になっていたので、うち一冊を持参するつもりでいた。鎌倉の自宅に戻ると、まだ夏の夕刻前だった。

私は、携帯電話を持たずに暮らしている。

自室の固定電話に、京都の関谷滋（一九四八年生まれ）からのメッセージが、二度ばかり残っていた。録音された関谷の声は、用件は話さず、「お伝えしたいことがあって、電話しました」とだけ告げている。かつてベトナム戦争下での脱走米兵援助で中心的なメンバーだった関谷滋は、啓子夫人とともに、日ごろから鶴見俊輔一家の身辺の所用に協力することが多い。しかも、関谷滋は、よほど具体的な用件がないかぎり、電話をかけてくる人ではない。悪い予感がして、折り返し、電話をかけてみたが、つながらなかった。

しばらく待つと、関谷のほうから、改めて電話があった。

ひと呼吸置き、

「鶴見俊輔さんが亡くなりました」

と、静かな声で、彼は言った。そして、

「――横山さんに替わります」

と加えた。しばらく間があって、横山貞子が電話口に出た。話し方と声の質だけは、いつものように沈着なものに聞こえた。

――昨夜遅く、俊輔が亡くなりました。誤嚥性の肺炎で高熱が続いてしまって。本人の遺志で、当面、東京の方面にはお知らせしないように、とのことだったので、黒川さんにもお知らせしませんでした。

ですが、小野さん（小野誠之《のぶゆき》、弁護士・雑誌「朝鮮人」元同人）から、黒川さんには知らせたほうがよいと強い助言があって、考えると、黒川さんは京都でのSUREの活動もあって、鎌倉と京都の半々のお暮らしなのだからということで、やはり、お伝えすることにしました。――

という意味のことを、彼女は言った。知らせるにあたっての理由まで、きちんと加えるところに、引き受けた故人の遺志を忠実に実行しようとしている、この人の律儀さがあるように思われた。

――いまは斎場におります。明日、午前一一時からの密葬にするので、もしおいでになれるようなら、これからでも来てください。斎場の入口などには名前を出していませんので、そのまま入ってきてください。――

京都の町なかにあるという斎場の名前と場所を、彼女は告げた。礼を言い、私は電話を切って、急いで用意を整え、京都に向かった。それでも、斎場に着くと、もう夜一〇時近かったか。

80歳を過ぎて白内障の手術をすると、視力が回復し、メガネなしで
生活できるようになった。2008年2月、85歳のとき京都で。撮影・広瀬達郎。

その部屋には、故人の伴侶である横山貞子と息子・鶴見太郎（一九六五年生まれ）、高橋幸子（一九四四年生まれ。同志社大での鶴見ゼミ学生）、若い女性の言語聴覚士Aさんが残っていた。Aさんとは初対面だったが、三年九カ月前に鶴見俊輔が脳梗塞に倒れたあと、長く言語リハビリテーションにあたってきてくれた人だということだった。

脳梗塞で倒れて（二〇一一年一〇月二七日）、長期の入院、さらにリハビリ病院への転院を経て、翌二〇一二年四月に退院して、帰宅を果たす。

それからのちも、鶴見俊輔は、旺盛に本などは読んでいた。こちらが話すことは（補聴器は使っていたが）明瞭に理解し、受け答えを示した。ただし、発語が困難で、書くのも無理だった。私の印象で言えば、訪ねていくと、最初しばらくのあいだ、聴き取りにくくはあるが、ある程度の会話ができる。だが、次第に、言語が混濁してくる。鶴見自身は、さかんに思うところを話しているのだが、途中で信号系統に乱れが生じているかのように、こちらはその「声」の意味を汲み取れない。結果として、曖昧な相づちを打って、受け流すことになってしまう。鶴見は、敏感に、そこで何が行き違っているのかを、理解していただろう。にもかかわらず、いま彼が考えていることを、明るい表情で、一心に話しつづける。くじけずに、そういう状態をつづけていくには、気持ちの強さを要しただろう。家族と過ごすなかでは、憂鬱にとらわれがちなこともあったようだ。だが、私は、そういうところを見ることがなかった。

岩倉の自宅までAさんに通ってもらい、言語リハビリは熱心に続けていると聞いていた。さぞ、もどかしいものだろうと思うのだが、Aさんとの接触が、鶴見には楽しいものでもあったということなのだろう。雑誌「思想の科学」の刊行が続いていたら、彼女のことも誘おうとしたに違いない。

この夜は、女性三人がベッドルームを使い、鶴見太郎と私は鶴見俊輔の遺骸をはさみ三人分のふとんを並べて寝た。「太郎くん」と、つい幼時のころのまま呼んでしまうが、むろん、いまでは早稲田大学で歴史学を教える教授である。彼は、ときおり父との交信を試みるかのように、じっと、その人の額にてのひらを当てていた。子どものときから、眠っている父親にむかって、ずっと彼が続けてきているしぐさのようにも見えた。

私は、一、二度、指先でほんのしばらく、この人の額に触れたが、自分のしぐさがひどく不自然なものに思えて、それ以上はできなかった。なぜなら、私は、鶴見俊輔が他者との身体接触をしたがらない人だと、かねてから感じていたからだ。他人の肩をぽんと叩いたりするようなところを見たことがないし、米国人のように自分から握手の手を差し出すこともない。むしろ、戦争中に憲兵から殴られた話を書くときなどにも、「なぐられるということは、いやなことで、私は、体を他人にさわられるのでさえひどくまいってしまう」（鶴見俊輔「戦争のくれた字引き」）といった書き方になる。ダメージとしては「さわられる」ことが第一で、「なぐられる」ことでの物理的な痛みは副次的なものだと、そのように言っているかのようでもあった。

夜が明けて、二二日朝になり、密葬に加わる一〇人ほどが斎場に集まった。

自分が死んださいには、一カ月間、これを伏せておくように——と、故人の意向を書き留めたメモ書きが残っているとのことで、この遺志に従おうと、大方の気持ちは一致しているようだった。だが、そんなに長期間、ジャーナリズムに隠しておけるわけがない、と私は言った。

姉の鶴見和子が老人施設で亡くなったときでさえ、翌朝には、もう、事実確認を求める新聞記者からの電話が私のところにもかかってきていた。鶴見俊輔の場合は、満九三歳という高齢に加えて、すでに幾度も入院していることはジャーナリズムも知っている。注目はさらに厳しく、知人、病院関係者、ご近所の人たちなどに、何か異変らしきものがあれば知らせてほしいと、声もかけているはずである。頼まれれば、応じる人はいる。これを職業とする取材者たちの目を、そんなに長い時間にわたって、欺き通せるはずがない。いったん漏れたら、隠そうとしても、遺族の負担が大きくなるだけだろう。追いかけてくる記者一人ひとりに対応していては、すでに健康状態もよくない横山貞子の体調まで危ぶまれる。むしろ、せめて、期日を切って、ある時点でいっぺんに記者発表してしまったほうが、遺族の負担は少なくて済むだろう、と私は言った。

だが、故人の遺志もあるので、もうしばらくは伏せておいたほうがいいのではないかとの声もあった。とりあえず、死去から一週間後、日曜日となる二六日に記者発表することにして、時間もないので、ひとまず相談は打ち切った。

会葬写真を撮り終え、「声なき声の会」の鮮やかなブルーのペナントを、棺に遺品として納めた。蔵書整理などの手伝いに日ごろあたってきた椿野洋美が、鶴見俊輔の好物として、缶コーラをもってきていた。酒を飲まないので、これを放蕩の味（？）としているようなところがあった。紙コップに移せば棺に入れられるとのことで、小さな紙コップに注ぎ分け、棺の四隅にこれも納めた。

鶴見俊輔は言っていた。

僧侶にも、神父や牧師にも、人間として好きな人はいる。だが、自分が死んだときには、そういう人たちも呼ばないでもらいたい。この日本という国では、戦争のとき、仏教もキリスト教も、宗教人たちはその動きに加わった。自分は、そのことを忘れていない――、何度も、そのことは念を押されていた。

もともとは、自宅で簡素な「ご近所葬」をしてもらおうと考えていた。

――自宅前に息子の太郎が立って、ご近所の人たちに、短くあいさつを述べる。あいさつは、それだけ。会葬者には、庭先からぐるりと自宅建物の周囲の敷地をまわってもらう。自分の遺骸は座敷に寝かせてあって、ガラス戸ごしに、そこから会葬者と最後の対面。たくさん、お稲荷さん（いなり寿司）を用意しておき、会葬者には、それを食べてもらって、おしまい。当日、葬儀を手伝ってもらった人たちには、あとで近くのうなぎ屋で食事してもらう。——

何度も、そういう「式次第」を聞かされた。あるときなど、高橋幸子と私が鶴見宅に招集されて、何かの会議なのだろうとは思ったが、鶴見がひろげたノートにメモされている議題の筆頭に「私の葬式について」と記されていたこともある。

だが、それから、さらに長い老後の時間をすごすあいだに、もう、そういうことも必要はないと考えるに至っていたのだろう。とりわけ、最後の数年は、家族らの介護をうけながら、別れのために必要な時間はすでに持てた、ということだったのではないか。

棺の周囲から、めいめいに別れを済ますと、もう火葬場に向けて出発の時刻だった。

その翌日の二三日、私は日中、都内で講演、夕刻からは鎌倉の自宅に外国からの来客の約束があり、身動きが取れなかった。だが、覚悟していたことではあったが、この日の午後あたりからは、鶴見俊輔の死亡確認を求める新聞記者たちからの電話が鳴り止まないような状態になった。到底、二六日の日曜日まで、記者発表を待たせておけるような状態ではなくなった。

深夜から未明にかけて、関谷滋と連絡を取り合い、夜が明けて二四日午前中には、鶴見太郎も加わって、京都で記者発表を行なうという手はずにした。鶴見俊輔が長年親しくしてきた四条富小路の徳正寺に、会場として本堂を拝借できるよう頼んだ。夜明け前に鎌倉の自宅を出て、新横浜駅始発の新幹線で京都に向かった。新聞各社などへの連絡を済ませたのは、徳正寺に着いてからのことだった。

記者発表の席で、鶴見太郎が、家庭での日ごろの鶴見俊輔の様子がどのようなものだったかを訊かれ、およそ、このように答えていたのが、記憶に残っている。

――父は、私が子どものころから、いろんなことを話すごとに、「おもしろいな！」「すごいね！」「いや、驚いた！」と、目を見張って、心底からびっくりしたような反応を示す人でした。ですから、大人というのは、そういう人たちなのだろうと思っていました。

ところが、いざ外の世界に出てみると、世間の大人たちは、何に対してもほとんど無反応でいる、ということがわかって、ショックを受けました。そして、このギャップをどうやって埋めればいいのか、ずいぶん長く苦労することになりました。――

鶴見俊輔の墓は、東京の多磨霊園にある。

「鶴見家之墓」と記された墓所に、母・愛子、父・祐輔、弟・直輔とともに、いまは眠る。

典拠とした主な資料

＊本書の執筆にあたり、
『鶴見俊輔著作集』全五巻、筑摩書房、一九七五年五月〜七六年一月
『鶴見俊輔集』全一二巻、筑摩書房、一九九一年四月〜九二年三月
『鶴見俊輔集・続』全五巻、筑摩書房、二〇〇〇年一一月〜〇一年六月
を頻繁に参照した。

＊これ以外の典拠とした資料を、章ごとに掲げる。重ねて挙げるさいには、二度目以降は著者名および書籍または論文の表題のみとする。

雑誌「思想の科学」所収の記事などは、『思想の科学総索引 1946-1996』、思想の科学社、一九九九年一〇月で検索するのが便利である。

第一章　政治の家に育つ経験　一九二二—三八

秋山清『目の記憶――ささやかな自叙伝』、筑摩書房、一九七九年八月
鶴見祐輔『壇上・紙上・街上の人』、大日本雄弁会、一九二六年一一月
鶴見祐輔『後藤新平』全四巻、後藤新平伯伝記編纂会、一九三七年四月〜三八年七月（引用にあたっての表記は、新版の『正伝　後藤新平』全八巻、藤原書店に準じた）
椎名悦三郎「私の履歴書」、『私の履歴書』第四一集（日本経済新聞社編）、日本経済新聞社、一九七〇年一〇月
新渡戸稲造『偉人群像』、実業之日本社、一九三一年一一月
上品和馬『広報外交の先駆者・鶴見祐輔――1885-1973』、藤原書店、二〇一一年五月
鶴見俊輔「『荘子』」（書評　8）、「飛ぶ教室」第一二号、一九八四年一一月
北岡寿逸「鶴見祐輔さんの思い出――火曜会を中心として」、『友情の人鶴見祐輔先生』（北岡寿逸編）、私家版、一九七五年一一月

丸山眞男「恐るべき大震災大火災の思出」、『丸山眞男の世界』（「みすず」編集部編）、みすず書房、一九九七年三月
丸山眞男「如是閑さんと父と私——丸山眞男先生を囲む座談会」、『長谷川如是閑——人・時代・思想と著作目録』（長谷川如是閑著作目録編集委員会編）、中央大学出版部、一九八五年一一月
鶴見俊輔「関東大震災の記憶」、「京都新聞」一九九五年二月二〇日夕刊
河﨑充代『無償の愛——後藤新平、晩年の伴侶きみ』、藤原書店、二〇〇九年一二月
鶴見俊輔・加藤典洋・黒川創『日米交換船』、新潮社、二〇〇六年三月
鶴見祐輔『中道を歩む心』、大日本雄弁会講談社、一九二七年一二月
『太平洋問題——一九二七年ホノルル会議』（井上準之助編）、太平洋問題調査会、一九二七年一二月
鶴見和子「自分と意見のちがう子どもを育てた父親への感謝」、『友情の人鶴見祐輔先生』
鶴見俊輔「読書年譜」、鶴見俊輔『再読』、編集工房ノア、一九八九年七月
鶴見和子「カイロのお金——後藤新平のアジア経綸」、「文藝春秋」二〇〇〇年二月号
駄場裕司「日本海軍の北樺太油田利権獲得工作」、『日本海軍史の研究』（海軍史研究会編）、吉川弘文館、二〇一四年一二月
安藤豊禄『韓国わが心の故里』、原書房、一九八四年七月
草柳大蔵『実録　満鉄調査部』上・下巻、朝日新聞社、一九七九年九月・一〇月
正力松太郎『悪戦苦闘』（大宅壮一編）、早川書房、一九五二年一一月
鶴見祐輔・鶴見和子「オー・マイ・パパ——親の幸福・娘の幸福」、「文藝春秋」一九五四年一〇月号
鶴見和子「祖父　後藤新平」、「東京」一九九五年一月号
「『鶴見和子研究』年譜」（作成・能澤壽彦）、『コレクション鶴見和子曼荼羅』Ⅸ　環の巻、藤原書店、一九九九年一月
鶴見俊輔『たまたま、この世界に生まれて——半世紀後の「アメリカ哲学」講義』、編集グループＳＵＲＥ、二〇〇七年六月
内山章子『鶴見和子病床日誌』、私家版、二〇〇八年七月
鶴見俊輔「恩人」、「教育研究」（東京教育大学附属小学校教育研究所）一九五七年七月号
鶴見俊輔「六歳からの友」、「婦人公論」一九九七年六月号

鶴見俊輔「みどりの思い出」、「ガーデンライフ」一九七一年六月号

鶴見祐輔『欧米大陸遊記』、大日本雄弁会講談社、一九三三年六月

鶴見俊輔「わたしのアンソロジー」、「現代詩」一九五九年一〇月号

内山章子『看取りの人生――後藤新平の「自治三訣」を生きて』、藤原書店、二〇一八年七月

鶴見俊輔『不逞老人』（聞き手・黒川創）、河出書房新社、二〇〇九年七月

鶴見俊輔「三面記事の世界」（私の地平線の上に　3）、「潮」一九七四年三月号

鶴見和子「おなじ母のもとで」、『鶴見俊輔集』12、月報、筑摩書房、一九九二年三月

熊野清樹『一切を捨てて』、ヨルダン社、一九八三年一〇月

都留重人『都留重人自伝　いくつもの岐路を回顧して』、岩波書店、二〇〇一年一一月

鶴見俊輔「秋山清――激越な言葉をおさえた戦時・戦後の詩」（回想の人びと　5）、「潮」二〇〇〇年一二月号

有島武郎「クローポトキン」、「新潮」一九一六年七月号

有島武郎「クロポトキンの印象と彼の主義及び思想に就て」、「読売新聞」一九二〇年一月二五日

有島武郎「狩太農場の解放」、「小樽新聞」一九二三年五月二〇日・二一日

第二章　米国と戦場のあいだ　一九三八―四五

Edwin O. Reischauer, *My Life between Japan and America*, Harper & Row, 1986.（エドウィン・O・ライシャワー『ライシャワー自伝』、徳岡孝夫訳、文藝春秋、一九八七年一〇月）

Lawrence Olson, *Ambivalent Moderns: Portraits of Japanese Cultural Identity*, Rowman & Littlefield, 1992.（ローレンス・オルソン『アンビヴァレント・モダーンズ――江藤淳・竹内好・吉本隆明・鶴見俊輔』、黒川創・北沢恒彦・中尾ハジメ訳、新宿書房、一九九七年九月）

F. O. Matthiessen, *American Renaissance: Art and Expression in the Age of Emerson and Whitman*, Oxford University Press, 1941.（F・O・マシーセン『アメリカン・ルネサンス――エマソンとホイットマンの時代の芸術と表現』上・下巻、飯野友幸ほか訳、上智大学出版、二〇一一年五月）

鶴見俊輔『期待と回想』上・下巻、晶文社、一九九七年八月

鶴見俊輔『たまたま、この世界に生まれて』
上品和馬『広報外交の先駆者・鶴見祐輔』
鶴見俊輔・斎藤憐「個人の中に抵抗を残した男――佐野碩」、斎藤憐作・演出『異邦人――ボーダレス・ラブ』公演パンフレット、一九九五年
岡村春彦『自由人佐野碩の生涯』、岩波書店、二〇〇九年六月
「〝赤い伯爵〟に続いて／演出家佐野氏も露都脱出／祖国へ帰心矢の如し」、「読売新聞」一九三八年五月二八日
鶴見俊輔・加藤典洋・黒川創『日米交換船』
石垣綾子「ある亡命者の生涯――佐野碩のこと」、「世界」一九八一年四月号
鶴見俊輔「マサチューセッツ州コンコード」（心にのこる風景　9）、「TBS調査情報」一九八三年七月号
鶴見俊輔「ヤングさんのこと」、「『共同研究・占領』サークル通信」一九七七年五月二五日号
鶴見俊輔「都留重人――哲学の教師として」、「考える人」二〇〇六年夏号
鶴見俊輔「偏見としての差別意識」、『同和教育の根本問題――一九五三年度部落問題講習会講演と討論』、部落問題研究所、一九五三年一二月
鶴見俊輔「四十年たって耳にとどく」、「図書」一九七八年八月号
鶴見俊輔「エリセエフ先生の思い出――東と西の出会い」、「図書」二〇〇〇年四月号
瀬戸内寂聴・ドナルド・キーン・鶴見俊輔『同時代を生きて』、岩波書店、二〇〇四年二月
鶴見俊輔『柳宗悦』、平凡社、一九七六年一〇月
鶴見俊輔「芦田恵之助――まわり道をとおって」、『回想の芦田恵之助――その人と業績』（実践社編）、実践社、一九五七年七月
Elementary Japanese for University Students, prepared by Serge Elisséeff and Edwin O. Reischauer, Harvard-Yenching Institute, 1941.
Elementary Japanese for University Students, compiled by Serge Elisséeff and Edwin O. Reischauer, 2nd enl. ed., published for the Harvard-Yenching Institute, Harvard University Press, 1942, 1944.
Elementary Japanese for College Students, compiled by Serge Elisséeff, Edwin O. Reischauer and Takehiko Yoshihashi, published for the Harvard-Yenching Institute, Harvard University Press, 1944.
武田珂代子『太平洋戦争　日本語諜報戦――言語官の活躍と試練』、ちくま新書、二〇一八年八月

ドナルド・キーン・河路由佳『ドナルド・キーン　わたしの日本語修行』、白水社、二〇一四年九月
南博『学者渡世——心理学とわたくし』、文藝春秋、一九八五年四月
鶴見俊輔『不逞老人』
鶴見和子「自分と意見のちがう子どもを育てた父親への感謝」
『日本郵船戦時船史——太平洋戦争下の社船挽歌』上・下巻、日本郵船、一九七一年五月
鶴見俊輔『北米体験再考』、岩波新書、一九七一年八月
鶴見俊輔「牢獄から見たアメリカ合州国」（心にのこる風景　10）、「TBS調査情報」一九八三年八月号
星野治五郎『アメリカ生還記』、皇国青年教育協会、一九四三年一月か〔奥付には「昭和十七年一月十五日初版印刷／昭和十七年一月二十日初版発行」とあるが、年記はどちらも誤記あるいは誤植と思われる〕
鶴見俊輔「字引きについて」、「国語通信」一九六五年二月号
鶴見俊輔「木口小平とソクラテス」（私の地平線の上に　2）、「潮」一九七四年二月号
前野喜代治『佐々木秀一先生——その生涯・学問・人格』、私家版、一九六二年一〇月
鶴見俊輔「読書年譜」
都留重人「引揚日記」、『都留重人著作集』第一二巻、講談社、一九七六年五月
嘉治真三「前田多門先生を憶う」、『前田多門——その文・その人』（刊行世話人代表・堀切善次郎）、私家版、一九六三年六月
「大東亜戦争関係一件／交戦国外交官其他ノ交換関係／日米交換船関係」ほか、国立公文書館アジア歴史資料センター〔非刊行〕
鶴見俊輔「交換船の地球半周」（心にのこる風景　11）、「TBS調査情報」一九八三年九月号
都留重人『都留重人自伝　いくつもの岐路を回顧して』
桝居孝『太平洋戦争中の国際人道活動の記録』改訂版、日本赤十字社、一九九四年四月
中野利子『H・ノーマン——あるデモクラットのたどった運命』、リブロポート、一九九〇年五月
鶴見和子『里の春』、私家本（『コレクション鶴見和子曼荼羅』Ⅷ　歌の巻、藤原書店、一九九七年一〇月所収）
鶴見俊輔「戦争のくれた字引き」、「文藝」一九五六年八月号
鶴見俊輔「手帖の中のドイツとジャワ」（心にのこる風景　12）、「TBS調査情報」一九八三年一〇月号

鶴見俊輔・上野千鶴子・小熊英二『戦争が遺したもの――鶴見俊輔に戦後世代が聞く』、新曜社、二〇〇四年三月

鶴見俊輔「中井英夫のこと」、『中井英夫全集』8、解説、創元ライブラリ、一九九八年四月

George Orwell: *The War Commentaries*, Orwell: *The War Broadcasts*, 2 vols., edited by W. J. West, Duckworth: British Broadcasting Corp., 1985.（ジョージ・オーウェル『戦争とラジオ――BBC時代』、甲斐弦・三澤佳子・奥山康治訳、晶文社、一九九四年六月）

鶴見俊輔「彼がもっとも左翼公式主義に近づいた日々」、『大宅壮一全集』第一巻、解説、蒼洋社、一九八一年五月

青山淳平『海は語らない――ビハール号事件と戦犯裁判』、光人社、二〇〇六年七月

『世紀の遺書』（巣鴨遺書編纂会編）、巣鴨遺書編纂会刊行事務所、一九五三年一二月

鶴見俊輔「『定型』の不思議な魅力」（文芸詩散策――韻文 1）、「朝日新聞」大阪本社版一九八七年六月五日夕刊

鶴見俊輔「退行計画」、「展望」一九六八年三月号

Rabindranath Tagore, *Sādhanā: The Realisation of Life*, Macmillan, 1913.（タゴール「サーダナ」、美田稔訳、『タゴール著作集』第八巻、第三文明社、一九八一年七月）

鶴見俊輔「対話の相手としてのタゴール」、「朝日新聞」一九七七年一一月一五日

鶴見俊輔「大河内光孝」、『日米交換船』

内務省警保局「昭和十七年中に於ける外事警察概況」（復刻版は、『極秘　外事警察概況』8・昭和一七年〔内務省警保局編〕、龍渓書舎、一九八〇年七月）

中村智子『横浜事件の人びと』、田畑書店、一九七九年四月

『木戸幸一日記』上・下巻、東京大学出版会、一九六六年四月・七月

鶴見俊輔『哲学の反省』、先駆社、一九四六年四月（引用にあたっての表記は、『鶴見俊輔集』3、筑摩書房、一九九二年一月所収のものに準じた）

内山章子『看取りの人生』

第三章「思想の科学」をつくる時代　一九四五―五九

鶴見憲「兄の思い出」、『友情の人鶴見祐輔先生』

鶴見俊輔『期待と回想』

Gertrude Jaeger, The Philosophy of the Once-Born, *Enquiry*, Vol. 2, No. 1 (April 1944).（ガートルード・ジェイガー「生れた儘の人の哲学」、「思想の

科学」創刊号（一九四六年五月））
鶴見俊輔「二つの日付け」（私の地平線の上に　10）、「潮」一九七四年一〇月号
上品和馬『広報外交の先駆者・鶴見祐輔』
鶴見俊輔「意図をこえる結果」、復刻版『思想の科学会報』第三巻（思想の科学研究会編）、解説、柏書房、一九八五年一月
鶴見俊輔「素材と方法――『思想の科学』の歴史の一断面」、「思想の科学」一九七二年三月号
武田清子「『ひとびとの哲学』を探る」、安田常雄・天野正子編『戦後「啓蒙」思想の遺したもの』（復刻版『思想の科学』・『芽』別巻）、久山社、一九九二年六月
鶴見俊輔「初期の『思想の科学』のこと」、「思想の科学会報」第一八号、一九五七年五月
上田辰之助「思想と表現――言語に関する若干の断想」、「思想の科学」創刊号
鶴見俊輔「言葉のお守り的使用法について」、「思想の科学」創刊号
嶋中鵬二「川島次郎先生が担任した風変りなクラス」、「教育研究」一九八四年三月号
武谷三男「素粒子論グループの形成」、湯川秀樹・坂田昌一・武谷三男『素粒子の探究』、勁草書房、一九六五年五月
鶴見俊輔「哲学者市井三郎の冒険」、『市民の論理学者・市井三郎』（鶴見俊輔・花田圭介編）、思想の科学社、一九九一年一〇月
石本新「市民の論理学者市井三郎氏の想い出」、『市民の論理学者・市井三郎』
鶴見俊輔「はじまりの思い出」、「思想の科学会報」第一三五号、一九九四年八月
鶴見俊輔「『思想の科学』六十年を振り返って」（聞き手・黒川創）、『「思想の科学」ダイジェスト1946〜1996』（『思想の科学』五十年史の会）、思想の科学社、二〇〇九年一月
鶴見俊輔「羽仁五郎――一九三〇年代という舞台」（回想の人びと　16）、「潮」二〇〇一年一一月号
太田雄三『喪失からの出発――神谷美恵子のこと』、岩波書店、二〇〇一年一一月
鶴見俊輔「神谷美恵子管見」、『神谷美恵子の世界』（みすず書房編集部編）、みすず書房、二〇〇四年一〇月
神谷宣郎『細胞の不思議――探究の後をふりかえって』、ブレーンセンター、一九八九年一月
鶴見俊輔・加藤典洋・黒川創『日米交換船』
鶴見俊輔『不逞老人』
内山章子『看取りの人生』
鶴見俊輔「五十年・九十年・五千年」、木村聖哉・鶴

見俊輔『「むすびの家」物語――ワークキャンプに賭けた青春群像』、岩波書店、一九九七年一一月
神谷美恵子『日記・書簡集』(神谷美恵子著作集 10)、みすず書房、一九八二年一一月
武谷三男「職能としての学問のために」、『戦後「啓蒙」思想の遺したもの』
武谷三男『弁証法の諸問題――科学・技術・芸術論文集』、理学社、一九四六年一一月
武谷三男『聞かれるままに』(聞き手・北沢恒彦)、思想の科学社、一九八六年一一月
鶴見俊輔「武谷三男――完全無欠の国体観にひとり対する」(回想の人びと 3)、「潮」二〇〇〇年一〇月号
鶴見俊輔「ベイシック英語の背景」、「思想の科学」第二号、一九四六年八月
土居光知『基礎日本語』、六星館、一九三三年三月
土岐善麿「国語国字問題の先覚者三人」、「思想の科学」第三号、一九四六年一二月
「バートランド・ラッセル『西洋哲学史』合評」(まえがき・鶴見俊輔、古代・林達夫、中世・松本正夫、文芸復興・武谷三男、近世・丸山眞男、現代・鶴見和子)、「思想の科学」第三号
鶴見俊輔「モリスの記号論体系」、「思想の科学」通巻六号、一九四七年一一月
鶴見俊輔『アメリカ哲学――プラグマティズムおどお解釈し発展させるか』、世界評論社、一九五〇年一月
研究部〔鶴見俊輔〕「ひとびとの哲学についての中間報告(一)」、「思想の科学」通巻八号、一九四八年二月
研究部〔鶴見俊輔・鶴見良行〕「ひとびとの哲学についての中間報告(二)」、「思想の科学」通巻九号、一九四八年三月
山上行夫〔鶴見俊輔〕「心の山河」、「文藝春秋」一九四七年一二月号
波多野完治「コミュニケイション総論」、「思想の科学」通巻一〇号、一九四八年四月
鶴見和子「『戦後』の中の『思想の科学』」、復刻版『思想の科学会報』第一巻(思想の科学研究会編)、解説、柏書房、一九八二年一二月
鶴見俊輔・橋川文三・吉本隆明「すぎゆく時代の群像」上・中・下、「日本読書新聞」一九五八年一一月二四日号・同年一二月一日号・同年一二月八日号
羽仁五郎・長谷川如是閑・宮本顕治・高島善哉・久野収・鶴見俊輔「二十世紀思想の性格と展開」、「世界評論」一九五〇年一月号
鶴見俊輔『思い出袋』、岩波新書、二〇一〇年三月
J. Marshall Unger, *Literacy and Script Reform in*

Occupation Japan: Reading Between the Lines, Oxford University Press, 1996.（J・マーシャル・アンガー『占領下日本の表記改革――忘れられたローマ字による教育実験』、奥村睦世訳、三元社、二〇〇一年一〇月）

中生勝美「戦時中のアメリカにおける対日戦略と日本研究――ミシガン大学ロバート・ホールを中心に」、「桜美林論考、人文研究」第八号、二〇一七年三月

John Dewey, On membership in a World Society.（ジョン・デューイ「世界政府論」、「思想の科学」第二号）

鶴見俊輔・上野千鶴子・小熊英二『戦争が遺したもの』

「きいてわかる学問言葉を作る会」（参加者・南博、小林英夫、ハルパーン、大久保忠利、池田弘子、江実、宮城音弥、今野武雄、宮崎博、石黒修、川島武宜、布留武郎、柳田為正、松坂忠則、三浦つとむ、望月衛、鶴見俊輔）、「思想の科学」通巻一五号、一九四八年一一月

チャールズ・モリス「実験的人間学」（Charles W. Morris, Experimental Humanistics.）、「思想の科学」通巻一七号、一九四九年三月

Charles W. Morris, *Paths of Life: Preface to a World Religion*, Harper and Brothers, 1942.（チャールズ・モリス『人生の道』、尾住秀雄・渡辺照宏訳、理想社、一九六六年一一月）

鈴木大拙・チャールズ・モリス「思想における東洋と西洋」、「世界評論」一九四九年二月号

鶴見俊輔『たまたま、この世界に生まれて』

チャールズ・W・モリス「アジアへの入口」、「中央公論」一九四九年二月号

鶴見俊輔「桑原武夫　人と学問について」、「週刊読書人」二〇〇八年七月一一日

鶴見俊輔「この四〇年」、「思想の科学会報」第一二一号、一九八八年九月

鶴見俊輔「都留重人、ただ一人の私の先生」（聞き手・尾高煌之助、西沢保）、『回想の都留重人――資本主義、社会主義、そして環境』（尾高煌之助・西沢保編）、勁草書房、二〇一〇年四月

鶴見俊輔「個別にしっかり目をむけて」、『創造的市民講座――わたしたちの学問』（桑原武夫編）、小学館、一九八七年四月

鶴見俊輔『プラグマティズム』、河出文庫、一九五五年一月

鶴見俊輔『プラグマティズム入門』、現代教養文庫、社会思想研究会出版部、一九五九年三月

『人文科学研究所五十年』、京都大学人文科学研究所、一九七九年一〇月

鶴見俊輔「下宿の思い出」、「京都新聞」一九八二年一月八日夕刊

鶴見俊輔「漫才との出会い」（太夫才蔵伝　1）、「月刊百科」一九七八年一月号

鶴見俊輔「自由を守る姿勢を貫く」、「民藝」一九八一年一〇月号

土持ゲーリー法一「米国人文科学顧問団に関する一考察」、「戦後教育史研究」一六号、二〇〇二年一一月

福家崇洋「戦後日本思想史の一齣」、「京都大学新聞」二〇一五年三月一六日号

鶴見俊輔「『思想の科学』の原点をめぐって」（聞き手・藤野寛、伊勢田哲治）、「思想」二〇〇九年五月号

武谷三男「読者への手紙」〔巻頭コラム欄〕、「思想の科学」一九五四年一一月号（武谷三男『科学・モラル・芸術』〔三笠新書、一九五五年四月〕に収録するさい、「うそをついてはいけないか」と表題が付された）

武谷三男「学問の自由と特高警察根性」、「人間喜劇」一九四八年八月号

鶴見俊輔「私にとってのソクラテス」、「技術と人間」二〇〇〇年九月臨時増刊号

鶴見俊輔「宿直の一夜」、「人文」（人文科学研究所所報）第四六号、一九九九年一一月

『ルソー研究』（桑原武夫編、京都大学人文科学研究所報告）、岩波書店、一九五一年六月

鶴見俊輔「言語自在に風俗研究」、「朝日新聞」二〇〇七年一二月六日

梅棹忠夫『知的生産の技術』、岩波新書、一九六九年七月

内山章子『鶴見和子病床日誌』

鶴見俊輔「大淵和夫さん」、「思想の科学会報」第八九号、一九七八年四月

鶴見俊輔「三十年前」、「思想の科学会報」第九四号、一九七九年七月

辛島理人「戦後日本の社会科学とアメリカのフィランソロピー——一九五〇〜六〇年代における日米反共リベラルの交流とロックフェラー財団」、「日本研究」第四五号、二〇一二年三月

梅森直之「ロックフェラー財団と文学者たち——冷戦下における日米文化交流の諸相」、「Intelligence」第一四号、二〇一四年三月

鶴見俊輔「投稿をとおしてみる『思想の科学』」、『源流から未来へ——「思想の科学」五十年』（鶴見俊輔編）、思想の科学社、二〇〇五年八月

小畑哲雄『占領下の「原爆展」——平和を追い求めた青春』、かもがわブックレット、かもがわ出版、一九九五年六月

鶴見俊輔「桑原先生のこと」、「世界」一九八八年六月号
鶴見俊輔「この自由を負う」、『井村恒郎・人と学問』（懸田克躬編）、みすず書房、一九八三年九月
掛川恭子「金町と俊輔さん」、『鶴見俊輔集』3、月報
鶴見俊輔「見事な占領の終りに」、「新大阪新聞」一九五二年五月一六日
西村和義「鳥取での出会い」、「思想の科学」一九八七年六月号
杉村七郎〔鶴見俊輔〕「商家の妻——門田いねの生活と思想」、「中央公論」一九五三年八月号
『民衆の座』（思想の科学研究会編）、河出新書、一九五五年六月
『フランス百科全書の研究』（桑原武夫編、京都大学人文科学研究所報告）、岩波書店、一九五四年六月
多田道太郎「『芽』の時代のこと」、「思想の科学」一九八二年二月号
鶴見和子「自らを『人殺し』ということのできた人」、「思想の科学」一九八二年二月号
鶴見俊輔「『もやい』としての『思想の科学』——自主刊行までの編集を中心に」（聞き手・黒川創）、『読む人・書く人・編集する人——「思想の科学」50年と、それから』（記念シンポジウムを記録する会編）、思想の科学社、二〇一〇年九月
関根弘『針の穴とラクダの夢——半自伝』、草思社、一九七八年一〇月
加藤秀俊『わが師わが友——ある同時代史』、中央公論社、一九八二年一〇月
大江満雄「ハンゼン氏病者の詩」、「芽」第五号、一九五三年五月
志樹治代「私の夫の生涯」、「思想の科学」一九六五年六月号
鶴見俊輔「評論の選について」、「愛生」一九五五年一一月号
鶴見俊輔「大江満雄の肖像」、『大江満雄集——詩と評論』、思想の科学社、一九九六年七月
鶴見俊輔「山荘に生きる帝政ロシア——亡命貴族三代記」、「太陽」一九六三年九月号
沢田和彦「女優スラーヴィナ母娘の旅路——来日白系ロシア人研究」、「埼玉大学紀要」第三二巻第一号、一九九六年一〇月
水津彦雄「東工大辞職のころ」、『鶴見俊輔著作集』第五巻、月報、一九七六年一月
「内紛続く総合雑誌／進歩的主張が泣きます」（つとの一字署名の記事）、「サンデー毎日」一九五五年三月一三日号
「『思想の科学』事件について」（編集部）との署名による短信」、「サンデー毎日」一九五五年三月二〇日

号
「雑誌『思想の科学』がもめる／個人的スキャンダルから／五月号の発行不能か／講談社も援助を打切り」、「東京日日新聞」一九五五年三月一七日
竹西寛子「遠くからの謝辞」、鶴見俊輔『言い残しておくこと』、付録、作品社、二〇〇九年一二月
竹西寛子「記録と文学の間――原爆記録の文集におもう」、「思想の科学」一九五九年一月号（第四次〔中央公論社版〕創刊号）
鶴見俊輔「佐々木邦の小説にあらわれた哲学思想」、「思想の科学」通巻八号、一九四八年二月（のちに「佐々木邦――小市民の日常生活」と改題の上、『新版アメリカ哲学』〔社会思想社、一九七一年三月〕に再録するさい、「追記」を付し、母・愛子の没後、佐々木邦から手紙をもらったことを述べる）
中野利子『H・ノーマン』
鶴見俊輔「自由主義者の試金石」、「中央公論」一九五七年六月号
凡都人〔都留重人〕「米上院喚問覚書」全二回、「フェビアン研究」一九五七年四月号・同年七月号
佐々木豊「ロックフェラー財団と太平洋問題調査会――冷戦初期の巨大財団と民間研究団体の協力／緊張関係」、「アメリカ研究」三七号、二〇〇三年三月
鶴見祐輔『種田虎雄伝』、近畿日本鉄道、一九五八年七月
鶴見祐輔『ウィンストン・チャーチル』、講談社現代新書、一九六五年五月

第四章　遅れながら、変わっていく　一九五九―七三

加太こうじ・山下肇『ふたりの昭和史』、文藝春秋新社、一九六四年一〇月
加太こうじ『紙芝居昭和史』、立風書房、一九七一年七月
鶴見俊輔「芸術の発展」、『講座・現代芸術』第一巻（阿部知二ほか編）、勁草書房、一九六〇年七月
『共同研究　転向』上・中・下巻（思想の科学研究会編）、平凡社、一九五九年一月～六二年四月
鶴見俊輔『期待と回想』
鶴見俊輔・上野千鶴子・小熊英二『戦争が遺したもの』
鶴見俊輔・しまね・きよし「追放された人々の言い分」、「思想の科学」一九六六年八月号
鶴見俊輔「ドグラ・マグラの世界」、「思想の科学」一九六二年一〇月号
鶴見俊輔「黒岩涙香」、『20世紀を動かした人々』第八巻（責任編集・加藤秀俊）、講談社、一九六三年一月

鶴見俊輔「オーウェルの政治思想」、『オーウェル著作集』第一巻、解説、平凡社、一九七〇年七月
鶴見俊輔「戦後の次の時代が見失ったもの――粕谷一希氏に答える」、「諸君!」一九七九年二月号
鶴見俊輔「いくつもの太鼓のあいだにもっと見事な調和を」、「世界」一九六〇年八月号
「事務局日誌抄」、「思想の科学会報」第二七号、一九六〇年七月
鶴見俊輔「判沢弘回顧」、「思想の科学会報」第一一八号、一九八七年九月
水津彦雄「東工大辞職のころ」
竹内好「ともに歩みまた別れて」、『鶴見俊輔著作集』第二巻、月報、筑摩書房、一九七五年五月
小林トミ「鶴見さんと私」、『鶴見俊輔集』11、月報、筑摩書房、一九九一年九月
『またデモであおう――声なき声の二年間』(声なき声の会編)、東京書店、一九六二年七月
小林トミ「それはこうしてはじまった」、「声なき声のたより」創刊号、一九六〇年七月
「元〝助教授という名の公務員〟」(グラビア記事、撮影・山田健二)、「週刊コウロン」一九六〇年六月二八日号
鶴見俊輔「神谷美恵子管見」
鶴見俊輔「独行の人」、『坂西志保さん』(『坂西志保さん』編集世話人会編)、国際文化会館、一九七七年一一月
ラジオ関東報道部「六・一五事件・実況中継」、『現代教養全集』別巻(一九六〇年・日本政治の焦点、臼井吉見編)、筑摩書房、一九六〇年九月
吉本隆明「擬制の終焉」、谷川雁ほか『民主主義の神話――安保闘争の思想的総括』、現代思潮社、一九六〇年九月
鶴見俊輔「6月15日夜」、「週刊コウロン」一九六〇年六月二八日号
竹内好・吉本隆明・日高六郎・山田宗睦「'62年の思想――吉本隆明著『擬制の終焉』をめぐって」、「思想の科学」一九六二年一二月号
鶴見俊輔・吉本隆明「どこに思想の根拠をおくか」、「展望」一九六七年四月号
久野収「思想の科学研究会をふり返って」(聞き手・鶴見俊輔、渋谷定輔)、復刻版『思想の科学会報』第三巻(思想の科学研究会編)、解説
魚木アサ・横山貞子「デントン・周再賜――女子教育の伝統」、『同志社の思想家たち』(和田洋一編)、同志社大学生協出版部、一九六五年一一月
阪口直樹『戦前同志社の台湾留学生――キリスト教国際主義の源流をたどる』、白帝社、二〇〇二年五月
「消息」[(H)との一字署名による短信]、「思想の科

学会報」第二八号、一九六〇年一二月
安田武「実録『転向』研究会」第二回、「思想の科学会報」第四七号、一九六五年七月
安田武「実録『転向』研究会」第四回、「思想の科学会報」第四九号、一九六六年二月
C. Wright Mills, *Listen, Yankee: The Revolution in Cuba*, Ballantine Books, 1960.（ライト・ミルズ『キューバの声』、鶴見俊輔訳、みすず書房、一九六一年三月）
「雑報」、「思想の科学会報」第二九号、一九六一年三月
鶴見俊輔「『「風流夢譚」事件以後』を読んで」、「思想の科学」一九七七年四月号
久野収『久野収　市民として哲学者として』（聞き手・高畠通敏）、毎日新聞社、一九九五年九月
和田洋一『灰色のユーモア——私の昭和史ノォト』、理論社、一九五八年一一月
鶴見俊輔・横山貞子「概念を生む現場」（聞き手・黒川創）、『北沢恒彦とは何者だったか?』（編集グループSURE編）、編集グループSURE、二〇一一年七月
鶴見俊輔『「思想の科学」私史』、編集グループSURE、二〇一五年一二月
鶴見俊輔「学問と市民運動つないで」、「朝日新聞」二〇〇四年七月八日夕刊
和田洋一「鶴見さんと同志社と京都」、『鶴見俊輔著作集』第五巻、月報
思想の科学研究会「第四次『思想の科学』廃刊にあたり両者間の確認事項」（一九六一年一二月二七日付）、「思想の科学会報」第三二号、一九六二年二月
都留重人「論壇時評」上、「朝日新聞」一九六二年一月二二日
大野力「井村寿二さんと『思想の科学』」、「思想の科学」一九八八年八月号
藤田省三「〝自由からの逃亡〟批判」、「日本読書新聞」一九六二年二月一九日号
藤田省三「続〝自由からの逃亡〟批判」、「日本読書新聞」一九六二年二月二六日号
関根弘「インテリスーダラ節を排す」、「日本読書新聞」一九六二年三月一二日号
福田歓一「五・一九の体験は何処に」、「週刊読書人」一九六二年三月二六日号
思想の科学研究会「声明」（〔一九六二年〕二月二五日付）、「思想の科学会報」第三三号、一九六二年三月
「臨時集会議事録——天皇制特集号廃棄について」、「思想の科学会報」第三三号
平林一・島弘・北沢恒彦・宍戸恭一・鶴見俊輔・池上徳三「現代におけるインテリの生き方」、「同志社学

生新聞」一九六〇年一一月一五日号
山口功二「ごく私的な新聞学専攻・メディア学科のメモワール」、「評論・社会科学」第一〇〇号、二〇一二年六月
関根弘・武田清子・鶴見俊輔「日本の地下水」、「思想の科学」一九六一年五月号
鶴見俊輔・吉田満「『戦後』が失ったもの」、「諸君!」一九七八年八月号
北沢恒彦「尾崎秀実」、「思想の科学」一九六五年五月号
笠原芳光・北沢恒彦・鶴見俊輔「『家の会』とは何か」、「思想の科学」別冊八、一九七三年一〇月
鶴見俊輔「私の家族問題集」、「家の会」機関誌・特別号、一九九五年一一月
鶴見俊輔「近頃きいたこと」、「声なき声のたより」第二四号、一九六二年一一月
木村聖哉・鶴見俊輔『「むすびの家」物語』
鶴見貞子「新年の主役」、『友情の人鶴見祐輔先生』
小田実『何でも見てやろう』、河出書房新社、一九六一年二月
鶴見俊輔「ひとつのはじまり——あるいは、べ平連以前」、『資料・「べ平連」運動』上巻(ベトナムに平和を!市民連合編)、河出書房新社、一九七四年六月
飯沼二郎「百姓に学問は必要ですが学歴は不要です」、「京都大学新聞」一九八二年四月二九日号
鶴見俊輔「桑原先生のこと」
「戦争と平和を考える——8・15記念徹夜討論集会(ティーチ・イン)議事録全文」、「文芸」一九六五年九月増刊号
飯沼二郎・小田実・北沢恒彦・鈴木正穂・鶴見俊輔「京都べ平連をめぐって」、『復刻版 ベトナム通信』、不二出版、一九九〇年七月
小田実・鶴見俊輔編『反戦と変革——抵抗と平和への提言』('68年京都国際会議からの報告)、學藝書房、一九六八年一一月
桑原武夫「あるベトナムの独立運動家」、鶴見俊輔・小田実・開高健編『反戦の論理』(全国縦断日米反戦講演記録)、河出書房新社、一九六七年一月
小泉英政・川上賢一・黒川創『鶴見俊輔さんの仕事⑤ なぜ非暴力直接行動に踏みだしたか』、編集グループSURE、二〇一七年一〇月
Edwin O. Reischauer, *My Life between Japan and America.*(エドウィン・O・ライシャワー『ライシャワー自伝』)
『となりに脱走兵がいた時代——ジャテック、ある市民運動の記録』(関谷滋・坂元良江編)、思想の科学社、一九九八年五月

吉岡忍・鶴見俊輔『脱走の話——ベトナム戦争といま』、編集グループSURE、二〇〇七年四月

Terry Whitmore, as told to Richard Weber, *Memphis, Nam, Sweden: The Autobiography of a Black American Exile*, Doubleday, 1971.（テリー・ホイットモア『兄弟よ俺はもう帰らない』、リチャード・ウェーバー編・吉川勇一訳、時事通信社、一九七五年七月）

ゲイリー・スナイダー「仏教と来るべき革命」（聞き手・片桐ユズル、鶴見俊輔）、「思想の科学」一九六七年一二月号

阿奈井文彦『ベ平連と脱走米兵』、文春新書、二〇〇〇年九月

鶴見俊輔「スナイダー——人間の原型に帰ろうとした詩人」（回想の人びと 20）、「潮」二〇〇二年三月号

本田良一『密漁の海で——正史に残らない北方領土』、凱風社、二〇〇四年六月

鶴見俊輔「アメリカの軍事法廷に立って」、「朝日ジャーナル」一九七〇年一二月二〇日号

鶴見俊輔「日本人の中にひそむ〈ほびっと〉」、中川六平『ほびっと　戦争をとめた喫茶店——ベ平連 1970-1975 in イワクニ』、講談社、二〇〇九年一〇月

鶴見俊輔『北米体験再考』

F. O. Matthiessen, *American Renaissance: Art and Expression in the Age of Emerson and Whitman*.（F・O・マシーセン『アメリカン・ルネサンス』上・下巻）

京都金東希を守る会『権利としての亡命を！——金東希問題を考える』、京都金東希を守る会、一九六八年七月

小野誠之「大村収容所——一九八九年一一月」、「朝鮮人——大村収容所を廃止するために」第二七号、一九九一年五月

鶴見俊輔「エル・コレヒオでの一年を終えて」、一九七三年九月、国際交流基金に提出した報告書（『鶴見俊輔集』11に収録）

鶴見俊輔「佐野碩のこと」（メキシコ・ノート 7）、「展望」一九七五年四月号

岡村春彦『自由人佐野碩の生涯』

石谷行「『弱い時にこそわたしは強い』——鶴見祐輔さんの最期」、『友情の人鶴見祐輔先生』

特集〈いま子どもはなにを〉、「思想の科学」一九七三年四月号

鶴見俊輔「分断」、室謙二編『金芝河——私たちにとっての意味』、三一新書、一九七六年九月

和辻哲郎『鎖国——日本の悲劇』、筑摩書房、一九五

〇年四月
鶴見俊輔「『鎖国』をめぐって――ある知識人の精神史」、鶴見俊輔『戦後思想三話』、ミネルヴァ書房、一九八一年七月

第五章　未完であることの意味　一二〇一五

鶴見俊輔「ドグラ・マグラの世界」
夢野久作『氷の涯』、春陽堂、一九三三年五月
鶴見俊輔・谷川健一「多義性の象徴を生み出す原思想」、『夢野久作全集』3、解説対談、三一書房、一九六九年八月
谷譲次『テキサス無宿』、改造社、一九二九年三月
鶴見俊輔「夢野久作を語る」、『夢野久作――快人Q作ランド』、夢野久作展実行委員会、一九九四年五月
鶴見俊輔「葦津珍彦――日本民族を、私よりはるかに深く愛した人」(回想の人びと　7)、「潮」二〇〇一年二月号
葦津珍彦「『愉しい話をしようよ』」、『鶴見俊輔集』5、月報、筑摩書房、一九九一年五月
鶴見俊輔「夢野一族の頌」、鶴見俊輔『隣人記』、晶文社、一九九八年九月
杉山龍丸「ふたつの悲しみ」、「声なき声のたより」第四三号、一九六七年一一月
鶴見俊輔『ひとが生まれる――五人の日本人の肖像』、筑摩書房、一九七二年七月
鶴見俊輔『いくつもの鏡――論壇時評　1974-1975』、朝日新聞社、一九七六年六月
鶴見俊輔『高野長英』、朝日新聞社、一九七五年九月
鶴見俊輔『柳宗悦』
鶴見俊輔・上野千鶴子・小熊英二『戦争が遺したもの』
柳宗悦「失われんとする一朝鮮建築のために」、「改造」一九二二年九月号
柳宗悦『朝鮮とその芸術』、叢文閣、一九二二年九月
鶴見太郎「衣笠大祓町の家」、「はなかみ通信」第五〇号、二〇一七年一月
横山貞子『日用品としての芸術――使う人の立場から』、晶文社、一九七九年八月
志賀直哉「リーチのこと」、「工藝」第二九号、一九三三年五月
『アントニン&ノエミ・レーモンド』、神奈川県立近代美術館鎌倉、二〇〇七年
The Japan Experience, edited, with an introduction, by Ronald Bell, Weatherhill, 1973.(『日本体験――知日外人18人の証言』〔ラナルド・V・ベル編著〕、水野潤一郎訳、日貿出版社、一九七四年一一月)

鶴見俊輔「買いもの考」、「朝日新聞」一九七八年一二月一八日
鶴見俊輔・粉川哲夫『思想の舞台——メディアへのダイアローグ』、田畑書店、一九八五年九月
橋本峰雄『性の神』、淡交社、一九七六年二月
橋本峰雄「風呂の思想」、「現代風俗」創刊号（「現代風俗'77」一九七七年一〇月）
鶴見俊輔『グアダルーペの聖母』、筑摩書房、一九七六年七月
『アジアが生みだす世界像——竹内好の残したもの』（鶴見俊輔編）、編集グループSURE、二〇〇九年五月
鶴見俊輔「竹内さんのこと——日録から」、「思想の科学会報」第八六号、一九七七年七月
埴谷雄高「時は武蔵野の上をも」、「現代思想」一九九四年一月号
鶴見俊輔『太夫才蔵伝——漫才をつらぬくもの』、平凡社、一九七九年一一月
ロバート・リケット「日米のはざまで、日本に生きて40年」その1・その2、「社会臨床雑誌」第二三巻第二号（二〇一五年一〇月）・第三号（二〇一六年二月）
鶴見俊輔「二つの国を見わたして」（心にのこる風景4）、「TBS調査情報」一九八三年二月号

鶴見俊輔『思い出袋』
『近代神社神道史』（神社新報社編）、神社新報社、一九七六年七月
葦津耕次郎翁還暦記念出版『あし牙』、葦牙会、一九四〇年二月
鶴見俊輔『戦時期日本の精神史 一九三一～一九四五年』、岩波書店、一九八二年五月
鶴見俊輔『戦後日本の大衆文化史 一九四五～一九八〇年』、岩波書店、一九八四年二月
Shunsuke Tsurumi, *An Intellectual History of Wartime Japan, 1931-1945*, KPI, 1986.
Shunsuke Tsurumi, *A Cultural History of Post-war Japan, 1945-1980*, KPI, 1987.
特集〈大学生にとって大学生とは何か〉、「思想の科学」一九八二年六月臨時増刊号
鶴見俊輔『デューイ』、講談社、一九八四年一二月
鶴見俊輔「二人の哲学者——デューイの場合と菅季治の場合」、『デューイ研究——アメリカ的考え方の批判』（思想の科学研究会編）、春秋社、一九五二年七月〔初出表題は「コミュニケイション」〕
鶴見俊輔・橋川文三・吉本隆明「すぎゆく時代の群像」
鶴見俊輔『たまたま、この世界に生まれて』
鶴見俊輔『夢野久作——迷宮の住人』、リブロポート、

一九八九年六月
沙門萠圓〔夢野久作〕「謡曲黒白談」、「黒白」一九一七年三月号〜一八年二月号
Lillian Hellman, *Scoundrel Time*, Little Brown and Co., 1976.（リリアン・ヘルマン『眠れない時代』、小池美佐子訳、サンリオ、一九七九年四月）
鶴見俊輔『アメノウズメ伝』、平凡社、一九九一年五月
鶴見俊輔『「思想の科学」私史』
『思想の科学研究会会員総名簿　入会記録　1946〜2017』、思想の科学研究会、二〇一七年一二月
鶴見俊輔『もうろく帖』、編集グループSURE、二〇一〇年六月
鶴見俊輔『「もうろく帖」後篇』、編集グループSURE、二〇一七年二月
鶴見俊輔「退行計画」
E. M. Forster, Philip Gardner ed., *Commonplace Book*, Stanford University Press, 1985.
鶴見俊輔・長田弘「方法としてのアレクサンドリア」、E・M・フォースター『アレクサンドリア』、中野康司訳、晶文社、一九八八年一二月
鶴見俊輔『竹内好――ある方法の伝記』、リブロポート、一九九五年一月
竹内好「中国人の抗戦意識と日本人の道徳意識」、「知性」一九四九年五月号
日高六郎「父の思い出」（聞き手・黒川創）、「思想の科学」一九八五年三月号
黒川創『日高六郎・95歳のポルトレ――対話をとおして』、新宿書房、二〇一二年一一月
和田円「鶴見さんの入院生活」、『鶴見俊輔集・続』2、月報、筑摩書房、二〇〇一年一月
三浦哲郎「長寿の哀しみ」、「新潮」一九九三年九月号
特集〈鶴見和子研究〉、「思想の科学」一九九六年二月号
鶴見直輔『サラリーマン　働きがいの研究――「これから」をどう生き抜くか』、PHP研究所、一九八二年八月
鶴見俊輔『かくれ佛教』、ダイヤモンド社、二〇一〇年一二月
『丸山眞男書簡集』5、みすず書房、二〇〇四年九月
和田春樹『アジア女性基金と慰安婦問題――回想と検証』、明石書店、二〇一六年一一月
鶴見俊輔『期待と回想』
鶴見俊輔『埴谷雄高』、講談社、二〇〇五年二月
鶴見俊輔『悼詞』、編集グループSURE、二〇〇八年一一月
ツルゲエネフ『散文詩』、生田春月訳、新潮社、一九一七年六月

鶴見俊輔『もうろくの春』、編集グループ〈SURE〉、二〇〇三年二月

高橋幸子「なぜ、『タヌキが好き』か」、『鶴見俊輔集・続』4、月報、二〇〇一年三月

内山章子『鶴見和子病床日誌』

横山貞子「アニミズムのほうへ」、「思想の科学会報」第一六四号、二〇〇七年四月

竹内好「日記」、『竹内好全集』第一六巻、筑摩書房、一九八一年一一月

竹内好「ともに歩みまた別れて」

鶴見俊輔「受身の力」、鶴見俊輔ほか『原発への非服従——私たちが決意したこと』、岩波ブックレット、二〇一一年一一月

鶴見俊輔「複数の自我」、「京都新聞」二〇一一年一一月一一日夕刊

鶴見俊輔「戦争のくれた字引き」

鶴見俊輔年譜

	鶴見俊輔と、その身辺	書籍など
一九二二（大正11）〔0歳〕	6月25日 誕生。父・鶴見祐輔、母・愛子。姉・和子（1918年生まれ）。住まいは、母方の祖父・後藤新平邸内、東京市麻布区三軒家町53番地（現在の東京都港区元麻布3丁目）。	
一九二三（大正12）〔1歳〕	2月26日 ――後藤新平の母・利恵、死去。 9月1日 ――関東大震災。	
一九二四（大正13）〔2歳〕	5月 ――祐輔、衆議院選出馬（岡山7区、落選）。 7月 ――祐輔、米国での「広報外交」に渡航（25年11月まで）。	
一九二五（大正14）〔3歳〕	3月19日 ――新平の姉・初勢、死去。 3月末 ――後藤新平、満洲・朝鮮へ外遊。孫の佐野碩（1905年生まれ）を伴う。満洲で張作霖と会談。	3月 宮尾しげを『団子串助漫遊記』（大日本雄弁会講談社）
一九二六（大15／昭和元）〔4歳〕	この年 ――祐輔、岡山7区の衆議院補欠選挙で再度の落選。	
一九二七（昭和2）	12月7日 ――後藤新平、神戸から大連行きの船に乗り、ハルビン経由でモスクワに向かう（翌28年1月、スターリンと2度の会見。帰還は28	

〔5歳〕	年2月）。	
一九二八（昭和3）〔6歳〕	2月 ——祐輔、衆議院議員に初当選（岡山1区）。 5月24日 ——妹・章子、生まれる。 6月4日 ——張作霖爆殺事件。	鶴見祐輔『英雄待望論』、50万部のベストセラー
一九二九（昭和4）〔7歳〕	4月 東京高等師範学校附属小学校に入学。 4月13日 ——後藤新平、死去。	鶴見祐輔『母』、24万部のベストセラー
一九三〇（昭和5）〔8歳〕	10月 大連、星ヶ浦公園に故・後藤新平の銅像が建造され、その除幕式に参列。一行は、新平の後嗣たる長男・一蔵とその娘（利恵子）、長女・愛子と、その子（和子、俊輔）。	
一九三一（昭和6）〔9歳〕	このころ 近所の中学生と組んで万引きをするようになる。 11月9日 ——横山貞子、群馬県富岡町（現在の富岡市）に生まれる。	
一九三二（昭和7）〔10歳〕	8月 ——祐輔、欧州を長期遊説の途上、ベルリンにてゲッベルスと会見。	
一九三三（昭和8）〔11歳〕	9月20日 ——弟・直輔、生まれる。	
一九三四（昭和9）〔12歳〕	秋 旧後藤新平邸の一角、麻布区桜田町38番地（現在の港区元麻布3丁目）に新築が成った鉄筋コンクリート3階建ての家に、一家で移る。	
一九三五（昭和10）	4月 府立高等学校尋常科に入学。	

〔13歳〕	
一九三六 （昭和11） 〔14歳〕	**2月26日**　——二・二六事件。 **5月**　——阿部定事件。 **7月**　府立高等学校尋常科を退学。 **9月**　府立第五中学校2年生に編入。 **この前後**　2度の自殺未遂と、3度の精神病院への入退院を経験する。
一九三七 （昭和12） 〔15歳〕	**7月**　府立第五中学校を退学。姉・和子とともに、オーストラリアで講演する祐輔に同行（10月に帰国）。 **12月**　祐輔とともに米国に渡り、これ以後、約3カ月、ワシントンなどに滞在。
一九三八 （昭和13） 〔16歳〕	**春**　祐輔に伴われ、ハーヴァード大学のシュレジンガー教授を訪ね、個人面談を受けて、米国留学の方針が決まる。都留重人を知る。 **6月**　——祐輔、「国民使節」として、妻・愛子、長女・和子を伴い、ニューヨークに滞在。 **9月上旬**　——ソ連を追放された佐野碩が、ヨーロッパ滞在を経て、ニューヨークに到着。エリス島の連邦移民収容所で拘留される。 **9月**　渡米して、マサチューセッツ州コンコードにある寄宿制の男子予備校ミドルセックス・スクールに入学。留学生活が始まる。
一九三九 （昭和14） 〔17歳〕	**秋**　ハーヴァード大学哲学科に入学。地元ケンブリッジのヤング家に寄宿する。
一九四〇 （昭和15） 〔18歳〕	**夏**　一時帰国、柳宗悦を駒場の自宅に訪ねる。 **夏の終わり**　米国に戻り、ロサンゼルス港の移民局で、一時、拘留される。 **秋にかけて**　エリセーエフとライシャワーによる日本語教科書づくりを、

姉・和子らと手伝う。

一九四一（昭和16）〔19歳〕

春 ウィリアム・ジェイムズを主題とする優等論文の準備を始める。
7月 ——米政府、在米日本資産の凍結を発表。
夏 ニューヨーク日本文化会館の日本図書館でアルバイト。そこでヘレン・ケラーに会う。
秋 ヤング家を離れ、ケンブリッジ市アーヴィング街43番地で、単身、下宿生活をはじめる。このころ喀血がはじまる。
11月下旬 若杉駐米公使からの帰国をすすめる手紙を受けとる。
12月7日 ——日米開戦（日本時間では12月8日）。
年末 国際赤十字に託して、日本の家族にあて、第3学年前期の成績がトップだったことを手紙で知らせる。

一九四二（昭和17）〔20歳〕

3月24日夕 FBIの捜査官がケンブリッジ市の下宿に来て、室内を捜索。連行、東ボストン移民局の留置場での拘留が始まる。未完成の優等論文も没収されるが、やがて返されて、夜ごと、留置場の便所で作成を続ける。
5月13日 エリス島の連邦移民収容所へ移送され、2晩を過ごす。
5月15日 メリーランド州のフォート・ミード収容所へ移送される。こののち、ハーヴァード大学から書簡があり、教授会で論文を審査し、卒業を認めて学位が授与されると伝えられた。
5月29日 交換船での帰国指名者の名簿が発表され、日本への帰国の意志確認に、帰国する、と答える。
6月1日 ——ニューヨークの姉・和子が、米国務省から電報で帰国の意志を問われ、帰国を決める。
6月10日 列車でニューヨークのマンハッタンに移動、移民局による検査と出国手続きの場所となるペンシルヴェニア・ホテルに入る。
6月11日 交換船、グリップスホルム号に乗船。同月18日深夜にニューヨーク港から出帆。同月25日、海上で20歳の誕生日を迎える。
7月20日 ポルトガル領東アフリカのロレンソ・マルケス（現在のモザンビークの首都マプト）に到着。同月22日、日本からの交換船・浅間丸とコンテ・ヴェルデ号が同地に到着。同月23日、日米双方からの船が、帰還者を交換。同月26日、浅間丸とコンテ・ヴェルデ号、日本に向けて出帆。
8月9日 乗船する浅間丸が昭南港（シンガポール）に途中寄港。翌日、陸軍軍政顧問の永田秀次郎に迎えられる。同月11日、横浜に向け出帆。
8月19日 浅間丸は館山沖に碇泊し、乗り込んできた憲兵隊などから、各人が厳しい取調べを受ける。
8月20日 午前8時前、浅間丸が横浜港に到着、両親の出迎えを受ける。
8月25日 徴兵検査を受け、第二乙種で合格。

一九四三（昭和18）〔21歳〕
2月初め 海軍軍属のドイツ語通訳として、神戸港からドイツ軍の封鎖突破船に乗り込み、インドネシアのジャカルタに向かう。到着後、ジャカルタ在勤海軍武官府に着任。

一九四四（昭和19）〔22歳〕
3月 英国商船ビハール号を日本海軍が撃沈。捕虜となったポルトガル領ゴア原籍のインド人男性が発病し、同僚の軍属に殺害命令が下る。
このころ 結核性の胸部カリエスが悪化して、ジャカルタの海軍病院で2度の手術を受ける。その後、内地に帰されることが決まったが、昭南港まで来たところで、米海軍の機動部隊が近海で活動しているため出港が困難で、滞留が続く。結局、昭南島の海軍通信隊に配属されて、翻訳の仕事につく。
12月初め 練習巡洋艦「香椎」で、門司に帰還。

一九四五（昭和20）
4月 横浜・日吉の軍令部の翻訳部署に勤務。
6月 腹膜炎が悪化し、軍令部を休職。父・祐輔、姉・和子が疎開して

『哲学の反省』の原稿を書きはじめる。

〔23歳〕	いた熱海の借家で療養にあたる。 **8月15日** 敗戦。天皇のラジオ放送を聞く。 **12月** 和子からの提案で、自分たちで雑誌を刊行してはどうかと話しあう。 **年末** 占領軍在勤のフィリップ・セルズニックが軽井沢に俊輔を訪ねる。	
一九四六 （昭和21） 〔24歳〕	**1月4日** ――祐輔が公職追放の対象に指定される。 **1月7日** 姉・和子と、銀座の山叶ビルで、新雑誌創刊への手はずを決める。 **2月6日** 日比谷・市政会館で雑誌創刊準備のための初の編集会議を開く。この月のうちに、雑誌のタイトルを「思想の科学」と決める。 **5月15日** 「思想の科学」を創刊。 **5月なかばすぎ** 軽井沢に滞在中、近所のリトアニア人の医師から電話があり、白系ロシア人の少年にハンセン病の疑いがあるので、県の医務官に説明するため通訳をしてほしいと頼まれる。少年にはハンセン病との診断が下る。	4月 『哲学の反省』（先駆社） 5月 「言葉のお守り的使用法について」（「思想の科学」創刊号）
一九四七 （昭和22） 〔25歳〕	**9月** ――鶴見家は世田谷区成城に一軒家を購入。数年ぶりに、一家で揃って暮らせる家となる。	
一九四八 （昭和23） 〔26歳〕	**春** 桑原武夫から、京都大学人文科学研究所に新設する西洋部の助教授に誘われ、応諾する。 **7月15日** 竹内好、武田泰淳ら中国文学仲間が会合する、銀座・菊正ビルに出向く。竹内との初対面。 **11月** 米国から人文科学顧問団を迎えての関西地方合同の会議で、京大側の通訳を務める。	
一九四九	**4月** 京大人文科学研究所助教授に就任。まもなく、共同研究「ルソー	

(昭和24) 〔27歳〕	研究」始まる。 **7月**　「思想の科学研究会」が発足。	
一九五〇 (昭和25) 〔28歳〕	**4月**　――妹・章子が内山尚三と結婚。 **このころ**　熱海に滞在中の丸山眞男を訪ね、「思想の科学」の運営について相談する。第1次「思想の科学」は通巻22号(50年4月)をもって、実質的に刊行を終える。 **10月**　――父・祐輔、公職追放が解除となる。	1月　『アメリカ哲学』(世界評論社)
一九五一 (昭和26) 〔29歳〕	**この年**　米国スタンフォード大学フーバー研究所から、客員研究員として招致したいとの打診があり、応諾する。 **5月**　――京大の春季文化祭で、医学部・理学部の学生が、原爆についての展示を行なう。 **5月**　鬱状態に陥り、桑原武夫と相談の上、のちに休職する。 **7月**　――京都駅前の丸物百貨店で、京大同学会が「綜合原爆展」を開催。3万人の入場者を集める。 **秋ごろ**　神戸の米国領事館が入国ヴィザを発給せず、スタンフォード大学への赴任を断念する。 **年末近く**　精神科医・井村恒郎の診断のもとに、入院して、鬱病に対する持続睡眠療法を受ける(翌52年1月に退院)。	6月　桑原武夫編『ルソー研究』(京都大学人文科学研究所報告、岩波書店)
一九五二 (昭和27) 〔30歳〕	**1月**　実家を離れて暮らすことに踏みきる。 **春**　京大人文研に復職。 **4月28日**　――GHQによる日本占領が終わる。 **この夏から**　京大生・西村和義からもちかけられた「帰郷運動」に参加。鳥取県、翌年には島根県で、数多くの講演会や座談会を開く。 **このころ**　京都で、多田道太郎らと、市井の人々からの聞き書きをする「庶民列伝の会」を始める。	

一九五三 （昭和28） 〔31歳〕	**1月** 第2次「思想の科学」にあたる「芽」を創刊。 **4月** ――父・祐輔が参議院選挙で当選。政界に復帰。 **暮れ** ――横山貞子（同志社女子大学英文科4年生）が「庶民列伝の会」に参加。	2月 『哲学論』（創文社）
一九五四 （昭和29） 〔32歳〕	**5月** 第3次「思想の科学」を講談社から創刊。 **12月** 東京工業大学助教授に就任。これに先立ち、「転向研究会」を始めることを告知（11月初会合）。 **12月** ――父・祐輔が第一次鳩山一郎内閣に入閣。厚生大臣となるが、一カ月半で衆議院解散。在職は3カ月で終わる。	3月 『大衆芸術』（河出新書） 6月 桑原武夫編『フランス百科全書の研究』（京都大学人文科学研究所報告、岩波書店）
一九五五 （昭和30） 〔33歳〕	**春** 「サンデー毎日」3月13日号にスキャンダル記事が出る。 **この年から** ハンセン病療養施設・長島愛生園で刊行される雑誌「愛生」で、〃文芸祭〃の評論部門選者を受けもつ（1969年まで）。	
一九五六 （昭和31） 〔34歳〕	**5月** ――母・愛子が死去。60歳。	11月 久野収との共著『現代日本の思想』（岩波新書）
一九五七 （昭和32） 〔35歳〕	**3月下旬** ――ハーヴァード大学経済学部の客員教授として滞米中の都留重人が、米国上院治安委員会による喚問に召致される。4月4日、駐エジプトカナダ大使のハーバート・ノーマンが自殺。	
一九五八 （昭和33） 〔36歳〕		5月 『アメリカ思想から何を学ぶか』（中央公論社）
一九五九 （昭和34） 〔37歳〕	**1月** 第4次「思想の科学」を中央公論社から創刊。 **2月** 紙芝居作者の加太こうじから、電車のなかで声をかけられ、付き合いが始まる。	1月 『共同研究 転向』（全3巻、平凡社、～62年4月） 5月 久野収、藤田省三との共著『戦

11月 ――父・祐輔が脳梗塞で倒れる。

後日本の思想』（中央公論社）
12月『誤解する権利』（筑摩書房）

一九六〇（昭和35）〔38歳〕

5月19日 ――米国との新安保条約が、衆議院において自民党単独で強行採決される。
5月30日 東工大に辞表を提出する。
6月4日 「声なき声の会」の最初のデモ行進に加わる。
6月15日 ――安保闘争のなか、衆議院南通用門内で警官隊による暴行の下で、東大生・樺美智子が死亡した。
6月18日 ――深更、新安保条約が「自然承認」される。
秋 同志社大学での講演に出むく。
11月9日 横山貞子と結婚。
12月 瀬戸内海のハンセン病療養施設・長島愛生園に、横山と「新婚旅行」。鬱の症状が出はじめ、このあと、ひきこもる。

11月 座談会「現代におけるインテリの生き方」（「同志社学生新聞」1960年11月15日号）
11月 深沢七郎「風流夢譚」（「中央公論」12月号）

一九六一（昭和36）〔39歳〕

1月 谷中初音町（現在の台東区谷中3丁目）に6畳一間のアパートの部屋を借り、新居とする（9月末まで）。
2月1日 ――右翼の少年が、中央公論社社長・嶋中鵬二宅に押し入り、お手伝いの女性を刺殺し、嶋中夫人に重傷を負わせる（嶋中事件）。
9月 同志社大学文学部社会学科新聞学専攻の教授となる。
12月26日 「思想の科学」天皇制特集号（1962年1月号）を中央公論社側が通告なしに販売中止を決め、断裁処分したことを受け、思想の科学研究会の評議員会に出席する。

3月 ライト・ミルズ『キューバの声』（翻訳、みすず書房）
9月『折衷主義の立場』（筑摩書房）
10月『廃墟の中から』（筑摩書房、「日本の百年」2）
12月『新しい開国』（筑摩書房、「日本の百年」1）

一九六二（昭和37）〔40歳〕

1月31日 京都の甘味処・大原女家で「家の会」最初の会合を開く。
2月25日 思想の科学研究会の臨時総会で、思想の科学社を設立、第5次「思想の科学」の自主創刊に踏みきることを決める。
3月30日 第5次「思想の科学」復刊1号（4月号）特集〈天皇制〉を

	刊行する。 **8月15日** 安田武、山田宗睦と、毎年この日、交代で丸坊主になることにする（これから15年間続ける）。 **9月** ——姉・和子がプリンストン大学大学院に留学する。 **11月** 同志社大学で、駐日大使ライシャワーらとの討論会に出席。	10月「ドグラ・マグラの世界」（『思想の科学』1962年10月号）
一九六三 （昭和38） 〔41歳〕	**初夏** 東京で待ち合わせた元ハンセン病患者のコンスタンチン・トロチェフが、神田美土代町のＹＭＣＡで宿泊拒否をうける。翌日、そのことを同志社大学のゼミの学生たちに話したことから、ハンセン病快復者の宿泊施設「むすびの家」建設の動きが始まる。	1月「黒岩涙香」（『20世紀を動かした人々』第8巻、講談社）
一九六四 （昭和39） 〔42歳〕	**夏** 葛飾区金町の住まいから、父・祐輔が療養中の練馬区関町、鶴見和子の留守宅に移る。	2月『御一新の嵐』（筑摩書房、「日本の百年」10）
一九六五 （昭和40） 〔43歳〕	**4月初め** 米軍による北ベトナム爆撃を受けて、ベトナム戦争反対の市民運動を起こそうと、作家・小田実にリーダー役を依頼し、応諾を得る。高畠通敏と3人で会って、「ベ平連」（ベトナムに平和を！市民・文化団体連合）との名称が決まる。 **4月24日** ベ平連最初のデモを行なう。清水谷公園から土橋まで。 **5月22日** ——京都ベ平連、最初の集会。 **7月13日** 長男・太郎生まれる。 **8月14日** ベ平連による「徹夜ティーチ・イン」を司会し、東京12チャンネルで生中継される。	
一九六六 （昭和41） 〔44歳〕	**春** 京都・衣笠に転居。姉・和子は帰国し、練馬区関町の留守宅に戻り、成蹊大学助教授に就任。 **6月2日〜14日** ベ平連によるハワード・ジンとラルフ・フェザーストト	

年	事項	著作
	ーンの日本列島を縦断する講演キャラバンに、通訳として同行する。 **6月29日** 米軍機が北ベトナムのハノイとハイフォン地区を爆撃。これへの抗議行動として、翌30日から「非暴力反戦行動委員会」のメンバーで米国大使館前で座り込みを行なう。 **9月29日** ——佐野碩、メキシコの自宅で死亡しているのが見つかる。61歳。	
一九六七 （昭和42） 〔45歳〕	**10月28日** 脱走米兵が現れたとの急報が、東京のべ平連から京都の自宅に入る。 **10月31日** 米空母イントレピッドからの4人の脱走米兵とともに記録映像で証言し、のちに映画「イントレピッドの四人」として公開される。 **11月11日** ——4人の脱走兵はバイカル号に乗りこみ、横浜港から出国。	1月『限界芸術論』（勁草書房） 7月『日常的思想の可能性』（筑摩書房）
一九六八 （昭和43） 〔46歳〕	**8月** ——京都べ平連が「反戦と変革に関する国際会議」を3日間にわたり開催。 **10月** ——脱走兵援助に米兵を装うスパイがまぎれこむ。のち脱走兵援助に携わっていた山口文憲が巻きぞえ逮捕される。	4月『不定形の思想』（文藝春秋）
一九六九 （昭和44） 〔47歳〕	**7月** 京都べ平連代表の飯沼二郎が雑誌「朝鮮人」を創刊、その同人に加わる（のちに第21号からは、鶴見自身の個人雑誌として引き継ぐ）。	5月『語りつぐ戦後史』（全3巻、思想の科学社、〜70年8月）
一九七〇 （昭和45） 〔48歳〕	**春** 学園紛争に対する機動隊導入に同意できないとして、同志社大学教授を辞職。 **12月9日** 脱走米兵ユーイングの軍事法廷で証言する。	7月「オーウェルの政治思想」（『オーウェル著作集』第1巻解説、平凡社）
一九七一 （昭和46） 〔49歳〕	**5月5日** ——岩国基地近くの今津川で、べ平連が凧揚げで米軍機を止める催しを行なう。	8月『北米体験再考』（岩波新書）

一九七二（昭和47）〔50歳〕	**2月** ——岩国基地近くに反戦コーヒーハウス「ほびっと」が開店。マスターは中川六平。 **6月〜7月** 金芝河の投獄反対の署名簿を携え、軍事政権下の韓国に出むく。 **9月初め** メキシコのエル・コレヒオ・デ・メヒコ東洋研究センターで客員教授をつとめる（73年6月まで）。	7月『ひとが生まれる』（筑摩書房）
一九七三（昭和48）〔51歳〕	**このころ** 柳兼子（宗悦夫人）を三鷹の自宅に訪ねる。 **10月下旬** 阿伊染徳美の案内で、岩手県の花巻・北上・水沢を歩く。 **11月1日** ——父・祐輔死去。88歳。 **11月6日** ——三田・普連土学園講堂で、祐輔の告別礼拝式。	5月『漫画の戦後思想』（文藝春秋）
一九七四（昭和49）〔52歳〕	**1月** 朝日新聞「論壇時評」を担当する（75年12月まで）。	
一九七五（昭和50）〔53歳〕	**春** 京都市左京区岩倉長谷町に自宅を新築して、転居。	5月『鶴見俊輔著作集』（全5巻、筑摩書房、〜76年1月） 9月『高野長英』（朝日新聞社） 9月『私の地平線の上に』（潮出版社）
一九七六（昭和51）〔54歳〕	**9月** 現代風俗研究会を多田道太郎、橋本峰雄らと発足させる。初代会長は桑原武夫。	7月『グアダルーペの聖母』（筑摩書房）
一九七七（昭和52）〔55歳〕	**3月3日** ——竹内好、死去。66歳。	

一九七九（昭和54）〔57歳〕	**9月** カナダ、モントリオールのマッギル大学で連続講義（翌年4月まで）。 **年末** 90歳となったヤング夫人、次男チャールズにモントリオールで再会。	8月 横山貞子『日用品としての芸術』（晶文社） 11月『太夫才蔵伝』（平凡社）
一九八〇（昭和55）〔58歳〕		5月『文章心得帖』（潮出版社）
一九八一（昭和56）〔59歳〕		4月『戦後を生きる意味』（筑摩書房） 7月『戦後思想三話』（ミネルヴァ書房）
一九八二（昭和57）〔60歳〕	**4月** 朝日新聞書評委員をつとめる（92年3月まで）。	4月『家の中の広場』（編集工房ノア） 5月『戦時期日本の精神史』（岩波書店） 「思想の科学」特集〈大学生にとって大学生とは何か〉（6月臨時増刊号）
一九八三（昭和58）〔61歳〕	**3月** 雑誌「朝鮮人」第21号から、自身の個人雑誌として刊行するにあたって、版元の〝朝鮮人社〟を京都市左京区岩倉長谷町の自宅に移す。	
一九八四（昭和59）〔62歳〕		2月『戦後日本の大衆文化史』（岩波書店） 4月『絵葉書の余白に』（東京書籍） 12月『デューイ』（講談社）

一九八五（昭和60）〔63歳〕		10月『テレビのある風景』（マドラ出版）
一九八九（昭64／平成元）〔67歳〕		1月『思想の落し穴』（岩波書店） 6月『夢野久作』（リブロポート） 7月『再読』（編集工房ノア）
一九九〇（平成2）〔68歳〕	9月 ——思想の科学社代表取締役が、加太こうじから上野博正に交替。	12月 久野収との共著『思想の折り返し点で』（朝日新聞社）
一九九一（平成3）〔69歳〕	5月 雑誌「朝鮮人」を第27号で終刊させる。韓国・朝鮮人を収容する施設としての大村収容所が機能を終え、この雑誌の刊行目的を果たした。 5月 ——思想の科学社、新宿百人町の「上野ビル」に移転。	1月『言葉はひろがる』（福音館書店、絵・佐々木マキ） 3月『らんだむ・りいだあ』（潮出版社） 4月『鶴見俊輔集』（全12巻、筑摩書房、～92年3月） 5月『アメノウズメ伝』（平凡社）
一九九二（平成4）〔70歳〕	2月3日『もうろく帖』をつけはじめる。	
一九九三（平成5）〔71歳〕	8月 小脳梗塞で入退院をくりかえす（翌年4月に最終的な退院）。	
一九九四	9月 大腸癌が見つかり、手術を受ける。	

（平成6）〔72歳〕	10月25日　退院。	
一九九五（平成7）〔73歳〕	12月24日　——姉・和子が練馬区関町の自宅にて、脳出血で倒れる。	1月『竹内好』（リブロポート）
一九九六（平成8）〔74歳〕	2月15日　——弟・直輔、死去。62歳。 4月「思想の科学」を5月号で終刊させる。 8月15日　——丸山眞男、死去。82歳。	1月『鶴見俊輔座談』（全10巻、晶文社、〜同年10月）
一九九七（平成9）〔75歳〕	2月19日　——埴谷雄高、死去。87歳。	8月『期待と回想』（上・下巻、晶文社） 11月　木村聖哉との共著『「むすびの家」物語』（岩波書店）
一九九八（平成10）〔76歳〕		9月『隣人記』（晶文社）
一九九九（平成11）〔77歳〕	春「家の会」の活動を閉じる。	10月『思想の科学総索引　1946-1996』（思想の科学社） 10月『教育再定義への試み』（岩波書店）
二〇〇〇（平成12）〔78歳〕		11月『鶴見俊輔集・続』（全5巻、筑摩書房、〜01年6月）
二〇〇一（平成13）	9月11日　——米国でアル＝カイダによる同時多発テロ起こる。	

〔79歳〕		
二〇〇二（平成14）〔80歳〕	1月 ――上野博正、死去。67歳。	1月 『鶴見俊輔と中学生たち』（みんなで考えよう1～3、晶文社、～同年5月） 12月 『回想の人びと』（潮出版社）
二〇〇三（平成15）〔81歳〕		2月 詩集『もうろくの春』（編集グループ〈SURE〉）
二〇〇四（平成16）〔82歳〕	6月10日 「九条の会」を発足させる。	3月 上野千鶴子・小熊英二との共著『戦争が遺したもの』（新曜社）
二〇〇五（平成17）〔83歳〕		2月 『埴谷雄高』（講談社） 8月 『源流から未来へ――「思想の科学」五十年』（思想の科学社）
二〇〇六（平成18）〔84歳〕	7月31日 ――姉・和子、死去。88歳。 10月23日 和子の遺志に沿い、和歌山沖で散骨する。	1月 「セミナーシリーズ 鶴見俊輔と囲んで」（全5巻、編集グループ〈SURE〉、～同年9月） 3月 『日米交換船』（新潮社）
二〇〇七（平成19）〔85歳〕		4月 吉岡忍との共著『脱走の話』（編集グループSURE） 6月 『たまたま、この世界に生まれて』（編集グループSURE） 7月 『鶴見俊輔書評集成』（全3巻、みすず書房、～同年11月）

二〇〇八（平成20）〔86歳〕	**12月6日** 京都・京大会館でシンポジウム「竹内好の残したもの」を開く。	3月 「シリーズ鶴見俊輔と考える」（全5巻、編集グループSURE、〜同年11月） 11月 『悼詞』（編集グループSURE）
二〇〇九（平成21）〔87歳〕	**2月** 心房細動のため入院（同年5月まで、2度にわたる）。	1月 『「思想の科学」ダイジェスト1946〜1996』（思想の科学社） 7月 『不逞老人』（河出書房新社） 10月 森毅との共著『人生に退屈しない知恵』（編集グループSURE） 12月 『言い残しておくこと』（作品社）
二〇一〇（平成22）〔88歳〕		3月 『思い出袋』（岩波新書） 3月 『ちいさな理想』（編集グループSURE） 12月 『かくれ佛教』（ダイヤモンド社）
二〇一一（平成23）〔89歳〕	**3月11日** ——東日本大震災。福島第一原発事故。 **6月4日** 「九条の会」の集い（日比谷公会堂）で、「受身の力」と題した講演を行なう。 **10月27日** 脳梗塞で倒れる。	8月 『象の消えた動物園』（編集工房ノア） 11月11日 「複数の自我」を「京都新聞」夕刊に発表
二〇一二（平成24）〔90歳〕	**4月** 退院、帰宅。言語リハビリを受けながら、読書などは変わらず続ける。	3月 『日本人は状況から何をまなぶか』（編集グループSURE） 9月 『鶴見俊輔コレクション』（全4巻、河出書房新社、〜13年10月）

二〇一三（平成25）〔91歳〕		10月『流れに抗して』（編集グループSURE）
二〇一四（平成26）〔92歳〕		12月『鶴見俊輔全詩集』（編集グループSURE）
二〇一五（平成27）〔93歳〕	**7月20日** 夜10時56分、京都市左京区の民医連第二中央病院で死去、93歳。	12月『「思想の科学」私史』（編集グループSURE）

（協力　瀧口夕美）

あとがき

鶴見俊輔の晩年、八〇歳を過ぎたころから、泊まりがけの所用などに同行する機会が増えた。以前は、重いボストンバッグ（対談相手の著書などに付箋をたくさん貼りつけ、いつもどっさり持ち歩いていた）を提げ、どこにでも一人で出向いていく人だった。荷物をお持ちしましょう、席を譲りましょう、と勧められても、頑なに辞退していた。

だが、相次ぐ大病と手術をはさんで、足取りはじょじょにおぼつかなくなり、耳も遠くなる。それでも、この人は出歩くことをやめない。講演などの依頼された仕事だけでなく、自分からも新たな共同の計画を発案し、人に呼びかけ、さらなる実行に出ようとした。

とはいえ、混みあう駅のコンコースの雑踏で、先を急ぐ旅行者にぶつかられるのはこわい。背後から押されたりして、よろけると、もはや体勢を立てなおすのも難しい。

私は、そのころ東京で暮らしていた。だから、京都から鶴見が出向いてくるときには、互いの都合が合えば、東京駅の新幹線のプラットホームで待ち受け、所用先やホテルまで送る。そんなおりにも、電車やタクシーのなか、ホテルのロビーなどで、鶴見は、目下考えていること、思いだす過去の出来事などをあれこれと話していた。メモでも残しておけばよかったのかもしれないが、たぶん、いまでは多くのことが私の記憶からも消えている。

二〇〇七年秋、伊豆のシニアハウスの好意によって、思想の科学研究会の地方集会を一泊二日の日程で開いたときには（雑誌「思想の科学」が終刊しても、研究会の活動は続いている）、三島駅の新幹線プラットホームで八五歳の鶴見と落ち合った。ちょうど昼どきで、いったん改札口を出て、繁華街の広小路にある古くからの鰻屋に案内した。席が空くまで、しばらく店先で待たされたのだが、鶴見は格子戸ごしに幾度も爪先立ちするように伸び上がり、「うまそうだなあ、……うまそうだ」とつぶやきながら、店内の様子をうかがった。

三島広小路駅から伊豆箱根鉄道の電車で修善寺駅へ、さらにタクシーに乗り継ぎ、山間の川沿いにあるシニアハウスに到着した。午後から研究会の発表や討議が始まり、初日のプログラムが終わると、入浴、食事して、その後も食堂で歓談の輪の中心に鶴見はいた。そうするうちに、夜もかなり更けていた。

相部屋で夜通し四方山話に付き合わせることになるのが心配で、鶴見には外来者用のシングルルームをあてがってもらっていた。部屋まで同行すると、彼はもう言葉数も少なく、持参した寝衣に着替え、薬を飲んで、入れ歯を外し、ベッドのなかに仰臥した。

翌朝の食事の場所は、ここから少し離れている。「朝、お迎えに来ますから」と言い置き、部屋を去った。

――あくる朝、鶴見の部屋のドアを軽くノックし、返事がないので、施錠されていないのを確かめ、室内に入った。前夜と同じ仰向きの姿勢で、目を閉じ、かすかな寝息をたて、彼は眠っていた。掛け布団やカヴァーは整ったままで、寝返りさえ打たずにいたようだ。少し時間を置いて、出直してみたのだが、やはり彼は同じ姿でなお眠っていた。本来は神経がこまやかで、こんなふうに他人が寝室に出入りすれば、すぐに目覚めるたちであったろう。眠りつづける姿に、前日からの旅と行事で老軀に溜まった疲労の深さが思いやられた。

さらにもう一度出直したときにも、まだ眠っていた。部屋の椅子に、そのまま腰を下ろして、目覚めを待つことにした。

やがて、彼は目を覚ます。

「もし、あのとき自分があああいうことをしなければ、状況はいまとは違っていただろうに……」

ものを考えるときには、なにがしか、悔恨に似た記憶の断片がまといつく。

こうした思い自体は、いわば、事実に反する条件命題、つまり反事実的条件命題だと言えるだろう。鶴見は、米国の大学で哲学をまなんだおりに、その種の命題は実証不可能なものなので、ニセ問題とみなして問題の領域から斥けておくのが賢明だと、カルナップから教わった。

けれど、だとすれば、こうした精緻な論理実証主義に立つ哲学は、つまるところ、最初から解きうる問題だけを対象としていることにならないか？　現実は、むしろ反対で、ある状況のなか、いま自分はどんな行動を取るべきだろうかと悩むとき、これからの行動に取るべき方向を示してくるのは、脳裏にまといつく反事実的条件命題であるとも思える。戦争中の自分の行動（というより、無行動）を思い起こすと、今度こそ、もう少しはっきり自分の意志を示して、戦争には反対、と言えるようでありたいと感じる。こうした初発のぼんやりとした考えをあらかじめ斥けてしまっては、哲学は、その根を断たれてしまうのではないか。六〇年安保のさなか、まだ三〇代のあるとき、そうしたことに彼は気づく。（鶴見俊輔「いくつもの太鼓のあいだにもっと見事な調和を」）

ここが、カルナップ流の哲学と最後の別れをなす場所だった。方法論にこれを照らせば、鶴見自身の仕事が、分析的な手法から、例示的な手法へと移る、分水嶺にもあたっていた。

「戦争中、自分に捕虜殺害の命令が下っていたら、それを拒み通すことなどできただろうか？」

この自問は、戦後七〇年間、彼のなかに生きつづける。それを拒めたかは、疑わしい。だからこそ、「敵を殺せ」と人に命じる国家という制度への憎しみと懐疑が、彼のなかで消えずに残る。状況のなかで考える――と、よく彼は言う。「状況」とは、歴史のただなかに身を置く、現在という場所のことだろう。

過去に属する歴史（回想の次元）と、未来に属する歴史（期待の次元）がある。「回想の次元」については、結果を知り得ているので、批判も論評も下しやすい。だが、「期待の次元」は、まだ見ぬ不安と不確実性のなかにある。二つの次元を混同することなく、世界に目を向けることが必要だ。こうした歴史の見方について、鶴見は、米国の人類学者ロバート・レッドフィールド（一八九七―一九五八）の *The Little Community*（一九五五年）から示唆を得た。そこには、ごく小さな共同体《コミュニティ》社会を考察するときにも歴史的方法を適用して、そこから世界総体をとらえていく階梯が示されていた。この本に協力した哲学者で人類学者のミルトン・シンガー（一九一二―九四）が、あるとき鶴見を訪ねてきて、出版直前の同書のゲラ刷りを手渡してくれたのだという。

伊豆での思想の科学研究会、地方集会の二日目午前中のプログラムを終えると、休憩時間中に鶴見俊輔を促し、その夏に亡くなった心理学者・河合隼雄（一九二八―二〇〇七）についての回想を口述でＩＣレコーダーに記録した。ある雑誌から寄稿を頼まれたのだが、いまの体力では京都に戻って書くより、口述したものに筆を入れるほうが、負担が少ないように思われた（鶴見は口述の原稿などにはわずかしか手を加えない)。

「そうしてもらうと、助かるな」

とつぶやき、しばらく宙をにらんで考えをまとめると、二〇分あまり、いつもより小さな声で、河合隼雄について彼は話した。

鶴見俊輔の年少の友人たちが、今世紀に入ってからも、次つぎに彼を追いぬくように世を去っていた。思想の科学社を一緒に支えた上野博正(一九三四―二〇〇二)、声なき声の会や雑誌「思想の科学」の自主創刊をリードしてきた高畠通敏(一九三三―二〇〇四)、そして、この夏には河合に一〇日あまり遅れて、ベ平連や九条の会の中心を担った小田実(一九三二―二〇〇七)も。彼らは、いずれも、いつかわが手で鶴見の葬式を挙げるつもりでいたはずの面々である。追い越されて、見送る鶴見の側の寂寥も深かった。

思想の科学研究会の地方集会の日程は、あとは午後から自由参加で伊豆半島の各所を巡るバスツアーだけになっていた。鶴見も参加するとのことだったが、いちおう念のため、

「午後のバスツアーはキャンセルして、われわれは早めに帰ることにしませんか?」

と勧めてみた。

すると、意外にも、

「そうだな。……そうしよう」

と、あっさり鶴見は同意した。

修善寺駅までタクシーを頼んだが、三〇分ほど待ってほしいとのことだった。天気も良いので、また中庭のベンチに腰を下ろし、われわれは待つことにした。

鶴見俊輔は、このとき、最近読み返したらしい、好きな英国作家クリストファー・イシャウッド

（一九〇四―八六）の ***Kathleen and Frank***（一九七一年）について話しはじめた。イシャウッドは、二〇世紀英国を代表する作家の一人として知られながらも、日本で翻訳された作品は、映画「キャバレー」の原作となった『さらばベルリン』(*Goodbye to Berlin*) ほか、わずかしかない。***Kathleen and Frank*** も訳書は未刊のままである。だが、鶴見は、この作品への愛着がとりわけ深いようで、過去にも幾度か、これに触れて書いている。

キャスリーンとフランクとは、イシャウッド自身の母と父。母キャスリーンは、娘時代から欠かさず日記をつける人だった。父のフランクは軍人で、余儀なく引き延ばされた二人の独身時代も通して、戦地などからキャスリーンに手紙をよく書いた。この両親の没後、ときを隔てて息子クリストファーがそれらの日記や手紙類の整理にあたったことから、その本は生まれた。母キャスリーンの日記と、父フランクからの手紙が、代わる代わる現われて、それぞれの生涯の姿を浮かび上がらせる。

父フランクは、第一次世界大戦下の一九一五年五月、息子クリストファーがまだ一〇歳のとき、ベルギーで戦死した。「英雄」の息子としてクリストファーは寄宿制の学校で賞賛を浴びるが、ゲイとしての自覚が早くからあった彼には、これに対して、そぐわない感じが残る。一方、母キャスリーンは、長じた息子の同性愛に同調するところがなく、母子の静かな葛藤が深まる（それでも彼女は、クリストファーの著作を熱心に読み、彼が反戦的な行動を取ることについても誇りとするところがあった）。キャスリーンは、夫の没後も再婚せず、名誉の戦死をとげた軍人の妻として敬われ、また、やがて米国に移り住んだ息子クリストファーには自分の暮らしについて頼らずに通して、さらに半世紀近い長命をたもった。

クリストファーは、母の没後、自分自身も老境に差しかかりながら両親の日記や手紙を整理しはじめ、模範的な軍人として生きたわけではなかった父の姿を、そこに見いだす。

「――戦場で編み物をしていたっていうんだよ」

目を大きく見開いて、鶴見は笑った。

父フランクは、砲弾が炸裂するただなかの塹壕で、平静を保つために、編み物を続ける。それを妻に伝える手紙の文面に、ヴィクトリア朝育ちの型通りの英国紳士像には収まりきらない、べつの一人の男の姿が見えてくる。

一九一五年春、フランクは、さらに妻への手紙に書いている。――《クリストファーが自分自身をたもって、個性を生かし、思うとおりの道を進んでいくかぎり、何を学ぶかはたいして問題ではないと思う。》

彼は妻キャスリーンに向けて、息子を無理に軍人にする必要はない、と伝えていた。

半世紀を越え、これを読み、クリストファーは、父親が呼びかけてくる声を聞く。

「私のように生きようとするな。私がなれなかったすべてのものになってほしい。私がしたくても決してできなかったこと、私がおそろしくてできなかったことをふくめて、そのすべてをしてみなさい。もしきみが、それがどういうことかさがしあてられるなら。世間が君に父にふさわしい息子であれという、そういう息子だけには決してならないようにしなさい。そういう息子はうんざりだ。私の求めるのは息子の道からはずれた息子だ。世間をおどろかせて、みなの見ている前で私の名をはずかしめるような息子になってほしい。それを私は見ていて、拍手をおくるだろう」（鶴見俊輔「イシャウッド――小さな政治に光をあてたひと」での訳出による。）

母のキャスリーンは、九一歳まで生きた。没するのは、一九六〇年六月一五日。極東の日本では、六〇年安保闘争のなか、国会構内で樺《かんば》美智子という名の女子学生が生命を奪われた日であった。

私から見れば、*Kathleen and Frank* は、一つの「家」に満ちた過剰なほどの愛をめぐる、すれ違いと誤解、遁走、そして、長い時間を要した再会と和解の物語である。いたるところにありそうで、しかも、一つひとつの「家」での愛の持て余しかたは、それぞれに違っている。だが、鶴見俊輔は、たしかに、そこのなかから現われてきて、最後のときまで、そこに残るものへと惹かれていた。

この時期、私に、本書『鶴見俊輔伝』の執筆を促したのは、故人を身近に知る人びとが、急速に少なくなりつつあるという現実だった。こうした事情は、以前、大逆事件の犠牲者（大石誠之助）の親類で、文化学院の創設者・西村伊作の伝記（『きれいな風貌——西村伊作伝』）執筆を決心したときにも似たものがあった。そのときは、伊作の子どもたちが、すでに高齢に達していた。伊作の次女・坂倉ユリの訃報（二〇〇七年、九五歳で没）に接し、もう残る時間がないのだと思い至って、稿を起こすことにした。

伝記作者として、恐れずにおれないのは、誤った事実関係を記してしまうことである。当事者、関係者が少なくなるほど、この危険は人知れず増している。いずれ近親の縁者もいなくなれば、伝記作者にケチがつく心配はたしかに少なくなるけれど、そういう気楽さは、伝記が恣意的なものに陥ることを代償としている。だから、なるべく直接の関係者が健在のうちに、という「締め切り」を私は意識せざるを得なかった。

とはいえ、私は、これを書く過程で、関係者らに証言を求めて回ったりはしなかった。むしろ、そうした手法とは、ある程度の距離を保つことを意識した。そして、「事実」として扱う事柄の典拠を明らかにしながら、これを検証し、積み上げていくという方法を採っている。つまり、歴史学で言う一次史料と、それをめぐる史料批判を重く見た。

さきに鶴見の方法として述べた、歴史における「期待の次元」と「回想の次元」の区別を明らかにしておく、という手立てに、ここで私自身も立っている。つまり、一〇歳の鶴見俊輔は、未来の彼がなにものになるかといったことは一切知ることなく、ただ生まれてから一〇年のあいだの知見だけを手に、そのときを生きている。伝記作者は、この彼を書く。同じように、一五歳の彼、二五歳の彼のことも、そこまでの知見だけに立って生きる存在として、書いていきたいと考えた。

鶴見俊輔当人も、そんなふうに九三年間の生涯を生ききった。もしも、彼という存在がなければ、この社会のありようは、いまとはいくらか違ったものになっていただろうか？　ともあれ、彼に限らず、ほかに替えられない生き方の一つひとつがあったことで、いまの私たちの世界は、かろうじて、このようなものとしてある。そこからしか、これについて問うことはできない。

いくつか、こちらからの質問には答えて、あとは静観を保つという好意を示してくださった鶴見俊輔の遺族――、伴侶の横山貞子、子息の鶴見太郎、妹の内山章子、三氏にお礼を申し上げる。写真資料も提供していただいた。

装丁の平野甲賀、編集の須貝利恵子の両氏とは、三〇年を越えて共同の仕事を続けてきた。連載時にお世話になった「新潮」編集長・矢野優、そして、ご苦労をかけ通した副編集長兼担当の松村正樹、この両氏とも、すでに一〇年以上にわたる道のりとなった。困難も続く状況のもと、新潮社の各部局の方たちが本書に力を尽くしてくださったことをありがたく思っている。

二〇一八年一〇月一七日

黒川　創

人名索引

か　行

さ　行

た　行

な　行

は 行

ま　行

や　行

ら 行

わ 行

事項索引

さ 行

た　行

な　行

は　行

ま　行

や　行

ら　行

わ　行

＊初出　「新潮」2017年７・10月号、2018年１・４・７月号

鶴《つる》見《み》俊輔《しゅんすけ》伝《でん》

著者

黒川創《くろかわそう》

発行

2018年11月30日

3刷

2019年3月30日

発行者 佐藤隆信

発行所 株式会社新潮社

〒162-8711 東京都新宿区矢来町71

電話 編集部03-3266-5411

読者係03-3266-5111

https://www.shinchosha.co.jp

印刷所

大日本印刷株式会社

製本所

加藤製本株式会社

乱丁・落丁本は、ご面倒ですが小社読者係宛お送り下さい。
送料小社負担にてお取替えいたします。
価格はカバーに表示してあります。

ISBN978-4-10-444409-0 C0095

日米交換船　鶴見俊輔　加藤典洋　黒川創

きれいな風貌　西村伊作伝　黒川創

暗殺者たち　黒川創

京都　黒川創

いつか、この世界で起こっていたこと　黒川創

岩場の上から　黒川創

一九四二年六月、NYと横浜から、対戦国に残された人々を故国に帰す交換船が出航。この船で帰国した鶴見が初めて明かす航海の日々。日米史の空白を埋める座談と論考。

熊野の大地主に生まれ、桁外れのセンスと財力で大正昭和の文化を牽引した美しく剛毅な男がいた。文化学院創設から九十年。その思想と人生をつぶさに描く第一級の評伝。

日本人作家がロシア人学生を前に語る20世紀初頭の「暗殺者」たちの姿。幻の漱石原稿を出発点に動乱の近代史を浮き彫りにする一〇〇%の事実から生まれた小説。

「平安建都千二百年」が謳われる京都で地図から消された小さな町。かつて確かにそこにいた、履物屋の夫婦と少年の自分。人の生の根源に触れる四つの町をめぐる連作集。

ベラルーシのきのこ狩りは、七万四千ベクレル／㎡以下の森で――。震災後に生きるわたしたちを小さな光で導く過去のできごと。深い思索にみちた連作短篇集。

二〇四五年、核燃料最終処分場造成が噂される町「院加」。そこに聳える伝説の奇岩――。〈戦後一〇〇年〉の視点から日本の現在と未来を射抜く壮大な長篇小説。